I0816827

Bedrohte Ordnungen

1

Aufruhr – Katastrophe – Konkurrenz – Zerfall

Bedrohte Ordnungen als Thema der Kulturwissenschaften

herausgegeben von

Ewald Frie und Mischa Meier

Mohr Siebeck

Ewald Frie, geboren 1962; Professor für Neuere Geschichte an der Eberhard Karls Universität Tübingen.

Mischa Meier, geboren 1971; Professor für Alte Geschichte an der Eberhard Karls Universität Tübingen.

Gedruckt mit Unterstützung der Deutschen Forschungsgemeinschaft.

ISBN 978-3-16-152757-9
ISSN 2197-5477 (Bedrohte Ordnungen)

Die Deutsche Nationalbibliothek verzeichnet diese Publikation in der Deutschen Nationalbibliographie; detaillierte bibliographische Daten sind im Internet über *http://dnb.dnb.de* abrufbar.

Das Buch wurde von Martin Fischer in Tübingen aus der Minion gesetzt und von Hubert & Co. in Göttingen auf alterungsbeständiges Werkdruckpapier gedruckt und gebunden. Den Umschlag entwarf Uli Gleis in Tübingen; Abbildungen u.a.: Kenianische Rebellen (© Jonathan Alpeyrie 2008, CC BY-SA 3.0) und „Strada crollata" (© FiCo74/Fotolia).

Vorwort zur Reihe „Bedrohte Ordnungen"

Was geschieht in Gesellschaften, wenn Handlungsoptionen unsicher werden, Verhaltenserwartungen und Routinen in Frage stehen, wenn Akteure das Gefühl gewinnen, sich jetzt oder in naher Zukunft wahrscheinlich nicht mehr aufeinander verlassen zu können, wenn sie von Bedrohung reden, Gründe dafür suchen und sie meistens auch finden? Zeit ist ein knappes Gut. Emotionen treten stärker in den Vordergrund und verändern sich. Grenzen sozialer Gruppen werden fraglich. „Bedrohte Ordnungen" tragen ein hohes Potential für schnellen sozialen Wandel in sich, das aber nicht immer wirksam werden muss.

„Bedrohte Ordnungen" können aus Katastrophen hervorgehen. Sie können die Folge plötzlicher gesellschaftsinterner Konflikte sein. Sie können aus latenten Spannungen hervorbrechen oder die Folge einer Konkurrenz von Ordnungen sein. Verschiedene Forschungstraditionen fließen damit in Untersuchungen ein, die nicht von klassifikatorischen Begriffen wie „Aufruhr", „Revolution" oder „Naturkatastrophe" ausgehen, sondern dynamische gesellschaftliche Prozesse ins Zentrum stellen, die mit der Wahrnehmung und Behauptung von Bedrohung und dem Rekurs auf Ordnung zusammenhängen.

„Bedrohte Ordnungen" gibt es in allen Epochen der Historie und in allen Kulturen der Welt. Wirken über Zeiten und Räume hinweg ähnliche Mechanismen? Lassen sich Unterschiede typologisieren? Die Reihe „Bedrohte Ordnungen" lädt Geschichts-, Kultur- und Sozialwissenschaftler ein, zu diesen Fragen Beiträge zu liefern. Sie ist dem DFG-geförderten Sonderforschungsbereich 923 „Bedrohte Ordnungen" verbunden, möchte aber auch über ihn hinaus Forschungen anstoßen und dokumentieren.

Die Reihenherausgeber

Vorwort

Im März 2012 konnte der Sonderforschungsbereich 923 „Bedrohte Ordnungen" seine Eröffnungstagung in Tübingen veranstalten. Anliegen der Organisatoren war, das neue Verbundforschungsprojekt einer größeren Öffentlichkeit vorzustellen und dessen grundlegende Prämissen und Hypothesen zu diskutieren. Zu diesem Zweck haben nicht nur Referentinnen und Referenten, die direkt in den Forschungsprozess involviert sind, einzelne Teilbereiche des SFB exemplarisch vorgestellt, sondern auch auswärtige Wissenschaftler und Wissenschaftlerinnen aus ihrer jeweils eigenen Perspektive Denkanstöße gegeben und Perspektiven zur Weiterentwicklung des Forschungskonzeptes entwickelt.

Der vorliegende Sammelband enthält die meisten Beiträge dieser Tübinger Tagung; sie wurden um Studien ergänzt, die eigens für diese Publikation verfasst worden sind. Die Herausgeber hoffen, mit diesem Tagungsband einen ersten Einblick in die Forschungen, die aktuell im Tübinger SFB 923 betrieben werden, zu ermöglichen.

Um das Zustandekommen des Buches haben sich verschiedene Personen verdient gemacht. Clara Seltmann und Susanne Borgards, M.A. haben sich der Mühe der redaktionellen Einrichtung der Beiträge unterzogen. Die Koordination des Gesamtunternehmens lag bei Lic. Andrea Kirstein stets in sicheren Händen. Dr. Stephanie Warnke-De Nobili vom Mohr Siebeck Verlag in Tübingen begegnete mehrmaligen Verzögerungen bei der Manuskriptabgabe mit Verständnis und Geduld. Ihnen allen sei für ihre Mitwirkung herzlich gedankt.

Tübingen, im Mai 2014

Ewald Frie
Mischa Meier

Inhaltsverzeichnis

Bedrohte Ordnungen

Gesellschaften unter Stress im Vergleich

Ewald Frie und *Mischa Meier*

1. Ein neues Forschungsprogramm

„Bedrohte Ordnungen" sind Gegenstand des Sonderforschungsbereichs 923, der im Sommer 2011 an der Universität Tübingen seine Arbeit aufgenommen hat. Das Thema lag nahe: Bedrohungen durch Naturgewalten und menschliche Ausbeutung der Natur, durch riskante Technologien und deren Versagen, durch Finanzdienstleister und deren Interaktion mit Staaten, durch Terrorismus und Gewaltunternehmer sind zu Beginn des 21. Jahrhunderts in den deutschen Medien – und nicht nur dort – sehr präsent gewesen und sind es noch. Was aber bedeutet es, bedroht zu sein, sich bedroht zu fühlen, über Bedrohung zu kommunizieren? Die Moderne nehme sich seit der Entdeckung der Zukunft während der Sattelzeit[1] stets als ungenügend, gefährdet, fragil und transitorisch wahr, behauptet eine mittlerweile rasch anwachsende Literatur zum Thema „Krise" in der Nachfolge Reinhart Kosellecks.[2] Doch steckt nicht mehr in unserem derzeitigen Bedrohungsgefühl als Modernität? Und haben sich nicht auch Gesellschaften vor der Aufklärung als bedroht wahrgenommen? Lassen sie sich als „Bedrohte Ordnungen" mit uns in Beziehung setzen, über die vielleicht doch nicht so grundstürzenden Epochenbrüche hinweg, die mit den Namen von Gutenberg, Kolumbus und Luther bzw. Rousseau, Watt, Washington, Lafayette, Robespierre und Napoleon verbunden sind? Von diesen Fragen ausgehend, hat der SFB 923 die ubiquitären Bedrohungs- und Krisendiagnosen der Gegenwart unter dem zunächst schillernden und assoziationsbefrachteten Begriff „Bedrohte Ordnungen" zum Thema gemacht. Er will einen aktuellen Fragehorizont geschichts- und kulturwissenschaftlich fruchtbar machen und gleichzeitig der Gegenwart historische Erfahrungsräume aufschließen, die das Besondere und das Allgemeine unserer Situation verständlicher machen. Vier grundlegende Forschungsziele stehen im Zentrum:

---

[1] Vgl. *Lucian Hölscher*, Die Entdeckung der Zukunft, Frankfurt am Main 1999.

[2] Vgl. *Reinhart Koselleck*, Kritik und Krise. Eine Studie zur Pathogenese der bürgerlichen Welt, Freiburg/München 1959; zuletzt *Thomas Mergel* (Hrsg.), Krisen verstehen. Historische und kulturwissenschaftliche Annäherungen, Frankfurt am Main 2012.

- Historisierung aktueller Krisendiagnosen,
- Untersuchung der Modi schnellen sozialen Wandels,
- Erneuerung der Raum- und Zeitkategorien in den Sozial- und Kulturwissenschaften,
- Grundlagenreflexion der Sozial- und Kulturwissenschaften unter den Bedingungen der Globalisierung.

Bedroht ist freilich vieles, wie ein Blick in die tagesaktuellen Medien zeigt. Und Ordnung ist ein schillerndes Wort mit vielen metaphorischen Anschlussmöglichkeiten, das nur schwer auf den Begriff zu bringen ist. Zeitgeschichte im Sinne gegenwartsnotwendiger Geschichte[3] erfordert gerade hier begrifflich-konzeptuelle Arbeit, die den Weg in die Vergangenheit anleitet und gleichzeitig der Vergangenheit Raum schafft, nicht nur Vorgeschichte der Gegenwart zu sein, sondern auch kritisches Gegenbild oder ein Hort von Alternativen. Dementsprechend standen am Anfang unserer Überlegungen Arbeitsdefinitionen. Die größten Probleme bereitete der Ordnungsbegriff. Der Althistoriker Uwe Walter skizziert in diesem Band ganz knapp, wie reichhaltig allein das antike und mittelalterliche Vorstellungsreservoir zu „Ordnung" ist und wie wenig Konsensansätze es bietet. Der Politikwissenschaftler Andreas Anter, der in einer schlanken, aber luziden Habilitationsschrift Ordnung als „Grundkategorie des Politischen" diskutiert hat, hält eine allgemeine Definition von Ordnung für wenig aussichtsreich, weil der Begriff zu stark kontextabhängig sei.[4] In unserem eigenen Forschungsverbund benötigten wir gleichwohl einen Anfangskonsens: Als Arbeitsgrundlage haben wir Ordnung als ein „Gefüge von Elementen" definiert, „die in einem bestimmten Verhältnis zueinander stehen und soziale Gruppen oder ganze Gesellschaften strukturieren".[5] Die Ordnung wird im Handeln hervorgebracht, bestätigt und/oder modifiziert. Sie besteht über eine gewisse Zeitdauer hinweg, kanalisiert daher Handlungsoptionen, stabilisiert Verhaltenserwartungen und etabliert Routinen. Eine Ordnung führt zu Grenzen zwischen sozialen Gruppen und Gesellschaften. Sie entsteht auf dem Boden einer bereits bestehenden Ordnung und wird entweder laufend modifiziert oder durch eine andere Ordnung abgelöst. Eine voraussetzungslose Ordnung gibt es nicht.

---

[3] Vgl. *Reinhart Koselleck*, Stetigkeit und Wandel aller Zeitgeschichten. Begriffsgeschichtliche Anmerkungen, in: ders., Zeitschichten. Studien zur Historik, Frankfurt am Main 2000, 246–264; *Justus Hashagen*, Das Studium der Zeitgeschichte, Bonn 1915; *Jan Palmowski/Kristina Spohr Readman*, Speaking Truth to Power. Contemporary History in the Twenty-First Century, in: Journal of Contemporary History 46, 2011, 485–505; *Ewald Frie*, Das 19. Jahrhundert – Zeitgeschichte?, in: Michaela Bachem-Rehm u. a. (Hrsg.), Teilungen überwinden. Europäische und Internationale Geschichte im 19. und 20. Jahrhundert, München 2014, 3–19.

[4] *Andreas Anter*, Die Macht der Ordnung. Aspekte einer Grundkategorie des Politischen, 2. Aufl. Tübingen 2007, 6.

[5] Weiterentwickelt aus *Regine Kather*, Art. „Ordnung, philosophisch", in: Religion in Geschichte und Gegenwart, Bd. 6, 4. Aufl. Tübingen 2003, 632–633.

„Bedrohung" ist, anders als „Ordnung", kein epochenübergreifend nachweisbarer Begriff. Im Deutschen hat das bereits spätmittelalterlich belegte Wort „Bedrohung" seit dem 16. Jahrhundert in einem biblisch-theologischen Kontext an Bedeutung gewonnen. In Luthers Texten ist es Gott, der droht und bedroht. Wohl nicht zufällig wird „Bedrohung" etwa gleichzeitig in Gerichtsakten verwendet, um die strenge Ermahnung vor der Anwendung einer Strafe zu bezeichnen. Im 17. und 18. Jahrhundert überschreitet „Bedrohung" die Sphären des Religiösen und Juristischen, bezeichnet konkrete und aktuelle, wenn auch nicht immer genau einem Verursacher zuschreibbare Gefahren. Das Wort gerinnt aber nicht zu begrifflicher Klarheit. Im Grimmschen Wörterbuch wird es in vier Zeilen und mit drei Belegstellen wenig ambitioniert abgehandelt.[6] Für die Kulturwissenschaften spielt es bis heute keine zentrale Rolle. „Bedrohung" taucht in kulturwissenschaftlichen Titeln und Texten sporadisch auf, bleibt aber in der Regel undefiniert und appelliert damit an den Alltagsverstand. Wenn das Wort zum Begriff erhoben und mit dem Ordnungsbegriff gekoppelt wird, spezifiziert es „Ordnung" und verknüpft gegenwärtige wie historische Alltagsdiskurse mit einem geschichtlichen Grundbegriff. Neben dem Qualifizierungs- ergibt sich so auch ein Verfremdungseffekt. Er kann genutzt werden, um sich von aktuellen gesellschaftlichen Selbstbeschreibungen wie „Krise" oder „Sicherheit-Unsicherheit" beobachtend zu entfernen. Letztere setzen die Vormoderne-Moderne Unterscheidung voraus, die „Bedrohte Ordnungen" überwinden kann.

Besser als in den Kulturwissenschaften ist die Lage in der Psychologie. Hier wird „Bedrohung" definiert als affektiver Zustand eines Individuums, begleitet von der Wahrnehmung, dass das Individuum hohen Anforderungen ausgesetzt ist, seine aktuellen Kapazitäten aber kaum ausreichen, diese Anforderungen zu bewältigen.[7] In der Politikwissenschaft wird der Terminus „Bedrohung" in verschiedenen Zusammenhängen verwendet. Herfried Münkler setzt sie von „Gefahr" durch Intentionalität ab[8], James Busumtwi-Sam unterscheidet sie von „Risiko" durch menschliche Verursachung, Unmittelbarkeit und Bedeutsamkeit.[9] In Forschungen zu internationalen Beziehungen wird „Bedrohung" definiert als „a situation in which one agent or group has either the capability or

[6] *Jacob Grimm* und *Wilhelm Grimm*, Deutsches Wörterbuch, Bd. 1, Leipzig 1854, 1237.

[7] *Joe Tomaka u. a.*, Cognitive and Physiological Antecedents of Threat and Challenge Appraisal, in: Journal of Personality and Social Psychology 73.1, 1997, 63–72; *Nyla R. Branscombe u. a.*, The Context and Content of Social Identity Threat, in: Naomi Ellemers u. a. (Hrsg.), Social Identity. Context, Commitment, Content, Oxford 1999, 36–58. Ähnlich in der Soziologie *Robert Castel*, Die Stärkung des Sozialen. Leben im neuen Wohlfahrtsstaat, 2. Aufl. Hamburg 2007, 84–85.

[8] *Herfried Münkler*, Strategien der Sicherung: Welten der Sicherheit und Kulturen des Risikos. Theoretische Perspektiven, in: ders./Matthias Bohlender/Sabine Meurer (Hrsg.), Sicherheit und Risiko. Über den Umgang mit Gefahr im 21. Jahrhundert, Bielefeld 2010, 11–34, hier 11.

[9] *James Busumtwi-Sam*, Menschliche Sicherheit und Entwicklung, in: Cornelia Ulbert/Sascha Werthes (Hrsg.), Menschliche Sicherheit. Globale Herausforderungen und regionale Perspektiven, Baden-Baden 2008, 81–93.

intention to inflict a negative consequence on another agent or group. Threats are probabilistic because they may or may not be carried out".[10]

Die Definitionsvorschläge verschiedener Disziplinen und Sprachen sind entweder von einem Zustand eines Akteurs oder von einer – individuellen oder kollektiven – Aktion aus gedacht. Beide Ansätze sind für die hier beabsichtigte Arbeitsdefinition bedrohter Ordnungen nicht unmittelbar tauglich. Ordnungen sind weder Individuen noch Kollektivakteure; sie nehmen nichts wahr, sie haben keine affektiven Zustände, sie sind nicht in *face-to-face*-Situationen oder medial als Bedrohungsobjekt adressierbar. Aber: Ordnungen werden im Handeln von Akteuren hervorgebracht, bestätigt und/oder modifiziert, wenn auch nicht immer intentional und reflektiert. Ausgehend von der Arbeitsdefinition für „Ordnung" können daher die Überlegungen verschiedener Wissenschaften zur begrifflichen Bestimmung unseres Gegenstandes „Bedrohte Ordnungen" in folgender Weise zusammengeführt werden:

Eine Ordnung ist dann bedroht, wenn Akteure zu der Überzeugung gelangen, dass Handlungsoptionen unsicher werden, Verhaltenserwartungen und Routinen in Frage stehen und sie sich jetzt oder in naher Zukunft wahrscheinlich nicht mehr aufeinander verlassen können. Ihnen gelingt es, eine Kommunikation zu etablieren, in der sie eine konkrete Bedrohungsquelle benennen. Diese Kommunikation ist durch starke Emotionen gekennzeichnet (affektiver Zustand), überlagert mindestens teilweise andere Kommunikationsthemen (Bedeutsamkeit) und argumentiert mit dem Faktor Zeit (*probabilistic*, Unmittelbarkeit).

Arbeitsdefinitionen und erste empirische Ergebnisse führen zu sieben Grundannahmen:

1. Bedrohungen sind ordnungsspezifisch. Was als Bedrohung kommuniziert werden kann, hängt von Ordnungen ab. In der Bedrohung wird daher Ordnung zum Thema, auch dort, wo sie bislang unhinterfragt, gewissermaßen hinter dem Rücken der Akteure gewirkt und Stabilisierungsleistungen erbracht hat. Bedrohte Ordnungen ermöglichen den Forschenden Aussagen über das vorher Alltägliche, das Selbstverständliche, das Ungesagte und möglicherweise auch das in einer Gesellschaft Unsagbare bzw. Unsägliche.[11]

2. Bedrohungen werden ordnungsspezifisch kommuniziert. Weil die Bedrohungskommunikation in Bezug auf eine bestimmte Ordnung und mit Blick auf eine zu erzeugende Kommunikationsgemeinschaft erfolgt, kann sie von Rittern, Tod und Teufel, von Finanzmärkten und Fastnachtsspielen handeln. „Die Zeit

[10] *David L. Rousseau/Rocio Garcia-Retamero*, Identity, Power, and Threat Perception. A Cross-National Experimental Study, in: Journal of Conflict Resolution 51.5, 2007, 744–771, hier 745.

[11] Vgl. *Willibald Steinmetz*, Das Sagbare und das Machbare. Zum Wandel politischer Handlungsspielräume. England 1780–1867, Stuttgart 1993.

ist aus den Fugen"[12], sagt Hamlet und richtet sein Handeln darauf ein. Die Abstraktionsleistung in Richtung Thronfolgeordnung, Recht und Unrecht, Normalität und Wahnsinn muss der Beobachter erbringen. Er kann dabei die Zeit- und Raumabhängigkeit der auf Ordnung bezogenen wie der damit verwobenen Bedrohungskommunikation als Ressource nutzen. Er muss die Eigenlogik der Bedrohungskommunikation ernst nehmen, weil sie für das Wahrnehmen und Handeln der Akteure bedeutsam ist.

3. Ordnungen verändern sich im Moment der Bedrohung. Weil Ordnung nach der Arbeitsdefinition im Handeln hervorgebracht, bestätigt und/oder modifiziert wird, kann sie im Zuge der Thematisierung ihrer Bedrohung nicht unberührt bleiben. Indem sie als verletzlich erkannt, indem sie aktualisiert, bewusst, gewusst wird, gerät sie in den Handlungsraum der Akteure. Sie kann sich nun verhärten oder verflüssigen. Durch das Kommunizieren und Handeln der zeitgenössischen Akteure mag sie an Strukturierungsfähigkeit im Hinblick auf Handlungen, Verhalten und Routinen verlieren oder gewinnen.

4. Bedrohte Ordnungen sind instabil und nicht von Dauer. Weil Ordnungen der Arbeitsdefinition soziale Gruppen oder ganze Gesellschaften strukturieren, werden Akteure in bedrohten Ordnungen die ordnungseigene Veränderungsdynamik zu beschleunigen oder stillzustellen versuchen, je nach Machtverhältnissen und Opportunitätserwägungen.

5. Bedrohte Ordnungen können nicht nur Gefahr, sondern auch Verheißung sein – je nach Beobachtungsstandpunkt und Interesse. Denn Ordnungen können gerecht oder ungerecht, menschenfreundlich oder menschenverachtend sein. Sie als bedrohte Ordnungen und im Moment der Bedrohung zu untersuchen, bedeutet, die Kräfte der Beharrung und die Mühen der Veränderung ernst zu nehmen. Damit ist nicht eine Wertentscheidung zugunsten bestehender Ordnungen verbunden. Der Ansatz stellt die Kraft des Konservatismus in Rechnung, er übernimmt sie aber nicht. Zur Ordnung gehört Einordnung und meistens auch Unterordnung. Die Bedrohung einer Ordnung öffnet Horizonte und Möglichkeitsräume. Was dem einen Angst macht, lässt den anderen Hoffnung schöpfen.[13]

6. Bedrohte Ordnungen sind weder modern noch vormodern. Eine vergleichende Untersuchung bedrohter Ordnungen führt zu Aussagen über die zeitliche und räumliche Varianz gesellschaftlicher Ordnungen. Gängige Klassifizierungen laufen über Gegensatzpaare wie holistisch-sektoral, transzendental-diesseitig,

---

[12] *William Shakespeare*, Hamlet, Prinz von Dänemark, übersetzt von August Wilhelm von Schlegel, in: ders., Sämtliche Werke, Erste Abt.: Dramatische Werke, Bd. III: Tragödien, übersetzt von August Wilhelm von Schlegel u. Ludwig Tieck, 5. Aufl. Heidelberg 1987, 500 (1. Aufzug, 5. Szene). Im engl. Original: „The time is out of joint".

[13] Vgl. *Claudia Aradau / Rens van Munster*, Politics of Catastrophe. Genealogies of the Unknown, London / New York 2011, 5–6; *Harold James*, The New York Stock Market Crash of 1929, in: Benjamin Lazier / Jan Plamper (Hrsg.), Fear across the Disciplines, University of Pittsburgh Press 2012, 132–147.

mündlich-schriftlich, statisch-dynamisch, traditionsbezogen-zukunftsorientiert in Richtung eines Gegensatzes zwischen Vormoderne und Moderne. Angesichts aktueller Debatten über eine Wiederkehr vormoderner Ordnungselemente[14], der zeitlichen Staffelung von Modernen in der europäischen Geschichte[15] oder der Idee multipler Modernen in der Welt der Gegenwart[16] erscheint es geboten, über diesen Gegensatz hinauszudenken und die Geschichte nach räumlich und zeitlich anders verschränkten Ordnungen zu befragen.

7. Eine vergleichende Untersuchung bedrohter Ordnungen über Zeiten und Räume bedarf der Interdisziplinarität. Vielfältige geschichtswissenschaftliche Expertise wird benötigt, um weit gespannte Zeiten und Räume bearbeiten zu können. Aufgrund der zentralen Stellung der Bedrohungskommunikation müssen Sprach- und Literaturwissenschaften hinzugezogen werden. Weil soziale Ordnungen im Zentrum stehen, sind Soziologie und Politikwissenschaften beteiligt. Ethnologie und Anthropologie arbeiten sich vom Kulturbegriff her am Ordnungsbegriff ab. Fragen von Werten und Normen stehen im Zentrum der thematischen Zugänge von Theologie und Ethik. Weil die Verwissenschaftlichung dieser verschiedenen Disziplinen im 19. und frühen 20. Jahrhundert aufs Engste mit Annahmen über vormoderne und moderne bzw. europäische und außereuropäische Ordnungen zusammenhing, führt die Arbeit des SFB in eine Selbst- und Fremdbeobachtung der beteiligten Wissenschaften hinein, was angesichts des Endes der Fraglosigkeit disziplinärer Grenzen in der globalisierten Welt des 21. Jahrhunderts angemessen erscheint.

Um die programmatisch räumlich und zeitlich kaum beschränkte, durch die Interdisziplinarität mit zusätzlicher Spannung versehene Komplexität des Gegenstandes beherrschen zu können, um auch die Wissenschaftlerinnen und Wissenschaftler über Fächergrenzen hinweg kommunikationsfähig zu machen, haben wir, ausgehend von den Definitionen und Grundannahmen, vier Dimensionen des Themas herausgearbeitet, die im Zentrum unseres Interesses stehen:

1. Die Sachdimension richtet sich auf die in der Bedrohungskommunikation aufscheinende Zustandsbeschreibung und deren reale Grundlage.

2. Die Zeitdimension bezieht sich auf die Verknappung von Zeit im Moment der Bedrohung sowie auf deren Folgen.

3. Die Sozialdimension betrifft die forcierten Interaktionsprozesse, die Inklusions- und Exklusionsphänomene im Moment der Bedrohung.

---

[14] Vgl. *Ewald Frie*, ‚Bedrohte Ordnungen' zwischen Vormoderne und Moderne. Überlegungen zu einem Forschungsprojekt, in: Klaus Ridder / Steffen Patzold (Hrsg.), Die Aktualität der Vormoderne. Epochenentwürfe zwischen Alterität und Kontinuität, Berlin 2013, 99–109.

[15] Vgl. *Zygmunt Bauman*, Liquid Modernity, Cambridge 2000; *ders.*, Modernity and Ambivalence, Ithaca 1991; *Ulrich Beck*, Weltrisikogesellschaft. Auf der Suche nach der verlorenen Sicherheit, Frankfurt am Main 2007.

[16] Vgl. *Shmuel N. Eisenstadt*, Die großen Revolutionen und die Kulturen der Moderne, Wiesbaden 2006.

4. Die Gefühlsdimension zielt ab auf die starke Rolle von Emotionen im Moment der Bedrohung und auf deren Effekte auf Handeln und Sozialbeziehungen der Akteure.

Außerdem verbinden fünf Leitfragen die verschiedenen Teilprojekte:

1. Wann, wie und warum identifizieren und definieren Akteure eine Bedrohung? Mit welchen Mitteln halten sie die Bedrohung kommunikativ überzeugend präsent?
2. Wann, wie und warum endet die Bedrohung? Unter welchen Bedingungen findet Bedrohungskommunikation keinen Glauben mehr, weil Akteure zu der Überzeugung gelangen, dass Handlungsoptionen wieder sicher sind, Verhaltenserwartungen und Routinen nicht mehr infrage stehen?
3. Wer hat in der Bedrohungssituation die Definitions- bzw. die Handlungsmacht? Welche Machtbeziehungen werden in bedrohten Ordnungen sichtbar? Wie verändern sie sich?
4. Ergeben sich aus hohem Zeitdruck und unvollständigen bzw. fehlerhaften Informationen nichtintendierte Nebenfolgen und Überraschungen?
5. Sind im Agieren und Reagieren in bedrohten Ordnungen bestimmte Regelmäßigkeiten erkennbar, die sich zu Regeln verdichten und eventuell zu einer Verlaufstypologie bedrohter Ordnungen entwickeln lassen?

2. Das Forschungsdesign

Definitionen, Grundannahmen, Leitfragen und Dimensionen stellen für den Entwurf eines Forschungsdesigns insofern eine Herausforderung dar, als sie nicht nur permanent den interdisziplinären Zugriff voraussetzen, sondern vor allem auch die Ausblendung der traditionellen Epochenschwelle zwischen Vormoderne und Moderne als forschungsleitender Grundierung erfordern – ganz unabhängig von der Diskussion, ob diese über die geläufige Periodisierung in Antike, Mittelalter und Neuzeit[17] oder das von Reinhart Koselleck entwickelte Sattelzeit-Konzept transportiert wird. Am Beginn der ersten Förderphase sind wir von der Hypothese ausgegangen, dass die Evidenz der Bedrohung (Kommunikationszwang – Kommunikationsetablierung) sowie ihre Herkunft (von innen oder außen) einen entscheidenden Unterschied für die Dynamik bedrohter Ordnungen ausmachen. Aus diesem interpretatorischen Vorgriff ergab sich eine Vierfeldmatrix, die den Fokus auf Ordnungen im Zustand der Bedrohung richtete. Die auf diese Weise konstituierten Felder „Kommunikationszwang und Bedrohung von innen" (A), „Kommunikationszwang und Bedrohung von au-

[17] Hierzu zuletzt *Justus Cobet*, Das europäische Narrativ. Ein Althistoriker blickt auf die Ordnung der Zeiten, in: Nicolas Berg u. a. (Hrsg.), Konstellationen. Über Geschichte, Erfahrung und Erkenntnis. Festschrift für Dan Diner, Göttingen 2011, 191–211.

ßen" (B), „Kommunikationsetablierung und Bedrohung von innen" (C) sowie „Kommunikationsetablierung und Bedrohung von außen" (D) haben wir inhaltlich weiter spezifiziert: „Aufruhr" (A), „Katastrophen" (B), „Ordnungszersetzung" (C) und „Ordnungskonkurrenz" (D). Die Titel ermöglichen eine fächer- und epochenübergreifende, weil themenzentrierte Eingruppierung der Projekte, auch deswegen, weil sie einen beschreibenden Charakter haben und nicht an spezifische Forschungstraditionen anknüpfen. Das verleiht ihnen eine gewisse Unschärfe – „Aufruhr", „Ordnungskonkurrenz" etc. sind keine disziplinär fest umrissenen Termini –, sie haben sich aber forschungspraktisch bewährt: Vertreterinnen und Vertreter unterschiedlichster Disziplinen konnten miteinander in fruchtbare Diskussionen gebracht werden, deren erste Ergebnisse der vorliegende Sammelband präsentiert. Eine besondere methodische Herausforderung besteht allerdings darin, dass die Bereiche „Aufruhr" und „Katastrophen" leichter mit etablierten Forschungskontexten verbunden werden können als „Ordnungszersetzung" und „Ordnungskonkurrenz". Außerdem hat die Matrix theoretisch-methodische Probleme generiert: Lässt sich tatsächlich jede Form der Bedrohung klar innerhalb oder außerhalb der Ordnung lokalisieren? Und wie verhält sich die Bedrohungskommunikation der jeweiligen Akteure zu den Ordnungen und der Bedrohung selbst? Die in diesen Fragen angelegte produktive Überwindung der Vierfeldmatrix wird im weiteren Forschungsverlauf wohl zu einem modifizierten Versuchsaufbau führen.

Welche Forschungsoptionen der aus dem interpretatorischen Vorgriff entstandene fächer- und epochenübergreifende Ansatz eröffnet, soll zunächst paradigmatisch am Beispiel des Feldes A „Aufruhr" gezeigt werden, bevor die übrigen Felder kürzer vorgestellt werden. Einen naheliegenden Bezugspunkt für „Aufruhr" bildet die aktuelle Revolutionsforschung, und ein Blick auf das Forschungsdesign des SFB „Bedrohte Ordnungen" dürfte unweigerlich die Frage evozieren, warum „Revolution" dort kein eigenes Forschungsfeld konstituiert. Die Antwort ist einfach: Wir tragen damit unserem zentralen Anliegen Rechnung, uns im Forschungsprozess möglichst konsequent von den traditionellen Epochengliederungen zu befreien, um diese dann ihrerseits kritisch in den Blick nehmen zu können. Mit einem Rekurs auf das Paradigma der Revolution wäre dies schwierig, denn Revolutionen stellen nach Ausweis der Literatur ein spezifisches Phänomen der Neuzeit, ja der Moderne dar. „Im Mittelalter wie in der christlichen Spätantike", so Winfried Becker im *Staatslexikon*, „wurde das Weltverständnis einer universalen Ordnung entworfen, die politische und geistliche Gemeinschaften als Bestandteile in sich begriff, auf Gott bezogen war und die ganze Menschheit umfaßte."[18] Hinter dieser Aussage steht die Prämisse einer stabilen, letztlich unwandelbaren Ordnung in der „Vormoderne", die erst im

[18] *Winfried Becker*, Art. „Revolution", in: Staatslexikon, Bd. 4, 7. Aufl. Freiburg i.Br. 1988, 892–900, hier 896.

Übergang zur „Moderne" durch ein sich zunehmend ausdifferenzierendes Ordnungsgefüge abgelöst worden sei. Aufstände und Unruhen als Erschütterungen einer normativen Ordnung mit partiell modifikatorischen Resultaten werden zugestanden; Revolutionen hingegen nicht.[19] Dementsprechend wird der „Vormoderne" mit Blick auf Revolutionen auch allenfalls eine vorbereitende Rolle eingeräumt: „Revolutionen in der Gedankenwelt" als Resultat der „bewegten Ordnungen" seit dem 13./14. Jahrhundert hätten die großen Revolutionen der Neuzeit erst ermöglicht – aber mehr eben nicht.[20] Auch der Historiker Mike Rapport, der sich intensiv mit dem begrifflichen und konzeptuellen Instrumentarium des Tübinger SFB 923 auseinandergesetzt hat, definiert in seiner Studie zu „Revolution" in unserem Sammelband diese „as a symptom of modernity".[21]

Was aber gewinnt die Forschung, wenn wir vom Revolutionsbegriff abstrahieren und „Aufruhr" als Bedrohte Ordnung durch die Zeiten verfolgen? Wir gehen davon aus, dass unterschiedliche Teilordnungen auch in der sogenannten Vormoderne in wechselseitigen, komplexen Bezügen zueinander stehen. Die „eine, universale Ordnung" als vermeintliches Kennzeichen europäischer Gesellschaften vor dem 18. Jahrhundert hat sich als simplifizierendes Konstrukt der Forschung erwiesen.[22] Steffen Patzold veranschaulicht dies exemplarisch am Konflikt zwischen Heinrich IV. und seinem Sohn Heinrich V. im Jahr 1105/06, Uwe Walter diagnostiziert am Ausgang der römischen Republik die „komplementäre

---

[19] Vgl. *Reinhart Koselleck*, Revolution – Rebellion, Aufruhr, Bürgerkrieg: I. Einleitung, in: Geschichtliche Grundbegriffe, Bd. 5, Stuttgart 1984, 653–656, hier 654f. Christian Meier gibt zu bedenken, „ob die Antike Revolutionen gekannt habe, ist eine Definitionsfrage", und räumt letztlich nur revolutionäre Prozesse von längerer Dauer, wie z. B. die „politische Revolution" der Griechen zwischen 600 und 450 v. Chr., ein (*Christian Meier*, Revolution – Rebellion, Aufruhr, Bürgerkrieg: II. ‚Revolution' in der Antike, in: Geschichtliche Grundbegriffe, ebd., 656–670, hier 656; vgl. *ders.*, Die Griechen: die politische Revolution der Weltgeschichte, in: Saeculum 33, 1982, 133–147). Sein Fazit lautet, dass die Antike „keinen solchen Stau potentiell revolutionärer Energien und folglich auch keine solchen Entladungen" kenne (‚Revolution' in der Antike, 660). Dementsprechend könne letztlich bei den Griechen zumindest nicht im engeren Sinne von Revolutionen gesprochen werden (ebd., 661 f.), und auch der Begriff „Römische Revolution" sei irreführend: „Hier drängte keine neue Schicht nach vorn, sondern eine Ordnung löste sich auf, und die neue Ordnung der Monarchie konnte sich erst an deren Stelle setzen, als die alte in langen Bürgerkriegen wirklich zermürbt war" (ebd., 663); ähnlich auch *Klaus Bringmann*, Das Problem einer „Römischen Revolution", in: Geschichte in Wissenschaft und Unterricht 31, 1980, 354–377. Den argumentativen Hintergrund dieser Thesen bilden freilich die strukturalistischen Zugriffe auf „Revolution" der 1970er Jahre. Neuere Ansätze und Thesen finden sich bei *Simon Goldhill/Robin Osborne* (Hrsg.), Rethinking Revolutions through Ancient Greece, Cambridge u. a. 2006, wo sich ein Spiel mit dem Revolutions-Begriff zeigt, der mit dem Axiom von „Greece as a revolutionary society" (aufgrund der Innovationskraft in unterschiedlichsten Bereichen) begründet wird (7).

[20] *Becker*, Revolution (wie Anm. 18), 898. Zu den „bewegten Ordnungen" im Mittelalter s. *August Nitschke*, Revolutionen in Naturwissenschaft und Gesellschaft, Stuttgart-Bad Cannstatt 1979.

[21] *Mike Rapport*, in diesem Band, 300.

[22] Vgl. bereits *Bernd Schneidmüller/Stefan Weinfurter* (Hrsg.), Ordnungskonfigurationen im hohen Mittelalter, Ostfildern 2006.

Koexistenz zweier Ordnungen", und auch Irmgard Männlein-Robert verweist nachdrücklich auf die Möglichkeit der Konkurrenz mehrerer Ordnungen in der „Vormoderne".[23] Wir sind in der Lage, die unterschiedlichen (Teil-)Ordnungen in ihrer jeweiligen Spezifik, Ausprägung und Wirkung auf die Zeitgenossen zu analysieren. Dies ermöglicht es z. B., Klagen in zeitgenössischen Dokumenten über bestimmte Phänomene, Sachverhalte, Zustände, Ereignisse usw. als Bedrohung von Ordnungen zu identifizieren und in ihren Auswirkungen präziser zu erfassen und zu beschreiben. Auch wenn in Antike und Mittelalter noch nicht der Terminus „Revolution" in bestimmten Signalkontexten fällt, sondern z. B. von *stásis*, *metabolê*, *seditio*, *rebellio*, *discordia*, *motus*, *renovatio* usw. die Rede ist, können, das machen Steffen Patzolds Ausführungen exemplarisch deutlich, die dahinterstehenden Geschehnisverläufe über ihren jeweiligen Ordnungsbezug analysiert werden – ebenso wie Abläufe in der Neuzeit, die das Etikett „Revolution" tragen. Der Blick auf Ordnungen unter Bedrohung stellt damit ein diachron von der Antike bis in die Gegenwart einsetzbares Analyseinstrument zur Verfügung, das Vergleiche über die Epochengrenzen hinweg ermöglicht und schematische Hierarchisierungen wie die Aussage, die „Vormoderne" kenne noch keine Revolutionen im eigentlichen Sinne, vermeidet; damit bietet es Handreichungen zur Hinterfragung der traditionellen Zäsuren, insbesondere jener zwischen „Vormoderne" und „Moderne", an. Das Konzept der „Bedrohten Ordnungen" schafft also die Möglichkeit, ohne den Rückgriff auf den konzeptionell vorbelasteten Revolutionsbegriff entsprechende Phänomene in unterschiedlichen Epochen zu untersuchen; wann und unter welchen Bedingungen eine *seditio* als bloßer „Aufstand" zu werten ist oder das Etikett „Revolution" erhält, kann damit neu diskutiert werden. Die Revolutionsforschung wird, ohne sie explizit thematisieren zu müssen, in zweierlei Hinsicht geöffnet: sachlich und zeitlich.

Auf diese Weise schließt der SFB nahtlos an die neuere Revolutionsforschung an. Er verbreitert deren empirische Grundlage, leistet aber auch einen Beitrag zu deren konzeptueller Fortentwicklung, wie sie seit einigen Jahren gefordert wird, jedoch noch nicht hinreichend umgesetzt werden konnte. Galten Revolutionen lange als Inbegriff von Ereigniszusammenhängen, die existenzielle Veränderungen herbeiführen und entscheidende soziale und politische Wandlungsprozesse auslösen – zumeist gekennzeichnet durch die Faktoren Rapidität und Radikalität[24] –, so hat die moderne Geschichtswissenschaft dieses verbreitete Verständnis mittlerweile kritisch hinterfragt und ist dazu übergegangen, Revolutionen als spezifische Verlaufsform historischer Prozesse zu interpretieren, die keineswegs immer rapiden und radikalen Wandel herbeiführen oder repräsentieren müssen. Als vielschichtige, facettenreiche Geschehniszusammenhänge werden sie zu-

[23] *Steffen Patzold*, in diesem Band, 45 f.; *Uwe Walter*, in diesem Band, 112; *Irmgard Männlein-Robert*, in diesem Band, 135.

[24] Vgl. *Theda Skocpol*, States and Social Revolutions. A Comparative Analysis of France, Russia, and China, Cambridge 1979, 4; *Becker*, Revolution (wie Anm. 18), 892.

nehmend zum Gegenstand von Mikro-, Regional- und Detailstudien, werden miteinander verglichen, erfahren Einbettungen und Vernetzungen innerhalb größerer sachlicher, kommunikationstheoretischer, geographischer (Europa) und zeitlicher Zusammenhänge, werden aus kulturhistorischer Perspektive nach Symbolen, Semantiken und Räumen befragt – und gehen den Geschichtswissenschaften allmählich als profilierter Forschungsgegenstand verloren. Es ist bezeichnend, dass z. B. *Der Neue Pauly*, das gegenwärtige Standardlexikon zur Antike, kein Lemma „Revolution“ aufweist. Historiker, so der momentane Eindruck, haben die Lust an der Revolution verloren. Das mag daran liegen, dass parallel zur Dekonstruktion älterer Zugriffsmuster keine neue Leittheorie etabliert werden konnte. Gleichwohl sind vereinzelt entsprechende Suchbewegungen zu konstatieren. So lässt sich z. B. seit kurzem eine intensivierte Auseinandersetzung mit Gewalt (als einem Teilphänomen politischer und sozialer Revolutionen[25]) beobachten[26]; man kann sich des Eindrucks nicht erwehren, dass Gewalt für die vermeintlich vorrevolutionäre „Vormoderne“ als Ersatzkategorie für „Revolution“ zu fungieren scheint.[27] Ein Ausweichen auf andere Konzepte lässt sich verschiedentlich auch dann beobachten, wenn etwa als Alternative zur Revolution einmal mehr das Paradigma der Krise bemüht wird. Ein jüngerer Tagungsband stellt mit Blick auf jenen Zeitraum, für den Ronald Syme 1939 den ehernen Begriff „Roman Revolution“ geprägt hatte[28], programmatisch die Frage nach einer „politischen

[25] Vgl. *Koselleck*, Einleitung (wie Anm. 19), 653.

[26] Vgl. etwa (als kleine Auswahl): *Martin Zimmermann*, Gewalt. Die dunkle Seite der Antike, München 2013; *ders.* (Hrsg.), Extreme Formen von Gewalt in Bild und Text des Altertums, München 2009; *Thomas Sizgorich*, Violence and Belief in Late Antiquity. Militant Devotion in Christianity and Islam, Philadelphia 2009; *Susanne Muth*, Gewalt im Bild: Das Phänomen der medialen Gewalt im Athen des 6. und 5. Jahrhunderts v. Chr., Berlin 2008; *Dirk Rohmann*, Gewalt und politischer Wandel im 1. Jahrhundert n. Chr., München 2006; *Egon Flaig*, Gewalt als präsente und als diskursive Obsession in der griechischen Klassik, in: Bernd Seidensticker / Martin Vöhler (Hrsg.), Gewalt und Ästhetik. Zur Gewalt und ihrer Darstellung in der griechischen Klassik, Berlin / New York 2006, 29–56; *Harold A. Drake* (Hrsg.), Violence in Late Antiquity. Perceptions and Practices, Aldershot / Burlington 2006; *Hermann Kamp / Martin Kroker* (Hrsg.), Schwertmission. Gewalt und Christianisierung im Mittelalter, Paderborn u. a. 2013; *Horst Carl / Hans-Jürgen Bömelburg* (Hrsg.), Lohn der Gewalt. Beutepraktiken von der Antike bis zur Neuzeit, Paderborn / München / Wien / Zürich 2011; *Neithard Bulst / Ingrid Gilcher-Holtey / Heinz-Gerhard Haupt* (Hrsg.), Gewalt im Raum des Politischen. Fallanalysen vom Spätmittelalter bis ins 20. Jahrhundert, Frankfurt am Main 2008; *Jörg Baberowski*, Zivilisation der Gewalt. Die kulturellen Ursprünge des Stalinismus, in: Historische Zeitschrift 281, 2005, 50–102; *Jörg Baberowski* (Hrsg.), Moderne Zeiten? Krieg, Revolution und Gewalt im 20. Jahrhundert, Göttingen 2006; *Jörg Baberowski / Anselm Doering Manteuffel*, Ordnung durch Terror. Gewaltexzesse und Vernichtung im nationalsozialistischen und im stalinistischen Imperium, 2. Aufl. Bonn 2007.

[27] Vgl. z. B. *Neithard Bulst*, Einleitung, in: Neithard Bulst (Hrsg.), Politik und Kommunikation. Zur Geschichte des Politischen in der Vormoderne, Frankfurt am Main / New York 2009, 7–12, hier 8 f.

[28] *Ronald Syme*, The Roman Revolution, Oxford 1939 (vgl. jetzt: *Ronald Syme*, Die Römische Revolution. Machtkämpfe im antiken Rom. Grundlegend revidierte und erstmals vollständige Neuausgabe hrsg. von Christoph Selzer und Uwe Walter, Stuttgart 2003).

Kultur (in) der Krise".[29] Und schließlich verschieben sich mitunter auch die Fragestellungen: So ist in den 1990er Jahren die Diskussion in den Vordergrund getreten, ob der Untergang der römischen Republik unvermeidlich gewesen sei oder nicht[30]; eher beiläufig wurde das Revolutionsparadigma dabei ausgeschaltet. Andererseits trifft man in jüngeren Publikationen auf einen weit gefassten, kaum noch spezifisch konturierten und wenig reflektierten Revolutionsbegriff.[31]

Eine gegenläufige Tendenz zeichnet sich in den Sozial- und Politikwissenschaften ab. Dort wird mit großer Energie an einer neuen Leittheorie zur konzeptuellen Erfassung von Revolutionen gearbeitet[32], zuletzt befördert durch den „arabischen Frühling" 2011. Hintergrund dieser Bemühungen um eine „Revolutionstheorie der 4. Generation" ist ein Unbehagen gegenüber älteren Ansätzen, die aus einer strukturalistischen Perspektive heraus vorwiegend Klassengegensätze bzw. Dysfunktionen in den Beziehungen zwischen Staaten und sozialen Klassen sowie zwischen Staaten untereinander für den Ausbruch von Revolutionen verantwortlich gemacht und dementsprechend ihre Definition der Revolution als „rapid, basic transformations of a society's state and class structures [...] accompanied and in part carried through by class-based revolts from below" gefasst hatten.[33]

---

[29] *Karl-Joachim Hölkeskamp* (Hrsg.), Eine politische Kultur (in) der Krise? Die „letzte Generation" der römischen Republik, München 2009. Die Anwendung des Krisenbegriffs auf das römische „Revolutionszeitalter" wurde von *Christian Meier*, Res publica amissa, Wiesbaden 1966, ND Frankfurt am Main 1980, prominent vertreten. Zur Diskussion seines Ansatzes einer „Krise ohne Alternative" s. *Rolf Rilinger*, Die Interpretation des Niedergangs der römischen Republik durch „Revolution" und „Krise ohne Alternative", in: Tassilo Schmitt / Aloys Winterling (Hrsg.), Rolf Rilinger. *Ordo* und *dignitas*. Beiträge zur römischen Verfassungs- und Sozialgeschichte, Stuttgart 2007, 123–150; *Bernhard Linke*, Die römische Republik von den Gracchen bis Sulla, Darmstadt 2005. – Zum Wortfeld „Revolution" – „Krise" s. *Reinhart Koselleck*, Revolution – Rebellion, Aufruhr, Bürgerkrieg: VI. ‚Revolution' und ihre Gegenbegriffe in geschichtsphilosophischer Perspektive, in: Geschichtliche Grundbegriffe (wie Anm. 19), 739–782, hier 749.

[30] Vgl. *Karl-Wilhelm Welwei*, Caesars Diktatur, der Prinzipat des Augustus und die Fiktion der historischen Notwendigkeit, in: Mischa Meier / Meret Strothmann (Hrsg.), Karl-Wilhelm Welwei. Res publica und Imperium. Kleine Schriften zur römischen Geschichte, Stuttgart 2004, 196–216.

[31] Vgl. etwa *Raymond Van Dam*, The Roman Revolution of Constantine, Cambridge u. a. 2007; *Andrew Wallace-Hadrill*, Rome's Cultural Revolution, Cambridge u. a. 2008.

[32] Vgl. etwa *John Foran*, Theories of Revolution Revisited: Toward a Fourth Generation?, in: Sociological Theory 11, 1993, 1–20; *John Foran*, Revolutionizing Theory / Theorizing Revolutions: State, Culture, and Society in Recent Works on Revolution, in: Nikki R. Keddie (Hrsg.), Debating Revolutions, New York / London 1995, 112–135; *Zygmunt Bauman*, A Revolution in the Theory of Revolutions?, in: International Political Science Review 15, 1994, 15–24; *Jack Goldstone*, Toward a Fourth Generation of Revolutionary Theory, in: Annual Review of Political Science 4, 2001, 139–187; *Sheri Berman*, Islamism, Revolution, and Civil Society, in: Perspectives on Politics 1, 2003, 257–272.

[33] Stellvertretend für diese Ansätze steht *Skocpol*, States (wie Anm. 24) (das Zitat ebd., 4). Vgl. auch *Jeffrey Paige*, Agrarian Revolution: Social Movements and Export Agriculture in the Underdeveloped World, New York 1975; *Charles Tilly*, From Mobilization to Revolution, Reading (Mass.) 1978.

Die globalen Ereignisse der letzten vier Jahrzehnte, die mit dem Stichwort der Revolution verbunden wurden, haben aber gezeigt, dass dieser Ansatz unterkomplex ist, weil er die Akteursperspektive, die Handlungs- und Motivationszusammenhänge der Protagonisten und die eigenständigen Dynamiken in Mikroräumen weitgehend ausblendet. Dementsprechend sind in den Politikwissenschaften der letzten Jahre vor allem Faktoren in den Vordergrund getreten, die sich unter dem Begriff der *agency* subsumieren lassen: Leitfiguren und -ideologien, Identitätsfragen, soziale Bewegungen, kulturelle Aspekte – und ferner: Kontingenz. Jack Goldstone hat daher bereits 2001 das Fazit gezogen, dass „the simple state- and class-based conception of revolutions [...] no longer seems adequate".[34] Aus den neueren politikwissenschaftlichen Analysen von Revolutionen beginnt sich auf Basis dieser Kritik ein neues Konzept zu formieren: Es geht davon aus, dass ältere Ansätze, wonach (erfolgreiche) Revolutionen ehemals stabile Ordnungen zerstören, empirischen Gegenproben nicht standhalten. Stabilität sei in politischen und sozialen Ordnungen keineswegs der Normalfall, sondern ein Zustand, der lediglich durch einen hohen Aufwand auf der institutionellen Ebene sowie durch die Vermeidung von Verwundbarkeit und Ineffizienz permanent reproduziert werden müsse, was einen anhaltenden dynamischen Prozess zur Folge habe, bei dem der partielle Verlust von Stabilität sogleich Spannungen auf unterschiedlichen Ebenen auslöse und mitunter – aber nicht zwingend – allmählich in Revolutionen einmünden könne. Revolutionen erscheinen in diesem Konzept als emergente Phänomene von teilweise langer Dauer; Rapidität ist kein Definitionskriterium mehr.[35] Das bedeutet aber auch, dass Revolutionen – ebenso wie „Krise" – als Chiffren für *raschen* sozialen Wandel fortan ausfallen.[36]

Mike Rapport setzt mit seinen Überlegungen an diesem Punkt an. Seiner Auffassung nach vermag auch Goldstones Perspektive einer Revolutionstheorie der 4. Generation die aktuell konstatierten konzeptuellen Defizite nicht aufzufangen, da sie nicht erklären könne, „how and why some of these relationships between structural problems and opposition develop into revolutionary situations, while others do not" – mit anderen Worten: Die Verzahnung der Akteurs- und Strukturebene, generell ein zentrales Problem soziologischer Theoriebildung, funktioniert in Rapports Augen nicht.[37] Sein Gegenmodell, das Krisenmomente zu identifizieren sucht, in denen strukturelle Risiken sich durch die Antizipation

[34] *Goldstone*, Fourth Generation (wie Anm. 32), 142.

[35] Vgl. *Goldstone*, Fourth Generation (wie Anm. 32), 171–173.

[36] Auf die Möglichkeit, Revolutionen auch prozessual zu verstehen und als Indikatoren für „langfristigen Strukturwandel" zu interpretieren, hatte bereits *Reinhart Koselleck* (Einleitung [wie Anm. 19], 653, und ‚Revolution' und ihre Gegenbegriffe [wie Anm. 29], 749–774) hingewiesen; er betonte dabei aber auch den „kurzfristigen gewaltsamen Umschlag" und sah in der Gegenläufigkeit beider Interpretamente einen dialektischen Vorgang (654). Vgl. auch *Reinhart Koselleck*, Historische Kriterien des neuzeitlichen Revolutionsbegriffs, in: ders., Vergangene Zukunft. Zur Semantik geschichtlicher Zeiten, Frankfurt am Main 1989, 67–86.

[37] *Mike Rapport*, in diesem Band, 280.

einer Bedrohung – also durch das Handeln von Akteuren – zu Revolutionen auswachsen, operiert allerdings weiterhin mit den Rahmenbedingungen moderner Staatlichkeit und Ökonomien und schafft daher vornehmlich für neuzeitliche Revolutionen, die als solche ohnehin unhinterfragt sind, einen erweiterten Verständnisrahmen.

Das Konzept der „Bedrohten Ordnungen" greift weiter aus, indem es die Differenzierung zwischen „Vormoderne" und „Moderne" analytisch ausblendet. So können neuere politikwissenschaftliche Ansätze historisiert, bisherige Forschungen, wie Steffen Patzold formuliert, „aus den Fesseln des Staates befreit" werden, wodurch die „Vormoderne" verstärkt in den Blick gerät.[38] Diese Fesseln aber sind ein Produkt des 19. Jahrhunderts, und sie haben sich in den letzten Jahrzehnten gelockert. Wir sollten die sich dadurch eröffnende Chance zu einer unvoreingenommeneren Betrachtung nutzen.[39] Steffen Patzold hat, ausgehend von den Debatten um „Staat" und „Herrschaft" in der Mediävistik des ausgehenden 20. und beginnenden 21. Jahrhunderts, an einem Fallbeispiel vorgeführt, welche Perspektiven die Analyse bedrohter Ordnungen in dieser Hinsicht bietet: Rein funktionalistische Ansätze werden überwunden, indem materielle Interessen, religiöse Vorstellungen und Emotionen als handlungsleitende Faktoren wieder in die Diskussion zurückgeholt werden können. Da Ordnungen gleichzeitig den Bezugspunkt für zeitgenössische Kommunikation und Handlungen sowie den vom Betrachter definierten Untersuchungsrahmen darstellen und somit eine Schnittstelle zwischen Akteurs- und Strukturebene bilden, gewinnen wir einen Ansatzpunkt für die Erarbeitung einer neuen, „Vormoderne" und „Moderne" integrierenden Revolutionstheorie.

In Gestalt der historischen Katastrophenforschung rekurriert auch der Projektbereich B auf ein etabliertes Forschungsfeld, das allerdings in der letzten Dekade von einer besonderen Dynamik geprägt gewesen ist. Die Disziplin selbst ist noch recht jung, doch treten in ihrer kurzen Geschichte markante Parallelen zur Revolutionsforschung hervor – in einer signifikanten disziplinären Gegenläufigkeit: Während wichtige Impulse für die Möglichkeit einer umfassenden kulturwissenschaftlichen Einbettung der historischen Revolutionsforschung zuletzt vor allem aus den Sozial- und Politikwissenschaften hervorgingen, hat im vergangenen Jahrzehnt die Geschichtswissenschaft ihrerseits die Katastrophenforschung aus einer vorwiegend sozialwissenschaftlichen Betrachtungsweise in einen kulturhistorischen Rahmen überführt. Ähnlich wie Revolutionen wurden auch Katastrophen zunächst, vornehmlich in der Soziologie, über die Kriterien

[38] *Steffen Patzold*, in diesem Band, 44.

[39] Vgl. *Charles S. Maier*, Consigning the Twentieth Century. Alternative Narratives for the Modern Era, in: American Historical Review 105, 2000, 807–831; *ders.*, Leviathan 2.0. Die Erfindung moderner Staatlichkeit, in: Akira Iriye / Jürgen Osterhammel (Hrsg.), Geschichte der Welt 1870–1945. Weltmärkte und Weltkriege, München 2012, 33–286.

der Rapidität und Radikalität erfasst.[40] Diese eher äußerlichen Merkmale erwiesen sich jedoch bald für eine umfassende Beschreibung und Analyse entsprechender Phänomene als unzureichend und wurden von der sich seit der Jahrtausendwende etablierenden historischen Katastrophenforschung um die Kategorien der Wahrnehmung und Deutung erweitert, bevor auch diese in die Diskussion gerieten.[41] Mittlerweile werden Katastrophen, häufig im interdisziplinären Zugriff, als komplexe und hybride Geschehniszusammenhänge untersucht, bei denen die Bereiche Natur und Kultur in variierenden Graden miteinander verflochten sind.[42] Den Schritt in Richtung einer umfassenden kulturwissenschaftlichen Einbettung, den die Katastrophenforschung bereits gegangen ist, muss die Revolutionsforschung noch nachvollziehen. Die Katastrophenforschung konnte sich als eigenständiges, vitales und kontinuierlich wachsendes Forschungsfeld im Schnittpunkt von Soziologie, Geschichtswissenschaft, Anthropologie und

[40] Vgl. *Lars Clausen/Wolf R. Dombrowsky*, Art. „Katastrophen", in: Dieter Nohlen/Peter Waldmann (Hrsg.), Pipers Wörterbuch zur Politik, Bd. 6, München/Zürich 1987, 264–270, bes. 267 f.; *Lars Clausen*, Art. „Katastrophe", in: Gerd Reinhold (Hrsg.), Soziologie-Lexikon, 2. Aufl. München 1992, 293–297, hier 293; ausführlich *ders.*, Übergang zum Untergang. Skizze eines makrosoziologischen Prozeßmodells der Katastrophe, in: Lars Clausen/Wolf R. Dombrowsky (Hrsg.), Einführung in die Soziologie der Katastrophen, Bonn 1983, 41–79, bes. 50–53, die als wichtigste Definitionsmerkmale einer Katastrophe Radikalität (tiefgreifende Auswirkungen), Rapidität (überraschendes Eintreffen) und Ritualität (metaphysische Deutungsmuster) benennen.

[41] Vgl. etwa *Dieter Groh/Michael Kempe/Franz Mauelshagen* (Hrsg.), Naturkatastrophen. Beiträge zu ihrer Deutung, Wahrnehmung und Darstellung in Text und Bild von der Antike bis ins 20. Jahrhundert, Tübingen 2003.

[42] Vgl. den Beitrag von *Jan Hinrichsen*, *Reinhard Johler* und *Sandro Ratt* in diesem Band. Außerdem *Anthony Oliver-Smith*, Theorizing Disasters. Nature, Power, and Culture, in: Susanna M. Hoffman/Anthony Oliver-Smith (Hrsg.), Catastrophe and Culture. The Anthropology of Disaster, Santa Fe 2002, 23–47. Ferner (als Auswahl): *Andrea Janku/Gerrit J. Schenk/Franz Mauelshagen* (Hrsg.), Historical Disasters in Context. Science, Religions, and Politics, New York/London 2012; *François Walter*, Katastrophen. Eine Kulturgeschichte vom 16. bis ins 21. Jahrhundert, Stuttgart 2010; *Christof Mauch/Christian Pfister* (Hrsg.), Natural Disasters, Cultural Responses. Case Studies Toward a Global Enviromental History, Lanham (MD) 2009; *Gerrit J. Schenk*, Katastrophen in Geschichte und Gegenwart. Eine Einführung, in: ders. (Hrsg.), Katastrophen. Vom Untergang Pompejis bis zum Klimawandel, Ostfildern 2009, 9–19, 224–226; *ders.*, Historical Disaster Research. State of Research, Concepts, Methods and Case Studies, in: *Gerrit J. Schenk/Jens I. Engels* (Hrsg.), Historical Disaster Research. Concepts, Methods and Case Studies – Historische Katastrophenforschung. Begriffe, Konzepte und Fallbeispiele (= Historical Social Research 32.3, 2007), Köln 2007, 9–31; *Monica Juneja/Franz Mauelshagen* (Hrsg.), Coping with Natural Disasters in Pre-Industrial Societies (= The Medieval History Journal 10.1–2, 2007), Los Angeles u. a. 2007; *Urte U. Frömming*, Naturkatastrophen. Kulturelle Deutung und Verarbeitung, Frankfurt am Main/New York 2006; *Monika Gisler/Katja Hürlimann/Agnes Nienhaus*, „Naturkatastrophen". Einleitung, in: „Naturkatastrophen" – „Catastrophes naturelles" (= Traverse 2003/3), Zürich 2003, 7–20; *Jacques Berlioz/Grégory Quenet*, Les catastrophes: définitions, documentation, in: René Favier/Anne Marie Granet-Abisset (Hrsg.), Histoire et mémoire des risques naturels, Grenoble 2000, 19–37; *Christian Pfister*, Naturkatastrophen und Naturgefahren in geschichtlicher Perspektive. Ein Einstieg, in: ders. (Hrsg.), Am Tag danach. Zur Bewältigung von Naturkatastrophen in der Schweiz 1500–2000, Bern 2002, 11–26.

Kulturwissenschaft etablieren, strahlt weit in aktuell breit geführte Debatten über „Risikogesellschaften" und die Gefahren der Moderne[43] aus und arbeitet derzeit an der Verfeinerung ihrer Arbeitsinstrumente. Unter diesen hat sich das Konzept der *vulnerability* als besonders ertragreich erwiesen.[44] Es ermöglicht die Bestimmung des Grades der Anfälligkeit einer Gesellschaft für extreme Ereignisse und deren Folgen, d. h. es leistet einen Beitrag zur Identifizierung raschen sozialen Wandels, indem es gewissermaßen die „Schmerzgrenze" einer Gesellschaft aufweist, bevor es zu massiven Anpassungs- und Veränderungsprozessen kommt. Das Konzept der *vulnerability* spielt auch mit Blick auf „Bedrohte Ordnungen" eine zentrale Rolle, denn es hilft uns, die Toleranz- bzw. Dehnungsfähigkeit einer Ordnung auszuloten und uns damit jenen Kippmomenten anzunähern, in denen Ordnungen über die ihnen ohnehin inhärente Dynamik hinaus grundlegende Wandlungsprozesse durchlaufen oder gar in neue Ordnungen transformiert werden – unabhängig von der jeweils zeitgenössischen und zeitgebundenen Bedrohungskommunikation. Dieses Umschlagen kann ebenso im Angesicht einer gravierenden Katastrophe erfolgen wie im Kontext eines Aufruhrs, der sich plötzlich zu einer Revolution auswächst. Katastrophen- und Aufruhr- bzw. Revolutionsforschung lassen sich somit über das Konzept der *vulnerability*, das auch in der politikwissenschaftlichen Revolutionsforschung bereits erprobt wurde, produktiv miteinander in Beziehung setzen und rechtfertigen nicht zuletzt dadurch die Einbettung der Teilbereiche „Aufruhr" und „Katastrophen" in etablierte Forschungszusammenhänge, die durch die Konzentration auf Ordnungen (und eben nicht auf Strukturen, Institutionen, Systeme usw.) innovative Weiterungen erfahren. Der Tübinger SFB schafft damit Schnittstellen und Verbindungsmöglichkeiten zwischen wissenschaftlichen Diskursen, die bisher weitgehend unabhängig voneinander geführt worden sind.

„Ordnungszersetzung" als Überschrift für den Projektbereich C meint nicht ein aktives Handeln im Sinne des nationalsozialistischen Tatbestandes der „Wehrkraftzersetzung", sondern spielt mit der Metapher eines gleichsam natürlichen, biologischen Zerfallsprozesses. Es könnte damit, wie Uwe Walter in diesem Band anmerkt, ein „Dekadenznarrativ" bedienen. Doch es geht in dem Feld um die kritische Infragestellung von Narrativen, indem Momente der Verdichtung und Aufgipfelung aufgesucht werden, die durch Dekadenz- und Verfallsmetaphern überspielt bzw. eingeebnet werden. „Ordnungszersetzung" ist wie die anderen Bereichsbezeichnungen des SFB ein epochenübergreifender, eher unscharfer Beschreibungsbegriff, und daher mit weniger konzeptuellen Voranahmen

[43] Vgl. *Beck*, Weltrisikogesellschaft (wie Anm. 15).

[44] Vgl. *Greg Bankoff/Georg Frerks/Dorothea Hilhorst* (Hrsg.), Mapping Vulnerability. Disasters, Development & People, London/Sterling (VA) 2004, ND 2007; *Greg Bankoff*, Cultures of Disaster: Society and Natural Hazard in the Philippines, London 2003. Dass *vulnerability* auch eine problematische Seite hat, betont *Greg Bankoff*, Rendering the World Unsafe: 'Vulnerability' as Western Discourse, in: Disasters 25, 2001, 19–35.

aufgeladen als mögliche Alternativen wie „Krise", „Desintegration", „Verfall", „Erosion", „Auflösung" usw. Er kann mehrere Brücken zu nahe liegenden Forschungskontexten bauen. Er verweist auf das Prozesshafte, die allmähliche Veränderung. Es geht um die Analyse längerer Zeiträume, die durch verschiedene Amplituden des Wandels gekennzeichnet waren, die unregelmäßig auftraten und von Zeitgenossen jeweils unterschiedlich wahrgenommen und beurteilt wurden. Veränderungen von Ordnungen konnten (und können) sich in Rhythmen vollziehen, die unabhängig sind von jenen Rhythmen, in denen die Akteure Wandel wahrnehmen oder darüber kommunizieren. Die globale Finanzwirtschaft ist nicht erst am 15. September 2008 zusammengebrochen, dem Tag, an dem die Investmentbank Lehman Brothers Inc. Insolvenz beantragen musste, sondern bereits davor, ohne dass bis dahin eine übermäßige Bedrohungskommunikation stattgefunden hätte. In gleicher Weise haben Zeitgenossen während der späten römischen Republik bis zuletzt geglaubt, durch den Austausch des Führungspersonals und minimale Reparaturen im institutionellen Bereich könne man das Ende der bestehenden Ordnung noch aufhalten, ohne die schweren Zäsuren als solche wahrzunehmen – Uwe Walter spricht treffend vom „Glaube[n] an die große Reset-Taste".[45]

Das Paradigma der „Ordnungszersetzung" soll es uns ermöglichen, unabhängig von jeweils zeitgenössischen Stimmen längere Prozesse des Wandels einer Ordnung zu rhythmisieren und entscheidende Kippmomente zu identifizieren; es führt uns in eine Auseinandersetzung mit dem theoretischen Problem der Identifikation latenter Bedrohungen, ihres Verhältnisses zu akuten Bedrohungen und ihrer Reflexion in Bedrohungskommunikation – der Mediävist Klaus Ridder hat sich im vorliegenden Band dieses Themas angenommen. Ihren angemessenen Ort in der Forschungsdiskussion und kontrastierende Konzepte findet „Ordnungszersetzung" dementsprechend im Kontext der mittlerweile unüberschaubaren Debatten zu den Themenfeldern „Transformation", „Krise", „Niedergang" – und nicht zuletzt einmal mehr: „Kontingenz".[46] Gleichzeitig lenkt sie den Blick auf den Umstand, dass Bedrohungen einer Ordnung nicht nur mit Neuformierungsprozessen einhergehen (U. Walter), sondern durchaus auch zu ihrer Bestätigung führen können (A. Franke / N. Hirschfelder).

Über das Paradigma der „Ordnungszersetzung" lassen sich somit komplexe Transformationsprozesse methodisch sauberer als bisher entschlüsseln und nachvollziehen. Dies gilt vor allem mit Blick auf ein zentrales Anliegen des Tübinger SFB: die Frage nach der Valenz von Epochen und Epochengrenzen.

---

[45] *Uwe Walter*, in diesem Band, 112.

[46] Auf Letzteres hat einmal mehr Uwe Walter hingewiesen (vgl. *Uwe Walter*, in diesem Band, 112); s. zuletzt *Uwe Walter*, Struktur, Zufall, Kontingenz? Überlegungen zum Ende der römischen Republik, in: Hölkeskamp (Hrsg.), Eine politische Kultur (in) der Krise? (wie Anm. 29), 27–51; vgl. auch *Arnd Hoffmann*, Zufall und Kontingenz in der Geschichtstheorie. Mit zwei Studien zu Theorie und Praxis der Sozialgeschichte, Frankfurt am Main 2005.

Nachdem bereits eine erste Studie vorgelegt wurde, in welcher der Übergang von der Spätantike ins Mittelalter im römischen Osten unter Rekurs auf das Instrument der „Bedrohten Ordnungen" untersucht worden ist[47], hat sich nunmehr Uwe Walter mit Blick auf den Übergang von der römischen Republik in die Kaiserzeit kritisch mit „Ordnungszersetzung" auseinandergesetzt. Sein Fazit, dass am Ende der Entwicklung zwei „Wirklichkeiten innerhalb der einen Ordnung" gestanden hätten[48], verweist darauf, dass wir das analytische Potenzial des Paradigmas „Ordnungszersetzung" möglicherweise noch nicht ausgeschöpft haben. Es demonstriert darüber hinaus jedoch auch, wie ein Vorgang, der bis vor wenigen Jahren zumeist noch unter dem Stichwort „Revolution" gehandelt wurde, mittlerweile ungleich differenzierter gefasst werden kann, und vermag aus dieser Perspektive seinerseits wiederum der Revolutionsforschung Impulse zu verleihen.

Ähnlich wie „Ordnungszersetzung" rekurriert auch „Ordnungskonkurrenz" als Etikett für die im Themenfeld D zusammengeführten Teilprojekte nicht unmittelbar auf etablierte Forschungszusammenhänge, sondern versucht Beobachtungen zu verbalisieren und zu umschreiben, die sich während der Konzeptionsphase der Projekte eingestellt haben. Der Terminus umgreift letztlich ein komplexes theoretisches Problem, nämlich die Frage nach dem Verhältnis unterschiedlicher Ordnungen zueinander. Dabei geht es nicht um den bereits angedeuteten Sachverhalt, dass Gesellschaften sich zu keinem Zeitpunkt lediglich auf die eine Ordnung bezogen haben bzw. dass sie ohnehin stets in ein komplexes Geflecht variierender (Teil-)Ordnungen eingebunden sind, die verschiedene Reichweiten besitzen und auf unterschiedlichen Ebenen angesiedelt sein können. Der Terminus „Ordnungskonkurrenz" richtet die Aufmerksamkeit vielmehr auf solche Ordnungen, deren Vertreter einen *gesamtgesellschaftlichen* Geltungsanspruch erheben, dadurch tiefgreifende Konkurrenzen erzeugen und die jeweils andere(n) Ordnung(en) als fremd, bedrohlich, die eigene Ordnung von außen existenziell gefährdend wahrnehmen. Das erscheint nur dann möglich, wenn Akteure Ordnungen als fundamentale Orientierungs- und Strukturierungsinstanzen im Alltag empfinden. Hier kommt die Vorstellung eines möglichen normativen Gehalts von Ordnungen ins Spiel. Irmgard Männlein-Robert vertritt in ihrem Beitrag sogar offensiv die These, dass Ordnungskonkurrenzen überhaupt nur dann entstehen könnten, wenn jede Ordnung einen normativen Geltungsanspruch repräsentiere.

Explizit und auf breiter, interdisziplinärer Basis wird die Frage eines normativen Gehalts von Ordnungen neuerdings im Frankfurter Exzellenzcluster „Die Herausbildung normativer Ordnungen"[49] untersucht. Es geht hier, in Ab-

---

[47] *Mischa Meier*, Ostrom-Byzanz, Spätantike-Mittelalter. Überlegungen zum „Ende" der Antike im Osten des Römischen Reiches, in: Millennium 9, 2012, 187–253.

[48] *Uwe Walter*, in diesem Band, 113.

[49] Näheres: http://www.normativeorders.net/de/[6.8.2013].

grenzung von funktionalistischen Ansätzen, „insbesondere um die Wertungen, die institutionellen Ordnungen zugrunde liegen" und die damit zunächst einmal als jeder Ordnung eingeschrieben vorausgesetzt werden.[50] Ordnungen stehen, so die weitergehende Annahme, gerade aufgrund ihres normativen Gehalts unter einem ständigen Rechtfertigungsdruck und bilden daher „Rechtfertigungsnarrative" aus, die der Festigung der jeweiligen Ordnung, aber auch der Ausweitung ihrer normativen Ansprüche dienen.[51] Während der Tübinger SFB jeder Ordnung eine inhärente Dynamik zuschreibt, da diese in permanenten Aushandlungs- und Routineprozessen stetig fortentwickelt wird, postulieren auch die Vertreter der „Normativen Ordnungen" ein dynamisches Element, verlagern dieses aber auf den „Widerstreit zwischen Idealität und Faktizität" einer Ordnung, d. h. auf deren Geltungsanspruch, der die faktische Verankerung der Ordnung stets überschreitet und nach Weiterungen strebt.[52] Anliegen der Frankfurter ist insofern auch nicht eine Analyse einzelner Ordnungen im Zustand der Bedrohung, sondern – weitaus grundlegender – der Nachvollzug ihrer Herausbildung als normsetzender und -konservierender Größen. Dass in diesem Zusammenhang auch die Konkurrenz normativer Ordnungen zu einem wichtigen Thema wird, liegt in der Natur der Sache. Allerdings postulieren die Angehörigen des Frankfurter Clusters einmal mehr eine erkennbare Zäsur zwischen „Vormoderne" und „Moderne", wenn sie es als „evident" ansehen, dass eine „Konkurrenz unterschiedlicher normativer Ordnungen [...] eher in der späteren Neuzeit oder der Gegenwart" zu beobachten sei.[53] Dass sich scharfe Konkurrenzen normativer Ordnungen indes auch schon für die Antike aufweisen und fruchtbar analysieren lassen, legt Irmgard Männlein-Robert anhand ihres Fallbeispiels, der Auseinandersetzung zwischen Platonismus und Christentum in der Spätantike, anschaulich dar. Freilich existiert bisher noch kein methodisches Instrumentarium, das für die Analyse von Ordnungskonkurrenzen bereits erprobt wäre. Im Frankfurter Cluster setzt man daher vor allem auf die Analyse von „Rechtfertigungsnarrativen" und ihre Wirkung auf die Öffentlichkeit. Letztere wird dabei im Sinne Jürgen Habermas' als aufgeklärt-kritische Instanz verstanden – ein auf Spezifika der „Moderne" zielendes Konzept, das allerdings in der diachronen

---

[50] *Rainer Forst/Klaus Günther*, Die Herausbildung normativer Ordnungen. Zur Idee eines interdisziplinären Forschungsprogramms, in: Rainer Forst/Klaus Günther (Hrsg.), Die Herausbildung normativer Ordnungen. Interdisziplinäre Perspektiven, Frankfurt am Main/New York 2011, 11–30, hier 11. Zum zugrundeliegenden Begriff der Normativität s. *Peter Stemmer*, Die Konstitution der normativen Wirklichkeit, ebd., 57–68.

[51] *Forst/Günther*, Herausbildung (wie Anm. 50), 11–22; *Andreas Fahrmeir* (Hrsg.), Rechtfertigungsnarrative. Zur Begründung normativer Ordnung durch Erzählungen, Frankfurt am Main/New York 2013.

[52] *Forst/Günther*, Herausbildung (wie Anm. 50), 15 f., das Zitat 16.

[53] *Andreas Fahrmeir/Annette Imhausen*, Einleitung: Dynamik normativer Ordnungen – Ethnologische und historische Perspektiven, in: dies. (Hrsg.), Die Vielfalt normativer Ordnungen. Konflikte und Dynamik in historischer und ethnologischer Perspektive, Frankfurt am Main/New York 2013, 7–17, hier 13.

Anwendung erhebliche Mühe bereitet, wie erst kürzlich wieder in kontroverser Diskussion aufgezeigt worden ist.[54] Männlein-Robert geht demgegenüber einen anderen Weg: Sie erprobt an ihrem konkreten Fallbeispiel die heuristische Tauglichkeit der aktuellen Feindbildforschung und verweist damit exemplarisch auf Konzepte mittlerer Reichweite, die möglicherweise geeignet sein könnten, das sperrige Feld der „Ordnungskonkurrenz" zu erschließen. Es muss dabei nicht allein bei der Feindbildforschung bleiben. Perspektivisch bietet sich gleichermaßen eine Auseinandersetzung mit weiteren Konzepten an, so etwa dem der Involution, das ursprünglich in der Ethnologie entwickelt worden, mittlerweile aber auch in der Frühneuzeitforschung und zuletzt in der Alten Geschichte zur Anwendung gekommen ist. Es dient der Analyse des vielfach zu beobachtenden Phänomens, dass in Phasen tiefgreifenden Wandels die Nutznießer bzw. Vertreter der alten Ordnungen mit besonderer Verbissenheit und entgegen einer sich durchsetzenden neuen, konkurrierenden Ordnung an diesen festzuhalten versuchen, sie in besonderem Maße inszenieren und symbolisch überfrachten, was zu schwerwiegenden kommunikativen Missverständnissen führen kann.[55] Die Erprobung aktueller Konzepte wie der Feindbildforschung oder der Involution zur Erschließung eines Feldes, das zunächst einmal nur durch einen beschreibenden Begriff wie „Ordnungskonkurrenz" umgriffen wird, eröffnet dabei wiederum neue Räume des interdisziplinären Austauschs; nicht zuletzt ein größerer Bereich wie die Revolutionsforschung könnte auch davon profitieren.

3. Bedrohungskommunikation

Setzte der interpretatorische Vorgriff, der am Anfang des SFB-Unternehmens stand, die Leitbegriffe „Bedrohung" und „Ordnung" in Beziehung und konzentrierte sich vor allem auf Charakteristika der Bedrohung, so rückte in der praktischen Forschungsarbeit bald die Bedrohungskommunikation in den Mittelpunkt des Interesses. Das mag mit der Textbasiertheit der beteiligten wissenschaftlichen Disziplinen zusammenhängen. Dahinter steht aber auch die Überzeugung, dass sich von Merkmalen der Kommunikation her wesentliche Elemente der Ordnung wie der Bedrohung erschließen lassen. Eine Gruppe junger Wissenschaftlerinnen und Wissenschaftler aus dem SFB um Fabian Fechner und Rebekka Nöcker hat für diesen Band „Bedrohungskommunikation" definiert und operationalisiert. Sie gehen von einem Begriffsvorschlag Werner Schirmers aus und

---

[54] *Christina Kuhn* (Hrsg.), Politische Kommunikation und öffentliche Meinung in der antiken Welt, Stuttgart 2012.

[55] *Aloys Winterling*, ‚Krise ohne Alternative' im Alten Rom, in: Monika Bernett/Wilfried Nippel/Aloys Winterling (Hrsg.), Christian Meier zur Diskussion. Autorenkolloquium am Zentrum für Interdisziplinäre Forschung der Universität Bielefeld, Stuttgart 2008, 219–239, hier 236–239, mit Anm. 56–58 (Literatur).

verknüpfen ihn über Erving Goffmans *framing*-Ansatz mit der SFB-Leitfrage nach Bedrohten Ordnungen.[56] Wenn die Beschreibung eines bedrohlichen status quo, eines zukünftigen Szenarios und einer Handlungsempfehlung eine in Bezug auf die in Rede stehende Ordnung hinreichend große Akteursgruppe interessieren und zur Kommunikation bzw. zum Handeln bewegen kann, dann ist Bedrohungskommunikation gelungen.

Damit steht ein diagnostisches Instrument zur Identifikation Bedrohter Ordnungen bereit. Weil Bedrohungskommunikation verbale und nonverbale Elemente enthalten kann, richtet sich der forschende Blick auf unterschiedliche Textgattungen und wird perspektivisch auch in zunehmendem Maße nicht textgebundene Zeugnisse sowie Praktiken mit einbeziehen müssen. Klaus Ridder betont die Chancen, die in der Untersuchung von Quellen liegen, die die Geschichtswissenschaft gewöhnlich nur mit Vorsicht in ihre Arbeit einbezieht. Auch im Fiktionalen liegt für den SFB eine wichtige Erkenntnisressource.

„Wahrnehmungs- und Deutungsmuster bedrohter sozialer Ordnung sind Bestandteil sowohl pragmatischer als auch ästhetischer Texte. Literarische Werke nehmen, indem sie konstruierten Bedrohungsszenarien Sinnschemata für soziales Verhalten unterlegen und diese über den Erzählprozess kommentieren, vielfach eine reflektierende Perspektive auf die soziale Wirklichkeit von Bedrohung ein".[57]

„Bedrohungskommunikation" im Sinne der jungen SFB-Wissenschaftlerinnen und Wissenschaftler nimmt die Perspektive der zeitgenössischen Akteure auf Bedrohung und Ordnung ernst. Sie fordert gleichzeitig dazu auf, die Grenzen der Kommunikationsgemeinschaft im Blick zu behalten. Es kann und wird wahrscheinlich alternative Perspektiven auf das geben, was einer relevanten Gruppe als Bedrohung erscheint. Die verschiedenen, möglicherweise antagonistischen zeitgenössischen Perspektiven erklären einen Gutteil der Dynamik bedrohter Ordnungen. Hinzu kommen freilich Grundlagen oder Tiefenschichten der Ordnung, die auch im Moment der Bedrohung den Zeitgenossen nicht deutlich werden, die aber hemmend oder fördernd auf den Prozess einwirken. Hier kommt die analytische Perspektive der wissenschaftlichen Beobachtung ins Spiel. Die dem Konzept „Bedrohte Ordnungen" so eingeschriebene mehrfache Perspektivität macht eine seiner Stärken auch gegenüber einem derzeit viel diskutierten Begriff wie „resilience"[58] aus, argumentieren die Amerikanistinnen Astrid Franke

[56] *Werner Schirmer*, Bedrohungskommunikation. Eine gesellschaftliche Studie zu Sicherheit und Unsicherheit, Wiesbaden 2008; *Erving Goffman*, Frame Analysis. An Essay on the Organization of Experience, New York 1974.

[57] *Klaus Ridder*, in diesem Band, 192.

[58] Vgl. *Schenk*, Einführung (wie Anm. 42); *Dorothea Hilhorst/Greg Bankoff*, Introduction. Mapping Vulnerability, in: Bankoff/Frerks/Hilhorst, Mapping Vulnerability (wie Anm. 44), 1–9; *Olivia Patterson/Frederick Weil/Kavita Patel*, The Role of Community in Disaster Response. Conceptual Models, in: Population Research and Policy Review 29, 2010, 127–141; *John J. Green/Duane A. Gill/Anna M. Kleiner*, From Vulnerability to Resiliency. Assessing Impacts and Responses to Desaster, in: Southern Rural Sociology 21.02.2006, 89–99; *Nancy Scheper-*

und Nicole Hirschfelder in diesem Band. Weiße Südstaatler nahmen nach dem Zweiten Weltkrieg eine Rasseordnung als bedroht wahr, die einem anscheinend eindeutigen Körpermerkmal eine ganze Reihe weiterer Eigenschaften und Verhaltensdispositionen zuwies und daraus sehr ungleiche Rechte, Pflichten und Lebenschancen ableitete. Nicht alle weißen Südstaatler unterstützten die Ordnung in gleicher Weise. Verschiedene weiße Akteure perpetuierten unterschiedliche Ordnungselemente in ihrem Handeln. Ihnen gegenüber standen Akteure, für die das, was Andere Bedrohung nannten, ganz neue Lebenschancen eröffnete. Auch auf dieser Seite gab es unterschiedliche Meinungen darüber, wo die größten Chancen lagen, welche Teile der alten Ordnung beizubehalten, welche zu verändern, welche zu beseitigen seien. Auch wenn Kommunikation und Handeln uns nicht direkt zu Gruppen von Schwarz und Weiß führen, zeigen Franke und Hirschfelder mittels einer an den Arbeiten von Norbert Elias und Pierre Bourdieu orientierten analytischen Außenperspektive, dass alle Akteure Teile einer tief verankerten, persistenten Rasseordnung blieben, die im Kern eine Machtordnung war und ist.

Durch Vergleich und Historisierung von Bedrohungskommunikationen lassen sich allgemeinere Aussagen über Bedrohungen und Ordnungen treffen. Das hatte die Gruppe um Fabian Fechner und Rebekka Nöcker in ihrem Text bereits gezeigt. Generalisierende Aussagen sind auch zu den vier Dimensionen bedrohter Ordnungen möglich. Der Althistoriker Jonas Borsch und die Zeithistorikerin Sara Sophie Stern untersuchen vergleichend die Wahrnehmung von Beschleunigung und zeitlicher Verdichtung im Zusammenhang mit Erdbeben in Griechenland während des 5. vorchristlichen Jahrhunderts und mit Aufruhr im Ruhrgebiet in den frühen 1920er Jahren. Die Muster, anhand derer unruhige Zeiten konstruiert und gedeutet werden, ähneln sich offenbar über die uns geläufigen Epochen und Zäsuren hinweg. Kosellecks simple Frage „Wie neu ist die Neuzeit?“[59], hinter der sich ein ganzes Ensemble begriffs- und sozialgeschichtlich gestützter Annahmen über Verzeitlichung, Beschleunigung und einen grundlegenden Erfahrungswandel verbirgt, lässt sich möglicherweise durch die vergleichende Analyse bedrohter Ordnungen mit neuen Perspektiven bearbeiten.

In den Beiträgen von Roger Petersen und Klaus Ridder spielt mit den Emotionen eine weitere Dimension bedrohter Ordnungen eine zentrale Rolle. Emotionen werden in den von Klaus Ridder bearbeiteten literarischen Quellen bestimmten Handlungsmotiven zugeordnet, sie werden als Resultate von Konflikt- und Bedrohungssituationen inszeniert, werden als Form der Bewertung eines Objekts eingesetzt. Roger Petersen weist in seinem Text darauf hin, dass auch Politik mit Emotionen arbeitet, sie inszeniert, um Handlungsbewertungen

---

Hughes, A Talent for Life. Reflections on Human Vulnerability and Resilience, in: Ethnos 73, 2008, 25–56.

[59] *Reinhart Koselleck*, Wie neu ist die Neuzeit?, in: ders., Zeitschichten (wie Anm. 3), 225–239.

und Handlungsmotivationen – ja: Handlungsdruck – zu erzeugen. Politische Akteure können Ordnungen durch den Appell an Emotionen stabilisieren oder herausfordern. Petersen wählt einen spieltheoretischen Ansatz und analysiert die Wirkungen der Emotionen Ärger (*anger*) und Verachtung (*contempt*). Westliche Interventionen der letzten Jahrzehnte haben seiner Ansicht nach Emotionen als politischen Faktor unterschätzt, weil sie in westlichen Vorstellungen des „engineering of social contracts" keinen Platz haben. Kulturwissenschaftler und Historiker werden die politische Funktion von Emotionen, auf die Petersen hinweist, in Rechnung stellen. Sie werden aber auch mit Ridder darauf hinweisen, dass Gesellschaften unterschiedliche emotionale Gestimmtheiten aufweisen, die zu distinkten politischen Arrangements, aber auch zu unterschiedlichen Erkenntnisweisen und Handlungsketten in Bedrohten Ordnungen führen. Emotionen stehen dem Erkennen und Handeln nicht im Wege. Sie ermöglichen und lenken sie. Emotionen verknüpfen Individuum und Soziales. Sie sind unser „practical engagement with the world".[60] Eben deswegen ist es so wichtig, die bedrohungs- wie die ordnungsspezifischen Emotionen und emotionalen Arrangements einer Gesellschaft zu analysieren.

Auch die forcierten Interaktionsprozesse sowie die Inklusions- und Exklusionsphänomene, die soziale Dimension bedrohter Ordnung also, finden ihren Niederschlag in fiktionalen Texten. Franke/Hirschfelder und Borsch/Stern zeigen, wie das in einer Gesellschaft Erwartbare, aber auch das Anstößige und Skandalisierbare im Sozialen mittels ästhetischer Texte prägnant auf den Begriff gebracht wird. Aber auch die soziale Dimension ist eine politische, die mit Macht verbunden ist, wie Hinrichsen, Johler und Ratt anhand alpiner Lawinenkatastrophen deutlich machen. In der Gefahrenabschätzung wie in der (Re)Konfiguration von Ordnung bilden sich Ungleichheiten ab und bilden sich Ungleichheiten neu.

Die vierte, die Sachdimension von bedrohten Ordnungen, wird in unseren bisherigen Untersuchungen weniger aus literarischen Quellen heraus entwickelt. Insgesamt besteht natürlich die Gefahr, die strukturellen Grundlagen und materiell greifbaren, akuten Zuspitzungen einer Bedrohung in einem Untersuchungsdesign aus dem Blick zu verlieren, das Kommunikation zentral stellt. Doch hat jede Kommunikation einen Ermöglichungsraum, der kulturell und materiell beschrieben werden muss. Hinrichsen, Johler und Ratt betonen die Eigenmacht des Materiellen. Dass Kommunikation von Medien abhängig ist und der Wandel

---

[60] *Monique Scheer*, Are Emotions a Kind of Practice (and is that what Makes them Have a History)? A Bourdieuian Approach to Understand Emotion, in: History and Theory 51, 2012, 193–220, hier 193. Vgl. *Kevin Walby/Dale Spencer/Alan Hunt* (Hrsg.), Emotions Matter. A Relational Approach to Emotions, University of Toronto Press 2012; *Benjamin Lazier/Jan Plamper* (Hrsg.), Fear across the Disciplines, University of Pittsburgh Press 2012; *Christian von Schewe*, Emotionen und soziale Strukturen. Die affektiven Grundlagen sozialer Ordnung, Frankfurt am Main/New York 2009; *Florian Weber*, Von der klassischen Affektenlehre zur Neurowissenschaft und zurück. Wege der Emotionsforschung in den Geistes- und Sozialwissenschaften, in: Neue Politische Literatur 53, 2008, 21–42.

der Medien Kommunikationswandel herbeiführt und damit auch die Dynamik bedrohter Ordnungen verändert, hält Steffen Patzold in seinem Beitrag fest. Weil körperliche Ko-Präsenz die Voraussetzung für direkte Kommunikation in europäischen Gesellschaften des 11./12. Jahrhunderts war, gab es nicht sehr viel davon. Und sie war nicht dauerhaft. Informationen verbreiteten sich langsam. Manche gingen verloren. Das muss zu kommunikativen Netzwerken, Zeitkonzepten und Bedrohungsdynamiken geführt haben, die sich deutlich von denen des beginnenden 21. Jahrhunderts unterscheiden. Kommunikation hat aber auch mit Macht zu tun, wie Franke und Hirschfelder zeigen, mit Schreib-, Lese-, und Sprachkompetenzen, wie Uwe Walter betont. Sie ist abhängig von ökonomischen und sozialen Umfeldfaktoren, die jeweils zu bestimmen sind. Insofern kann gerade ein kommunikationsbasiertes Untersuchungsdesign sensibel machen für politische, ökonomische und soziale Grundgegebenheiten, auf denen Ordnungen aufruhen und aus denen Bedrohungen erwachsen.

Von der Bedrohungskommunikation her ergibt sich daher auch ein Interesse am Vorher und Nachher der Bedrohung. Ausgehend vom Tristanroman regt Klaus Ridder an, „eine Abfolge von Bedrohungssituationen und die Verknüpfung der einzelnen Sequenzen in den Blick [zu] nehmen, um bedrohte Ordnung als Prozess zu analysieren".[61] Nicht nur sind Bedrohungen ordnungsspezifisch. Bedrohung erzeugt ihrerseits auch neue und weitere Bedrohung, weil Angehörige einer Ordnung dort sensibler auf Gefahrenanzeichen reagieren, wo sie selbst bereits Bedrohung erfahren haben. Denn in Gesellschaften lagern sich Erfahrungen mit Katastrophen, Revolten, Konkurrenzen an, die im Bedrohungsfall Kommunikation und Handeln lenken können. Burkhardt Wolf fasst gemeinsam mit anderen Berliner und Weimarer Forschern diese „Mittel und Modalitäten der Wahrnehmung, die Bedrohungen in ihrer Latenz entsprechend den sie generierenden Milieus oder ihrer systemischen Bedingtheit erfassen"[62], unter dem Begriff „Gefahrensinn" zusammen. „Konzepte und Visionen des Bedrohlichen [geben] Aufschluss darüber, wie man sich hier und dort den Zusammenhang und die Sollbruchstellen sozialer, politischer und kultureller Ordnungen vorgestellt hat".[63] Im gleichen Band spricht Elena Esposito von „Sorgekultur".[64] Von Foucault ausgehend wird allerdings der Gefahrensinn zu einem Signum moderner Gouvernementalität und damit zum Medium unserer Selbstbeschreibung. Demgegenüber sollen „Bedrohte Ordnungen" die Frage eines spezifisch modernen Gefahrensinns, traditioneller und moderner Katastrophenkulturen,

---

[61] *Klaus Ridder*, in diesem Band, 194.

[62] *Burkhardt Wolf*, Das Gefährliche regieren. Die neuzeitliche Universalisierung von Risiko und Versicherung, in: Lorenz Engell/Berhard Siegert/Joseph Vogl (Hrsg.), Gefahrensinn (Archiv für Mediengeschichte 2009), München 2009, 23–33, hier 23.

[63] *Lorenz Engell/Berhard Siegert/Joseph Vogl*, Editorial, in: dies., Gefahrensinn (wie Anm. 62), 5–8, hier 5.

[64] *Elena Esposito*, Die offene Zukunft der Sorgekultur, in: Engell/Siegert/Vogl, Gefahrensinn (wie Anm. 62), 107–114.

alter und neuer Ordnungen erst noch prüfen anstatt sie selbstgewiss vorauszusetzen. Jan Hinrichsen, Reinhard Johler und Sandro Ratt diskutieren in ihrem Beitrag – in Anlehnung an Debatten der neueren Katastrophenforschung – „Katastrophenkulturen“[65] und verfolgen damit ein Konzept mit größerer zeitlicher Offenheit und weniger eindeutiger Bezugnahme auf moderne Staatlichkeit.

Nun soll damit nicht geleugnet werden, dass Ordnungen wie Bedrohungen im 20. und im 21. Jahrhundert andere sind als im 1. oder im 11. Jahrhundert nach Christus. Jedenfalls für Mitteleuropa dürfte das gelten. Von der Veränderung der Medien war schon die Rede. Bedrohungswahrnehmungen werden sich massiv dadurch verändert haben, dass sich in Mitteleuropa die Lebenserwartung in den letzten 150 Jahren mehr als verdoppelt hat, wir zuversichtlich davon ausgehen können, das Rentenalter (relative materielle Sicherheit im Alter ist ein ganz neues Phänomen) zu erreichen, der Tod zwischen dem ersten und dem 50. Lebensjahr eine große Seltenheit darstellt und daher als Katastrophe erlebt wird. Deutsche sind derzeit nicht bereit, eine Vielzahl von Toten aus der eigenen Nation als Preis für militärische Siege oder wirtschaftliches Wohlergehen zu akzeptieren, und das ist eine gute Nachricht. Die Staatspenetration hat sich vor allem im 20. Jahrhundert massiv gesteigert. Wahlen als politisches Legitimationsinstrument sind weltweit akzeptiert, in Europa, Nordamerika und einigen anderen Teilen der Welt sind sie sogar in einer Weise gestaltet, dass Überraschungen möglich sind und Amtsinhaber verlieren können. Wenn wir bedrohte Ordnungen zeitlich und räumlich vergleichend untersuchen, wollen wir nicht soziale, ökonomische, kulturelle und politische Veränderungen leugnen, die eine Moderne-Vormoderne-Unterscheidung nahelegen. Wir möchten aber prüfen, ob und – wenn ja – in welcher Weise diese Veränderungen sämtliche Ordnungen und Ordnungskonfigurationen betreffen, die in einer sozialen Großgruppe oder Gesellschaft in Geltung stehen. Wir bezweifeln, dass in Bezug auf Bedrohungen und Ordnungen ein Zug Richtung Gegenwart fährt, und rechnen stattdessen mit immer neuen Arrangements von Ordnungen. Uwe Walter zeigt in seinem Text, dass die Römer bis ins erste vorchristliche Jahrhundert „eine Vielfalt und Komplexität von Ordnungsparametern“ kannten, die erst im augusteischen Zeitalter, nach der traumatischen Erfahrung andauernder Bürgerkriege, neu justiert und fester miteinander verbunden wurden. In Griechenland hatten politische Ordnungskonfigurationen ganz anders funktioniert. Wir kommen hier mit einer Vormoderne-Moderne-Unterscheidung nicht weiter, und es steht zu befürchten, dass sie auch für gesellschaftliche Großgruppen und Gesellschaften in weiten Teilen der Welt im 19. und 20. Jahrhundert nicht greift, und selbst in Mitteleuropa hilft sie nur, uns von denen abzugrenzen, die vor uns waren, ohne den Differenziertheiten früherer Gesellschaften gerecht werden zu wollen oder zu können.

---

[65] *Jan Hinrichsen/Reinhard Johler/Sandro Ratt*, in diesem Band, 65–67, außerdem *dies.*, Katastrophen/Kultur. Eine Begriffswerkstatt [im Druck].

4. Ein Modell „Bedrohte Ordnungen“

Welche Bedeutung kann ein vom Ordnungsbegriff aus arbeitendes Unternehmen in der derzeitigen Wissenschaftslandschaft haben? Uwe Walter weist in seinem Beitrag darauf hin, dass diesem Begriff „der Geruch des Altfränkischen“ anhafte und dass trotz mannigfacher wissenschaftlicher Auseinandersetzungen mit „Ordnung“ dennoch weithin ein vorwissenschaftliches Grundverständnis vorherrsche.[66] Dazu kommt der Anspruch des Normativen, der sich unweigerlich mit dem Begriff zu verbinden scheint und der, wie angedeutet, vor allem für die Forschungen im Frankfurter Exzellenzcluster „Die Herausbildung normativer Ordnungen“ von zentraler Bedeutung ist. Der Tübinger SFB macht ihn sich nicht als programmatischen Fokus zu eigen. Aber er nimmt die Tatsache ernst, dass historische Akteure ihr Handeln in aller Regel an Ordnungen ausrichten und im Fall einer wahrgenommenen Bedrohung ihre Kommunikation dementsprechend gestalten. Er versucht, über die Analyse von Bedrohungskommunikation sich den jeweils kulturell gebundenen Zukunftserwartungen und den offenen Zukunftsperspektiven von Zeitgenossen anzunähern, ohne in diese Voarannahmen hineinzutragen, die an etablierte Vorstellungen von Zeit, Norm(alität) usw. gebunden sind. Das aber ist nur dann möglich, wenn man den unmittelbaren Bezugsrahmen von Bedrohungskommunikation direkt in den Blick nimmt: Ordnungen im Sinne der eingangs vorgestellten Definition.

Wir bewegen uns damit in einem Feld, das eine Reihe anderer größerer Forschungsverbünde in den letzten Jahren erfolgreich bearbeitet haben und weiterhin bearbeiten. Sie alle richten den Blick auf Zusammenhänge zwischen Handeln und Struktur, die für die historisch orientierten Kulturwissenschaften, zumal angesichts der seit einigen Jahren anhaltenden medialen Präsenz von „Krisen“ und „Katastrophen“ sowie den entsprechenden Orientierungsdebatten, von höchstem Interesse sind: Von der Arbeit an der „Herausbildung normativer Ordnungen“ in Frankfurt war bereits die Rede. Der Zusammenhang zwischen „Norm und Symbol“ ist bis 2009 in einem Konstanzer SFB untersucht worden (SFB 485), die „Repräsentationen sozialer Ordnungen im Wandel“ waren Thema eines SFB an der Humboldt-Universität zu Berlin (SFB 640), mit „Institutionalität und Geschichtlichkeit“ beschäftigte sich ein Dresdener SFB (SFB 537). Auf den Erkenntnissen und Erfolgen dieser und weiterer Forschungsverbünde kann unser Unternehmen aufbauen. Weil wir über Institutionen, Repräsentationen, Symbole und Narrative, in denen Ordnungen verankert sind, nun sehr gut informiert sind, können wir uns auf die Ordnungen selbst als Bezugsgröße für jegliches Handeln und jegliche Kommunikation konzentrieren, und dabei den Moment ihrer größten Sichtbarkeit und Veränderbarkeit thematisieren: den Augenblick der Bedrohung.

[66] *Uwe Walter* in diesem Band, 84.

Unsere interdisziplinären Forschungen gehen von der Bedrohungskommunikation aus. Sie binden sich weder an den Gegensatz von vormodernen und modernen Ordnungen noch an politikwissenschaftliche oder soziologische Großtheorien, die in Richtung Gegenwart perspektiviert sind. Ergebnisse werden über die einleitend vorgestellten vier Dimensionen und fünf Leitfragen zusammengefasst. So soll am Ende der ersten Forschungsphase ein tentatives Modell „Bedrohter Ordnungen" entstehen, das die nächste Etappe anleiten kann. Dieses Modell wird, so viel zeichnet sich schon ab, dem Aspekt der Bedrohungskommunikation eine wichtigere Bedeutung zumessen, als es bisher der Fall war. Vor allem werden wir präzisere Aussagen darüber treffen müssen, welche Invarianzen von Bedrohungskommunikation sich in unterschiedlichen zeitlichen, räumlichen, sozialen und medialen Zusammenhängen konstatieren lassen – nur auf diese Weise lassen sich nähere Erkenntnisse über das Verhältnis von Bedrohungskommunikation und Ordnungen gewinnen. Der verstärkte konzeptuelle Fokus auf die Bedrohungskommunikation wird Aufschlüsse über die Transformation von Ordnungen unter Bedrohung und damit über Formen sozialen Wandels geben. Dies sollte nicht zuletzt auch die Grenzen bedrohter Ordnungen sowie das jeweilige Davor und Danach noch schärfer hervortreten lassen. Einen ersten Beitrag zu diesem Vorhaben leisten die in diesem Band zusammengeführten Beiträge.

In den auf insgesamt zwölf Jahre angelegten Forschungen wollen wir dieses Modell weiterentwickeln. Es soll generalisierbare Aussagen über Verlaufsformen bzw. -typen von Bedrohungen ermöglichen, Varianzen und Invarianzen definieren, die nicht an herkömmliche Epochengliederungen und traditionelle Raumgrenzen gebunden sind. Es soll Kriterien zur Identifikation der für Ordnungstransformationen entscheidenden Kippmomente festlegen und damit schließlich neue und generalisierende konzeptuelle Vorschläge zum Phänomen des raschen sozialen Wandels unterbreiten.

I. Forschungsfelder

Bedrohte Ordnungen, mediävistische Konfliktforschung, Kommunikation: Überlegungen zu Chancen und Perspektiven eines neuen Forschungskonzepts

Steffen Patzold

I. Einleitung

Im Jahr 1105 rebellierte Heinrich V. gegen seinen Vater, den Kaiser Heinrich IV. Sein Aufstand zog sich über mehr als ein Jahr hin und versetzte das Reich in heftige Unruhe: Der Zeitgenosse Ekkehard von Aura sprach gar von einem *bellum intestinum* (Bürgerkrieg).[1] Militärisch war der Konflikt noch nicht entschieden, als der Vater, keine 56 Jahre alt, unerwartet am 7. August 1106 in Lüttich starb und sein Sohn die Nachfolge antrat.[2]

---

[1] Ekkehard von Aura, Chronik, ed. *Franz-Josef Schmale/Irene Schmale-Ott*, (Freiherr vom Stein Gedächtnisausgabe [im Folgenden abgekürzt mit FSGA] 15), Darmstadt 1972, Rez. I, a. 1104, 188. – Eine Neuedition der Chronik, die die verschiedenen Rezensionen des Werks und sein Verhältnis zur *Anonymen Kaiserchronik* transparent abbildet, ist ein dringendes Desiderat; vgl. als textkritische Vorarbeiten: *Franz-Josef Schmale*, Überlieferungskritik und Editionsprinzipien der Chronik Ekkehards von Aura, in: Deutsches Archiv für Erforschung des Mittelalters 27, 1971, 110–134; *Irene Schmale-Ott*, Untersuchungen zu Ekkehard von Aura und zur Kaiserchronik, in: Zeitschrift für bayerische Landesgeschichte 34, 1971, 403–461.

[2] Der Fall ist in der Literatur schon mehrfach behandelt worden, ausführlich zuletzt etwa bei *Gerd Althoff*, Heinrich IV., (Gestalten des Mittelalters und der Renaissance), Darmstadt 2006, 228–253; *Michaela Muylkens*, Reges geminati: die Gegenkönige in der Zeit Heinrichs IV., (Historische Studien 501), Husum 2012, 294–323; vgl. außerdem *Volkhard Huth*, Reichsinsignien und Herrschaftsentzug. Eine vergleichende Skizze zu Heinrich IV. und Heinrich (VII.) im Spiegel der Vorgänge von 1105/6 und 1235, in: Frühmittelalterliche Studien 26, 1992, 287–330, hier 293–310; *Monika Suchan*, Königsherrschaft im Streit, Konfliktaustragung in der Regierungszeit Heinrichs IV. zwischen Gewalt, Gespräch und Schriftlichkeit, (Monographien zur Geschichte des Mittelalters 42), Stuttgart 1997, 167–172; *Theo Kölzer*, Vater und Sohn im Konflikt. Die Absetzung Heinrichs IV., in: Uwe Schultz (Hrsg.), Große Verschwörungen. Staatsstreich und Tyrannensturz von der Antike bis zur Gegenwart, München 1998, 60–70; *Thomas Meier*, Die Rebellion Heinrichs V. (1104/6) im Diskurs über Religion und Lüge, in: Oliver Hochadel/Ursula Kocher (Hrsg.), Lügen und Betrügen. Das Falsche in der Geschichte von der Antike bis zur Moderne, Köln/Weimar/Wien 2000, 33–50, hier 33–40 zu den Ereignissen. – Zur Auswirkung auf die Entwicklung Speyers zur salischen Grablege: *Caspar Ehlers*, Corpus eius in Spiream deportatur. Heinrich V. und der Tod Heinrichs IV. zu Lüttich, in: Tilman Struve (Hrsg.), Die Salier, das Reich und der Niederrhein, Köln/Weimar/Wien 2008, 99–114.

Dieser Aufstand Heinrichs V. dient dem folgenden Beitrag als Fallbeispiel. An der Rebellion des Kaisersohns lässt sich exemplarisch zeigen: Die jüngere mediävistische Konfliktforschung ist in ihrer Perspektive grundlegend strukturiert von der Unterscheidung zwischen Moderne und Vormoderne; eben das aber setzt den Erkenntnismöglichkeiten dieser – im Übrigen sehr produktiven – Forschungsrichtung in mancher Hinsicht Grenzen. Der Beitrag schlägt deshalb eine Alternative vor, die die mediävistische Konfliktforschung ergänzen und bereichern kann: die Analyse der Auseinandersetzung von 1105/6 (und vergleichbarer Konflikte) als „Bedrohte Ordnungen" im Sinne des Tübinger SFB 923.[3] Im Zuge dessen möchte der Beitrag aber auch aus mediävistischer Arbeit heraus an diesem Fallbeispiel auf Möglichkeiten aufmerksam machen, das neue Konzept noch weiterzuentwickeln. Sie betreffen vor allem den Begriff der „Bedrohungskommunikation".

II. Das Fallbeispiel[4]

Um 1100 war das *Imperium Romanum* zweifellos ein bedeutender politischer Akteur in Europa: Der Einfluss des Kaisers reichte, jedenfalls dem Anspruch nach, von der Ostsee bis zur Adria, von der Provence bis Kärnten. Als Heinrich V. gegen seinen Vater aufbegehrte, hatte das Reich allerdings drei Jahrzehnte heftiger, auch gewaltsamer Konflikte hinter sich. Germanophone Historiker bezeichnen diese Phase traditionell als „Investiturstreit". Doch geht der etablierte Epochenbegriff an Wesentlichem vorbei: Er verharmlost das hohe Maß an Gewalt; und er reduziert ungebührlich die Komplexität des Geschehens. Tatsächlich stand zunächst nämlich gar nicht die Investitur zur Debatte – das heißt genauer: das Recht des Königs, Bischöfe einzusetzen.[5] Vielmehr traf seit 1075 eine verwirrende Vielzahl unterschiedlicher Spannungen, Konflikte, Aus-

---

[3] Dazu *Ewald Frie*, ‚Bedrohte Ordnungen' zwischen Vormoderne und Moderne. Überlegungen zu einem Forschungsprojekt, in: Klaus Ridder / Steffen Patzold (Hrsg.), Die Aktualität der Vormoderne. Epochenentwürfe zwischen Alterität und Kontinuität, (Europa im Mittelalter 23), Berlin 2013, 99–110.

[4] Die folgende, notwendigerweise geraffte Darstellung richtet sich nicht an den mediävistischen Kenner, sondern an den epochen- wie fachfremden Leser dieses überepochal und interdisziplinär angelegten Bandes.

[5] Hier folge ich der Position von *Rudolf Schieffer*, Die Entstehung des päpstlichen Investiturverbots für den deutschen König, (Schriften der Monumenta Germaniae Historica 28), Stuttgart 1981 (anders: *Johannes Laudage*, Gregor VII. und die *Electio Canonica*, in: Studi Gregoriani 14, 1991, 83–101; und *ders.*, Nochmals: Wie kam es zum Investiturstreit?, in: Jörg Jarnut / Matthias Wemhoff (Hrsg.), Vom Umbruch zur Erneuerung? Das 11. und beginnende 12. Jahrhundert – Positionen der Forschung, (MittelalterStudien 13), München 2006, 133–150); der Überspitzung der Position Schieffers bei *Johann Englberger*, Gregor VII. und die Investiturfrage. Quellenkritische Studien zum angeblichen Investiturverbot von 1075, (Passauer historische Forschungen 9), Köln / Weimar / Wien 1996, kann ich nicht in allem folgen.

einandersetzungen aufeinander: Eine Vormundschaft und Regentschaft für den minderjährigen Heinrich IV. von 1056 bis in die zweite Hälfte der 1060er Jahre[6] hatte die Rangordnung zwischen den mächtigen geistlichen und weltlichen Herren destabilisiert (konkret zwischen Bischöfen und Äbten, Herzögen und Grafen, die allesamt über eigene Truppen verfügten und einen Konflikt immer auch militärisch austragen konnten). In Ostsachsen hatte Heinrich IV., mittlerweile selbst regierend, schon seit 1073 gegen etliche solcher Herren offen Krieg geführt und 1075 vorerst über seine Gegner gesiegt.[7] Zeitgleich aber stand er auch in Süddeutschland mit mehreren Magnaten im Konflikt.[8] Hinzu kam eine Auseinandersetzung mit dem Papst: Gegenstand dieses Streits war der Einfluss auf Bistümer in Italien, zumal auf Mailand, Fermo und Spoleto.[9] Dieser Konflikt war seinerseits wieder in komplexer Weise mit anderem verschränkt: zum einen mit Spannungen zwischen dem Papst und Bischöfen in Oberitalien wie nördlich der Alpen; zum anderen mit einer schon jahrzehntelang schwelenden Auseinandersetzung über die Papstwürde selbst. Bis etwa zur Mitte des 11. Jahrhunderts hatten stadtrömische Aristokratenfamilien diese Würde als einen der Bausteine ihrer lokalen Macht genutzt; seitdem aber hatten nicht-römische Geistliche, nicht zuletzt mit Hilfe des Kaisers, das Amt des Papstes aus dem Zugriff der stadtrömischen Aristokraten zu lösen versucht und Nicht-Römer zu Päpsten gemacht.[10]

Mit der Beschreibung solcher Konflikte und Spannungen ließe sich noch fortfahren, wichtiger ist hier aber die Gesamtbilanz. Seit Ende 1075 verzahnen sich viele der Konflikte miteinander; und diese Verzahnung entfaltet eine erstaunliche destruktive Dynamik. Der König, Heinrich IV., erklärt im Januar 1076 im Verein mit etlichen nordalpinen Bischöfen, Gregor VII. sei gar nicht Papst.[11] Gregor

---

[6] *Matthias Becher*, Ein Reich in Unordnung. Die Minderjährigkeit Heinrichs IV. und ihre Folgen bis zum Ende des Sachsenaufstands 1075, in: Christoph Stiegemann / Matthias Wemhoff (Hrsg.), Canossa 1077 – Erschütterung der Welt, Bd. 1: Essays, München 2006, 62–70.

[7] Zu den Sachsenkriegen: *Matthias Becher*, Die Auseinandersetzung Heinrichs IV. mit den Sachsen: Freiheitskampf oder Adelsrevolte?, in: Jarnut / Wemhoff (Hrsg.), Vom Umbruch zur Erneuerung? (wie Anm. 5), 357–378; *Malte Prietzel*, Tote begraben, Feinde ausplündern, das Feld behaupten: Wahrnehmung und Darstellung von Schlachten in den Kriegen Heinrichs IV. gegen die Sachsen, in: Niedersächsisches Jahrbuch für Landesgeschichte 79, 2007, 207–221; *Hartmut Lauenroth*, Die Sachsenkriege unter Heinrich IV. und Heinrich V., Langenbogen 2010.

[8] *Thomas Zotz*, Der südwestdeutsche Adel und seine Opposition gegen Heinrich IV., in: Dieter R. Bauer / Matthias Becher (Hrsg.), Welf IV. Schlüsselfigur einer Wendezeit. Regionale und europäische Perspektiven, (Zeitschrift für bayerische Landesgeschichte. Beiheft 24), München 2004, 339–359.

[9] Vgl. dazu Gregors Schreiben von Ende 1075, überliefert im Register Gregors VII., ed. *Erich Caspar* (Monumenta Germaniae Historica Epistolae Selectae 2,1), Berlin 1920, Nr. III, 10, 263–267.

[10] Als Überblick über die Ereignisse etwa: *Werner Goez*, Kirchenreform und Investiturstreit 910–1122, Stuttgart 2000, 92–109.

[11] Heinrich IV., Ep. 11, ed. *Carl Erdmann*, (Monumenta Germaniae Historica Deutsches Mittelalter 1), Leipzig 1937, 11, Z. 14f.; vgl. dazu den Brief, den Heinrich an Klerus und Volk

reagiert im Februar desselben Jahres, indem er den König in einem Gebet auf der römischen Fastensynode für abgesetzt erklärt; er exkommuniziert Heinrich und löst dessen Untertanen von demjenigen Eid, mit dem sie sich dem König zur Treue verpflichtet haben.[12] Im Frühjahr 1077 wird ein mächtiger Aristokrat aus Südwestdeutschland, der Herzog Rudolf von Rheinfelden, von einer Gruppe seiner adligen Standesgenossen zum König erhoben.[13] Jetzt stürzt das Reich in eine jahrelange Serie militärischer Konflikte, Aufstände und Unruhen.

Im Verlauf dieser Auseinandersetzungen begehrt im Frühjahr 1093 auch Heinrichs älterer Sohn, Konrad, gegen seinen Vater auf.[14] Im Jahr darauf, 1094, flieht Heinrichs Gemahlin, Praxedis, nach Norditalien, verbündet sich mit Heinrichs Gegnern und erhebt auf der Synode von Piacenza spektakuläre Vorwürfe: Heinrich habe sie von anderen Männern vergewaltigen lassen.[15] Erst Ende der 1090er Jahre ergibt sich für den Kaiser die Möglichkeit, über die meisten seiner Gegner zu obsiegen. Dass es ihm 1098 gelingt, seinen zweiten Sohn, Heinrich V., zum König erheben zu lassen[16], ist ein Zeichen dieser wiedergewonnenen Stärke. Doch ist der Vater vorsichtig geworden: Er lässt seinen 13-jährigen Sohn gleich zweimal einen Eid schwören – den Eid, dass er nicht gegen den Willen des Vaters die Herrschaft ergreifen werde. Heinrich V. schwört dies zuerst anlässlich seiner Wahl im Mai 1098, dann noch einmal bei seiner Krönung am 6. Januar 1099.[17]

So kann man sagen: Anfang des 12. Jahrhunderts schwelte zwar immer noch der Konflikt mit den Reformpäpsten (im Frühjahr 1102 etwa exkommunizierte der Papst Paschalis II. den Kaiser wieder einmal[18]); aber machtpolitisch hatte sich Heinrich zumindest nördlich der Alpen einigermaßen gegen seine Gegner durchgesetzt. Warum dann Heinrich V. Ende 1104 gegen seinen Vater aufbegehrte, ist bis heute umstritten. Tatsächlich wird man fragen müssen: Warum

von Rom gesandt hat: ebd., 10, Z. 12 f.; sowie die rhetorisch überarbeitete Form des Absageschreibens, die Heinrich im Reich verbreiten ließ: ebd., 12, Z. 15–17; zur rechtsgeschichtlichen Analyse: *Werner Goez*, Zur Erhebung und ersten Absetzung Papst Gregors VII., in: Römische Quartalschrift 63, 1968, 117–144; *Harald Zimmermann*, Wurde Gregor VII. 1076 in Worms abgesetzt?, in: Mitteilungen des Instituts für Österreichische Geschichtsforschung 78, 1970, 121–131.

[12] Die Bannsentenz ist überliefert im Register Gregors VII. (wie Anm. 9), Nr. III, 6, 253 f.

[13] Zum Gegenkönigtum Rudolfs von Rheinfelden vgl. jetzt ausführlich *Muylkens*, Reges geminati (wie Anm. 2), 94–206.

[14] Zu Konrads Person grundlegend: *Elke Goez*, Der Thronerbe als Rivale. König Konrad, Kaiser Heinrichs IV. älterer Sohn, in: Historisches Jahrbuch 116, 1996, 1–49.

[15] Vgl. dazu *Althoff*, Heinrich IV. (wie Anm. 2), 213–219, der die Übergriffe gegen Praxedis vorsichtig als eine rituelle Schändung einer Geisel zu deuten versucht.

[16] *Daniel Brauch*, Heinrich V. und sein Vater in den Jahren 1098–1103, in: Gerhard Lubich (Hrsg.), Heinrich V. in seiner Zeit. Herrschen in einem europäischen Reich des Hochmittelalters, (Forschungen zur Kaiser- und Papstgeschichte des Mittelalters. Beihefte zu J. F. Böhmer 34), Wien / Köln / Weimar 2013, 69–80, hier 71.

[17] Heinrich IV., Ep. 37 (wie Anm. 11), 47, Z. 25–31; vgl. auch *Kölzer*, Vater und Sohn (wie Anm. 2), 60; *Brauch*, Heinrich V. (wie Anm. 16), 71 f.

[18] Ekkehard von Aura, Chronik (wie Anm. 1), Rez. I, a. 1102, 181.

hat der Sohn nicht einfach zugewartet? Heinrich IV. hatte seine Macht soeben erst wieder einigermaßen stabilisiert. Heinrich V. war sein einziger Sohn. Er war gerade einmal 19 Jahre alt[19]; und er war bereits König.

Angesichts dessen haben Mediävisten drei große Erklärungen vorgeschlagen, um den Ausbruch des neuerlichen Konflikts plausibel zu machen. Diese Erklärungen lauten pointiert zusammengefasst:[20]

1) *Heinrich V. war ein begabter Machtpolitiker, aber hatte einen üblen Charakter*: Der junge König war böse, allzu ehrgeizig und machtgierig; das ließ ihn gegen den eigenen Vater aufbegehren. Denn Heinrich begriff früh, dass es für ihn nur dann möglich sein werde, die Macht des Kaisertums dauerhaft gegen die Zumutungen der Kirche zu wahren, wenn er als Freund des Reformpapsttums seinen exkommunizierten Vater stürzen und die Macht an sich reißen werde.[21]

2) *Der Aufstand war von religiösen Motiven getragen*: Heinrich V. und der Kreis seiner engsten Anhänger waren überzeugt, dass man nur dann das eigene Seelenheil und das der übrigen Menschen wahren könne, wenn man der Herrschaft des exkommunizierten Kaisers ein Ende setzte.[22]

---

[19] Die Frage, in welchem Jahr Heinrich V. geboren wurde, hat einige wissenschaftliche Aufmerksamkeit gefunden: *Richard Gaettens*, Das Geburtsjahr Heinrichs V. 1081 oder 1086? Rechtsgeschichtliche und numismatische Erörterungen, in: Zeitschrift der Savigny-Stiftung für Rechtsgeschichte. Germanistische Abteilung 79, 1962, 52–71; *Eduard Hlawitschka*, Zum Geburtsdatum Kaiser Heinrichs V., in: Historisches Jahrbuch 110, 1990, 471–475; *Peter Neumeister*, Daten und Deutungen: Wann wurde Kaiser Heinrich V. geboren?, in: Olaf B. Rader (Hrsg.), Turbata per aequora mundi. Dankesgabe an Eckhard Müller-Mertens, (Monumenta Germaniae Historica Studien und Texte 29), Hannover 2001, 89–97.

[20] Vgl. zum Folgenden auch die Zusammenfassung bei *Brauch*, Heinrich V. (wie Anm. 16), 69–71.

[21] Vgl. etwa *Adolf Waas*, Heinrich V. Gestalt und Verhängnis des letzten salischen Kaisers, München 1967, bes. 7 und 39; *Carlo Servatius*, Heinrich V. (1106–1125), in: Helmut Beumann (Hrsg.), Kaisergestalten des Mittelalters, 3., durchges. Aufl. München 1991, 135–154, hier bes. 140 f. [zuerst 1984].

[22] Grundlegend zu dieser Perspektive: *Stefan Weinfurter*, Reformidee und Königtum im spätsalischen Reich. Überlegungen zu einer Neubewertung Kaiser Heinrichs V., in: ders. unter Mitarb. v. Hubertus Seibert (Hrsg.), Reformidee und Reformpolitik im spätsalisch-frühstaufischen Reich, (Quellen und Abhandlungen zur mittelrheinischen Kirchengeschichte 68), Mainz 1992, 1–45; *ders.*, Die Macht der Reformidee. Ihre Wirkkraft in Ritualen, Politik und Moral der spätsalischen Zeit, in: Jörg Rogge (Hrsg.), Religiöse Ordnungsvorstellungen und Frömmigkeitspraxis im Hoch- und Spätmittelalter, Korb 2008, 13–39; *ders.*, Das Ende Heinrichs IV. und die neue Legitimation des Königtums, in: Gerd Althoff (Hrsg.), Heinrich IV., (Vorträge und Forschungen 69), Ostfildern 2009, 331–353; *ders.*, Ordnungswandel in der späten Salierzeit, in: Alexander Koch / Bernd Schneidmüller / Stefan Weinfurter (Hrsg.), Die Salier. Macht im Wandel, München 2011, 19–24. – Vgl. mit ähnlicher Perspektive: *Jutta Schlick*, König, Fürsten und Reich (1056–1159). Herrschaftsverständnis im Wandel, (Mittelalter-Forschungen 7), Stuttgart 2001, 54–62; *Jürgen Dendorfer*, Heinrich V. König und Große am Ende der Salierzeit, in: Struve (Hrsg.), Die Salier, das Reich und der Niederrhein (wie Anm. 2), 115–170; knapp: *ders.*, König und Fürsten in der späten Salierzeit, in: Koch / Schneidmüller / Weinfurter (Hrsg.), Die Salier (wie oben), 111–117.

3) *Der Grund für den Aufstand waren lokale Ereignisse in Regensburg 1104*: Heinrich IV. verhinderte nicht, dass Ministeriale und Bürger den Grafen Sighard von Burghausen in einem Aufruhr ermordeten – obwohl Heinrich V. eigens bei seinem Vater zugunsten Sighards interveniert hatte. In einer Gesellschaft, in der Ehre zugleich sozialen Status, Reichtum und politischen Einfluss definierte, war die Missachtung der Fürsprache Grund genug für den Königssohn, gegen den Vater aufzubegehren.[23]

Dass die Forschung zwischen diesen drei Positionen schwankt, ist kein Zufall. Die Überlieferung, die über die Ereignisse von 1105/6 Aufschluss gibt, ist – jedenfalls für mediävistische Verhältnisse – zwar nicht allzu dünn[24]; zur Verfügung stehen dokumentarische Texte (vor allem Briefe[25]), zeitgenössische Geschichtsschreibung[26] und (andere) literarische Texte (wie z.B. ein Klagegedicht[27] und eine Totenklage auf Heinrich IV. in Prosa[28]). Alle drei kontroversen Forschungspositionen aber sind schon in diesem zeitgenössischen Material vorgebildet; und keiner der Quellentexte, die über das Geschehen berichten, ist politisch unbelastet. Jeder der Verfasser verteidigt entweder die Position des Sohnes oder die des Vaters. Jede Geschichte, die zeitnah erzählt wurde, war also zugleich ein

[23] *Althoff*, Heinrich IV. (wie Anm. 2), 229–231.

[24] Zum Folgenden ausführlich *Steffen Patzold*, Königtum in bedrohter Ordnung: Heinrich IV. und Heinrich V. 1105/06, in: Lubich (Hrsg.), Heinrich V. in seiner Zeit (wie Anm. 16), 43–68, hier 46–52.

[25] Heinrich IV., Ep. 34, 37–42, ed. *Erdmann* (wie Anm. 11), 43f., 46–64; Vita Heinrici IV. imperatoris, ed. *Wilhelm Eberhard* (MGH SSrG [58]), Hannover/Leipzig 1899, c. 13, 40f. (das Stück wird offenbar auch in der neuen MGH-Edition der Urkunden Heinrichs V. als „unsicher" firmieren: Vgl. MGH D H V. 7.); außerdem das Schreiben, das überliefert ist als Inserat bei Ekkehard von Aura, Chronik (wie Anm. 1), Rez. III, a. 1106, 282/284.

[26] Ekkehard von Aura, Chronik (wie Anm. 1), Rez. I, a. 1104–1106, 188–205; Sigebert von Gembloux, Chronik, ed. *Ludwig Conrad Bethmann* (Monumenta Germaniae Historica Scriptores 6), Hannover 1844, a. 1104, 368, Z. 41 – a. 1106, 372, Z. 4; Annales Hildesheimenses, ed. *Georg Waitz*, (Monumenta Germaniae Historica Scriptores Rerum Germanicarum [8]), Hannover 1878, a. 1104, 51, Z. 4 – a. 1106, 58, Z. 11.

[27] Conquestio Heinrici IV. imperatoris ad Heinricum filium, ed. *Wilhelm Wattenbach*, in: Sitzungsberichte der Philosophisch-Philologischen und Historischen Classe der K.B. Akademie der Wissenschaften zu München 3, 1873, 738–742; im Folgenden wird zitiert die Ausgabe von *Oswald Holder-Egger* (MGH SSrG [17]), Hannover 1889, 24–28; eine deutsche Übersetzung des Textes von *Philipp Gey*, in: Koch/Schneidmüller/Weinfurter (Hrsg.), Die Salier. Macht im Wandel (wie Anm. 22), 46–48 (leider ohne die Korrekturen und Ergänzungen zur Edition bei *Paul Lehmann*, Zur Conquestio Heinrici IV. imp. ad Heinricum filium, in: Neues Archiv 48, 1930, 445–447); zum Gedicht vgl. im Übrigen: *Franz Josef Worstbrock*, Conquestio Heinrici IV, in: ^{2}Verfasserlexikon 2, 1980, 5.

[28] Vita Heinrici IV. imperatoris, ed. *Eberhard* (wie Anm. 25). – Aus der reichen Debatte über den Text sei hier verwiesen auf *Franz-Josef Schmale*, Quellen zur Geschichte Kaiser Heinrichs IV. (FSGA 12), Darmstadt 1963, 35–44, der sich kritisch mit der älteren Forschung auseinandersetzt; außerdem *Friedrich Lotter*, Zur literarischen Form und Intention der Vita Heinrici IV., in: Kurt-Ulrich Jäschke/Reinhard Wenskus (Hrsg.), Festschrift für Helmut Beumann zum 65. Geburtstag, Sigmaringen 1977, 288–329; *Helmut Beumann*, Zur Verfasserfrage der Vita Heinrici IV., in: Lutz Fenske (Hrsg.), Institutionen, Kultur und Gesellschaft. Festschrift für Josef Fleckenstein zu seinem 65. Geburtstag, Sigmaringen 1984, 305–319.

Argument in der aktuellen politischen Auseinandersetzung – und deshalb so sehr von Parteiinteressen geleitet, dass es Historikern heute schwerfällt, auch nur den äußeren Ablauf des Geschehens einigermaßen verlässlich zu rekonstruieren.

III. Mediävistische Konfliktforschung seit den späten 1970er Jahren

Seit den 1970er Jahren haben Mediävisten grundlegend neue Modelle entwickelt, um einen solchen Konflikt in den politischen Führungsgruppen des 11. und frühen 12. Jahrhunderts genauer zu analysieren, wie wir ihn in unserem Fallbeispiel von 1105/6 sehen können. Die ersten einschlägigen Arbeiten dieser neuartigen mediävistischen Konfliktforschung stammten aus den USA[29]; erst seit den späten 1980er Jahren zogen Historiker in Deutschland nach. Ich beginne deshalb mit meinem Forschungsüberblick in Amerika (a) und blicke dann nach Deutschland (b).

a) Die frühen *anglo-amerikanischen Arbeiten* zu hochmittelalterlichen Konflikten entstanden in einem recht spezifischen Diskussionszusammenhang. Sie hatten das Ziel, das Bild einer „feudalen Anarchie" zu revidieren, das man bis dato insbesondere für den Süden Frankreichs im 11. Jahrhundert gezeichnet hatte: das Bild einer Gesellschaft, in der es keine öffentliche Gewalt mehr gab, sondern eine Vielzahl lokaler Herren die Macht privatisiert hatten und einander bekämpften. Seit etwa 1970 machten sich US-Historiker an eine Revision dieses Bildes. Sie akzeptierten durchaus, dass die Gesellschaften in Südfrankreich „staatslos" gewesen seien.[30] Damit war konkret gemeint: Es fehlte eine starke, durchsetzungsfähige Zentralgewalt, die die Beilegung von Konflikten hätte steuern können.[31] Es gab im 11. Jahrhundert zwar einen französischen König, aber der residierte hunderte Kilometer weiter nördlich und hatte de facto südlich der Loire keinen Einfluss. Statt aber deshalb ohne weiteres eine Anarchie anzunehmen, zogen die US-Mediävisten aktuelle ethnologische Arbeiten heran, die ebenfalls Gesellschaften ohne (starke) Zentralgewalt untersuchten. Ethnologen vertraten damals die Ansicht, man solle zur Beschreibung solcher Gesellschaften nicht mit der Unterscheidung von Recht und Rechtsbruch ar-

[29] Vgl. dazu (und zum Folgenden) *Warren C. Brown/Piotr Górecki*, What Conflict Means: The Making of Medieval Conflict Studies in the United States, 1970–2000, in: dies. (Hrsg.), Conflict in Medieval Europe. Changing Perspectives on Society and Culture, Aldershot 2003, 1–35.

[30] Klassisch: *Fredric L. Cheyette*, „Suum cuique tribuere", in: French Historical Studies 6, 1970, 287–299.

[31] *Patrick J. Geary*, Vivre en conflit dans une France sans État: Typologie des mécanismes de règlement des conflits (1050–1200), in: Annales Économies, Sociétés, Civilisations (im Folgenden abgekürzt mit Annales ESC) 41, 1986, 1107–1133, hier 1107f.

beiten, sondern besser mit der Spannung von Ordnung und Konflikt.[32] Und sie beobachteten eine ganze Reihe sozialer Mechanismen, wie die Akteure einen Konflikt einzuhegen und ihre Ordnung wiederherzustellen vermochten: Nicht Anarchie, der Kampf aller gegen alle und unkontrollierte Gewalt kennzeichneten demnach diese Gesellschaften; vielmehr sorgten – zuweilen recht sonderbare[33] – soziale Praktiken und Rituale und verschiedene Formen des *peer-pressure* für ein hinreichendes Maß an Stabilität.

Mediävisten in den USA (und bald auch in England und Frankreich[34]) ließen sich von diesen ethnologischen Arbeiten anregen, in neuer Weise auf Konflikte im mittelalterlichen Frankreich zu blicken.[35] Sie fragten nicht mehr nach Rechtsnormen und Gerichten, sondern nach Praktiken wie beispielsweise liturgischen Verfluchungen des Gegners[36] – oder auch nach der *humiliatio sanctorum* (bei der Heiligenreliquien erniedrigt und gedemütigt, ja regelrecht misshandelt wurden, um sozialen Druck auf einen Laien auszuüben, der eine geistliche Gemeinschaft angegriffen hatte).[37] Die Mediävisten beobachteten dann, wie die Konfliktparteien unter dem Druck von Verwandten und Freunden in der lokalen Gesellschaft zu Kompromissen getrieben wurden.[38] Dazu fügten sich ideen- und mentalitätsgeschichtliche Befunde: Die Akteure legten nicht Wert auf die Feststellung von Recht und Unrecht qua Urteil. Sie setzten vornehmlich auf Verhandlung und Kompromiss; *amor vincit iudicium* (die Liebe besiegt das Urteil), sagte man im Frankreich des 11. Jahrhunderts gern.[39]

Insgesamt entstand auf diese Weise seit den 1970er Jahren ein neues Bild von den Gesellschaften im Süden und Westen Frankreichs im 11. Jahrhundert: nicht feudale Anarchie, sondern eine recht komplexe Struktur einiger größerer und

[32] Besonders einflussreich waren *Max Gluckman*, Politics, Law and Ritual in Tribal Society, 3. Aufl. Oxford 1971 [zuerst 1965], bes. 81–122; *Simon Roberts*, Ordnung und Konflikt. Eine Einführung in die Rechtsethnologie, Stuttgart 1981 [englisch 1979].

[33] Die Minj-Whgi im westlichen Hochland Neuguineas fochten Konflikte zwischen zwei Verwandtschaftsgruppen aus, indem Vertreter beider Parteien in zwei Reihen antraten und sich solange gegenseitig vor die Schienbeine traten, bis eine Seite aufgab: *Roberts*, Ordnung (wie Anm. 32), 60.

[34] Vgl. z.B. *Paul Fouracre/Wendy Davies* (Hrsg.), The Settlement of Disputes in Early Medieval Europe, Cambridge 1986.

[35] Vgl. etwa die explizite Bezugnahme auf die einschlägigen Arbeiten von Simon Roberts, Richard Abel, Laura Nader und John Bossy bei *Geary*, Vivre en conflit (wie Anm. 31), 1127f., Anm. 14.

[36] *Lester K. Little*, Formules monastiques de malédiction aux IXe et Xe siècles, in: Revue Mabillon 78, 1975, 377–399; *ders.*, Benedictine Maledictions. Liturgical Cursing in Romanesque France, Ithaca/London 1993.

[37] *Patrick J. Geary*, L'humiliation des saints, in: Annales ESC 34, 1979, 27–42.

[38] Vgl. etwa *Patrick J. Geary*, Moral Obligations and Peer Pressure. Conflict Resolution in the Medieval Aristocracy, in: Claudie Duhamel-Amado/Guy Lobrichon (Hrsg.), Georges Duby. L'écriture de l'Histoire, Bruxelles 1996, 217–222.

[39] *Stephen D. White*, „Pactum … Legem Vincit et Amor Iudicium": The Settlement of Disputes by Compromise in Eleventh-Century Western France, in: The American Journal of Legal History 22, 1978, 281–301.

vieler kleinerer Herren, die zwar allesamt Gewalt auszuüben vermochten (und auch regelmäßig Gewalt anwendeten), aber es gleichwohl gewohnt waren, in einem fort untereinander ein Gleichgewicht auszuhandeln, das langfristig halbwegs stabil blieb. Konflikte waren in diesen Gesellschaften zwar allgegenwärtig und kehrten immer wieder; aber ihr Gewaltpotential blieb gleichsam eingehegt. Die Konflikte dienten nicht dazu, einen Gegner physisch auszuschalten; sie waren lediglich eines von vielen Manövern, mit denen die Akteure ihre sozialen Beziehungen untereinander immer wieder neu austarierten.[40] Barbara Rosenwein ging soweit, die Konflikte selbst als *social glue* zu bezeichnen.[41]

b) In *Deutschland* hat sich eine mediävistische Konfliktforschung erst um 1990 ausgebildet, allerdings aus einer anderen Forschungsgeschichte heraus. Deutsche Mediävisten untersuchten nicht Frankreich, sondern fast ausschließlich das Reich der Ottonen und Salier (und hier überwiegend den nordalpinen Teil). Die Macht der Ottonen und Salier aber war – im Vergleich zu derjenigen ihrer französischen Kollegen – zweifellos größer, auch geographisch breiter entfaltet. Eine Zentralgewalt war im Reich durchaus etabliert, zumal seit der Wende zum zweiten Jahrtausend.[42]

In der deutschen Mediävistik hatte es deshalb auch nie eine Diskussion über einen Niedergang der karolingischen Ordnung und eine „feudale Anarchie" in der Zeit um das Jahr 1000 gegeben. Allerdings hatte man schon seit den 1930er Jahren hohen Wert auf die Andersartigkeit des Mittelalters gelegt: Damals hatte sich allmählich unter deutschen Mediävisten die Überzeugung verfestigt, man könne die Geschichte „Alteuropas" vor 1800 nicht beschreiben und analysieren, solange man „moderne" Begriffe verwende, sich also auf Kategorien und Konzepte der Sozialwissenschaften des 19. und frühen 20. Jahrhunderts stütze.[43]

In den 1980er Jahren kam nun noch eine weitere Beobachtung hinzu: Im 10. und früheren 11. Jahrhundert fand das Reich zu einer vergleichsweise hohen politischen Stabilität; zugleich regierten die Könige eben in dieser Zeit aber (jedenfalls nördlich der Alpen) fast ganz ohne Gesetze; sie versuchten nicht einmal, die Einhaltung älterer Gesetze zu kontrollieren. Bezeichnenderweise ist auch ein Königsgericht in dieser Zeit kaum fassbar. Angesichts dessen fragten deutsche

---

[40] Vgl. zu diesem mittlerweile klassischen Modell außerdem grundlegend: *Stephen D. White*, Feuding and peace-making in the Touraine around the year 1100, in: Traditio 42, 1986, 195–263; *ders.*, Inheritances and legal arguments in Western France, in: Traditio 43, 1987, 55–103; *Stephen Weinberger*, Les conflits entre clercs et laïcs dans la Provence du XIe siècle, in: Annales du Midi 92, 1980, 269–279.

[41] *Barbara H. Rosenwein*, To Be the Neighbour of Saint Peter. The Social Meaning of Cluny's Property, 909–1049, Ithaca/London 1989, 202.

[42] Dazu insbesondere *Stefan Weinfurter*, Die Zentralisierung der Herrschaftsgewalt im Reich unter Kaiser Heinrich II., in: Historisches Jahrbuch 106, 1986, 241–297.

[43] Grundlegend hierfür war: *Otto Brunner*, Land und Herrschaft. Grundfragen der territorialen Verfassungsgeschichte Südostdeutschlands im Mittelalter, (Veröffentlichungen des Österreichischen Instituts für Geschichtsforschung 1), Baden bei Wien u.a. 1939.

Mediävisten nun: Was hielt dann eigentlich die soziale Ordnung zusammen und einigermaßen stabil?[44]

Bei der Suche nach Faktoren der Stabilität wurden bald die Arbeiten der amerikanischen Konfliktforschung interessant (auch wenn diese ursprünglich von einer deutlich anderen Voraussetzung ausgegangen waren, eben vom Fehlen einer Zentralgewalt). Immerhin sah man hier wie dort das Mittelalter als eine fremde, eine andersartige Zeit, die von der Moderne essentiell geschieden war. Und so begannen nun auch deutsche Mediävisten nicht mehr nach Rechtsstreitigkeiten und Gerichten zu suchen, sondern nach fremdartigen Formen der Konfliktaustragung, nach sozialen Praktiken wie Ritualen und nach dem Einsatz sozialer Bindungen der Freundschaft und Verwandtschaft.

Seitdem hat in Deutschland vor allem Gerd Althoff für Konflikte in den politischen und sozialen Eliten des Reiches im 10./11. Jahrhundert ein – auch international – vielbeachtetes Modell herausgearbeitet: Zwar habe es keine Gesetze gegeben, so Althoff, sehr wohl aber ein ganzes Set ungeschriebener „Spielregeln“ der Konfliktaustragung.[45] Diese Regeln sahen vor, dass die Parteien in allen Phasen des Konflikts durch Gesten und Rituale ihr gegenseitiges Verhältnis zueinander demonstrierten und von Anfang an immer auch nach Verhandlungslösungen suchten. Eine wichtige Rolle spielten dabei Vermittler, hochrangige Persönlichkeiten, die nicht qua Amt, sondern mit ihrem persönlichen Anse-

---

[44] Fundierende Beiträge dazu sind gesammelt in den Bänden von *Gerd Althoff*, Spielregeln der Politik im Mittelalter. Kommunikation in Frieden und Fehde, Darmstadt 1997; *ders.*, Inszenierte Herrschaft. Geschichtsschreibung und politisches Handeln im Mittelalter, Darmstadt 2003; *Hagen Keller*, Ottonische Königsherrschaft. Organisation und Legitimation königlicher Macht, Darmstadt 2002.

[45] Grundlegend: *Gerd Althoff*, Königsherrschaft und Konfliktbewältigung im 10. und 11. Jahrhundert, in: Frühmittelalterliche Studien 23, 1989, 265–290; vgl. außerdem die übrigen Beiträge in dem Band von *dems.*, Spielregeln der Politik (wie Anm. 44); *ders.*, Otto III. und Heinrich II. in Konflikten, in: Bernd Schneidmüller / Stefan Weinfurter (Hrsg.), Otto III. – Heinrich II. Eine Wende?, (Mittelalter-Forschungen 1), Sigmaringen 1997, 77–94; ergänzend und nuancierend zum späteren 11. Jahrhundert: *Monika Suchan*, Königsherrschaft im Streit. Konfliktaustragung in der Regierungszeit Heinrichs IV. zwischen Gewalt, Gespräch und Schriftlichkeit, (Monographien zur Geschichte des Mittelalters 42), Stuttgart 1997; zu einem spezifischen Raum: *Steffen Patzold*, „... inter pagensium nostrorum gladios vivimus.“ Zu den „Spielregeln“ der Konfliktführung in Niederlothringen zur Zeit der Ottonen und frühen Salier, in: Zeitschrift der Savigny-Stiftung für Rechtsgeschichte, Germanistische Abteilung 118, 2001, 58–99; zu Heinrich II.: *Stefan Weinfurter*, Konfliktverhalten und Individualität des Herrschers am Beispiel Heinrichs II., in: Stefan Esders (Hrsg.), Rechtsverständnis und Konfliktbewältigung. Gerichtliche und außergerichtliche Strategien im Mittelalter, Köln u. a. 2007, 291–311. – Zu Heinrich IV. speziell auch: *Philippe Buc*, Die Krise des Reiches unter Heinrich IV., mit und ohne Spielregeln. „Par malvais roi est mains frans hom honnis“ (Raoul de Cambrai, v. 650), in: Claudia Garnier / Hermann Kamp (Hrsg.), Spielregeln der Mächtigen. Mittelalterliche Politik zwischen Gewohnheit und Konvention, Darmstadt 2010, 61–94. – Vgl. für eine außerdeutsche Perspektive auf das Reich im späteren 11. Jahrhundert auch: *Timothy Reuter*, Unruhestiftung, Fehde, Rebellion, Widerstand: Gewalt und Frieden in der Politik der Salierzeit, in: Stefan Weinfurter (Hrsg.), Die Salier und das Reich, Bd. 3: Gesellschaftlicher und ideengeschichtlicher Wandel im Reich der Salier, Sigmaringen 1991, 297–325.

hen für eine Kompromisslösung zu garantieren vermochten.[46] Der jeweils ausgehandelte Kompromiss in der Sache wurde allerdings, so Althoff, als spontane Unterwerfung einer Partei inszeniert – in einem Akt, der in Gegenwart der adligen Standesgenossen aufgeführt wurde: Barfuß, fußfällig, im Büßergewand, mit rituellem Weinen hatte sich eine Partei der anderen zu unterwerfen. Der Ablauf – das ist für dieses Modell wichtig – spiegelte eine spontane Unterwerfung vor, war tatsächlich aber oft bis in Details hinein von Vermittlern ausgehandelt worden und insofern „inszeniert".[47] Insgesamt betrachtet Althoff dieses Verfahren als hochfunktional: Es sei geeignet gewesen, gewaltsame Konflikte in den Eliten zu deeskalieren; und es habe wesentlich dazu beigetragen, der politischen Ordnung Stabilität zu verleihen.[48]

Man wird demnach etwas zugespitzt sagen dürfen: Sowohl die anglo-amerikanische und westeuropäische als auch die deutsche Forschung zu Konflikten im 10./11. Jahrhundert ist in ihren Annahmen wesentlich beeinflusst worden von der Differenz zwischen „uns heute" und „denen damals": „Wir heute", in der Moderne, haben einen Staat mit einem Gewaltmonopol und einer Zentralgewalt; wir kennen Rechtsnormen, wir können einen Streit in ein Gerichtsverfahren überführen und qua Urteil entscheiden lassen. „Die damals", vor der Moderne, hatten all das nicht – und nutzten folglich andere, fremde Formen der Konfliktaustragung. Auch diese Formen aber waren letztlich erfolgreich; sie verhinderten Anarchie, hielten Gewalt in Grenzen und vermochten der sozialen Ordnung Dauerhaftigkeit zu geben. Die Modelle der Konfliktforschung operieren demnach im Modus der Alterität. Dazu passt, dass die Referenzliteratur letztlich aus der Ethnologie der 1960er und 1970er Jahre stammt (wenn auch nicht unmittelbar, sondern gefiltert durch die je spezifischen Forschungstraditionen der US-amerikanischen, westeuropäischen und deutschen Mediävistik).

Mit dem von Althoff begründeten und seither von der Forschung immer feiner ausgearbeiteten Modell der Konfliktaustragung und -beilegung ließe sich nun auch der Konflikt zwischen Heinrich V. und seinem Vater analysieren. Wir müssten dann vor allem auf demonstrative Akte achten, auf Gesten und Rituale der Kontrahenten – wie etwa auf die gegenseitigen Fußfälle von Vater und Sohn bei ihrer persönlichen Begegnung im Jahr 1105, von denen uns ein zeitgenössisches Inserat in den *Annales Hildesheimenses* berichtet.[49] Außerdem müssten wir die immer neuen Versuche von Aristokraten registrieren, den Konflikt zwischen Vater und Sohn zu deeskalieren – wie etwa die zumindest kurzfristig erfolgreiche

---

[46] In breitem diachronen Rahmen: *Hermann Kamp*, Friedensstifter und Vermittler im Mittelalter, (Symbolische Kommunikation in der Vormoderne), Darmstadt 2001.

[47] Grundlegend: *Gerd Althoff*, Demonstration und Inszenierung. Spielregeln der Kommunikation in mittelalterlicher Öffentlichkeit, in: ders., Spielregeln der Politik (wie Anm. 44), 229–257.

[48] *Althoff*, Demonstration und Inszenierung (wie Anm. 47), 257.

[49] Annales Hildesheimenses (wie Anm. 26), a. 1106, 56.

Weigerung der Fürsten beider Lager, ebenfalls noch 1105, gegeneinander in die Schlacht zu ziehen.[50]

Und dennoch: Insgesamt dürfte das Fallbeispiel von 1105/6 eher die Grenzen der jüngeren Konfliktforschung aufzeigen. Denn der Gesamtverlauf passt durchaus nicht zu deren Vorhersagen: Von einem Ende des Konflikts in Form eines sorgsam inszenierten Unterwerfungsrituals hören wir nichts, auch nichts von Vermittlern, einer Verhandlungslösung, gar einem Kompromiss. Im Gegenteil: Der Sohn missbraucht das Vertrauen des Vaters und nimmt ihn gefangen; er inhaftiert und zwingt ihn, auf die Herrschaft zu verzichten.[51] Als dem Vater bald darauf die Flucht gelingt, eskaliert der Konflikt – bis hin zu militärischen Operationen beider Salier in Lotharingien; bei Visé an der Maas kommt es im Sommer 1106 zum offenen Kampf.[52] Als Heinrich IV. im August unerwartet stirbt, spricht nichts für einen eingehegten Konfliktverlauf, wie ihn die mediävistischen Konfliktstudien vorhersagen.

Offenbar ist das Modell der jüngeren Forschung demnach nicht für alle Auseinandersetzungen in gleicher Weise zutreffend. Man darf fragen: Was macht den Unterschied? Im konkreten Fallbeispiel könnten vor allem drei Faktoren wichtig gewesen sein: (1) Das Streitobjekt, die Macht im Reich, ließ sich schlecht qua Kompromiss auf zwei Parteien aufteilen. (2) Beide Parteien waren im Frühjahr und Sommer 1106 militärisch so stark, dass keine von ihnen ihre Niederlage bereits absehen konnte und sich deshalb zu einer Unterwerfung bereit gefunden hätte. (3) Hinter dem Konflikt könnten außerdem so kraftvolle religiöse Überzeugungen gestanden haben, dass eine gütliche Lösung inakzeptabel schien; mit dem Teufel schließt man keine Kompromisse. In diesen drei Faktoren aber deuten sich zugleich systematische Blindstellen der jüngeren Konfliktforschung insgesamt an. Um es zuzuspitzen: Der Modus der Alterität, in dem die jüngere Konfliktforschung operiert, blendet die (materiellen) Interessen der Akteure, ihre Machtressourcen und ihre (religiösen) Überzeugungen aus der Analyse aus.

Wissenschaftsgeschichtlich kann man diese Blindstellen recht gut erklären. Sie gründen in der Genealogie des Modells, das letztlich ja auf Ansätze der Ethnologie der 1960er und 1970er Jahre[53] zurückgeht. Die funktionalistischen Arbeiten jener Zeit erklärten erstens das Handeln der Akteure nicht unmittelbar aus deren Weltsicht, dem Wissen und den Interessen. Die einschlägigen ethno-

[50] Ekkehard von Aura, Chronik (wie Anm. 1), Rez. I, a. 1105, 194.

[51] Ekkehard von Aura, Chronik (wie Anm. 1), Rez. I, a. 1105/6, 198–204.

[52] Anonyme Kaiserchronik für Heinrich V., ed. *Schmale/Schmale-Ott* (wie Anm. 1), 213–265, hier lib. III, 242; danach Ekkehard von Aura, Chronik (wie Anm. 1), Rez. III, a. 1106, 278.

[53] Zur Kritik an der Übertragung solcher Modelle auf das europäische Mittelalter vgl. früh schon: *Timothy Reuter*, Pre-Gregorian Mentalities, in: Journal of Ecclesiastical History 45, 1994, 465–474, hier 471 f.; seitdem vor allem *Philippe Buc*, Anthropologie et Histoire, in: Annales ESC 53, 1998, 1243–1249, hier 1248 f.; *ders.*, The Dangers of Ritual, Princeton 2001, 5–10 (und passim); seine Thesen zusammenfassend und gegen Kritiker verteidigend noch einmal: *ders.*, The Monster and the Critics: a Ritual Reply, in: Early Medieval Europe 15, 2007, 441–452.

logischen Studien zu Konflikten untersuchten zweitens kleinräumig agierende Gesellschaften mit sehr geringem Gewaltpotential, in denen Unterschiede in militärischer Stärke schlicht keine Variable bildeten. Und diese älteren ethnologischen Arbeiten konnten drittens nicht angemessen mit sozialem Wandel und einem fundamentalen Versagen der Ordnung umgehen – und zwar deshalb nicht, weil sie einen Konflikt nur als eine vorübergehende Störung begriffen, die letztlich mit den Mitteln einer holistisch gedachten Ordnung selbst eingehegt und überwunden werden könne. Kurzum: Die ethnologische Referenzliteratur der 1960er und 1970er Jahre war ungeeignet, um Mediävisten zu sensibilisieren für die Bedeutung von (materiellen) Interessen, Machtressourcen und (religiösen) Überzeugungen im Konflikt.

Hinzu kommt aber noch ein weiterer Punkt: Die Alterität ist in der deutschen und amerikanischen mediävistischen Konfliktforschung jeweils über ein „Staatsdefizit" konstruiert worden, wenn auch in je eigener Weise (nämlich hier konkret über die Absenz einer öffentlichen Gewalt und eines staatlichen Gewaltmonopols, dort über das Fehlen staatlicher Gesetze und eines staatlichen Gerichtswesens). Um 1970, vielleicht auch noch Ende der 1980er Jahre machten diese Konstruktionen die Behauptung einer alteritären Ordnung durchaus plausibel (hier als Alternative zum Bild einer „feudalen Anarchie", dort als Alternative zum Bild eines defizitären Regierens ohne Gesetze und Verwaltungsapparat[54]). Im Jahr 2013 aber hat diese Konstruktion von Alterität viel an Plausibilität verloren: Staatliches Regieren als Mittel der Herstellung von Ordnung hat mittlerweile Konkurrenz bekommen und ist in unserer globalisierten Gegenwart heute viel weniger selbstverständlich als um 1970. Über das Kriterium der Staatlichkeit lässt sich daher heute viel schwieriger eine Dichotomie von „uns jetzt" und „denen damals" generieren.[55] Wer heute die frühen Arbeiten der mediävistischen Konfliktforschung liest, wird deshalb auch bald ins Grübeln kommen: Von Mediatoren begleitete Verhandlungen zwischen den Konfliktparteien; außergerichtliche Lösungen; Frieden statt Recht als Maxime für Regionen, die von gewaltreichen inneren Konflikten zerrüttet sind; eine hohe Bedeutung öffentlicher Gesten; die öffentliche Inszenierung von Konfliktbeilegungen, die der Selbstverpflichtung der Parteien dienen soll – all das beschreibt genauso gut unsere Gegenwart. Mit anderen Worten: Die „Alterität der Vormoderne", konstruiert über die Absenz des „modernen Staates", war eine forschungsleitende

---

[54] Vgl. zusammenfassend *Bernd Schneidmüller*, Vor dem Staat. Über neuere Versuche zur mittelalterlichen Herrschaft, in: Rechtsgeschichte 13, 2008, 178–186.

[55] Dazu ausführlicher *Steffen Patzold*, Human security, fragile Staatlichkeit und Governance im Frühmittelalter. Zur Fragwürdigkeit der Scheidung von Vormoderne und Moderne, in: Geschichte und Gesellschaft 38, 2012, 406–422; *ders.*, Bischöfe als Träger der politischen Ordnung des Frankenreichs im 8./9. Jahrhundert, in: Walter Pohl / Veronika Wieser (Hrsg.), Der frühmittelalterliche Staat – europäische Perspektiven, (Österreichische Akademie der Wissenschaften, Phil.-Hist. Klasse, Denkschriften 386/Forschungen zur Geschichte des Mittelalters 16), Wien 2009, 255–268.

Vorannahme der jüngeren mediävistischen Konfliktstudien; sie ist mittlerweile fragwürdig geworden.

IV. Konflikte als bedrohte Ordnungen

Um die sich hier zeigenden methodisch-theoretischen Begrenzungen der Konfliktforschung zu überwinden, kann das Forschungskonzept des SFB 923 „Bedrohte Ordnungen“ hilfreich sein. Das Konzept eröffnet nämlich in mindestens fünf Feldern neue Perspektiven auch für die Analyse von Konflikten zwischen Angehörigen der sozialen und politischen Eliten, wie wir sie in diesem Beitrag exemplarisch für die Rebellion Heinrichs V. in den Jahren 1105/6 beobachten:

(1) Der SFB 923 vergleicht bedrohte Ordnungen, ohne dabei die Kategorien „modern“ und „vormodern“ zentralzustellen. Das Forschungskonzept leugnet deshalb zwar keineswegs historische Unterschiede. Es behauptet aber, dass die große Wasserscheide, die erhebliche Unterschiede generiert, nicht die Grenze zwischen Vormoderne und Moderne ist. Was in Ordnungen im Zustand der Bedrohung geschieht, so lautet eine der grundlegenden Arbeitshypothesen des SFB, wird vielmehr im wesentlichen durch andere Variablen beeinflusst.[56] Erst damit aber wird die Mediävistik aus den Fesseln des Staates befreit: Weil die Dichotomie von Vormoderne und Moderne nicht mehr grundlegend ist, muss der Mittelalterhistoriker die Konflikte, die er untersucht, nicht mehr vor der Folie eines Defizits an Staatlichkeit erklären.

In der ersten Förderperiode des SFB 923 knüpft sich daran nun noch eine weitere Arbeitshypothese. Sie lautet: Wichtige Unterschiede zwischen bedrohten Ordnungen könnten generiert werden (a) durch die Herkunft der Bedrohung im Verhältnis zur von ihr betroffenen Ordnung; und (b) durch die Form, in der Akteure über das kommunizieren, was sie von der bedrohten Ordnung sehen: Muss eine solche Kommunikation erst mühsam etabliert werden? Oder ist derart offensichtlich etwas „nicht in Ordnung“, dass die Akteure gar nicht umhinkönnen, sich darüber auszutauschen?

Für unser Fallbeispiel bedeutet das konkret: Als bedrohte Ordnung begreife ich die politische Ordnung des Reiches, als deren Bedrohung den Aufstand Heinrichs V. Bei diesen Setzungen kann man sagen: Die Bedrohung kam aus dem Inneren der Ordnung selbst; denn sie ging vom gewählten König und Sohn des amtierenden Kaisers aus. Außerdem wird man zumindest für die sozialen und politischen Eliten auch eine Notwendigkeit behaupten können, über die Situation zu kommunizieren. Es gab 1105/6 zwei Herrscher, die dem jeweils anderen das Recht absprachen, Herrscher zu sein; ein Bürgerkrieg stand unmittelbar bevor. Für die Großen des Reiches war dies ein unhaltbarer Zustand –

[56] Vgl. *Frie*, ‚Bedrohte Ordnungen‘ (wie Anm. 3), 105 f. und 108.

zumal in einer Ordnung, in der Nähe zum König ein entscheidender Faktor war für Ehre, Rang und Macht. Dort, wo unsicher wurde, wer gerade eigentlich König war, konnte dieses Grundprinzip der Königsnähe nicht mehr erfolgreich die Erwartungen und Handlungen der politischen und sozialen Eliten rahmen und strukturieren.

(2) Heinrich IV., dessen Sohn, die Anhänger beider Kontrahenten – sie waren nun allerdings keine Sozialwissenschaftler und haben nicht das Forschungskonzept des SFB 923 gelesen. Sie sahen deshalb nicht die bedrohte Ordnung, die wir als Wissenschaftler beobachten. Zumindest die Eliten nahmen 1105/6 aber doch zur Kenntnis, dass ihre Welt *irgendwie* aus den Fugen geraten war. Sie sprachen deshalb von „Verwirrung", „Spaltung", „Rechtsbruch", „Verstoß gegen das Recht der Natur" oder ähnlichem.[57] Die Wertungen dieses Zustands waren jedoch schon zeitgenössisch weder homogen noch unstrittig. Im Gegenteil: Den Anhängern Heinrichs IV. schien der Aufstand des Sohnes gegen den eigenen Vater als schrecklicher Verstoß gegen das gottgewollte Verhältnis zwischen Eltern und Kindern, ja überhaupt als ein Bruch des allumfassenden, von Gott geschaffenen *ordo*, eine Tat, die schon jetzt das Reich ins Chaos gestürzt hatte und – im Erfolgsfall – noch weit Schlimmeres nach sich ziehen würde.[58] *Omnia turbantur* – (alles wird in Unordnung gebracht), so heißt es in einem anonym überlieferten Klagegedicht, das noch vor August 1106 in diesem Lager entstanden ist.[59]

Die Anhänger Heinrichs V. waren dagegen optimistisch der Zukunft zugewandt: Sie hegten die Hoffnung, man könne durch den Kampf jetzt endlich jenen Zustand überwinden, den sie als eine gottverhasste Un-Ordnung begriffen – nämlich die Kaiserherrschaft eines exkommunizierten Häretikers und Tyrannen.[60] Im Frühsommer 1106 formulierten führende Anhänger Heinrichs V. in einem offenen Brief an den Kaiser: Nach fast vierzig Jahren der *discissio* (der Spaltung des Römischen Reiches), seien nun „ebenso die göttlichen wie die menschlichen Gesetze fast ganz außer Kraft gesetzt".[61] Heinrich IV. selbst, so lautete ihr Argument im Kern, habe durch sein Handeln den *ordo* zerstört, auf den er und seine Leute sich nun berufen wollten; Heinrich V. dagegen stelle gerade mit seinem Aufstand den gottgewollten *ordo* wieder her.

Das Forschungskonzept des SFB 923 kann solche multiplen, auch gegenläufigen Wertungen von einzelnen Akteuren und ganzen Akteursgruppen ertragen. Auch wenn bedrohte Ordnung beim ersten Hören konservativ klingt: Das Konzept ist in der Lage, mit divergierenden Perspektiven von Zeitgenossen

---

[57] Vgl. dazu im Einzelnen die Belege unten in Anm. 87.

[58] Die einschlägigen Argumente von Anhängern Heinrichs IV. sind quellennah zusammengefasst bei: *Patzold*, Königtum (wie Anm. 24), 52–57.

[59] Conquestio Heinrici IV. imperatoris (wie Anm. 27), 26, v. 60.

[60] Die Position von Anhängern Heinrichs V. sind zusammengefasst bei: *Patzold*, Königtum (wie Anm. 24), 58–67.

[61] Das Schreiben ist nur als Inserat bei Ekkehard von Aura, Chronik (wie Anm. 1), Rez. III, a. 1106, 282/284, überliefert.

umzugehen; es kann produktiv verarbeiten, dass manche Akteure vielleicht im Aufstand des Königssohns gar keine Bedrohung fühlten, daher auch keine Angst empfanden, sondern eine von Gott gegebene Chance auf die Überwindung einer längst schon unerträglichen Un-Ordnung sahen. Eben hier aber eröffnet sich eine neue Perspektive im Vergleich zur ethnologisch inspirierten, stark funktionalistischen Konfliktforschung, die alle Akteure letztlich in einer einzigen, holistischen Ordnung verortet, ihnen allen ein hohes Vertrauen in diese eine, umfassende Ordnung unterstellt und das Vermögen abspricht, diese Ordnung selbst als solche zu erkennen und grundsätzlich in Frage zu stellen.

(3) Nach der Arbeitsdefinition, mit der der SFB 923 zur Zeit operiert, wird in bedrohten Ordnungen eben das unsicher, was Gerd Althoff als „Spielregeln der Konfliktführung"[62] bezeichnet hat. Das eröffnet sehr konkret die Chance, eine besondere Art von Auseinandersetzungen abzuheben von anderen: Wir können nämlich unterscheiden zwischen solchen Konflikten, die *im Rahmen* der Ordnung nach den allgemein akzeptierten „Spielregeln" aus der Welt geschafft werden können, einerseits; und solchen Konflikten andererseits, die die existierende Ordnung selbst erheblich überfordern und in Frage stellen – gerade weil die „Spielregeln" für die Einhegung des Konflikts nicht mehr ausreichen. 1105/6 war letzteres der Fall: Die tradierten Spielregeln der Konfliktführung genügten offenkundig nicht, die Auseinandersetzung um die Herrschaft im Reich einzudämmen. Der Streit zwischen Vater und Sohn um die Herrschaft eskalierte bis zum offenen Bürgerkrieg. Solche Konflikte lassen sich mit dem Konzept der „Bedrohten Ordnung" besser erfassen.

(4) Das Forschungskonzept des SFB 923 verändert darüber hinaus auch den Blick auf die Bedeutung von Emotionen in Konflikten. In der mediävistischen Konfliktforschung haben Emotionen schon früh Aufmerksamkeit gefunden; allerdings sind sie ganz überwiegend in sehr spezifischer Weise betrachtet worden. Emotionen werden hier als Teil jener „symbolischen Kommunikation"[63] begriffen, die bei der Austragung von Konflikten zentral gewesen sei. Aus dieser Perspektive dienten Emotionen den Konfliktparteien dazu, sich gegenseitig ihr Verhältnis zueinander zu signalisieren – und dieses Verhältnis zugleich auch ihren Anhängern zu demonstrieren. Außerdem waren Emotionen häufig Teil

---

[62] Zu diesem Begriff der „Spielregeln" vgl. die Beiträge im Band von *Garnier/Kamp* (Hrsg.), Spielregeln der Mächtigen (wie Anm. 45); sowie: *Steffen Patzold*, Von den Spielregeln ritueller Kommunikation zur sozialen Praxis. Ein Versuch über praktisches und diskursives Wissen im früheren Mittelalter, in: Barbara Stollberg-Rilinger/Tim Neu/Christina Brauner (Hrsg.), Alles nur symbolisch? Bilanz und Perspektiven der Erforschung symbolischer Kommunikation, Köln/Weimar/Wien 2013, 53–67.

[63] Grundlegend: *Gerd Althoff/Ludwig Siep*, Symbolische Kommunikation und gesellschaftliche Wertesysteme vom Mittelalter bis zur französischen Revolution. Der neue Münsterer Sonderforschungsbereich 496, in: Frühmittelalterliche Studien 34, 2000, 393–412. Als Bilanz vgl. jetzt den Abschlussband des Münsteraner SFBs 496: *Stollberg-Rilinger/Neu/Brauner* (Hrsg.), Alles nur symbolisch? (wie Anm. 62).

jener Inszenierungen, mit deren Hilfe Konflikte beigelegt wurden. Hier hatten sie eine Art stabilisierende Metafunktion: Die zur Schau gestellten Emotionen authentifizierten die Aufrichtigkeit der Akteure; und sie trugen dazu bei, die Inszenierung als solche zu verschleiern und Spontaneität zu suggerieren.[64]

Dieses Modell hat ein hohes Erklärungspotential. Und doch wird man fragen dürfen: Hatten *alle* Emotionen der beiden Heinriche und ihrer Anhänger, die in unseren Quellen geschildert werden, genau diese Funktion für die Wiederherstellung der Ordnung? Das Forschungskonzept des SFB 923 rechnet damit, dass Emotionen prinzipiell darüber hinaus auch zu handlungsleitenden Faktoren in bedrohten Ordnungen oder bei deren Bewältigung werden konnten. Auch hier öffnet sich demnach der mediävistischen Konfliktforschung eine neue Perspektive.

Die sogenannte *Vita Heinrici IV. imperatoris* beispielsweise ließe sich dann nicht mehr nur als eine – höchst tendenziöse – „Quelle" lesen, durch die wir einen Zugang zu den politischen Ereignissen der Jahre 1105/6 zu gewinnen suchen. Wohl unmittelbar nach dem Tod des Kaisers noch im Spätjahr 1106 verfasst, wäre dieses Prosa-Epitaph auf Heinrich IV. zugleich ein Überrest jener Trauer, mit der die Anhänger des Saliers dessen Tod und damit zugleich ihre politische Niederlage im Konflikt mit Heinrich V. zu bewältigen suchten. „Wer gibt Wasser meinem Haupte und einen Tränenquell meinen Augen", so beginnt der Text, „damit ich beklagen kann, nicht den Untergang einer eroberten Stadt, nicht die Gefangennahme geringen Volks, nicht den Verlust meiner Habe, sondern den Tod des erhabenen Kaisers Heinrich; er war meine Hoffnung und mein einziger Trost, ja, er war – um von mir zu schweigen – der Ruhm Roms, die Zierde des Reiches, das Licht der Welt. Kann mir jetzt noch mein Leben lieb sein? Kann noch ein Tag oder eine Stunde ohne Tränen sein? Oder kann ich mit Dir, liebster Freund, seiner gedenken, ohne zu weinen?"[65]

Wohlgemerkt: Der Text selbst ist keineswegs harmlos, mitnichten ein getreuer Spiegel der Trauer seines Autors. Er entfaltet ein Spiel der Intertextualität und stellt zugleich Gelehrsamkeit und Wissen zur Schau. Schon der kurze Abschnitt enthält ein Zitat aus Jerem. 9,1, spielt auf Vergils Aeneis an und zitiert wörtlich aus einem Brief an den Diakon Aurelius, in dem Sulpicius Severus im aus-

---

[64] *Gerd Althoff*, Empörung, Tränen, Zerknirschung. „Emotionen" in der öffentlichen Kommunikation des Mittelalters, in: Frühmittelalterliche Studien 30, 1996, 60–79; *ders.*, Tränen und Freude: Was interessiert Mittelalter-Historiker an Emotionen?, in: Frühmittelalterliche Studien 40, 2006, 1–11; *Matthias Becher*, „Cum lacrimis et gemitu". Vom Weinen der Sieger und Besiegten im frühen und hohen Mittelalter, in: Gerd Althoff (Hrsg.), Formen und Funktionen öffentlicher Kommunikation im Mittelalter, (Vorträge und Forschungen 69), Stuttgart 2001, 25–52. – Dazu kritisch: *Peter Dinzelbacher*, Warum weint der König? Eine Kritik des mediävistischen Panritualismus, Badenweiler 2009.

[65] *Eberhard*, Vita Heinrici IV. imperatoris (wie Anm. 25), c. 1, 9; die Übersetzung folgt der Ausgabe von *Irene Schmale-Ott* (FSGA 12), Darmstadt 1968, 409.

gehenden 4. Jahrhundert den Tod des heiligen Martin von Tours beklagt hatte.[66] Aber gerade deshalb bietet diese emotionale Ebene des Textes mehr als nur symbolische Kommunikation im Konflikt: Der gelehrte Rückgriff auf die Bibel, die Aeneis, den Brief des Sulpicius Severus eröffnet uns zumindest einen Einblick, welche Erwartungen ein gebildeter Geistlicher erfüllen musste, wenn er den Tod seines Herrschers in einer derartigen politischen Situation zu beklagen hatte.

(5) Das Konzept des SFB 923 macht aus der Schwäche der so parteiischen Überlieferung zum Aufstand Heinrichs V. eine Stärke. Denn das Konzept lenkt den Blick weg von der Frage nach den Ursachen, Gründen, Motiven und Zielen der Parteien der Rebellion von 1105/6, und führt die Analyse statt dessen hin auf die Ordnung im Zustand der Bedrohung selbst, und zudem auf das, was im SFB 923 als „Bedrohungskommunikation" bezeichnet wird. Die „wahren" Motive der Beteiligten werden sich auf der Grundlage der überlieferten Dokumente und Materialien wahrscheinlich nie ermitteln lassen; aber wie die Akteure über die Bedrohung sprachen und schrieben, das ist für uns zumindest in Teilen fassbar, und zwar gerade in den so parteiischen Texten mit all ihrer dramatisierenden Tendenz. So können wir beispielsweise den Klagebrief Heinrichs IV. an den französischen König Philippe I. von 1106[67] gleichsam als Überrest (im Bernheimschen Sinne[68]) betrachten: als Überrest der Kommunikation in einer bedrohten Ordnung im frühen 12. Jahrhundert.[69]

Insgesamt öffnet die Analyse hochmittelalterlicher Auseinandersetzungen als bedrohte Ordnungen im Rahmen des Forschungskonzepts des SFB 923 demnach eine neue Perspektive. Das Konzept erlaubt es, systematisch die (materiellen) Interessen der Akteure, ihre Machtressourcen und ihre (religiösen) Überzeugungen bei der Analyse mit einzubeziehen, ohne deshalb in jene einfache Rückprojektion staatlicher Strukturen zurückzuverfallen, wie sie im 19. Jahrhundert üblich war. Zugleich macht es das Konzept möglich, die Ordnungen um 1100 in Europa nicht mehr holistisch zu denken – sondern als zwischen sozialen Gruppen und Indiviuen umstritten, in ihrer Geltung umkämpft, immer wieder neu praktisch auszuhandelnd. Erst auf diese Weise können auch jene Konflikte analysiert werden, deren dramatischer Verlauf – wie in unserem Beispiel von 1105/6 – die Ordnung selbst in Frage stellt. Zugleich können Emotionen in Konflikten nicht mehr nur als Elemente symbolischer Kommunikation, sondern auch als handlungsleitende Faktoren konzeptualisiert werden. Die überlieferten Texte – in all ihrer Parteilichkeit und quellenkritischen Problematik – können

[66] Die Vorlagen sind nachgewiesen in der Ausgabe von *Eberhard*, Vita Heinrici IV. imperatoris (wie Anm. 25), 9 mit Anm. 1 f.

[67] Heinrich IV., Ep. 39 (wie Anm. 11), 52–58.

[68] *Ernst Bernheim*, Einleitung in die Geschichtswissenschaft, 3. Aufl. Berlin/Leipzig 1926, 104–132.

[69] Für eine inhaltliche Detailanalyse der Argumente, die damals zwischen den Parteien ausgetauscht wurden, vgl. *Patzold*, Königtum (wie Anm. 24), 52–67.

dann mehr sein als nur ein Mittel für die Rekonstruktion des Konfliktverlaufs: Sie können gelesen werden als Überreste von Kommunikationsprozessen, in denen Bedrohungen thematisiert oder auch allererst hergestellt worden sind.

V. Offene Fragen und Probleme

Das Forschungskonzept „Bedrohte Ordnungen" vermag demnach gerade auch Mediävisten, die an der Analyse von Konflikten interessiert sind, neue Perspektiven auf ihren Untersuchungsgegenstand zu eröffnen. Gleichwohl bleiben noch konzeptuelle Schärfungen zu leisten. Ich konzentriere mich hier auf den zuletzt angesprochenen Punkt – das heißt auf das, was aus dem Begriff der „Bedrohungskommunikation" erwächst, der im Konzept des SFB 923 eine prominente Rolle spielt. Besonders drei Aspekte erscheinen dabei aus mediävistischer Sicht relevant: (1) die Materialität der Kommunikation; (2) der Zusammenhang zwischen Bedrohung und Kommunikation; und (3) der Zusammenhang zwischen Ordnung und Kommunikation.

(1) Zur *Materialität der Kommunikation*: Der Begriff der „Kommunikation" ist im Forschungskonzept des SFB 923 zur Zeit noch wenig konturiert. Zumal die Materialität von Kommunikation – und das heißt nicht zuletzt: die technischen Grundlagen – spielen hier bisher noch keine Rolle. Das könnte für ein Verbundprojekt, das Zeiten und Räume umspannt, ein Problem sein: Denn Kommunikation unterlag in ihrer Materialität selbst historischem Wandel.

An unserem Fallbeispiel lässt sich das Problem leicht veranschaulichen. Heinrich V. hat früh, schon Anfang 1105, in seinem Kampf gegen den Vater bei Papst Paschalis II. angefragt, ob er seinen Eid brechen dürfe, den er ja seinem Vater anlässlich seiner Königserhebung gleich zweimal geschworen hatte – den Eid, nicht gegen den Willen des Vaters die Herrschaft zu übernehmen.[70] Die Antwort des Papstes war wichtig für die Legitimation des Aufstands. Heinrich V. musste aber damit rechnen, dass die Anfrage von Regensburg aus, wo er sich gerade aufhielt, bis nach Rom rund drei Wochen unterwegs sein würde; auf eine Antwort würde er insgesamt also mindestens sechs Wochen warten müssen.[71]

Für Heinrichs Position war es außerdem wichtig, seine Rebellion in den Eliten bekannt zu machen und Argumente für seine Rechtmäßigkeit zu verbreiten. Heinrich IV. wiederum war darauf angewiesen, seinen Sohn zu delegitimieren und ihn den Eliten des Reiches als Eidbrecher, ungehorsamen Nachwuchs, Störer des gottgewollten *ordo* zu präsentieren. Denn ohne die Unterstützung dieser Eliten konnte sich um 1100 kein Herrscher als solcher halten.[72] Die technischen

[70] Annales Hildesheimenses (wie Anm. 26), a. 1104, 52.

[71] Zu Reisegeschwindigkeiten vgl. unten Anm. 78.

[72] Grundlegend: *Bernd Schneidmüller*, Konsensuale Herrschaft. Ein Essay über Formen und Konzepte politischer Ordnung im Mittelalter, in: Paul-Joachim Heinig u. a. (Hrsg.), Reich,

Möglichkeiten, einschlägige Informationen an eine große Zahl von Rezipienten zu verbreiten, waren jedoch Anfang des 12. Jahrhunderts in Mitteleuropa beschränkt: Vater und Sohn beriefen Versammlungen ein, um dort ihre Position in körperlicher Kopräsenz mündlich oder durch nonverbale Kommunikation in Form von Gesten darzulegen[73] (das waren durchaus übliche Mittel[74]). Daneben blieb ihnen nur der Weg, Texte an Boten auszuhändigen und als Briefe im Reich zu streuen.[75] Solche Briefe wurden dann zum Teil von Dritten kopiert und wieder in andere Texte inseriert: Die Chronisten Sigebert von Gembloux und Ekkehard von Aura zum Beispiel nahmen sehr zeitnah Schreiben der Kontrahenten in ihre Berichte zu 1106 auf.[76] Außerdem konnten derartige Briefe auch wieder bei lokalen Versammlungen, etwa in einer Kirche, vor einer größeren Menschenmenge verlesen werden: Für das Jahr 1106 ist das beispielsweise belegt für jenen Brief der Anhänger Heinrichs V., aus dem oben schon zu zitieren war.[77]

Damit ist das Spektrum der Kommunikationsmöglichkeiten aber auch schon im Wesentlichen umrissen. Man darf festhalten: Kommunikation blieb an körperliche Kopräsenz gebunden; sie machte stets die Bewegung von Körpern im Raum notwendig. Eben deshalb aber war jede Kommunikation über weitere Distanzen im 11. Jahrhundert langsam; eine Nachricht kam auf langen Strecken selbst bei günstigsten Bedingungen im Schnitt höchstens 50 bis 60 km pro Tag voran, meist aber noch langsamer.[78] Zugleich war Kommunikation häufig genug auch mehrstufig, da sie auf Mittlerinstanzen angewiesen blieb, auf Boten und

---

Regionen und Europa in Mittelalter und Neuzeit. Festschrift für Peter Moraw, (Historische Forschungen 67), Berlin 2000, 53–87.

[73] Zu Versammlungen in Gegenwart Heinrichs V. in Sachsen (Quedlinburg, Nordhausen): *Althoff*, Heinrich IV. (wie Anm. 2), 236–239; zu Beratungen der Fürsten angesichts drohender militärischer Eskalation bei Regensburg: ebd., 240; zu Versammlungen in Ingelheim/Mainz: ebd., 241–248.

[74] *Timothy Reuter*, Assembly Politics in Western Europe from the Eighth Century to the Twelfth, in: Peter Linehan/Janet L. Nelson (Hrsg.), The Medieval World, London/New York 2001, 432–450; *Gerd Althoff*, *Colloquium familiare – Colloquium secretum – Colloquium publicum*. Beratung im politischen Leben des früheren Mittelalters, in: Frühmittelalterliche Studien 24, 1990, 145–167; *Monika Suchan*, Publizistik im Zeitalter Heinrichs IV. – Anfänge päpstlicher und kaiserlicher Propaganda im ‚Investiturstreit'?, in: Karel Hruza (Hrsg.), Propaganda, Kommunikation und Öffentlichkeit (11.–16. Jahrhundert), (Forschungen zur Geschichte des Mittelalters 6), Wien 2002, 29–45.

[75] Zu den erhaltenen Stücken vgl. *Patzold*, Königtum (wie Anm. 24), 46–49.

[76] Sigebert von Gembloux, Chronik (wie Anm. 26), a. 1106, 369–371; Ekkehard von Aura, Chronik (wie Anm. 1), Rez. III, a. 1006, 280–282.

[77] Ekkehard von Aura, Chronik (wie Anm. 1), Rez. III, a. 1106, 282–284.

[78] Vgl. *Reinhard Elze*, Über die Leistungsfähigkeit von Gesandtschaften und Boten im 11. Jahrhundert. Aus der Vorgeschichte von Canossa 1075–1077, in: Werner Paravicini/Karl Ferdinand Werner (Hrsg.), Histoire comparée de l'administration (IVe–XVIIIe siècles), (Beihefte der Francia 9), München 1980, 3–10; *Johannes Fried*, Der Pakt von Canossa. Schritte zur Wirklichkeit durch Erinnerungsanalyse, in: Wilfried Hartmann/Klaus Herbers (Hrsg.), Die Faszination der Papstgeschichte. Neue Zugänge zum frühen und hohen Mittelalter, Köln/Weimar/Wien 2008, 133–197, hier bes. 167–169, mit Anm. 63.

Gesandte.[79] Selbst noch auf großen Versammlungen waren Mittler notwendig, die das zentral Verkündete von Mund zu Ohr in die fernstehenden, hinteren Reihen weitertrugen. Massenkommunikation wiederum war überhaupt nur in den – recht engen – Grenzen einer solchen Versammlung möglich.

Die Geschichte der bedrohten Ordnung von 1105/6, und zumal deren Dynamik, war durch diese materiellen Rahmenbedingungen der Kommunikation durchaus beeinflusst: Die Geschwindigkeit des Geschehens wirkt auf heutige Betrachter fast gemächlich. Zugleich verliehen diese Rahmenbedingungen von Kommunikation auch anderen Einflüssen eine hohe Wirkmacht. Selbst die politischen Eliten, einschließlich des Herrschers, mussten sich für ihre Entscheidungen regelmäßig auf Gerüchte, Halbwissen, unsichere Informationen stützen.[80]

Diese Rahmenbedingungen von Kommunikation begannen sich grundsätzlich erst im 19. Jahrhundert zu ändern. Zwar dürften sich auch schon im Laufe des 17./18. Jahrhunderts die Geschwindigkeit des Informationsaustauschs in Europa gegenüber der Zeit um 1100 beschleunigt haben, weil die Schifffahrt schneller geworden und Straßen besser ausgebaut waren. Der optische Telegraph, den Claude Chappe in den 1790er Jahren baute und erfolgreich einsetzte, erlaubte es zudem eine kurze Nachricht von Straßburg nach Paris in nur 15 Minuten zu übertragen.[81] Doch erst die elektromagnetische Telegraphie, deren praktische Anfänge in den späteren 1830er Jahren liegen, vermochte seit etwa Mitte des 19. Jahrhunderts auch weite Strecken verlässlich in kurzer Zeit zu überwinden und machte es damit in Distanzkommunikation immer häufiger überflüssig, menschliche Körper im Raum zu bewegen[82]; 1866 wurde – nach mehreren gescheiterten Versuchen – das erste Seekabel durch den Atlantik verlegt, das Europa mit Nordamerika verband.[83] Ab dem Ende der 1870er Jahre verbreitete sich dann das Telefon in immer rascherer Geschwindigkeit, auch wenn es zunächst noch ganz überwiegend als ein Kommunikationsmittel mit regional begrenzter

---

[79] Vgl. *Volker Scior*, Bemerkungen zum frühmittelalterlichen Boten- und Gesandtschaftswesen, in: Pohl/Wieser (Hrsg.), Der frühmittelalterliche Staat (wie Anm. 55), 315–329.

[80] Vgl. dazu etwa *Volker Scior*, Veritas und certitudo oder: Warten auf Wissen. Boten in frühmittelalterlichen Informationsprozessen, in: Das Mittelalter 11,1, 2006, 110–131; *Hanna Vollrath*, Lauter Gerüchte? Canossa aus kommunikationsgeschichtlicher Sicht, in: Stefan Weinfurter (Hrsg.), Päpstliche Herrschaft im Mittelalter. Funktionsweisen, Strategien, Darstellungsformen, (Mittelalter-Forschungen 38), Ostfildern 2012, 153–198.

[81] *Klaus Beyrer*, Die optische Telegraphie als Beginn der modernen Telekommunikation, in: Hans-Jürgen Teuteburg/Cornelius Neutsch (Hrsg.), Vom Flügeltelegraphen zum Internet. Geschichte der modernen Telekommunikation, (Vierteljahrschrift für Sozial- und Wirtschaftsgeschichte. Beihefte 147), Stuttgart 1998, 14–26, hier 14f.

[82] *Josef Reindl*, Partikularstaatliche Politik und technische Dynamik. Die drahtgebundene Telegraphie und der Deutsch-Österreichische Telegraphenverein von 1850, in: Teuteburg/Neutsch (Hrsg.), Vom Flügeltelegraphen zum Internet (wie Anm. 81), 27–46, hier 27–32.

[83] Dazu *Cornelius Neutsch*, Erste „Nervenstränge des Erdballs". Interkontinentale Seekabelverbindungen vor dem ersten Weltkrieg, in: Teuteburg/Neutsch (Hrsg.), Vom Flügeltelegraphen zum Internet (wie Anm. 81), 47–66, hier 48–50.

Reichweite genutzt wurde.[84] Um 1900 wurde mit dem Rundfunk technisch auch Massenkommunikation im strengen Sinne des Wortes möglich – freilich vorerst jeweils nur in eine Richtung.[85] Eine weitere Zäsur bilden schließlich die Jahre um die Wende zum dritten Jahrtausend: Erst jetzt nämlich wird es für viele Menschen unterschiedlicher Schichten weltweit möglich, in sehr kurzer Zeit und zu geringen Kosten Botschaften sehr vielen anderen Menschen zukommen zu lassen – via Internet und *social media*. Kommunikation wird damit nicht nur zeiträumlich, sondern auch sozial in dramatischer Weise entbettet.

Die Verschiebungen in der Materialität von Kommunikation, so ist zu erwarten, verändern auch Bedrohungskommunikation – und zwar sowohl in ihrer Dynamik als auch in ihrer Struktur, ihrer Trägerschaft und ihrer sozialen Reichweite. Wie wäre der „arabische Frühling" in Nordafrika verlaufen, wie würde sich der Syrien-Konflikt entwickeln, wenn statt Youtube, Twitter und Facebook nur Pergament, Feder und berittene Boten eine Distanzkommunikation erlaubt hätten?

(2) Zum *Zusammenhang zwischen Bedrohung und Kommunikation*: Das Forschungskonzept des SFB 923 geht davon aus, dass bedrohte Ordnungen eine Sachdimension haben, die jenseits aller Wahrnehmungen, Deutungen und sprachlichen Verarbeitungen durch Menschen besteht und bedeutsam ist. Um es plump zu sagen: Ein explodierter Kernreaktor strahlt, tötet Menschen und vermag eine soziale Ordnung aus dem gewohnten Lauf zu bringen – ganz unabhängig davon, wie Menschen darüber reden. Ein Konflikt zwischen zwei Königen um die Macht (wie in unserem Fallbeispiel) behindert Routinen einer monarchischen, das heißt auf die Herrschaft eines einzelnen Mannes ausgerichteten Ordnung – jenseits dessen, wie Menschen darüber reden.

Das Forschungskonzept des SFB 923 geht zugleich allerdings auch davon aus, dass Akteure die Situation in unterschiedlichster Weise wahrnehmen, deuten und kommunikativ verarbeiten können; und das Konzept nimmt weiterhin an, dass gerade die je eigenen Ausprägungen dieser Bedrohungskommunikation signifikant mitbeeinflussen können, wie sich eine bedrohte Ordnung entwickelt, welche Konsequenzen sie für die Akteure zeitigt und was für ein Ende sie nimmt. Wichtig ist dabei für das Konzept die Annahme: Zumindest manche Akteure bemerken in bedrohten Ordnungen *irgendwie*, dass bestimmte ihrer eingelebten oder diskursiv formulierten Erwartungen an das Handeln anderer so häufig enttäuscht werden, dass die Erwartungen selbst unsicher werden. Nicht minder wichtig ist jedoch: Die weitaus meisten Akteure, die der SFB 923 beobachtet, beobachten ihre Welt nicht als Sozialwissenschaftler. Es ist deshalb zwar im Einzelfall immer möglich, dass manche Akteure genau die Ordnung als bedroht wahr-

[84] *Horst A. Wessel*, Die Verbreitung des Telephons bis zur Gegenwart, in: Teuteburg / Neutsch (Hrsg.), Vom Flügeltelegraphen zum Internet (wie Anm. 81), 67–112.

[85] Zur Entwicklung des Hörfunks vgl. etwa *Helmut Schanze*, Handbuch der Mediengeschichte, Stuttgart 2001, 455–489.

nehmen, die auch der Wissenschaftler als bedroht beobachtet. Es ist aber ebenso gut möglich (und in der Geschichte wahrscheinlich ziemlich oft der Fall), dass überhaupt kein Akteur diejenige Ordnung sieht, die der Wissenschaftler analysiert.[86] Derjenige aber, der die Ordnung zwar durch sein Handeln reproduziert, selbst jedoch gar nicht wahrnimmt, kann sie auch nicht als bedroht beobachten.

Auf diese recht komplexe Konstellation reagiert das Forschungskonzept des SFB 923 mit dem Begriff der „Bedrohungskommunikation". Der Begriff bezeichnet keineswegs nur die Kommunikation, welche die Bedrohung derjenigen Ordnung thematisiert, die der Wissenschaftler beobachtet. Für ziemlich viele Fälle steht vielmehr zu erwarten, dass in Bedrohungskommunikation weder „Bedrohung" noch „Ordnung" zentrale Wörter oder Themen sind. Stattdessen kann es um allerlei anderes gehen. Im Falle der Revolte Heinrichs V. etwa sprachen und schrieben die Akteure von „Verwirrung" und *discissio*, aber auch von Sünde, von Gottes Willen und den Machenschaften des Teufels, von dem rechten Verhältnis zwischen Vater und Sohn, von den Aufgaben des Königs, von Tyrannei und Grausamkeit, vom Bruch von Gesetzen und der Verbindlichkeit von Eiden.[87]

Hier liegt ein Problem: Wenn nämlich Bedrohungskommunikation, die den SFB 923 interessiert, durchaus nicht immer Kommunikation über die Bedrohung einer Ordnung ist, sondern über verschiedene Zeiten und Räume sehr verschiedene Themen und Gegenstände einschließen kann – wie vermag der Wissenschaftler diese Bedrohungskommunikation dann überhaupt als solche zu erkennen und von anderen Kommunikationszusammenhängen abzugrenzen? Wahrscheinlich ist es notwendig, die Kriterien hier nicht so sehr in den Gegenständen, Themen und Inhalten der Kommunikation zu suchen, sondern in deren

[86] Vgl. *Frie*, ‚Bedrohte Ordnungen' (wie Anm. 3), 106: „Ein Gutteil der geltenden Ordnungen wirkt unhinterfragt, undiskutiert und daher für den Beobachter unsichtbar." – Wieweit dann im „Moment höchster Bedrohungen" tatsächlich für die Akteure selbst „das Unsichtbare ansichtig, das Undiskutierte fragwürdig" (so die Annahme ebd., 106), wieweit also dann ihre Ordnung für sie sichtbar und in diskursives Wissen transformiert wird, das gilt es allerdings im Rahmen des SFB erst noch empirisch zu ermitteln.

[87] Vgl. etwa zum natürlichen Verhältnis zwischen Vater und Sohn: Vita Heinrici IV. imperatoris (wie Anm. 25), c. 13, 41, Z. 14; c. 10, 34, Z. 33; 35, Z. 1 f.; c. 10, 34, Z. 33; 35, Z. 1 f. (*ius naturae*); auch c. 11, 37, Z. 6 f. (hier im inserierten Schreiben Heinrichs IV.); sowie das gegenteilige, nämlich naturgemäße Verhalten des Vaters: c. 9, 31, Z. 5 f.: *Reddidit contra filii factum paternitatis affectum; non attendit iniuriam, sed naturam*; zur umfassenden „Verwirrung" der Ordnung: Conquestio Heinrici (wie Anm. 27), 26, v. 60–71: *Omnia turbantur, per secula cuncta parantur / Vis, dolus et scelera, nunc sunt incendia, furta; / Pro virtute pia succedunt quaeque pericla, / Pro iusto bellum, pro religione duellum. / Unde* [*coorta mala*] *quae sunt, tenus hac quasi clausa / Stabant, et merito nudantur tempore nostro. / Scisma fit ecclesiae; mundus dissentit ubique, / Clerus de plebe, vulgus de nobilitate. / Omne pium ius negligitur, lex vilis habetur. / Iura sacerdotum plebs exigit inscia legum, / Baptizat vulgus, sacratur christmate nullus. Lex pia deletur penitus* […]; zur *discissio*: Ekkehard von Aura, Chronik (wie Anm. 1), Rez. III, a. 1106, 282/284: *Post inveteratam, id est per annos circiter XL, discissionem imperii Romani, quę tam divinas quam humanas iam pene leges abolevit et exceptis mortibus omnimodis, sacrilegiis, periuriis, rapinis et incendiis ipsum regnum nostrum non tantum in solitudinem, sed etiam ad apostasiam catholicę fidei sive in paganismum propemodum redegit* […].

Form. Die Kriterien einer Definition lassen sich dann von dem Begriff der Bedrohung her gewinnen, wie er in zwei verschiedenen Disziplinen gebraucht wird: In der Psychologie wird Bedrohung als affektiver Zustand begriffen; in der Politologie wird Bedrohung durch die Merkmale der Wahrscheinlichkeit, Unmittelbarkeit und Bedeutsamkeit von Gefährdung abgegrenzt.

Im Sinne des SFB ist dementsprechend eine Ordnung einer sozialen Gruppe oder einer ganzen Gesellschaft dann bedroht, wenn zweierlei zusammenkommt:[88]

1) *Sachdimension*: Die Ordnung wird sich in nächster Zukunft schnell und tiefgreifend transformieren, sofern Akteure nicht in spezifischer Weise reagieren. Regeln und Routinen verlieren bereits an Wirksamkeit, Handlungserwartungen werden ungewöhnlich häufig enttäuscht, die Ordnung wird im Handeln nur noch teilweise reproduziert. Zugleich werden die Ressourcen, die zur Reproduktion der Ordnung erforderlich sind, knapper.

2) *Bedrohungskommunikation*: Aussagen mindestens eines Teils der Akteure über Gegenwart und nahe Zukunft sind in der Regel pessimistisch und von starker Emotionalität gekennzeichnet (affektiver Zustand), argumentieren häufig mit dem Faktor Zeit (Wahrscheinlichkeit, Unmittelbarkeit) und identifizieren konkret einen oder mehrere Urheber der von diesen Akteuren als negativ empfundenen Entwicklung. Diese Aussagen verdichten sich zu einem Kommunikationszusammenhang, der mindestens zeitweise andere überlagert (Bedeutsamkeit).

Einmal mehr mag ein Beispiel aus der Kommunikation der Jahre 1105/6 diese Punkte näher veranschaulichen: die sogenannte *Conquestio Heinrici IV. imperatoris ad Heinricum filium*. Den Titel haben erst rückblickende Historiker erfunden, doch trifft er den Inhalt des Textes: Es handelt sich um eine in 142 Verse gefasste Klage, die der Dichter den Kaiser Heinrich selbst (in erster Person Singular sprechend) an seinen gleichnamigen Sohn richten lässt. Der kurze Text lässt sich recht genau datieren: Der Dichter erwähnt einen Kometen, der im Februar 1106 sichtbar war[89]; zugleich setzt der Text voraus, dass Heinrich IV. noch am Leben ist. Die Verse entstanden demnach zwischen März und Anfang August 1106, auf dem Höhepunkt der militärischen Auseinandersetzungen zwischen Vater und Sohn. Wer das Gedicht schuf, ist leider nicht mehr zu ermitteln. Der Autor war aber zweifellos ein Anhänger des Kaisers. Vielleicht stammte er aus Bayern: Der Codex ist im Kloster Schäftlarn unweit des Starnberger Sees überliefert worden, und im Text selbst wird der junge König Heinrich ermahnt, nur nicht den Sachsen und Schwaben zu vertrauen.[90]

[88] Der folgende Vorschlag spezifiziert die Beschreibung des Themas bei *Frie*, ‚Bedrohte Ordnungen' (wie Anm. 3), 106f.

[89] Conquestio Heinrici (wie Anm. 27), 25, v. 58: *Mutandos reges designat rara cometes*; zum Datum vgl. Sigebert von Gembloux, Chronik (wie Anm. 26), a. 1106, 369, Z. 31: *Toto pene mense Februario cometes apparuit*; außerdem *Holder-Egger* in seiner Edition (wie Anm. 27), XIII.

[90] Dies nach *Holder-Egger* (wie Anm. 27), XIII.

Im Kern trägt das Klagegedicht drei Argumente gegen den rebellischen König Heinrich V. vor: (1) Der Aufstand verstoße gegen die Regeln der Natur; (2) Heinrich werde bitter lernen, dass das, was er nun seinem Vater antue, bald Schule machen und dann ihn selbst treffen werde; (3) ein König müsse selbst vorbildlich leben und Milde (*pietas*) walten lassen, wenn er Frieden schaffen und die Ordnung der Welt wiederherstellen wolle. Der Ton des Gedichts freilich ist hochemotional. Immer wieder unterbricht der Dichter seine Argumente für Ausrufe: *O res, res mira! vere, vere reprobanda!*, klagt er etwa gleich zu Beginn des Gedichts.[91] Später dann ruft er: *O superi!* – und: *O fili, fili, mihi quam dulcissime fili!*[92] Auch andere deutliche Klagerufe finden sich: *Proh dolor! infelix ego quondam maximus orbis!*, heißt es da etwa.[93]

Am Ende des Textes wird auch in diesem Gedicht der Faktor Zeit zum Argument: Lange habe er, Heinrich, nicht erkannt, was ihm seine düsteren Träume verheißen hätten; nun aber erst wisse er, dass sie Gewicht gehabt hätten (*nunc demum vere scio somnia pondus habere*). Die Entscheidungen, die Heinrich V. jetzt zu treffen habe, werden schließlich als ausschlaggebend für die Zukunft präsentiert: *vere tibi dico*, so lässt der Dichter den Vater zum Sohn sagen: *Nunc ego si pellor, et tu pelleris, et error/Peior erit primo. Fili dilecte, caveto!*[94]

Welche Bedeutung die Kommunikation über den Aufstand des königlichen Sohnes gegen den kaiserlichen Vater 1105/6 zu erreichen vermochte und wie sehr sie Anderes überlagerte, das lässt sich angesichts von Überlieferungschance und Überlieferungszufall heute nicht mehr ermessen. Immerhin wird man aber konstatieren dürfen, dass Nachrichten aus beiden Lagern in einem breiten Spektrum verschiedener Textgattungen und in verhältnismäßig hoher Dichte tradiert sind.[95]

Bei der hier vorgeschlagenen Bestimmung des Begriffs „Bedrohungskommunikation" hat man es allerdings mit Variablen zu tun, die erhebliche Unterschiede in der Geschichte einer bedrohten Ordnung generieren könnten. Die Emotionalität der Kommunikation kann stärker oder weniger stark ausfallen, die Wahrscheinlichkeit und zeitliche Nähe der Gefahr kann in der Kommunikation größer oder geringer eingeschätzt werden, die Bedeutsamkeit der Bedrohungskommunikation im Vergleich zu Anderem kann mächtiger oder weniger deutlich ausfallen. Für die konkrete Entwicklung der Bedrohungskommunikation dürfte im übrigen nicht zuletzt der Typ der Bedrohung maßgeblich sein: Es macht wahrscheinlich einen Unterschied, ob eine Gefahr akut, in allernächster Zukunft droht – oder erst in einigen Wochen und Monaten; und es macht wohl auch einen Unterschied, ob die Akteure sehen, dass Menschenleben in Gefahr

[91] Conquestio Heinrici (wie Anm. 27), 24, v. 10.
[92] Conquestio Heinrici (wie Anm. 27), 24, v. 26f.
[93] Conquestio Heinrici (wie Anm. 27), 27, v. 109.
[94] Conquestio Heinrici (wie Anm. 27), 27, v. 125 und 140–142.
[95] Vgl. oben, 36.

sind – oder nur mehr oder minder bewusst zur Kenntnis nehmen, dass Routinen, Gewohnheiten, Normen ihrer Ordnung nicht mehr greifen. In Abhängigkeit hiervon werden der Grad der Emotionalität der Kommunikation, die Dichte im Argumentieren mit dem Faktor Zeit, die Stärke der Überlagerung anderer Kommunikationsprozesse jeweils unterschiedlich ausfallen.

Der SFB 923 hat sich bewusst entschieden, Bedrohungskommunikation zu untersuchen, nicht den Bedrohungsdiskurs. Dahinter steht die Idee, dass Bedrohungen gerade jene stärker institutionalisierten Formen der Kommunikation, die wir „Diskurs" nennen können, aufzubrechen und zu destrukturieren vermögen. In bedrohten Ordnungen können deshalb ad hoc Kommunikationsprozesse und -formen entstehen, die selbst nur noch bis zu einem bestimmten Grad, ja vielleicht sogar kaum noch der „Ordnung des Diskurses"[96] unterliegen.

So begründet nun aber die Konzentration auf Bedrohungs*kommunikation* mit ihren Merkmalen der Spontaneität und Entgrenzung diskursiver Ordnungen ist – sie bereitet doch auch methodische Probleme. Zumindest historisch arbeitende Disziplinen sind nur in engen Grenzen dazu in der Lage, solche spontane Kommunikation im Angesicht einer akut bedrohten Ordnung überhaupt zu fassen. Die Schwierigkeiten sind wohl in erster Linie dadurch begründet, dass diese Form der Kommunikation sich ganz überwiegend kurzfristig, unter hohem Zeitdruck und – im größeren Teil der Weltgeschichte – mündlich vollzogen haben dürfte. Gerade solche Kommunikationsprozesse aber sind für historische Untersuchungen so gut wie nicht fassbar (außer vielleicht dort, wo in Tonbandaufzeichnungen, in Filmen, auf Servern von Internet-Providern ein eigentlich ephemeres, spontanes Kommunikationsgeschehen konserviert worden ist). Um es wiederum am Fallbeispiel konkret zu machen: Die Gespräche zwischen Heinrich V. und seinen Leuten auf der Synode von Nordhausen Ende Mai 1105[97], die Kommunikation zwischen Heinrich IV. und seinen Anhängern kurz vor der Schlacht von Visé 1106[98], die Aussagen jener kleinen Leute, durch deren Gegend die Heere der beiden Könige plündernd hindurchmarschierten – sie sind dem Blick des Historikers vollständig entzogen. Was ihm bleibt, sind schriftlich ausformulierte Texte, die fast durchweg sorgfältig ausgearbeitet sind: Klagegedichte, Klagebriefe, politische Schreiben, historiographische Erzählungen. Alle diese Texte sind nicht spontane Äußerungen, getätigt im unübersichtlichen, offenen Moment bedrohter Ordnung. Sie sind in ihrer Darstellung vielmehr in hohem Maße geformt durch vorgängige Muster der Wahrnehmung und Deutung ihrer Verfasser – und durch Ordnungen sprachlicher, rhetorischer und literarischer Muster, Regeln, Konventionen. Ein detailgenauer Blick auf die einschlägigen schriftlich fixierten Texte zu 1105/6 zeigt deshalb auch rasch: Im Kern sprachen

---

[96] *Michel Foucault*, Die Ordnung des Diskurses, München 1974.
[97] Ekkehard von Aura, Chronik (wie Anm. 1), a. 1105, 190/192.
[98] Vgl. oben Anm. 52.

die Konfliktparteien hier selbst noch auf dem Höhepunkt ihrer Auseinandersetzung eine gemeinsame Sprache, ja sie teilten sogar im Prinzip dieselben Konzepte, Ideale, Werte. Und beide Parteien konnten sich in ihrem Konflikt auf längst schon etablierte, zum Teil sogar jahrhundertealte Muster der Deutung und der Darstellung bedrohter Ordnung verlassen.[99] Es lässt sich nicht belegen, steht aber doch zu vermuten: Gerade die Distanz des Skriptoriums zum Konfliktgeschehen, die zähen Beharrungskräfte des Diskurses und der Traditionen literarischer (Gattungs-)Konventionen haben ein Gutteil zu dieser Gleichförmigkeit der Aussagen über Parteigrenzen hinweg beigetragen.

Die Konzentration auf spontane, entgrenzte Bedrohungs*kommunikation* (im Unterschied zu stärker institutionalisierten Bedrohung*diskursen*) stellt deshalb eine methodische Herausforderung für historisch arbeitende Fächer dar, die Kommunikation kaum unmittelbar beobachten können, sondern auf der Basis schriftlich überlieferter Überreste selbst erst rekonstruieren müssen. Wahrscheinlich ist aber auch konzeptuell eine strikte Begrenzung auf Bedrohungskommunikation für den SFB 923 gar nicht sinnvoll: Denn das Maß, in dem in einer Gesellschaft einschlägige Redeweisen institutionalisiert sind, dürfte wohl auch mit beeinflussen, wie spontan und entgrenzend die betreffende Gesellschaft in bedrohten Ordnungen Bedrohungskommunikation entfalten kann – und welche Dynamiken und welche die soziale Ordnung auflösenden Wirkungen diese Kommunikation zu zeitigen vermag. Bedrohungsdiskurse werden dabei auch und gerade in Fiktionen verschiedenster Art hervorgebracht und reproduziert, in ästhetisch geformten Texten, Bildern, Filmen usw. Angesichts all dessen dürfte es für den SFB 923 hilfreich sein, zwar konzeptuell zwischen spontanen, wenig institutionalisierten Aussagen der Bedrohungskommunikation einerseits und stärker institutionalisierten Bedrohungsdiskursen andererseits zu unterscheiden. Dabei sollten aber stets beide Kommunikationsbereiche in ihrer Interdependenz im Blick bleiben.

(3) Zum *Zusammenhang zwischen Bedrohungskommunikation und Ordnung*: Im Konzept des SFB 923 stellt die Bedrohungskommunikation eine eigene Variable dar, die unabhängig ist von derjenigen Ordnung, die bedroht wird; als eine solche, unabhängige Variable definiert die Form der Bedrohungskommunikation die Architektur der vier Projektbereiche des SFB 923 in dessen ersten Förderphase mit. Unser Fallbeispiel von 1105/6 lehrt nun aber: Tatsächlich wurden die Rahmenbedingungen, die Praktiken, die Formen der Kommunikation, die wir beobachten können, ganz erheblich durch die soziale Ordnung selbst beeinflusst.

Einige wenige Hinweise müssen hier genügen: Die Quellen, die uns heute noch Reste der Kommunikation in der bedrohten Ordnung um 1105/6 zu erkennen geben, sind durchweg auf Latein verfasst. Die Texte entfalteten ihre pragmatischen Funktionen aber in einer Gesellschaft, die im Alltag überwiegend nicht auf

[99] *Patzold*, Königtum (wie Anm. 24), 67 f.

Latein, sondern auf Deutsch kommunizierte; Zugang zum Lateinischen hatten vor allem die sozialen und politischen Eliten, außerdem besonders ausgebildete religiöse Experten (Priester, Diakone, Mönche usw.). Zudem war Schrift im 11. Jahrhundert kein ubiquitäres Medium, sondern nur einer verhältnismäßig kleinen Zahl von Menschen unmittelbar zugänglich; für etliche Zeitgenossen war Schrift bestenfalls mit Hilfe dritter nutzbar, und für viele gar nicht. Eine politische Öffentlichkeit bestand nur temporär, nämlich immer dann, wenn die „Großen" des Reiches an einem Ort zu einer Versammlung zusammenkamen[100]; und diese Öffentlichkeit blieb sozial stets begrenzt auf einen vergleichsweise kleinen, elitären Personenkreis. Nicht jeder aber durfte in diesen temporären, elitären Öffentlichkeiten in derselben Weise kommunizieren: Die Autoren des früheren Mittelalters unterschieden in ihren Berichten über solche Versammlungen recht fein zwischen *consilium*, *admonitio*, *increpatio* usw.; und sie gingen davon aus, dass die Position eines Akteurs in hohem Maße davon abhängig war, welche dieser Formen von Kommunikation er bei welchen Gelegenheiten für sich beanspruchen durfte. Die Zeitgenossen achteten genau darauf, wer dem Herrscher etwas „raten", wer ihn „ermahnen", wer ihn „tadeln" durfte[101]; und es war wichtig für sie, ob jemand den Herrscher sofort oder erst nach einer gewissen Wartezeit sprechen durfte, ob er im Vorfeld einer Versammlung unmittelbaren Zugang zum Ohr des Herrschers hatte oder hierfür auf Vermittlung von Fürsprechern angewiesen blieb, ob er beim Sprechen stehen oder sitzen durfte, ob er mit dem Herrscher ohne weiteres ein vertrauliches Gespräch abseits, unter vier Augen führen konnte usw.[102] In der Serie schwerer Konflikte, die vereinfachend als „Investiturstreit" bezeichnet wird, war übrigens immer wieder gerade auch dies ein Gegenstand heftiger Streitigkeiten: die angemessene Form der Kommunikation zwischen dem König und den sozialen und politischen Eliten, hier zumal die Bedeutung des *consilium* der Fürsten.[103]

Um die Beobachtungen zuzuspitzen und zu verallgemeinern: Wer überhaupt bei welcher Gelegenheit welche Bedrohungen oder Missstände ansprechen konnte, wer dafür bei wem Gehör fand, auch welche Erwartungen die Akteure selbst an derartige Kommunikationsprozesse richteten – all das war im Reich Anfang

---

[100] *Reuter*, Assembly Politics (wie Anm. 74), 442.

[101] Vgl. *Mayke de Jong*, The penitential state. Authority and atonement in the age of Louis the Pious, 814–840, Cambridge 2009, 112–147, zur Bedeutung von *admonitio*, *correptio*, *increpatio* im politischen Diskurs der Karolingerzeit; demnächst: *Courtney M. Booker*, Murmurs and Shouts: Speaking the Conscience in Carolingian Narratives, in: Martin Gravel / Sören Kaschke (Hrsg.), Politische Theologie und Geschichte unter Ludwig dem Frommen / Histoire et théologie politiques sous Louis le Pieux (Relectio), Ostfildern (im Druck).

[102] *Gerd Althoff*, Verwandtschaft, Freundschaft, Klientel. Der schwierige Weg zum Ohr des Herrschers, in: ders., Spielregeln der Politik (wie Anm. 44), 185–198; *Volker Scior*, Das offene Ohr des Königs. Vorstellungen über den Zugang zum König in der Karolingerzeit, in: ders. / Steffen Patzold / Anja Rathmann-Lutz (Hrsg.), Geschichtsvorstellungen. Bilder, Texte und Begriffe aus dem Mittelalter, Wien u. a. 2012, 299–325.

[103] Vgl. dazu zusammenfassend: *Althoff*, Heinich IV. (wie Anm. 2), 266–269.

des 12. Jahrhunderts nicht Zufall, sondern mitgeregelt in der sozialen Ordnung selbst. Es spricht zunächst einmal viel dafür, dass dieser Zusammenhang nicht nur zu dieser Zeit und in diesem Raum existierte: Fast immer (wenngleich jeweils in unterschiedlichem Maße) dürfte die Kommunikation über Bedrohungen auch durch die jeweils bedrohte Ordnung selbst mitstrukturiert gewesen sein. Das aber bedeutet: Bedrohungskommunikation ist keine von der Ordnung unabhängige Variable.

Angesichts dessen erweist sich allerdings die Unterscheidung von „Kommunikationsetablierung" und „Kommunikationszwang", mit der der SFB 923 in seine erste Arbeitsphase gestartet ist, als ein Problem: Denn ob – und wie – in einer Gesellschaft über eine Bedrohung geredet werden konnte (oder musste), auch wer in dieser Gesellschaft jeweils unter welchen Bedingungen darüber in welcher Sprache reden konnte (oder musste), das ergab sich keineswegs nur aus der Bedrohung, sondern häufig genug auch aus der Ordnung selbst – und zumindest in manchen Fällen wohl sogar in sehr hohem Maße.

VI. Fazit

Das Fazit kann kurz ausfallen. Der Beitrag hatte zwei Ziele:

1) Ich habe argumentiert, dass die mediävistische Konfliktforschung, die zunächst seit den 1970er Jahren von den USA aus etabliert und dann in der Zeit um 1990 auch in Deutschland aufgegriffen worden ist, gewisse Grenzen aufweist: Sie analysiert Konflikte vor der Folie eines – alteritär gedachten – Defizits an Staatlichkeit, ist in ihrer Genealogie stark vom Funktionalismus ethnologischer Arbeiten der 1960er und 70er Jahre geprägt und blendet deshalb die (materiellen) Interessen der Akteure, ihre Machtressourcen und ihre (religiösen) Überzeugungen aus. Ihre wissenschaftsgeschichtliche Herkunft führt außerdem zu einer Tendenz, Ordnung holistisch zu denken – statt sie zu konzeptionalisieren als zwischen verschiedenen sozialen Gruppen und einzelnen Indiviuen umstritten, immer wieder auch in ihrer Geltung umkämpft und daher in einem fort praktisch neu auszuhandelnd. Das Forschungskonzept des SFB 923 „Bedrohte Ordnungen" kann dazu beitragen, diese Begrenzungen aufzuheben: Damit erlaubt es zugleich, auch solche Konflikte zu analysieren, in denen die Ordnung selbst in Frage gestellt wird; es erlaubt, Emotionen in Konflikten nicht nur als Elemente „symbolischer Kommunikation", sondern auch als handlungsleitende Faktoren ernst zu nehmen; und es erlaubt, die überlieferten Texte nicht einfach als Mittel der Rekonstruktion des Konfliktverlaufs zu nutzen, sondern als Überreste von Kommunikationsprozessen zu analysieren, in denen Bedrohungen thematisiert oder auch allererst hergestellt worden sind.

2) Damit das Forschungskonzept des SFB 923 in dieser Weise für die mediävistische Konfliktforschung fruchtbar werden kann, ist allerdings der Begriff der

„Bedrohungskommunikation" noch weiter zu schärfen. Hier verdienen vor allem vier Punkte Aufmerksamkeit:

a) Kommunikation hat eine materielle, ja eine technische Seite. Es ist ein Unterschied, ob Distanzkommunikation die Bewegung von Menschen im Raum zwingend voraussetzt oder nicht. Und es ist ein Unterschied, ob eine Gesellschaft Informationen schnell, einfach, kostengünstig und sozial offen an Massen verbreiten kann oder nicht. Es ist anzunehmen, dass die Geschichte bedrohter Ordnungen eine andere Dynamik entfalten kann, je nachdem welche materiellen Möglichkeiten der Kommunikation die jeweilige Ordnung den Akteuren bereitstellt.

b) Da die Akteure weder die Bedrohung noch ihre Ordnung in der gleichen Weise beobachten wie historisch forschende Wissenschaftler, lässt sich Bedrohungskommunikation in einem weiten räumlichen und zeitlichen Rahmen nicht über konkrete Themen und Inhalte definieren, sondern nur über ihre Form. Hilfreich könnten dabei die Kriterien „Emotionalität", „Zeit" und „Bedeutsamkeit" sein. Diese Kriterien sind skalierbar; ihr jeweiliges Maß könnte nicht zuletzt vom Typus der wahrgenommenen Bedrohung abhängen.

c) Es dürfte nützlich sein, konzeptionell zwischen stärker institutionalisierten Bedrohungs*diskursen* einerseits und eher spontaner, Diskurse aufbrechender Bedrohungs*kommunikation* andererseits zu unterscheiden, aber stets beide Kommunikationsformen in ihrer Interdependenz mitzuberücksichtigen. „Bedrohungsdiskurse" in diesem Sinne sind eher über die Zeit stabil: Sie werden in Ordnungen auch in Phasen der Sicherheit und Stabilität produziert und reproduziert, und zwar nicht zuletzt in Fiktionen und kulturellen Hervorbringungen, die eher von Regeln der Ästhetik geleitet sind als von ihrer Referenz zur sozialen Wirklichkeit.

d) Jede Form der Kommunikation über Bedrohung ist insoweit zugleich Teil sozialer Ordnung selbst, wie Möglichkeiten und Formen von Kommunikation generell Teil sozialer Ordnungen sind. Bedrohungskommunikation darf deshalb nicht als eine Variable konzeptionalisiert werden, die unabhängig wäre von der bedrohten Ordnung selbst.

Am Ende dieses Beitrags steht damit kein empirisch gesättigtes Ergebnis, sondern es stehen Vorschläge zur Weiterentwicklung des Forschungskonzepts des SFB 923 „Bedrohte Ordnungen" – und viel Optimismus für eine Weiterentwicklung mediävistischer Konfliktforschung. Das Werkzeug des SFB hat das Potential, Konflikte im hochmittelalterlichen Europa in ein neues und anderes Licht zu stellen.

Katastrophen

Vom kulturellen Umgang mit (außer)alltäglichen Bedrohungen

Jan Hinrichsen, Reinhard Johler und *Sandro Ratt*

Wer über Katastrophen forscht, wird von ihnen – wie zuletzt Anfang November 2013 vom Taifun Haiyan – auch eingeholt. Haiyan war der 30. tropische Wirbelsturm und der 13. Taifun der pazifischen Taifunsaison, aber seine Auswirkungen waren, trotz rechtzeitiger meteorologischer Warnungen, vor allem auf den Philippinen katastrophal. Es wird von 10 000 Toten und 4,3 Millionen Obdachlosen ausgegangen; die entstandenen Sachschäden sind enorm. Bilder und Nachrichten aus den betroffenen Gebieten – vor allem aus der für die Medien zugänglichen Stadt Tacloban – veranschaulichten weltweit und nahezu zeitgleich das Ausmaß der Katastrophe: In zahlreichen Fernsehberichten, wie auch – eher noch gewöhnungsbedürftig – in unzähligen, in YouTube eingestellten Privataufnahmen war das unbeschreibliche Leid der Betroffenen zu ermessen, das erst langsam durch internationale Unterstützung – zuerst durch die US-Marines, dann durch die internationalen Hilfsorganisationen – Linderung fand. Der philippinische Staat trat erst spät und eher hemmend in den Fernsehberichten in Erscheinung. Aber auch ohne ihn bekam die allseits präsente Not schnell konkrete Gesichter – meist Kinder, die zu eindringlichen Bild-Sujets für die weltweiten Sammelaktionen wurden. Mit den internationalen Spendengeldern – so die Medien-Conclusio – konnten dringend benötigte Nahrungsmittel und Medikamente gekauft, konnte somit wieder der erste Schritt in die Normalität zurück getan werden.

Man kann mit Stephan Alexander Weichert in dieser bei Katastrophen längst zur Routine gewordenen Medienberichterstattung eine „rituelle Redundanz" ausmachen und sie damit – in Anlehnung an das Liminalitätskonzept von Victor Turner[1] – selbst zum Bestandteil einer Deutung machen, die in Katastrophen einen durch Rituale zu bewältigenden „Schwellenzustand" sieht.[2] Katastrophenberichte sind in dieser Lesart eine „rituelle Verarbeitungsform", die zur

---

[1] *Victor Turner*, Vom Ritual zum Theater. Der Ernst menschlichen Spiels, Frankfurt am Main 1989.

[2] Vgl. dazu *Annette Hornbacher*, Von der Naturkatastrophe zur Modernisierungskrise? Ein ethnologischer Blick auf kulturspezifische Varianten im Umgang mit Erdbeben und Tsunamis, in: Carla Meyer / Katja Patzel-Mattern / Gerrit Jasper Schenk (Hrsg.), Krisengeschichte(n). ‚Krise' als Leitbegriff und Erzählmuster in kulturwissenschaftlicher Perspektive, Stuttgart 2013, 9–23.

„Wiederherstellung und Stabilisierung von lebensweltlicher Normalität“ und somit zur „Aufrechterhaltung der sozialen Ordnung“ – hier: der weltweit Zusehenden – beitragen.[3] Für sie ist Haiyan zwar schnell wieder aus den Medien verschwunden, mag aber doch als eine visuelle Bestätigung einer insgesamt „panischen Kultur“[4] der Gegenwart und möglicherweise als ein weiterer Beleg für die vielfach vertretene These, dass das 21. Jahrhundert das Zeitalter der Mega-Katastrophen werden könnte, in Erinnerung bleiben.[5] Kein Wunder daher, dass die in den Medien hierzulande gezogenen „Lehren aus dem Sturm“ primär robustere Bauten – also eine industriell erhöhte Resilienz – für die Bevölkerung der Philippinen einmahnten.

Die nur kurz in den Blick gekommenen philippinischen Katastrophenopfer waren in den Medien zunächst als hilflose Opfer gezeigt worden, mutierten in manchen Berichten aber auch zu Tätern: Schnell war etwa bekannt geworden, dass sie sich trotz der Warnungen geweigert hatten, ihre vom Taifun bedrohten Siedlungen zu verlassen. Und wiederum andere traten dadurch in die Weltöffentlichkeit, dass sie Geschäfte plünderten und sich dabei ohne schlechtes Gewissen von den Fernsehkameras filmen ließen.

Einer solchen medialen Darstellung ist kürzlich die französische Kulturanthropologin Barbara Glowczewski energisch entgegengetreten, würden doch die Betroffenen vor Ort so zu „victims of uncontrolable forces“ gemacht, denen jede „social agency“ in der Katastrophenbewältigung abgesprochen würde.[6] Dass der damit kritisierte Blickwinkel aber in einer langen Tradition der Katastrophenwahrnehmung steht, ist von Greg Bankoff immer wieder betont worden. Er hat die vom Westen für sich beanspruchte „Geographie der Großzügigkeit“ und die damit direkt verbundene und vielen „Entwicklungsländern“ zugeschriebene „Geographie der Gefahr“ als eurozentristische Konstruktion decodiert und trotzdem zu deren intensivem Studium aufgerufen, denn Katastrophen würden zunehmend als „gemeinsames Schicksal der Menschheit“ wahrgenommen werden müssen.[7] Sie daher zu untersuchen heißt, sie im komplexen Gefüge einer „ordre

[3] *Stephan Alexander Weichert*, Krisen als Medienereignisse: Zur Ritualisierung mediatisierter Kommunikation im Fernsehen, in: Carsten Winter/Andreas Hepp/Friedrich Krotz (Hrsg.), Theorien der Kommunikations- und Medienwissenschaft. Grundlegende Diskussionen, Forschungsfelder und Theorieentwicklungen, Wiesbaden 2008, 311–328.

[4] *Peter Sloterdijk*, Wieviel Katastrophe braucht der Mensch?, Weinheim/Basel 1987, 51–69.

[5] Zur Katastrophenerinnerung vgl. *Christoph Mauch*, Phönix und Mnemosyne. Katastrophenoptimismus und Katastrophenerinnerung in den USA: von der Johnstown Flood bis Hurricane Katrina, in: Patrick Masius/Jana Sprenger/Eva Mackowiak (Hrsg.), Katastrophen machen Geschichte. Umweltgeschichtliche Prozesse im Spannungsfeld von Ressourcennutzung und Extremereignis, Göttingen 2010, 133–151.

[6] *Barbara Glowczewski*, Résister au désastre: entre épuisment et création, in: Désastres (= cahier d'anthropologie sociale 7, 2007), Paris 2007, 23–40.

[7] *Greg Bankoff*, Der Tsunami im Indischen Ozean 2004 und Hurrikan Katrina im Golf von Mexiko 2005, in: Gerrit Jasper Schenk (Hrsg.), Katastrophen. Vom Untergang Pompejis bis zum Klimawandel, Ostfildern 2009, 191–204. Gegen einen Eurozentrismus in der Begriffsdefinition

du monde"[8] – in der Sprache des Tübinger SFB 923: im Kontext „bedrohter Ordnungen" – zu verstehen.

Erdbeben, Hungersnöte, AIDS, Lawinen

Katastrophen, so hat Kurt Imhof argumentiert, sind höchst „sinnbedürftig" und erzwingen daher eine intensive mediale Katastrophenkommunikation. Gerade deswegen aber können sie von den Geistes- und Sozialwissenschaften als „semantische Leitfossilien"[9] aufgefasst werden, um den Wandel (moderner) Gesellschaften insgesamt verstehen zu können. Die internationale Sozial- und noch mehr die Katastrophen-Forschung teilt diese Annahme. „The arrangements of a society" würden in den Worten des amerikanischen Kulturanthropologen Eric R. Wolf „most visible when they are challenged by crisis".[10] Und direkt auf Katastrophen gemünzt: Diese würden, so Anthony Oliver-Smith und Susanna M. Hoffman[11], in der Tat einen intensiven Blick auf „society and culture" freimachen. Katastrophen können somit, wie beim Tübinger SFB 923, als heuristisches Instrument genutzt werden, denn im Moment ihrer Bedrohung werden Ordnungen thematisiert – und lassen sich daher besonders gut im Prozess ihrer Transformation beobachten und analysieren.

Der Tübinger SFB teilt aber noch eine zweite Annahme der internationalen Katastrophenforschung. Diese hat in den letzten Jahren den Begriff „Naturkatastrophe" historisiert[12] – und ist dabei zunehmend dazu gekommen, die „Grenze zwischen ‚Naturkatastrophen' und anderen, kulturellen Ursachen zugeschriebenen Katastrophen aufzugeben". Denn auch natürliche Extremereignisse sind für Gerrit Jasper Schenk keine Katastrophen, sondern werden erst dann dazu, wenn sie in der Lebenswelt der Menschen verderblich wirken.

---

argumentiert ebenfalls *Urte Undine Frömming*, Naturkatastrophen. Kulturelle Deutung und Verarbeitung, Frankfurt am Main / New York 2005, 12.

[8] *Nicolas Journet*, Catastrophes et ordre du monde, in: Catastrophes (= Terrain 54, 2010), Paris 2010, 4–9.

[9] *Kurt Imhof*, Katastrophenkommunikation in der Moderne, in: Christian Pfister / Stephanie Summermatter (Hrsg.), Katastrophen und ihre Bewältigung. Perspektiven und Positionen, Bern / Stuttgart / Wien 2004, 145–163.

[10] *Eric R. Wolf*, Facing Power – Old Insights, New Questions, in: American Anthropologist 92 (1990), 586–596, hier 593.

[11] *Anthony Oliver-Smith / Susanna M. Hoffman*, Introduction: Why Anthropologists Should Study Disasters, in: Susanna M. Hoffman / Anthony Oliver-Smith (Hrsg.), Catastrophe & Culture. The Anthropology of Disaster, Santa Fe 2002, 3–22.

[12] *Dieter Groh / Michael Kempe / Franz Mauelshagen*, Einleitung. Naturkatastrophen – wahrgenommen, gedeutet, dargestellt, in: dies. (Hrsg.), Naturkatastrophen. Beiträge zu ihrer Deutung, Wahrnehmung und Darstellung in Text und Bild von der Antike bis ins 20. Jahrhundert, Tübingen 2003, 11–33.

„Katastrophen sind demnach zutiefst gesellschaftlich bedingte Ereignisse, die zwar einen naturalen Kern haben können, sich aber keinesfalls darauf reduzieren lassen – deswegen hat die jüngste Forschung den Begriff der ‚Sozialkatastrophen' auch für solche Katastrophen vorgeschlagen, die mit Naturrisiken in Zusammenhang stehen."[13]

Die Feststellung, dass sich Katastrophen zwischen Natur und Kultur ereignen[14] – sie damit hybrid sind –, hat nicht nur eine weitere inhaltliche Unterscheidung von Natur[15] und Kultur endgültig in Frage gestellt, sondern hat auch die Definition von Katastrophen[16] (oder auf Englisch: von *disaster*) deutlich geöffnet. Greg Bankoff etwa spricht von „NATECH-Katastrophen".[17] In diesem weiten Begriffsverständnis fügen sich daher auch die Forschungsvorhaben zusammen, die im Tübinger SFB 923 „Bedrohte Ordnungen" im Projektbereich B als „Katastrophen" aufgelistet werden. Diese sind thematisch, zeitlich und räumlich weit gestreut, eröffnen aber trotzdem gemeinsam zu beantwortende Fragestellungen.

Im Projektbereich B geht es – hier auflistend dargestellt – um Erdbeben in der Antike[18], um Hungerkatastrophen vom Beginn des 16. Jahrhunderts bis in die 1980er Jahre, um zwei Lawinenunglücke in Österreich zu Mitte und Ende des 20. Jahrhunderts, um Sand- und Staubstürme in der Sowjetunion, China und Australien sowie um „AIDS als Bedrohung" im geteilten Deutschland. Diese katastrophalen Ereignisse werden als bedrohte Ordnungen gefasst und mit Leitbegriffen des SFB – mit „Bedrohungskommunikation" und „Bewältigungshandeln" – untersucht. Allen Projekten gemeinsam aber ist auch ein weiteres, ausgesprochen wichtiges Konzept: das der „vulnerability".

---

[13] *Gerrit Jasper Schenk*, Katastrophen in Geschichte und Gegenwart. Eine Einführung, in: ders. (Hrsg.), Katastrophen. Vom Untergang Pompejis bis zum Klimawandel, Ostfildern 2009, 9–19, hier 11.

[14] *Jacques Berlioz / Grégory Quenet*, Les catastrophes: definitions, documentation, in: René Favier / Anne-Marie Granet-Abisset (Hrsg.), Histoire et mémoire des risques naturels, Grenoble 2000, 19–36.

[15] Zu einer theoretischen Konzeption von Natur im Zeitalter des Anthropozän vgl. *Kirsten Hastrup* (Hrsg.), Anthropology and Nature, New York / London 2014.

[16] Vgl. dazu *François Walter*, Katastrophen. Eine Kulturgeschichte vom 16. bis ins 21. Jahrhundert, Stuttgart 2010.

[17] *Bankoff*, Tsunami (wie Anm. 7), 201.

[18] Siehe dazu die für den gesamten Projektbereich wichtigen Veröffentlichungen von Mischa Meier: *Mischa Meier*, Zur Wahrnehmung und Deutung von Naturkatastrophen im 6. Jahrhundert, in: Dieter Groh / Michael Kempe / Franz Mauelshagen (Hrsg.), Naturkatastrophen. Beiträge zu ihrer Deutung, Wahrnehmung und Darstellung in Text und Bild von der Antike bis ins 20. Jahrhundert, Tübingen 2003, 45–64; Roman Emperors and ‚Natural Disasters' in the First Century A. D., in: Andrea Janku / Gerrit J. Schenk / Franz Mauelshagen (Hrsg.), Historical Disasters in Context. Science, Religion, and Politics, New York / London 2012, 15–30.

Katastrophenkulturen

Das „Vulnerability"-Konzept, so haben Anthony Oliver-Smith und Susanna M. Hoffman argumentiert, sei ein Schlüssel dafür, die „intersections of society, culture, and nature" besser zu verstehen, „that become expressed in the disaster process". Damit haben sie der „Disaster"-Forschung eine neue, kulturanthropologisch geprägte Richtung gewiesen, konnte doch so das katastrophale Ereignis in jenes ökonomische, politische, soziale und kulturelle Umfeld eingebettet werden, aus dem heraus es allein erklärbar ist. Darüber hinaus lässt eine komparativ angelegte Untersuchung der „Verletzlichkeit" unterschiedlicher Gesellschaften bzw. Gruppen – hier als bedrohte Ordnungen konzeptualisiert – auf deren Fähigkeit schließen, eigenen Wandel zu favorisieren oder zu verhindern. Und zuletzt haben Oliver-Smith und Hoffman einen Zusammenhang besonders prominent gesetzt: „Catastrophe and Culture".[19]

Katastrophen und Kultur zusammenzudenken, ist in dieser Perspektive offensichtlich. Denn Katastrophen werden kulturell gedeutet, wahrgenommen und kommuniziert; und auch der Umgang mit und die Bewältigung von Katastrophen ist kulturgeprägt.[20] Denn während Katastrophen überall auf dem Globus passieren würden, haben nach Christoph Mauch „different cultures, societies, and nations" doch unterschiedliche Strategien des Umgangs mit ihnen entwickelt. Oder anders ausgedrückt: Wie Menschen Katastrophen bewältigen, hängt von politischen Institutionen, ökonomischen Strukturen, aber auch von „social and cultural patterns, values, religious belief systems" ab.[21]

Katastrophen haben deswegen auch für Gregory Button ein großes Potential „to teach us about our culture", die von ihm beschriebene „Disaster Culture" ist aber nicht homogen und abgeschlossen, sondern von lang andauernder, z. T. auch politisch gewollter „uncertainty" und dem heftigen Kampf um die Deutungshoheit des Geschehens und dessen sozialen Auswirkungen geprägt.[22] Damit folgt er ein Stück weit einer Perspektive, die Greg Bankoff in seiner Untersuchung der „natural hazards" auf den Philippinen zum Konzept der „Cultures of Disaster" geführt hat. Diese drückten die Beziehung zwischen „a society's vulnerability and the adaption of its culture in terms of local knowledge and coping mechanisms"[23] aus. „Cultures of Disaster" seien daher gerade dort auf dem Globus zu finden,

---

[19] *Oliver-Smith/Hoffman*, Introduction (wie Anm. 11), 17.

[20] Dazu grundlegend *Mary Douglas*, Risk and Danger, in: dies., Risk and Blame. Essays in Cultural Theory, London/New York 1992, 38–53.

[21] *Christoph Mauch*, Introduction, in: ders./Christian Pfister (Hrsg.), Natural Disasters, Cultural Responses. Case Studies toward a Global Environmental History, Lanham u. a. 2009, 9.

[22] *Gregory Button*, Disaster Culture. Knowledge and Uncertainty in the Wake of Human Environmental Catastrophe, Walnut Creek/CA 2010, 245–249.

[23] *Greg Bankoff*, The Historical Geography of Disaster: „Vulnerability" and „Local Knowledge" in Western Discourse, in: ders./Georg Frerks/Dorothea Hilhorst (Hrsg.), Mapping Vulnerability. Disasters, Development and People, London/New York 2004, 25–36, hier 36.

wo konkrete Bedrohungen (etwa durch Katastrophen) das alltägliche Leben der Menschen dauerhaft bestimmen würden.

Für die Philippinen – man erinnere sich vergleichsweise an die eingangs erwähnte internationale Haiyan-Katastrophenberichterstattung – hat Bankoff die „Cultures of Disaster" eindrucksvoll beschrieben. Die dortige Bevölkerung habe ihre eigenen Bewältigungsstrategien entwickelt, um sich mit der natürlichen Umwelt arrangieren zu können. Dazu gehören die Bauweise, Formen der bäuerlichen Bewirtschaftung sowie besondere Migrationsmuster, die ein dauerhaftes Leben zwischen Autarkie und Reziprozität befördern würden. Die Menschen hätten so zu spezifischen Einschätzungen ihres Risikos gefunden, die diese aktiven Strategien mit Glaubensvorstellungen, aber auch mit einer im Alltag tief verankerten Resignation verbinden würden. Für die Kulturen dieser Inselgruppe sei es nämlich charakteristisch, dass ihr Vertrauen – und somit auch das Vermögen mit Katastrophen umzugehen – auf die eigene Familie, die Nachbarschaft, die eigene Gemeinde beschränkt bleibe. Denn es herrsche ein tiefes Misstrauen gegenüber der Politik und der Bürokratie, die in Bezug auf Katastrophenvorsorge bzw. Katastrophenmanagement als völlig unfähig angesehen würden:

> „The result is cultures in which people have successfully striven to come to terms with the threat of hazard in their daily lives, of living in the shadow of the volcano. Such popular attitudes to hazard are largely dismissed in the western discourse of disaster as ‚folk' behaviour to be replaced in due course by the language of rationality."[24]

Gerade der letzte Verweis aber führt direkt zu einer wichtigen Diskussion. Denn in aktuellen Debatten werden solche meist in den „Entwicklungsländern" beheimatet gesehenen „Katastrophenkulturen" einer „Weltrisikogesellschaft"[25] entgegenhalten, der – in den Worten von Ulrich Beck – ein „clash of risk cultures"[26] drohe. Das Argument selber braucht hier im Moment nicht weiter zu interessieren, wohl aber die Beck'sche Begrifflichkeit. Denn Kultur ist bei Beck eine großflächige, in sich geschlossene Totalität – und nicht selten wird auch hierzulande in popularisierter Manier „Katastrophenkultur" so verstanden. Christian Pfister etwa spricht nicht zufällig nur in Anführungszeichen von „Katastrophenkultur", wenn er aufzeigt, wie im Laufe des 19. Jahrhunderts in den Medien dargestellte, in der Politik verhandelte und durch Spenden eine Gemeinschaft herstellende

---

[24] *Greg Bankoff*, Cultures of Disaster. Society and Natural Hazard in the Philippines, London / New York 2003, 178.

[25] Dazu kritisch: *Schenk*, Katastrophen (wie Anm. 13), 13. Letztlich ist eine ähnliche Logik gemeint, wenn eine Entwicklung behauptet wird, die von der „Gefahrenabwehr" hin zur „Risikokultur" führt. Vgl. dazu *Christian Pfister*, Strategien zur Bewältigung von Naturkatastrophen seit 1500, in: ders., Am Tag danach. Zur Bewältigung von Naturkatastrophen in der Schweiz 1500–2000, Bern / Stuttgart / Wien 2002, 209–253.

[26] *Ulrich Beck*, Weltrisikogesellschaft. Auf der Suche nach der verlorenen Sicherheit, Frankfurt am Main 2007, 130–152.

Katastrophen die Schweiz als Nationalstaat geschaffen haben.[27] Wird dagegen Kultur als komplexer und offener Aushandlungsprozess[28] verstanden, dann kann mit ihr die Frage von Ereignis und Struktur – bezogen auf die bedrohten Ordnungen – von deren Persistenz und Wandel besser angegangen werden.[29] Denn dieser Aushandlungsprozess ist immer auch eine Selbstthematisierung, die auf die Ordnung zielt und damit eine reflexive Ordnungsleistung darstellt. Der Aushandlungsprozess vermittelt derart zwischen Struktur und Ereignis und damit auch zwischen Ordnung und Bedrohung.

Die von Ulrich Beck in der Gegenwart ausgemachten „risk cultures" verdienen allerdings noch eine weitere Beobachtung. Diese „risk cultures" würden, so hat die französische Historikerin Anne-Marie Granet-Abisset beklagt, zwar von Politikern und Managern geschätzt, doch führe die wahre „culture du risque" in die vormoderne Welt zurück, sei Wissen und Gedächtnis gleichermaßen, würde aber auch noch in der Gegenwart – etwa beobachtbar bei Lawinenkatastrophen im französischen Alpenraum – weiterhin gut funktionieren.[30] Lawinen, so wie sie auch im Tübinger SFB untersucht werden, haben nämlich in Katastrophenkulturen eine besondere Präsenz: Denn kleinere, die Menschen nicht direkt schädigende Lawinen sind im Alpenraum allgegenwärtig. Sie bestimmen das alltägliche Leben und machen erst so die „Jahrhundertlawinen" zu besonderen und nachhaltig wirkenden Ereignissen.

---

[27] *Christian Pfister*, Von Goldau nach Gondo. Naturkatastrophen als identitätsstiftende Ereignisse in der Schweiz des 19. Jahrhunderts, in: ders. / Stephanie Summermatter (Hrsg.), Katastrophen und ihre Bewältigung. Perspektiven und Positionen, Bern / Stuttgart / Wien 2004, 53–78.

[28] Ganz in diese Richtung geht auch Franz Mauelshagen. Kultur ist für ihn weder ein festgefügtes Wesen noch Ausdruck einer stabilen Identität bzw. Mentalität. Was ihn in seinen Studien zu den „regions of risk" interessiere, sei „culture in the making – a change emerging from the interaction between nature and culture that is irreversible and yet is neither predetermined nor arbitrary in its course." – Vgl. *Franz Mauelshagen*, Disaster and Political Culture in Germany since 1500, in: Christoph Mauch / Christian Pfister (Hrsg.), Natural Disasters, Cultural Responses. Case Studies toward a Global Environmental History, Lanham u. a. 2009, 41–75, hier 45.

[29] Vgl. dazu *Stefan Beck / Michi Knecht*, Jenseits des Dualismus von Wandel und Persistenz? Krisenbegriffe der Sozial- und Kulturanthropologie, in: Thomas Mergel (Hrsg.), Krisen verstehen. Historische und kulturwissenschaftliche Annäherungen, Frankfurt am Main / New York 2013, 59–76.

[30] *Anne-Marie Granet-Abisset*, La conaissance des risques naturels: quand les sciences redécouvrent l'histoire, in: René Favier / dies. (Hrsg.), Histoire et mémoire des risques naturels, Grenoble 2000, 19–36; *René Favier / Anne-Marie Granet-Abisset*, Society and Natural Risks in France, 1500–2000. Changing historical Perspectives, in: Christoph Mauch / Christian Pfister (Hrsg.), Natural Disasters, Cultural Responses. Case Studies toward a Global Environmental History, Lanham u. a. 2009, 103–136.

Die Lawinenkatastrophe von Blons / Vorarlberg. Zur kulturellen Verarbeitung einer soziomateriellen Zäsur

Der Winter 1953/54 wird im österreichischen Vorarlberg als „Lawinenwinter" erinnert, da heftige Schneefälle in vielen Gegenden desaströse Verhältnisse herbeigeführt hatten. Besonders stark war die im Großen Walsertal gelegene Gemeinde Blons betroffen, wo es am 11. Januar 1954 infolge zweier Lawinenabgänge zu verheerenden Verwüstungen kam. Aufgrund der massiven Schäden und zahlreichen Opfer lässt sich dieses Extremereignis als eine existentielle Zäsur verstehen, die das lokale soziokulturelle Gefüge nachhaltig ins Wanken brachte. Es soll daher erörtert werden, welche ordnungskonstitutiven Elemente hierbei im Einzelnen bedroht bzw. zerstört wurden und wie die Betroffenen diese Erschütterungen deutend und handelnd zu bewältigen vermochten.

Diese Fragen gewinnen ihre forschungsleitende Kontur im Rahmen eines akteurszentrierten Zugangs, der beim fraglos selbstverständlichen Alltag des präkatastrophischen Lebensvollzugs ansetzt. Ob und inwiefern es durch die Lawinenabgänge zur Bedrohung, Zerstörung und Rekonfiguration von ordnungskonstitutiven Elementen kam, ist folglich vor dem Hintergrund eines Ordnungsbegriffs zu erörtern, der sich auf die historische Lebenswelt[31] der Betroffenen bezieht. Diese lebensweltliche Ordnung soll jedoch weder objektivistisch, als ein rein äußeres Gefüge struktureller Gegebenheiten, noch subjektivistisch, als ein freier Entwurf intentional handelnder Akteure aufgefasst werden. Vielmehr liegt dem Ansatz ein relationaler Ordnungsbegriff zugrunde, der die strikte Trennung dieser Analyseebenen aufzuheben versucht:[32] „Ordnung" ist demzufolge dann beziehungsweise konstituiert sich in dem Maße, in dem die eingelebten, durch wiederholte Praxis inkorporierten Wissens- und Handlungsmuster der Akteure mit den äußeren Strukturbedingungen ihres Lebensvollzugs korrespondieren.[33]

Der fraglos selbstverständliche Erfahrungsmodus des zu untersuchenden Alltags gründet so gesehen in einer Akteur / Umwelt-Relation, deren weitreichende präreflexive Abgestimmtheit auf beständigen Prozessen wechselseitiger Prägung und Adaption basiert. „Umwelt" ist dabei als ein positionsspezifisch verfasster

[31] Damit ist die intersubjektiv geteilte, in „natürlicher Einstellung" erfahrene „Lebenswelt des Alltags" – im Unterschied zu anderen Wirklichkeitsbereichen der Lebenswelt – gemeint. Vgl. *Alfred Schütz / Thomas Luckmann*, Strukturen der Lebenswelt, Frankfurt am Main 1979; *Peter L. Berger / Thomas Luckmann*, Die gesellschaftliche Konstruktion der Wirklichkeit. Eine Theorie der Wissenssoziologie, Frankfurt am Main 2001.

[32] Die folgenden Ausführungen beziehen sich auf Giddens und insbesondere auf Bourdieu. Vgl. *Anthony Giddens*, Die Konstitution der Gesellschaft, Frankfurt am Main 1997; *Pierre Bourdieu*, Entwurf einer Theorie der Praxis auf der ethnologischen Grundlage der kabylischen Gesellschaft, Frankfurt am Main 1979.

[33] „Korrespondieren" wird hier in einem doppelten Sinne verwendet: einerseits synchron als eine quasi statische „Übereinstimmung" und andererseits diachron als ein dynamisches „Aufeinanderantworten".

hybrider Handlungsraum zu verstehen, der nicht nur durch sozioökonomische Machtverhältnisse und institutionalisierte Regeln strukturiert wird, sondern auch durch Effekte des Materiellen – Effekte, die insbesondere in der Materialität des Materiellen, diesseits symbolischer Repräsentationen begründet liegen.[34] Die damals vorherrschenden naturräumlichen Gegebenheiten und verfügbaren Artefakte des Gebrauchs müssen folglich als Elemente aufgefasst werden, die sich sowohl gemäß ihrer kulturellen Codierung als auch hinsichtlich ihrer stofflichen Eigenwirkmacht in der lebensweltlichen Ordnung niederschlugen.

Um dieser Ausgangslage weiter nachgehen zu können, gilt es die innere Dynamik der umrissenen Akteur / Umwelt-Relation in den Blick zu nehmen. Entscheidend ist hierbei zum einen, dass die genannten Strukturierungselemente nicht als Determinanten aufgefasst werden, sondern als praxisprägende Faktoren, die spezifische Spielräume formieren und im Rahmen dieser Spielräume eine begrenzte Unerschöpflichkeit an Handlungsoptionen eröffnen. Zum anderen muss aber auch berücksichtigt werden, dass die dergestalt bedingt strukturierten Praktiken ihrerseits strukturierend auf die jeweiligen Strukturierungselemente zurückwirken. Vor dem Hintergrund dieser Möglichkeitsspielräume und der prinzipiellen Unaufhebbarkeit des Kontingenten lässt sich das relationale Ordnungsgefüge der präkatastrophischen Lebenswelt weniger als starres Gerüst verstehen, sondern muss vielmehr als eine dynamische, im Grunde höchst fragile Beziehungskonfiguration aufgefasst werden, deren relative Dauerhaftigkeit nur vermittels tiefgreifender Stabilisierungs- und Immunisierungsmechanismen gewährleistet werden kann. Gerade im Umgang mit Katastrophen kommt der hierbei anklingende Zusammenhang von Ordnung, Bedrohung und ordnungskonstitutiver Sekurisation auf plastische Weise zum Tragen.

Die Blonser Lawinenchronik reicht bis ins 15. Jahrhundert zurück und verzeichnet neben mehreren kleinen Abgängen auch acht Unglücke, die mit größeren Schäden einhergingen und zahlreiche Opfer forderten.[35] Diese Zerstörungen hinterließen Spuren im lebensweltlichen Ordnungsgefüge und führten zu Immunisierungsbemühungen, die sich etwa in der Bannlegung einzelner Waldgebiete, in konkreten Schutzverbauungen sowie in präventiven oder kurativen Wissens- und Praxisformen niederschlugen. Zwar bildeten sich also infolge der wiederholten Konfrontation mit solchen Extremereignissen lokale Bedrohungstraditionen[36]

---

[34] Wenngleich materielle Dinge im Rahmen der Untersuchung nicht als „nicht-menschliche Akteure" – im Sinne einer radikal symmetrischen Anthropologie – verstanden werden, ist Latour hier doch impulsgebend. Vgl. etwa *Bruno Latour*, Wir sind nie modern gewesen. Versuch einer symmetrischen Anthropologie, Frankfurt am Main 2008.

[35] Zu Lawinenabgängen mit größeren Schäden kam es in den Jahren 1497, 1526, 1689, 1717, 1853, 1896, 1946 und 1954. Vgl. *Oswald Wagner*, Beitrag zur Geschichte der Lawinenkatastrophen in Vorarlberg (unveröffentlichtes Manuskript, Archiv der Wildbach- und Lawinenverbauung Bludenz); *Eugen Dobler*, Leusorg im Großen Walsertal, Blons 1982.

[36] Vgl. hierzu *Paul Hugger*, Elemente einer Ethnologie der Katastrophe in der Schweiz, in: Zeitschrift für Volkskunde 86 (1990), 25–36; *Bankoff*, Cultures of Disaster (wie Anm. 24).

heraus, die mit dieser Gefährdung im Rahmen der jeweiligen ökonomischen, sozialen und kulturellen Bedingungen zeitweilig korrespondierten, doch kam es immer wieder auch zu Phasen einer bedrohlichen Bedrohungsvergessenheit, die sich im schleichenden Verfall substanzieller Sekurisationselemente äußerten.

Nicht zuletzt aufgrund der kriegsbedingt veränderten Relevanzstrukturen seit den späten 1930er Jahren ging auch den Lawinenabgängen von 1954 eine solche Phase der Bedrohungsvergessenheit voraus, was dazu führte, dass die Pflege des Schutzwaldes und der Verbauungen über lange Zeit vernachlässigt worden war.[37] Die Analyse der soziomateriellen Verflechtungen des präkatastrophischen Lebensvollzugs ermöglicht es somit, jener verbreiteten Narrationsfigur entgegenzuwirken, deren Exkulpationsstrategie darin besteht, Katastrophen als *Natur*katastrophen zu repräsentieren und ihren Ursprung einseitig der Sphäre des Unverfügbaren zuzuordnen. Sie verdeutlicht also, dass es sich hierbei weniger um ein singuläres, gleichsam von außen hereinbrechendes Ereignis handelte, sondern um ein komplexes, durch heterogene Elemente geprägtes Phänomen, dessen Entstehung eng mit jenen Alltagsvollzügen verknüpft war, die nun von ihm durchbrochen wurden.

Neben den Ursachen geben auch die Folgen Anlass zu einer prozessualen und multidimensionalen Auffassung des Geschehens.[38] Schließlich wurden die durch obige Faktoren begünstigten Lawinenabgänge erst im Zusammenhang mit der situativen Verfasstheit des von ihnen getroffenen lebensweltlichen Ordnungsgefüges zu einer Katastrophe. Zu einer Katastrophe wurden sie, da sie nicht ins Nichts verliefen, sondern einen historisch formierten, gemäß seiner spezifischen soziomateriellen Konstitution verwundbaren Handlungsraum trafen. Ihre katastrophische Spezifik entfalteten sie also erst im Zusammenwirken mit Faktoren wie der Siedlungsstruktur, der Bauweise, den infrastrukturellen Ressourcen, den Kommunikationsmitteln sowie den verfügbaren oder vielmehr fehlenden Bergungs- und Erste-Hilfe-Materialien. Die Lawinen überlasteten die ordnungseigenen Verarbeitungskapazitäten, führten zu einer „Realfalsifikation“[39] bisheriger Sicherungsstrategien und zeitigten Verwüstungen, die gewohnte Kategorien des Denkens und Handelns sprengten. Es starben 57 Menschen und ein Großteil der Tiere. Zerstört wurden 29 Wohnhäuser, 47 Ställe und die lokale Sennerei. Zudem wanderten nach der Katastrophe zwölf Familien mit insgesamt 46 Personen ab, so dass schließlich etwa ein Drittel der ursprünglichen Bevölkerung fehlte.

[37] Vgl. das Schreiben der Forsttechnischen Abteilung für Wildbach- und Lawinenverbauung Bregenz vom 19.01.1954, Vorarlberger Landesarchiv, Landesregierung Abt. Ia, Sch. 71.

[38] Zum prozessualen Verständnis von Katastrophen vgl. etwa *Anthony Oliver-Smith*, Anthropological Research on Hazards and Disasters, in: Annual Review of Anthropology 25 (1996), 303–328.

[39] Vgl. *Wolf Dombrowsky*, Katastrophe und Katastrophenschutz. Eine soziologische Analyse, Wiesbaden 1989, 258.

Infolge der gravierenden Zerstörungen kam es zu umfassenden ökonomischen, technischen und soziokulturellen Verarbeitungsprozessen, die der Rekonfiguration des lebensweltlichen Ordnungsgefüges und der Prävention künftiger Katastrophen dienten. Diese Bewältigungsmaßnahmen wurden durch vorherrschende Wissens- und Machtkonstellationen strukturiert, die sich auf diesem Wege in der postkatastrophischen Ordnung erneut materialisierten. Beispielsweise verfügten vor Ort insbesondere der Bürgermeister, der Schulleiter und der Pfarrer über ein positionsrelational hohes Maß an Definitions- und Entscheidungsbefugnissen, doch mussten diese sich wiederum den Entschlüssen der Sonderkomitees fügen, die von der Vorarlberger Landesregierung bereits wenige Tage nach der Katastrophe eingerichtet wurden. Ein „Hilfskomitee" entschied über die Verwendung der eingegangenen Geld- und Sachspenden, ein „Wiederaufbaukomitee" legte die Leitlinien der Gesamtplanung fest und die Agrarbezirksbehörde Bregenz wurde schließlich mit der konkreten Koordination der Aufräumungs- und Wiederaufbauarbeiten betraut.[40] Im Folgenden sollen einige Hinweise zu dieser postkatastrophischen Ordnungsrekonfiguration gegeben werden, wobei hier schematisch zwischen technisch-ökonomischen und kulturellen Aspekten unterschieden wird. Ziel der Untersuchung ist es hingegen, die einzelnen Elemente an das lebensweltliche Ordnungsgefüge rückzubinden und die analytische Trennung somit letztlich wieder aufzuheben.

Die *technisch-ökonomische Verarbeitung* bestand vor allem in der Räumung des Geländes, im Aufbau der zerstörten Häuser und Ställe, in der Neuanschaffung von Mobiliar und landwirtschaftlichem Gerät sowie in verschiedenen Sicherungsmaßnahmen, zu denen eine neue Bauweise, neue Hofformen, massive Lawinenverbauungen, das Anlegen von Druckterrassen und die Aufforstung des Schutzwaldes zählten. Der durch staatliche Mittel und (inter)nationale Spendengelder ermöglichte Wiederaufbau war dabei an strenge Auflagen gebunden und zog gravierende strukturelle Veränderungen nach sich. Diese reichten von Grundstückszusammenlegungen und baulichen Modifikationen über die Implementierung tiefgreifender Mechanisierungsprozesse bis hin zur Etablierung neuer Erwerbstätigkeiten und einem Wandel der lokalen Sozialstruktur. Während die betroffenen Akteure ehedem noch in einer sehr ähnlichen Lage waren und die soziale Kohäsion infolge der Katastrophe zunächst gestärkt wurde, drohte nun der Neid auf die komfortableren Häuser sowie die neuen finanziellen und technischen Möglichkeiten der durch Spendengelder unterstützten Familien den Zusammenhalt der Solidargemeinschaft zu zersetzen.

Ausgangspunkt der *kulturellen Verarbeitung* war ein entstandenes Sinnvakuum. Der plötzliche Tod von Angehörigen, Nachbarn und Vieh, die radikale Dematerialisierung des Gewohnten, der Einbruch des Zerstörerischen in das

[40] Vgl. hierzu die Sitzungsprotokolle der Sonderkomitees, Vorarlberger Landesarchiv, Landesregierung Abt. Ia, Sch. 71.

existentiell Naheste und die Konfrontation mit der souveränen Gleichgültigkeit einer plötzlich übermächtigen, unkontrollierbaren Umwelt[41] waren Erfahrungen, die zu massiven Relevanzrelativierungen führten und bisher geltende Wissensbestände in Frage stellten. Infolge des damit einhergehenden Selbstverständlichkeitsverlustes bedurfte es zur längerfristigen Verarbeitung neben dem materiellen Aufbau auch der Wiederherstellung eines gemeinsamen Fundaments an Gewissheiten und Verlässlichkeiten. So wurde die Lawinenkatastrophe zum Auslöser komplexer Kommunikationsprozesse, deren soziomaterielle Bedingungen und sinnhafte Gehalte die Untersuchung rekonstruieren möchte.

Ein zentraler Bestandteil dieser kommunikativen Aushandlungsdynamiken bezog sich auf die Deutung beziehungsweise Einordnung der Katastrophe. Es galt den diffusen Erfahrungen des Extremereignisses einen Sinn und eine Form zu geben, sie greifbar und tradierbar zu machen. Im Rahmen dieser Ordnungsbemühungen kristallisierten sich neben naturwissenschaftlich geprägten auch religiös konnotierte Erzählmuster heraus, die der empfundenen Willkür entgegenwirkten und dabei halfen, wieder zum Glauben zurückzufinden. Beispielsweise wurde der ungewöhnlich warme Herbst des Vorjahres im Rückblick als ein Vorzeichen des Ereignisses gedeutet; auch wurde immer wieder an einen jungen Dorfbewohner, den „Engel von Blons", erinnert, durch dessen Vorahnungen viele vor dem Lawinentod bewahrt worden seien – Gott, so die Botschaft, habe die Blonser nicht im Stich gelassen, sondern sie durch solche Zeichen vor der Katastrophe gewarnt.

Des Weiteren ging es darum, das Ereignis und seine Deutungen in die Reihe der bisherigen Erfahrungen einzuordnen und die Katastrophe in das kollektive Gedächtnis aufzunehmen. Hieraus erwuchsen verschiedene Rituale und Formate der Erinnerung, die etwa Gedenktafeln, Lawinenkreuze, Bildstöcke und regelmäßig stattfindende Trauergottesdienste sowie eigens verfasste Gedichte und Lieder umfassten, zu denen man aber auch die zu einem späteren Zeitpunkt eingerichteten Erinnerungswege und das Blonser Lawinendokumentationszentrum zählen kann. Wie sämtliche Elemente des lokalen Verarbeitungsprozesses waren freilich auch die genannten Gedenkformate in hohem Maße durch Deutungen von außen geprägt. Ihre Gestaltung erfolgte also in Auseinandersetzung mit Erklärungsmustern, die in den öffentlichen Diskursarenen debattiert und – durch zahlreiche Zeitungsartikel, Rundfunksendungen, Fernsehdokumentationen sowie, deutlich später, durch zwei Romane[42] und eine Verfilmung[43] – verbreitet wurden.

---

[41] Dies in Anlehnung an *Jean Baudrillard*, Transparenz des Bösen. Ein Essay über extreme Phänomene, Berlin 1992, 199.

[42] *Joseph Wechsberg*, Blons. Geschichte einer Katastrophe, Hamburg 1959; *Reinhold Bilgeri*, Der Atem des Himmels, Wien 2005.

[43] Gemeint ist die 2010 unter der Regie von Reinhold Bilgeri entstandene Verfilmung des gleichnamigen Romans „Der Atem des Himmels".

Neben der Deutung des Ereignisses und der Bewältigung des Verlustes gehörte schließlich auch der Umgang mit dem Neuen zu den Herausforderungen der kulturellen Katastrophenverarbeitung. Die Rekonfiguration der Alltagsordnung konnte sich nicht auf technische Rematerialisierungs- und Immunisierungsprozesse beschränken, sondern musste darüber hinaus auch die Herausbildung neuer Wissens- und Praxisformen beinhalten. Dass in Zeitungsartikeln und Berichten von Helfern noch Monate nach den Lawinenabgängen immer wieder von einem „eigensinnigen Beharren am Alten" oder von einer „fatalistischen Tatenlosigkeit" die Rede war[44], könnte vor diesem Hintergrund als Ausdruck eines Hysteresiseffekts gedeutet werden. So scheint der mit dem Wiederaufbau einhergegangene rasche Strukturwandel zu einer Situation geführt zu haben, die mit den habitualisierten Wahrnehmungs- und Handlungsschemata der Blonser nicht ohne weiteres korrespondierte. Die Dorfbewohner lebten in lebensweltlichen Ordnungen, die sich unter anderen Existenzbedingungen herausgebildet hatten, und waren nun vor die Aufgabe gestellt, neue Gewohnheiten zu entwickeln, auf deren Basis sich eine veränderte Form des selbstverständlichen Lebensvollzugs etablieren konnte.

Die Lawinenkatastrophe von Galtür / Tirol. Genealogie einer „Kultur der Gefahr"

Am 23. Februar 1999 lösten sich am Sonnenberghang oberhalb der Gemeinde Galtür in Tirol mehrere Lawinen und gingen als innere und äußere Wasserleiter-, Schießrinnen- und Weiße-Riefe-Lawine ins Tal. Die Lawinen drangen bis in den Ortskern vor, der auf den seit den 1980er Jahren bestehenden Gefahrenzonenplänen als sogenannte „grüne Zone" – als Bereich der relativen Lawinensicherheit – ausgewiesen war. Es wurden zahlreiche Häuser zerstört, 31 Menschen kamen an diesem Tag ums Leben. Der Vorfall ereignete sich inmitten der Ski-Saison – das Dorf war ausgebucht und unter den Toten befanden sich daher auch 25 Touristen. Wochen vor dem Unglück wurde die Zufahrt nach Galtür wegen der hohen Lawinengefahr immer wieder für längere Zeit gesperrt; es schneite in ungewöhnlich hohem Maße, immer wieder „entleerten" sich einzelne Hänge, ohne freilich Schäden anzurichten. Was als „Jahrhundertlawine" in das (vor allem mediale) Gedächtnis einging, geschah aber nicht voraussetzungslos: Die Hänge des Sonnenberges waren größtenteils nicht durch Stahlbrückenverbauungen gegen den Abriss von Großlawinen gesichert; und auch die Nordseite des Dorfes war nicht durch Direktverbauungen im Tal geschützt – dies unter anderem deshalb,

[44] Vgl. hierzu etwa den Artikel „Aller Anfang ist schwer" in den Vorarlberger Nachrichten vom 04.03.1954 bzw. den Bericht von *Ernst Neef*, Blons im Großen Walsertal / Vorarlberg, in: Mitteilungen der Geographischen Gesellschaft Wien 97 (1955), 97–110.

weil die Lawinen des Nordhanges als weitestgehend ungefährlich galten. Auf die Lawinenkatastrophe vom 23. Februar folgte sofort die „Medienlawine" – die Gemeindeverwaltung und die Tiroler Landesregierung waren heftigsten Anschuldigungen seitens der internationalen Presse ausgesetzt, die Gefahr bewusst ignoriert und die Notwendigkeit zur Evakuierung des Dorfes heruntergespielt zu haben. Auf die Suche nach Schuldigen begab sich auch unmittelbar nach dem Unglück die Staatsanwaltschaft Innsbruck, die bereits am 24. Februar ein Ermittlungsverfahren gegen 35 Personen (unter anderem die gesamte Lawinenkommission des Dorfes Galtür und Vertreter der Landesregierung) sowie gegen Unbekannt einleitete. Der Vorwurf lautete auf „fahrlässige Tötung in 31 Fällen". Nach zwei Jahren wurden, ohne dass ein Gerichtsverfahren eröffnet worden wäre, die Ermittlungen eingestellt, da es sich bei den Großlawinen, so die juristische Begründung, um ein „unvorhersehbares Naturereignis" gehandelt habe. Die Einstellung des Verfahrens basierte maßgeblich auf den Ergebnissen eines vom Schweizer „Schnee- und Lawinenforschungs-Institut" angefertigten Gutachtens über die Lawinenabgänge des 23. Februar 1999. Schon vorher hatte sich das Dorfbild in Galtür aber bereits entscheidend verändert: Die bisher weitestgehend ungeschützte Nordseite des Dorfes wurde aufwändig und gut sichtbar mit einer Mauer gegen Lawinen gesichert.

Wie ist dieses eben skizzierte Unglück in der Perspektive einer sozial- und kulturwissenschaftlich argumentierenden Katastrophenforschung und den sich daraus ableitenden vielschichtigen Fragenkomplexen zu verorten? Oder anders gefragt, welchen Beitrag kann die Auseinandersetzung mit der Lawinenkatastrophe von Galtür (aus der Perspektive einer Empirischen Kulturwissenschaft) zu einer Vermessung von Situationen bedrohter Ordnungen leisten?

Die Geschichte der Verbauungen in der Gemeinde Galtür ist die materielle Geschichte des Wissens um Lawinen und Katastrophen. Dies bedeutet auch, dass sich in Galtür Kontinuitäten und Diskontinuitäten im Umgang mit und der Aushandlung von Bedrohung durch Lawinen analysieren lassen. Wenn Katastrophen, wie Lars Clausen nach Dombrowsky zu bedenken gibt, als „Realfalsifikation" ganzer Gesellschaften[45] zu verstehen sind, bezeichnet dies allerdings weniger den Punkt des (realen) Scheiterns von sozio-kulturellen Ordnungen im Angesicht von (externen) Einbrüchen, als vielmehr den Kristallisationspunkt selbstreflexiver Ordnungsleistungen angesichts „entsetzlicher sozialer Prozesse".[46] Nur in dieser Perspektive kann von Katastrophen als Motoren „krassen sozialen Wandels"[47] gesprochen werden. Daraus folgt, dass das als Katastrophe gelten

[45] Vgl. *Lars Clausen*, Entsetzliche soziale Prozesse, in: Karl-Siegbert Rehberg (Hrsg.), Die Natur der Gesellschaft. Verhandlungen des 33. Kongresses der Deutschen Gesellschaft für Soziologie in Kassel 2006, Frankfurt am Main 2008, 835–843, hier 840.

[46] *Lars Clausen/Elke M. Geenen/Elisio Macamo* (Hrsg.), Entsetzliche soziale Prozesse. Theorie und Empirie der Katastrophen, Münster 2003.

[47] *Lars Clausen*, Krasser sozialer Wandel, Opladen 1994.

muss, was das Wissen um Lawinen und deren Vermeidung bzw. den Schutz vor ihrem zerstörerischen Potential fraglich werden lässt, was somit die durch dieses Wissen etablierten Praktiken des Alltagsvollzuges und Selbstverständlichkeiten zur Disposition stellt und so zu deren Neuverhandlung drängt. Lawinenkatastrophen, also Abgänge von Lawinen, die die lokalen Sekurisationsmaßnahmen übersteigen und daher zu drastischer Zerstörung oder dem Tod von Menschen führen, stehen folglich immer in einem zwangsläufig wechselseitigen Verhältnis mit sozio-kulturellen und technisch-wissenschaftlichen Immunisierungsstrategien. Dieses Verhältnis kann als Macht/Wissen-Komplex[48] beschrieben werden, der auf die materielle Umwelt zielt und gleichzeitig Materialitäten evoziert. Mit anderen Worten: Es ist ein Dispositiv unterschiedlicher Strategien der Sicherheit, das im Spannungsfeld von historischer Kontinuität und Wandel steht. Anhand von vier Zeitschnitten können in Galtür unterschiedliche Arten der Bedrohungsdiagnose herausgearbeitet werden, die das Paradox aufzeigen, wie einerseits (Wissens-)Ordnungen und die diese Ordnungen bedrohenden Phänomene sich gegenseitig konstituieren und wie andererseits diese Bedrohung als der Ordnung gegenüberstehend, als deren Außen, konzipiert wird. Sie skizzieren somit kulturelle Aushandlungsprozesse der Grenzen, wie auch des Verhältnisses von Natur und Kultur[49] – und damit von Bedrohung und Ordnung.

Die Analyse der Lawinenkatastrophe von Galtür muss somit den Zusammenhang beschreiben, der zwischen den verschiedenen (historischen) Formen der Lawinenverbauung, dem Katastrophen- und Risikomanagement und der Gefahrenzonierung mit der juristischen Bewertung der Aspekte von Schuld und Verantwortung besteht. In dieser Perspektive muss die historische Rückschau auf das Zusammenspiel von Ordnung und Bedrohung als eine Genealogie komplexer – lokaler, wissenschaftlicher und staatlicher – Wissenspraktiken verstanden werden. Und so ist auch die vierteilige Genealogie der Katastrophe vom 23. Februar 1999 zu beschreiben.

In den 1920er Jahren – als erstem Zeitschnitt dieser Genealogie der Katastrophe – begann man in Galtür, einhergehend mit einer im deutschsprachigen Alpenraum betriebenen Popularisierung von Wissen über Schnee und Lawinen als komplexe Stofflichkeiten[50], mit der systematischen Verbauung gegen Lawi-

---

[48] Dies in Anlehnung an Foucault: „... daß die Macht Wissen hervorbringt (und nicht bloß fördert, anwendet, ausnutzt); daß Macht und Wissen einander unmittelbar einschließen; daß es keine Machtbeziehung gibt, ohne daß sich ein entsprechendes Wissensfeld konstituiert, und kein Wissen, das nicht gleichzeitig Machtbeziehungen voraussetzt und konstituiert." *Michel Foucault*, Überwachen und Strafen. Die Geburt des Gefängnisses, Frankfurt am Main 1981, 39.

[49] Vgl. dazu *Mauelshagen*, Disaster und Political Culture (wie Anm. 28).

[50] Vgl. hierzu die aufschlussreiche Publikationsgeschichte von Wilhelm Paulckes Bergsteigerratgeber „Die Gefahren der Alpen". Seit 1908 legte Paulcke das von ihm maßgeblich überarbeitete Werk „Die Gefahren der Alpen" von Emil Zsigmondy beständig neu auf und reichert von Auflage zu Auflage den Stoff des Buches mit Wissen über Schnee und Lawinen als Stofflichkeiten an. Paulcke, ein Geologe, „erfindet" gewissermaßen den Schnee und mit ihm die

nenabgänge. Dabei wurden einzelne Anwesen durch Mauern und Spaltkeile geschützt. Wenngleich die Praktiken der Lawinenverbauung in Form von Schutzmauern u. Ä., wie man den Dorfchroniken entnehmen kann, zeitlich erheblich weiter zurückreichten, so müssen die ab den 20er Jahren des letzten Jahrhunderts lancierten Projekte als neue, als gouvernemental gesteuerte, mit Wissenschaftlichkeit argumentierende Eingriffe verstanden werden, die als Kondensationsfläche einer sich gleichzeitig konstituierenden Wissenschaft des Schnees und der Lawinen dienten. Zwar wurden die Bau- und Aushubarbeiten oft selbst unternommen und die Bauvorhaben von Privatpersonen bzw. der Gemeinde geplant, doch wurden die Bauten vom 1884 im Wiener Ackerbauministerium gegründeten „Forsttechnische[n] Dienst für Wildbach- und Lawinenverbauung“ (WLV) kollaudiert und vom Bund bzw. Land zu zwei Dritteln finanziert. In den Jahren 1921–24 wurde das „Elementarbauprogramm“ von der WLV durchgeführt, das mehrere besonders exponierte Anwesen vor der Zerstörungsgewalt der Lawinen schützen sollte.[51] 1935/36 erfolgte schließlich die systematische Verbauung von sieben Anwesen.[52] Bis in die Gegenwart schlossen sich diesen Maßnahmen immer wieder Ausbesserungen und Ergänzungen sowie weitere Neubauten an. Zweck dieser Verbauungsmaßnahmen war der kleinräumige Direktschutz vor der Wucht der Lawinen, also die punktuelle Sicherung des bestehenden Siedlungsraumes. Als Materialisierung von Wissen über Lawinen waren sie dazu gedacht, die physische Kraft der Lawinen abzuwenden, die Schneemassen zu stoppen und umzuleiten und den Luftdruck über das Haus zu leiten. Dies setzte eine Kenntnis der vorhandenen Lawinenzüge[53] und Fließbahnen, aber auch der Zusammensetzung und des Abgangsverhaltens der Lawinen voraus. So entstanden diese Schutzmauern im Zusammenspiel lokalen Erfahrungswissens und ingenieurswissenschaftlicher Expertise seitens der WLV. Die Verbauungen mit denen die Gemeinde Galtür und die WLV der materiellen Wucht von Lawinenkatastrophen begegnet, können als Materialisierungen einer spezifischen Wissenskonstellation um Lawinen und Schnee gesehen werden. Sie sind ingenieurstechnische Artefakte, die einer ihnen entgegengesetzten Materialität antworten.

In den 1950er Jahren, nach den Erfahrungen des Katastrophenwinters von 1951, änderte sich – als zweitem Zeitschnitt – der Anspruch auf kleinräumigen Direktschutz radikal. Die WLV lancierte das Projekt „Lawinenvorbeugung Galtür“, das zum Ziel hatte, nicht mehr nur einzelne Anwesen zu schützen, sondern großräumigeren Siedlungsschutz durch die systematische Aufforstung der kar-

---

Wissenschaft vom Schnee. Siehe: Die Gefahren der Alpen: Erfahrungen und Ratschläge. Von Emil Zsigmondy. Neu bearb. u. erg. von Wilhelm Paulcke, 4. Aufl. Innsbruck 1908.

[51] Vgl. Kollaudierungsoperate 1921–1924 (Gemeindearchiv Galtür).

[52] Vgl. Lawinenschutzbauten in Paznauntal. Vorausmaß und Kostenüberschlag 1935 (Gemeindearchiv Galtür).

[53] Im Gemeindegebiet Galtür werden 51 Lawinenzüge unterschieden.

gen Waldbestände der Gemeinde[54] zu gewährleisten. Für dieses Vorhaben wurde großflächigen Anrissverbauungen am Predigtberghang oberste Priorität eingeräumt. Diese Verbauungen sollen die Waldbestände und Jungwälder und somit auf lange Sicht auch die Siedlung schützen.[55] Unter dem Schlagwort „Trennung von Wald und Weide"[56] wurde in der Gemeinde, gegen erheblichen Protest der Galtürer Landwirte, das Verbot der Ziegenhut am Predigtberghang[57] durchgesetzt, was als drastischer Eingriff in die Wirtschaftsweise und die Traditionen der Galtürer verstanden wurde. Der „Lawinenvorbeugung Galtür" ging es somit nicht mehr nur um punktuellen Schutz, um Mauern gegen physische Gewalten, sondern um Prävention, Vorbeugung, um Verhinderung durch Einmischung.[58] Ergebnis dieser Trennung von Wald und Weide war die Einräumung von Schutzwäldern. Die Bannlegung von Waldbeständen gehörte zu den „traditionellen" Lawinenschutzmaßnahmen; in Galtür als „steinreichste" – und damit waldärmste – Gemeinde Tirols aber stand der Wald immer im Konfliktfeld von Schutzfunktion und Ressourcennutzung. Wald lieferte rares Brennholz und Baustoffe und gleichzeitig schützte er die Hänge vor dem Abrutschen und vermochte Lawinenabgänge abzufangen. In den 1950er Jahren wurde dieser konfliktträchtige (und traditionell genutzte) Wald zum Objekt einer wissenschaftlichen und staatlichen Strategie der Lawinenprävention.[59] Durch eine staatlich verordnete

---

[54] Vgl. die Abschrift der Niederschrift zur Lawinenvorbeugung Galtür, aufgenommen am 02.10.1958 (Gemeindearchiv Galtür). Die WLV beklagt in den 1950ern einen Rückgang der Waldbestände im Gemeindegebiet um rund 85 % der 1774 verzeichneten und im Atlas Tyrolensis des Peter Anich festgehaltenen Waldflächen.

[55] Das großräumig gedachte Schutzbedürfnis muss auch unter dem Aspekt des Bestrebens nach Siedlungsexpansion betrachtet werden: nicht mehr nur Einzelinteressen sollen geschützt werden, sondern es sollen auf längere Sicht Möglichkeiten zur Schaffung von neuem Siedlungsraum gegeben werden. Im florierendem Tourismusort Galtür gewinnen die Interessen des Gastgewerbes in den 1950er Jahren immer mehr Gehör. Prävention steht somit an den Schnittflächen von Tradition und Landwirtschaft und der Hinwendung zum immer bedeutender werdenden Tourismus.

[56] Vgl. Kollaudierungsniederschrift über die Lawinenvorbeugungsmaßnahmen in der Gemeinde Galtür, 10.12.1964 (Gemeindearchiv Galtür).

[57] In der Ziegenhaltung wird eines der Hauptprobleme für erfolgreiche Aufforstung gesehen, da Ziegen die Jungpflanzen abäsen. Bis in die 1950er Jahre galt Ziegenhaltung im Paznauntal als Subsistenzerwerb neben der Rinderweidewirtschaft und/oder dem Tourismus. Die (obrigkeitliche) Regulierung der Ziegenwirtschaft birgt immer wieder Konfliktpotential, das als „Galtürer Geißkriege" in Erinnerung ist. Vgl. zum Begriff „Geißkrieg" die Informationen zum Predigtberg auf der Homepage der Gemeinde Galtür: http://www.galtuer.gv.at/m-haupt.htm (18.02.2013); vgl. zur Einschränkung der Ziegenhaltung am Predigtberg die Gemeinderatsbeschlüsse vom 28.10.1955 und 15.11.1956 sowie die Abschrift der Niederschrift zur Lawinenvorbeugung Galtür, aufgenommen am 02.10.1958 (Gemeindarchiv Galtür).

[58] Der erklärte Anspruch ist die verlässliche Verhinderung von siedlungsgefährdenden Lawinenabgängen.

[59] Zum Begriff der Prävention vgl. u. a.: *Ulrich Bröckling*, Vorbeugen ist besser … Zur Soziologie der Prävention, in: Behemoth. A Journal on Civilisation (2008), 1, 38–48; *François Ewald*, Einleitung, in: ders., Der Vorsorgestaat, Frankfurt am Main 1993, 15–57; *Malte Thießen*, Gesundheit erhalten, Gesellschaft gestalten. Konzepte und Praktiken der Vorsorge im 20. Jahr-

Trennung von Wald und Weide – einer Form von „Reinigungsarbeit“[60] – wurde der Wald reguliert und erst durch diese Intervention dem menschlichen Zugriff entzogen. Dies ist mit Bannlegung gemeint.[61] Wald und Lawinen sind in dieser Perspektive Phänomene einer Natur, die sich selbst überlassen bleibt – und dabei sind sie Effekte einer Strategie der Naturalisierung.

Seit Inkrafttreten des Forstgesetzes von 1975 ist es – als drittem Zeitschnitt – für österreichische Gemeinden Pflicht, Gefahrenzonenpläne bei der WLV in Auftrag zu geben, die den Gemeinderaum bezüglich seiner Gefährdungspotentiale für alpine Naturgefahren kartographieren und in Zonen unterschiedlicher Schadensanfälligkeit übersetzen sollten.[62] Erstellt wurden diese Pläne in einem komplexen Prozess der Wissenszirkulation. Ingenieurstechnische wie naturwissenschaftliche Expertise vermischten sich dabei mit „lokalem Wissen“[63]: Für die Berechnung der Gefahrenzonen wurden die Abgangswahrscheinlichkeiten der einzelnen erfassten Lawinenzüge ermittelt[64] und mit Auslaufweiten und Schadenspotentialen korreliert. Für die Pläne spielten Befragungen der einheimischen Bevölkerung und der sogenannten „stummen Zeugen“ – der materiellen Einschreibungen in die Landschaft –, die Auskunft gaben über vergangene Lawinenabgänge und die üblichen Schäden einzelner Lawinenzüge, eine zentrale Rolle. Die bis dato errichteten Lawinenverbauungen (im Hang und im Tal) beeinflussten die Ausweisung der Zonen dabei maßgeblich. Als wichtigstes Werkzeug der Erstellung von Gefahrenzonenplänen (GZP) – insbesondere für die noch in den 1980er Jahren erstellten – müssen jedoch die Lawinenchroniken und das Lawinenkataster des Dorfes gelten. Diese „traditionellen“ und lokalen Formen der Lawinendokumentation[65] dienten der WLV zur historischen Rück-

hundert: Eine Einführung, in: Zeithistorische Forschungen / Studies in Contemporary History, Online-Ausgabe, 10 (2013), H. 3, URL: http://www.zeithistorische-forschungen.de/16126041-Editorial-3-2013, (23.12.2013).

[60] Vgl. zu den Begriffen „Reinigung“ und „Vermittlung“: *Latour*, Wir sind nie modern gewesen (wie Anm. 34).

[61] Vgl. zum Bann als politischer Figur der „einschließenden Ausschließung“ *Giorgio Agamben*, Homo Sacer. Die Souveränität der Macht und das nackte Leben, Frankfurt am Main 2002, 39–40.

[62] Selbstredend gilt das geschilderte Prozedere nicht nur für Lawinen, sondern auch für andere Arten alpiner Naturgefahren, wie insbesondere Überschwemmungen durch Wildbäche. Zu allen Angaben zum Gefahrenzonenplan der Gemeinde Galtür vgl. Akten zum GZP Galtür bei der Wildbach- und Lawinenverbauung, Sektion Tirol, Gebietsbauleitung Imst.

[63] In den „vulnerability studies“ wird der (westlichen) Katastrophenexpertise oftmals eine „local capacity“ oder ein „local knowledge“ als Antagonismus entgegengehalten. Vgl. u. a. *Bankoff*, The Historial Geography of Disaster (wie Anm. 23). Diesen Antagonismus gilt es zu hinterfragen.

[64] Ermittelt wird i. d. R. ein sogenanntes 100-jähriges Ereignis: ein Extremereignis, das statistisch gesehen alle 100 Jahre vorkommt. Dieses 100-jährige Extremereignis dient als Berechnungsgrundlage für die Standorte der Verbauungen und die Zonierung der Gefahrenbereiche.

[65] Lawinenchronik und -kataster sind größtenteils in der Rückschau zusammengesetzte Dokumentationsformen, die sich auf unterschiedliche Quellen stützen. Zumeist finden sich in den Quellen nur solche Lawinen, die materiellen Schaden verursachten.

schau und zum Vergleich. Sie halfen bei der Schätzung von Wahrscheinlichkeiten, Häufigkeiten und Schadenspotentialen und machten so die statistische Berechnung von Lawinenrisiken möglich. Diese Risiken wurden räumlich in die Gefahrenzonen der Gemeinde übersetzt. Während in den 1920er Jahren einer physisch-materiellen Naturgewalt direkt und unmittelbar geantwortet wurde, in den 1950er Jahren diese Naturgewalt als Element eines komplexen Systems von Beziehungen konstituiert und gleichzeitig veräußerlicht wurde, standen nun die statistische Berechnung von Abgangswahrscheinlichkeiten und die Analyse von Schadenspotentialen im Zentrum der Sicherheitsbestrebungen. Effekt dieser Bestrebungen war die (räumliche) Aushandlung, Verteilung sowie die Produktion von Risiken: Geschaffen wurde nicht ein gesicherter Raum, sondern ein analytischer Raum der normalisierten Gefährdung. Lawinenverbauungen, die in Korrespondenz mit den GZP gebaut wurden, garantieren diesem Raum nicht die verlässliche Schadensabkehr, sondern die relative Sicherheit der Risikozone. Das Zusammenspiel aus Lawinenverbauungen und Risikobereichen lässt Lawinen als das erscheinen, was nur in der Unwahrscheinlichkeit, mit der es eintritt, zur Katastrophe wird. Es hat sich folglich die Strategie der Lawinenbeherrschung verändert. Nicht mehr der Glauben an die restlose Eindämmung ist vorherrschend, sondern das Risikomanagement. Oder mit anderen Worten: An die Stelle von Beherrschung durch Verhinderung ist eine Beherrschung durch Wissen getreten, das Natur statistisch und analytisch fassbar macht. Der statistische Zugriff produzierte Risiken mit dem Ziel, die Realität regierbar zu machen.[66] Lawinen erscheinen somit als physische Aktualisierung eines Potentials, dessen Wucht einem Raum relativer Sicherheit gegenübersteht.

Die Innsbrucker Staatsanwaltschaft gab – als viertem Zeitschnitt – im Zuge des Ermittlungsverfahrens ein Gutachten beim Schweizer „Institut für Schnee- und Lawinenforschung" (SLF)[67] in Auftrag, das anhand von acht Leitfragen klären sollte, ob die Katastrophe vom 23. Februar 1999 vorherseh- bzw. verhinderbar gewesen wäre und ob das Katastrophenmanagement[68] effektiv gewesen sei. Recht explizit stand damit die wissenschaftlich und juristisch zu klärende Frage nach der Schuld an der Katastrophe zur Klärung an. Das Gutachten, wie auch das gesamte Verfahren der Staatsanwaltschaft, zog zur Ermittlung neben den GZP selbst die gleichen Informationen heran, die auch die WLV zur Erstellung jener

---

[66] In Anlehnung an Lemke u.a.: „Risiken folgen also nicht unmittelbar aus der industriellgesellschaftlichen Realität, sondern sie repräsentieren eine Form des Denkens der Realität – mit dem Ziel sie ‚regierbar' zu machen". *Thomas Lemke/Ulrich Bröckling/Susanne Krassmann*, Gouvernementalität, Neoliberalismus und Selbsttechnologien. Eine Einleitung, in: dies. (Hrsg.), Gouvernementalität der Gegenwart. Studien zur Ökonomisierung des Sozialen, Frankfurt am Main 2000, 7–40, hier 22.

[67] Vgl. *Stefan Margreth*, Gutachten betreffend Unglückslawinen in Galtür vom 23.2.1999 und in Valzur vom 24.2.1999, Davos 2000.

[68] Wie beispielsweise die Frage nach der Notwendigkeit von Evakuierungen, die Effizienz der Straßensperren, verschiedene Sicherheitsvorkehrungen wie die Ausweisung spezieller Wege.

Gefahrenzonenpläne genutzt hatte: die Lawinenaufnahmeblätter[69], die Aussagen der Mitglieder der Lawinenkommission Galtür, die Dokumentation der Lawinenverbauungen und anderen Vorbeugungsmaßnahmen, die lokale Lawinenchronik und das Lawinenkataster. Daher bezogen sich das Gutachten und das Ermittlungsverfahren auf die unterschiedlichen Strategien der Lawinenbeherrschung und die mit ihnen wechselseitig verknüpften Wissensformen und -praktiken: Kataster und Chronik (selbst komplexe Ensembles von Wissenspraktiken und Materialitäten) ermöglichten den historischen Rückblick und damit auch den Vergleich. Erst der historische Vergleich wiederum erlaubt eine Einordnung ins Gewöhnliche und damit in eine Serie immer wiederkehrender, größerer und kleinerer Lawinenabgänge. Gleichzeitig ermöglichte er aber auch das Erkennen des Außergewöhnlichen: die Unvorhersehbarkeit und das Undenkbare der Katastrophe.

Gegen die Bedrohung durch eine erneute Katastrophe mauerte sich die Gemeinde nach dem 23. Februar 1999 buchstäblich ein. Im selben Jahr wurden die Sonnenberghänge durch Anrissverbauungen gesichert und 2005 im Weiler Tschafein eine weitere mächtige Schutzmauer gebaut. Zudem wurde der Gefahrenzonenplan revidiert und angepasst. Noch 1999 wurden zwei riesige Schutzmauern gegen die Lawinen des Nordhanges in Stellung gebracht. Eine davon beinhaltet die Feuerwehrstation, die Bergwacht sowie ein Museum, das sich dem „Leben am Berg" widmet.[70]

Ein „unvorhersehbares Naturereignis" ist also als Bedrohung etablierter Wissensordnungen zu verstehen, das immer wieder auf unterschiedliche Art diese Ordnungen herausfordert und zu Anpassungen und Veränderungen der Wissensformen und -praktiken drängt. Es sind jedoch ebendiese Wissensformen und -praktiken, die das Naturereignis erst hervorbringen. Anders ausgedrückt: Das „unvorhersehbare Naturereignis" ist als Effekt unterschiedlicher Strategien einer Evidenzerzeugung von Lawinenkatastrophen zu verstehen, die immer als an den Schnittflächen von staatlicher Macht, wissenschaftlicher Expertise, lokaler Erfahrung und verschiedener im Raum positionierter Materialitäten lokalisiert angesehen werden müssen.

Der technische Apparat mit dem Wissen und Wissenschaft natürliche Objekte zu erklären sucht, lässt die Objekte, die er zu analysieren vermag, erst aufscheinen. Für eine so intendierte Analyse von Katastrophen muss das Materielle – als Objektivationen von Wissen und als dieses bedingend – in den Blick genommen werden. An Foucaults knappe Definition angelehnt, lässt sich so ein Dispositiv

[69] Diese Lawinenaufnahmeblätter dokumentieren unterschiedliche Wissensbestände über einzelne Lawinenzüge, wie stumme Zeugen, die Ergebnisse der Befragung Einheimischer, Abgangsjahre, Schadenswirkungen.

[70] Das „Alpinarium" wurde 1999 eröffnet und wurde seit 2006 (Tiroler Landesausstellung) mit der Ausstellung „Die Mauer – Leben am Berg" bespielt. Seit Weihnachten 2013 wird die Dauerausstellung „Ganz oben" gezeigt. Vgl.: http://www.alpinarium.at (03.03.2014).

als Ensemble von Institutionen, Wissensbeständen und -formen, materiellen Artefakten, sowie diskursiven und nicht-diskursiven Praktiken beschreiben. Nach Deleuze sind Dispositive „Maschinen, um sehen zu machen oder sehen zu lassen, und Maschinen, um sprechen zu machen oder sprechen zu lassen".[71] Ein Dispositiv ist also ein Hervorbringungsinstrument, das materielle und immaterielle Effekte erzeugt: In diesem Fall Sagbarkeiten und Sichtbarkeiten von Lawinen, als Typen von Wissen erzeugt, die wiederum das Dispositiv bedingen.[72] Es geht also um den Zusammenhang von Wissensbeständen und -praktiken mit Artefakten und materiellen Gegebenheiten, um die Art und Weise, wie das, was als „unvorhersehbares Naturereignis" in die lokale Erinnerung einging, im Zusammenspiel von Wissen und Materialität hervorgebracht wird. Dabei stellen die skizzierten Strategien Ätiopathogenesen der Bedrohung dar: Suche nach Ursachen des Übels. Die Bedrohung wird im „Naturereignis" in ein Außen übersetzt, in einen Bereich, der als Effekt unterschiedlicher Wissenspraktiken, dennoch dem menschlichen Einfluss entzogen ist.

In einer Genealogie der Lawinenverbauungen und Sicherheitsmaßnahmen zeigt sich so eine konstitutive Wechselseitigkeit von Ordnung und Bedrohung als die Gleichzeitigkeit der Produktion von Selbstverständlichkeiten und der Produktion von Äußerlichkeit und Ereignishaftigkeit.[73] In dieser Weise werden Lawinen und ihr Schadensrisiko normalisiert[74] oder „naturalisiert" und können als integraler Teil des „Lebens am Berg" verstanden werden, während sie gleichzeitig als die Siedlung existentiell bedrohende unvorhersehbare Naturphänomene hervorgebracht werden, die diese Selbstverständlichkeiten in Frage stellen. Eine bedrohte Ordnung kann so als „Dispositiv der Unsicherheit", als „Kultur der Gefahr"[75] oder eben als im Aushandlungsprozess befindliche Katastrophenkultur beschrieben werden. Sie erscheint als eine Ordnung, die sich wechselseitig konstitutiv zu den sie existentiell bedrohenden Ereignissen verhält.

---

[71] *Gilles Deleuze*, Was ist ein Dispositiv?, in: François Ewald/Bernhard Waldenfels (Hrsg.), Spiele der Wahrheit. Michel Foucaults Denken, Frankfurt am Main 1991, 153–162, hier 154.

[72] Dies in Anlehnung an *Michel Foucault*, Dispositive der Macht. Über Sexualität, Wissen und Wahrheit, Berlin 1978, 123

[73] In Latour'scher Terminologie ließe sich hierbei von einer Gleichzeitigkeit von Reinigung und Vermittlung sprechen.

[74] Vgl. zum Begriff der Normalisierung u. a. *Thomas Lemke*, „Eine Kultur der Gefahr" – Dispositive der Unsicherheit im Neoliberalismus. URL: http://www.thomaslemkeweb.de/publikationen/EineKulturderGefahr.pdf (23.12.2013): „Statt die Realität an einer vorher definierten Norm oder einem optimalen Modell auszurichten, wählt die Sicherheitstechnologie die gesellschaftliche Normalität als Ausgangspunkt: als statistische Verteilung von Häufigkeiten, als durchschnittliche Krankheits-, Geburten- und Todesrate etc. Im Unterschied zur Disziplin, die tendenziell alles zu regeln sucht und ständig in die Realität eingreifen muß, um sie zu korrigieren und zu verändern und dem Recht, das eine absolute Grenzziehung zwischen dem Erlaubten und dem Verbotenen vornimmt, zielen die Dispositive der Sicherheit auf eine als rational oder ökonomisch angesehene normale Mitte innerhalb einer Bandbreite von Variationen." o. S.

[75] Vgl. zur Analyse der „Dispositive der Unsicherheit" und der „Kultur der Gefahr" *Lemke*, „Eine Kultur der Gefahr" (wie Anm. 74).

Bedrohte Ordnungen

Eine solche „Kultur der Gefahr" gilt es offen zu halten gegenüber den bekannten (meist eurozentristischen) Epochengliederungen und den traditionellen (meist ethnozentristischen) Raumgrenzen.[76] Katastrophen halten das erkenntnistheoretische Versprechen bereit, Ordnungen zum Zeitpunkt ihrer Bedrohung identifizieren und ihre Veränderung besser verstehen zu können. Denn hinter dem Wunsch der von Katastrophen Betroffenen, dass eine „Rückkehr zum Alten" möglich ist, verbirgt sich meist ein schneller, kulturell gesteuerter sozialer Wandel. Damit wird aber Kultur wichtig – und mit ihr die hier zentral gesetzten Katastrophenkulturen. Katastrophenkulturen ermöglichen nämlich in den Worten von Keebet von Benda-Beckmann und Fernanda Pirie „a fresh look at the question of order" (bzw. disorder).[77]

[76] Siehe dazu etwa *Julien Langumier/Sandrine Revet*, Une ethnographie des catastrophes est-elle possible? Coulées de boue et inondations au Venezuela et en France, in: Désastres (wie Anm. 6), 77–90.

[77] *Keebet von Benda-Beckmann/Fernanda Pirie*, Introduction, in: dies. (Hrsg.), Order and Disorder. Anthropological Perspectives, New York/Oxford 2007, 1–15.

Ordnungszersetzung: der Fall der späten römischen Republik

Uwe Walter

1. Ordnung – Spuren eines antiken Konzeptes

Wenn wir vom „Staatsrecht", von der „Verfassung" oder (neuerdings) von der „politischen Kultur" der Römischen Republik sprechen, dann übertragen wir offenkundig neuzeitliche Begriffe und damit auch Konzepte auf eine historische Formation, die jene nicht kannte. Das erscheint weitgehend unproblematisch, da die Gefahr anachronistischer Verzeichnungen auf der Hand liegt und ihr entgegengewirkt werden kann; auch ist klar, dass die Anwendung moderner Kategorien in erster Linie heuristische Funktion hat und analytische Distanz schafft.[1] Mit dem Begriff „Ordnung" verhält es sich etwas anders: Nicht nur leitet sich das Wort „ordnen/Ordnung" im Deutschen (und in anderen europäischen Hauptsprachen) vom lateinischen *ordo* ab[2]; das antike, von Latein sprechenden Autoren wie Cicero und Augustinus geprägte, im Mittelalter u. a. von Thomas von Aquin maßgeblich ausgebaute alteuropäische Ordo-Denken hat bis in den gegenwärtigen Sprachgebrauch hinein tiefe Spuren hinterlassen, obwohl wesentliche seiner Züge – etwa die ontologische Fundierung, der starke Akzent auf Hierarchie und Ungleichheit oder die Idee einer „natürlichen" Ordnung – keine Gültigkeit mehr beanspruchen können und als überwunden gelten. Der umfassende Gesamtentwurf, den Eric Voegelin (1901–1985) unter dem Titel *Order and History* in fünf Bänden zwischen 1956 und 1985 vorlegte, zielt zwar auf nicht weniger als „eine philosophische Untersuchung betreffend der Ordnung der menschlichen Existenz in Gesellschaft und Geschichte", wobei der Autor die wichtigsten Typen politischer und geistiger Ordnungen zusammen mit den Symbolen ihrer Selbstauslegung – beginnend mit den kosmologischen Reichen des Alten Orients –

---

[1] Vgl. *Uwe Walter*, Der Begriff des Staates in der griechischen und römischen Geschichte, in: Theodora Hantos/Gustav Adolf Lehmann (Hrsg.), Althistorisches Kolloquium aus Anlaß des 70. Geburtstages von Jochen Bleicken, Stuttgart 1998, 9–27, sowie jetzt *Christoph Lundgreen*, Staatsdiskurse in Rom? Staatlichkeit als analytische Kategorie für die römische Republik, in: ders. (Hrsg.), Staatlichkeit in Rom?, (Staatsdiskurse 27), Stuttgart 2014, 13–63.

[2] Althochdeutsch *ordinunga*, *ordenunga*, mittelhochdeutsch *ordenunge* sowie ordnen (< *orden*) von latein. *ordinare*, dieses wiederum von *ordo*; Art. „Ordnung": vgl. *Jacob* und *Wilhelm Grimm*, Deutsches Wörterbuch, Bd. 13, Leipzig 1889, 1329 f.; *Günther Drosdowski* u. a., Der Große Duden, Bd. 7: Etymologie, Mannheim u. a. 1963, 482 f.

erforscht. Doch dieser monumentale Versuch, Grundfigurationen menschlicher Existenz unter der Perspektive eines sich entfaltenden Ordnungsverständnisses zu durchdenken und auszubreiten, ist heute zwar Gegenstand von Exegese[3], wird aber in der aktuellen vergleichenden und universalgeschichtlichen Diskussion kaum als noch fruchtbar zu machendes Angebot verstanden. Selbst dem postrevolutionären ordoliberalen Diskurs in der Wirtschafts- und Gesellschaftstheorie, der auf der Annahme einer aus freien, rational entscheidenden Individuen immerfort neu gebildeten, in ihrer Dynamik stabilen Ordnung gründet, haftet mittlerweile der Geruch des Altfränkischen an. Nicht zufällig bevorzugen zumal die Sozialwissenschaften seit langem von jeder Normativität oder gar Teleologie scheinbar freie Begriffe wie „Institution", „Struktur", „System" oder „Netzwerk".

Gleichwohl erscheint es nicht überflüssig, einige Elemente des in die Antike zurückreichenden Ordo-Denkens zumindest anzudeuten – der Tübinger Sonderforschungsbereich heißt nun einmal (und mit Absicht) nicht „Bedrohte Strukturen / Systeme / Verfassungen / Institutionen". Um die reflexiven wie die handelnden Reaktionen auf Bedrohungen von Ordnung historisch richtig beurteilen zu können, dürfte es nämlich hilfreich sein zu wissen, welche Prädispositionen durch eine Idee „guter" Ordnung bei antiken Autoren und Akteuren zu erwarten sind.[4] Zudem hat der im vor-szientifischen Zeitalter geprägte Ordnungsbegriff gegenüber den genannten neueren, eher Expertendiskursen zuzuordnenden analytischen Begriffen den Vorteil, von den Akteuren in alter und neuester Zeit mit dem Prädikat der intuitiven Evidenz ausgezeichnet worden zu sein – was allerdings weder seine Strittigkeit noch eine intellektuelle Durchdringung ausschließt, im Gegenteil dieser und jener besondere Wucht zu verleihen vermochte (und wohl auch weiterhin vermag).

Im philosophischen Denken der Griechen meint „Ordnung" (διάθεσις, κόσμος, τάξις) ein Verhältnis zwischen den Teilen eines Ganzen, in dem alles seine richtige Stelle hat. Vorstellungsbereiche sind das Heer, das Hauswesen, die Polis und die Natur, aber auch das Denken und die Rede. Auch ein geregeltes zeitliches Nacheinander im Sinne einer Sukzession oder einer ausgleichenden Dynamik kann gemeint sein. Gegenbegriffe sind „Chaos" (χάος, ursprünglich der leere Raum, dann die rohe, verworrene Masse) und „Unordnung" (ἀταξία, ἀκοσμία). Oft stellt ein einzelner Akteur (Demiurg, Feldherr, Gesetzgeber) die Ordnung her, die zwar von Natur aus präfiguriert ist, aber ausbuchstabiert und durchgesetzt werden muss. Diesen im Mittelalter für die Legitimation von

---

[3] Auch dank der vorzüglich erschlossenen, von *Peter J. Opitz* und *Dietmar Herz* betreuten deutschen Ausgabe in 10 Bänden: Ordnung und Geschichte, München 2002–2005.

[4] Für das Folgende s. *Henning Ottmann*, Art. „Ordnung", in: Staatslexikon, 7., völlig neu bearb. Aufl., Bd. 4, Freiburg u. a. 1988, 189–192; *Redaktion / Helmut Meinhardt*, Art. „Ordnung" I, in: Historisches Wörterbuch der Philosophie, Bd. 6, Basel 1984, 1249–1254; *Arno Anzenbacher*, Art. „Ordnung", in: Lexikon für Theologie und Kirche, Bd. 7, 3. Aufl. Freiburg u. a. 1998, 1112 f.; *Hermann Krings*, Ordo. Philosophisch-historische Grundlegung einer abendländischen Idee, Halle 1941, 2. Aufl. Hamburg 1982.

konkreter monarchischer Herrschaft dann sehr folgenreichen Gedanken fasst Aristoteles in das Bild vom Feldherrn: Das Gute ist zwar in der natürlichen Ordnung enthalten, liegt aber in höherem Maße im befehlenden und ordnenden Feldherrn, „denn dieser existiert nicht durch die Ordnung, sondern die Ordnung durch ihn" (*Metaphysik* 12,10 1075a11–15). Da die griechischen Denker die Phänomene der Ordnung auf dem Hintergrund der Unordnung, des Chaos, konzipierten, konnte der Begriff der „Ordnung" universal verwendet werden und war als solcher nicht kontrovers; auch ließ er sich in der stoischen Philosophie leicht mit Gott und mit dem Konzept der Vernunft verbinden – später eine wichtige Option für christliche Denker und damit für die Übernahme der ordo-Idee in alteuropäische Diskurse.

In der Gedankenwelt der Römer war – die Rezeption philosophischer Konzepte, etwa im Begriff *mundus*, einmal ausgeklammert – *ordo* zunächst ein für die Einteilung und das Zusammenleben der Bürger untereinander zentraler Begriff, ein „Konzept, dessen wichtigstes Merkmal die Strukturierung einer geschlossenen Gruppe durch Reihung bzw. Subordination darstellt".[5] Während die militärische Bedeutung „Reih und Glied der Schlachtordnung" dem Sprachgebrauch im Griechischen ähnelte, war die sichtbare und seit Beginn der Kaiserzeit immer stärker formalisierte Strukturierung der Gesellschaft in *ordines* (Senatoren, Ritter, Dekurionen, aber auch Berufs- und Rechtsstatusgruppen) genuin römisch. Durch das Einfließen philosophischer Begriffsbestimmungen konnte *ordo* zumindest bei Cicero daneben auch eine stärker handlungsresultative Färbung erhalten, als „Zusammenstellung von Dingen an den jeweils geeigneten und angepassten Stellen"[6]. In der christlichen, stark von Ciceros stoischer Sichtweise geprägten Begriffsbildung findet sich die transzendental begründete „gute" Ordnung kombiniert mit dem hierarchisierenden Verständnis von Welt und Gesellschaft, etwa im Konzept der *ecclesiasticae ordines* als Rangklassen von Klerikern in Absetzung vom „Volk" der Laien. Augustinus überhöht diese Kombination durch den Rekurs auf die römische Vorstellung von Gerechtigkeit als ein jedem das Seine Zuteilen.[7] Das ordnende Wirken des Schöpfergottes weist jeder Kreatur einen ihrer Seinsintensität entsprechenden Rang in der Welt zu. Ordnung setzt also Ungleiches, Verschiedenes sinnhaft zueinander in Beziehung. Im streng philosophisch-teleologischen Verständnis kann eine Ordnung nicht strittig sein, da es nur einen

---

[5] *Rolf Rilinger*, *Ordo* und *dignitas* als soziale Kategorien der römischen Republik, in: Manfred Hettling u. a. (Hrsg.), Was ist Gesellschaftsgeschichte? Positionen, Themen, Analysen, München 1991, 81–90, hier 82.

[6] *Cicero*, De officiis 1,142: „Nam et ordinem sic definiunt (scil. die Stoiker): compositionem rerum aptis et accomodatis locis"; vgl. ebd., 144: „In vita omnia sint apta inter se et convenientia"; *Quintilian*, Institutio Oratoria 7,1,1: „ordo recta quaedam collocatio prioribus sequentia adnectens".

[7] Vgl. *Augustinus*, De civitate Dei 19,13: „Ordo ist die Zusammenstellung gleicher und ungleicher Dinge durch Zuweisung des einem jeden zukommenden Standortes" („Ordo est parium dispariumque sua cuique tribuens loca dispositio").

jeweils „richtigen" Platz für jedes Ding geben kann. Dissense erwachsen allein aus kognitiver Unvollkommenheit oder bösem Willen; die Ordnung selbst erscheint unverfügbar. Es ist dies ein von der (neu-)platonisch-transzendentalen Konzeption des Begriffs her notwendig erscheinender Schritt, der aber aus heutiger Sicht als Rückfall hinter die vorplatonische Vorstellung einer von Menschen (durch Setzung – θέσις) gemachten (Teil-)Ordnung, die als „Gesetz" (νόμος) der „Natur" gegenübergestellt werden oder diese mindestens partiell substituieren kann, anzusehen ist.[8] Der nomothetische Gedanke bleibt jedoch im Bereich des Politischen auch normativ präsent, weniger zwar bei Platon, wohl aber bei Aristoteles, der vor dem Hintergrund der pluralen griechischen Poliswelt verschiedene „gute Ordnungen" nicht nur empirisch feststellt, sondern diese aus ihren eben differenten Voraussetzungen heraus auch begründet und für legitim erklärt. Dabei weist er den Gesetzen und dem Gehorsam der Bürger gegenüber diesen eine zentrale Rolle zu.

Das Erbe des antiken Ordo-Denkens auch im modernen Ordnungsbegriff ist deutlich: Jede Ordnung bezieht ein ordnendes Prinzip (z. B. Rangstufen) auf die Verschiedenheiten eines Bereichs (z. B. eine Bürgerschaft). Alle historisch wesentlichen Dimensionen von Ordnungsbegründungen finden sich bereits in der Antike ausformuliert: die lange vorherrschende Ontologie (in der Rede von der Natur, dem Kosmos oder den Gliedern eines zusammenwirkenden Organismus), die in der Neuzeit dominant werdende Rationalität und Logik (Ordnung im Denken und in der Methode, in der Sprache und der Rede; seit Kant dann: Ordnung als Voraussetzung wie als Ergebnis von Denken), die Ethik (Ordnungen von Werten, Pflichten und Tugenden), die soziale Welt (als Ordnung des Rechts, des Gemeinwesens und des Wirtschaftens) und schließlich die Theologie (Ordnung als Ausdruck von Schöpfung, etwa in Gestalt von Hierarchien). Vormodern erscheint ferner die bis heute greifbare Neigung, Ordnungen bestimmte Eigenschaften zuzuschreiben: Noch immer gelten sie eher als gestiftet denn als Produkte von Selbstorganisation, noch immer spielt das individuelle, „richtige" oder „falsche" Verhalten ihrer Mitglieder eine zentrale Rolle, und noch immer steht Ordnung für einen umfassenden Zusammenhang, der Zeit, Ort und Individuum transzendiert, indem Wirkungs- und Tun-Ergehens-Zusammenhänge postuliert werden, um Myriaden von einzelnen Befunden, Handlungen und Prozessen einen „Sinn" zu verleihen (besonders deutlich etwa beim Klima und in der

[8] Das markanteste antike Beispiel für diese Spannung bildet die Sklaverei, die sowohl von einigen wenigen Sophisten wie auch von römischen Juristen als der von Natur aus bestehenden Gleichheit aller Menschen widersprechend angesehen wurde; ihre Legitimität erwuchs in dieser Lesart allein aus sozialen Praktiken wie Satzung, Vereinbarung oder Gewohnheit; vgl. *Elisabeth Herrmann-Otto*, Sklaverei und Freilassung in der griechisch-römischen Welt, Hildesheim/New York 2009, 17 und 24–28; *Karl-Wilhelm Welwei*, Die Stellung von Sklaven im Spannungsfeld von *ius gentium* und *ius naturale* aus der Sicht römischer Juristen, in: Laverna 17, 2006, 87–97.

Demographie). Wesentlich neueren Datums ist hingegen die „Tendenz, kulturelle und ethische Ordnungskonzepte genealogisch, hermeneutisch, strukturalistisch zu historisieren, zu relativieren und zu pluralisieren".[9]

2. Die Ordnung der römischen Republik: bewusst geworden in der Katastrophe

Was die Forschung heute als staatliche oder politische Ordnung oder als Verfassungsordnung der römischen Republik bezeichnet, haben die Römer selbst nicht mit dem *ordo*-Begriff in Verbindung gebracht; die *ordines* als formierte Gruppierungen der Bürgerschaft bildeten lediglich einen Teil von jener. Doch selbstverständlich besaßen die Römer eine in vielfältiger Weise ausgedrückte Vorstellung davon, was ihre „Ordnung" bildete. Diese lässt sich als ein verschränktes Funktionieren von verschiedenen Sphären beschreiben, in denen jeweils Recht, Kommunikation und Handeln bzw. Handlungsbefugnis ordnend zusammenwirkten.[10] Es waren dies:

– das Haus mit den Institutionen der väterlichen Gewalt (*patria potestas*), der Ehe und des Privatrechts;

– die sozialen Bindungen, die sich in konkreten Institutionen wie Patronat und Klientel, aber auch in der weniger klar definierten „Freundschaft" (*amicitia*) ausdrückten;

– der sakrale Bereich, im wesentlichen eine Ordnung der Kommunikation zwischen Römern und ihren Göttern, mit den zugehörigen Akteuren, Institutionen, Orten, Vorschriften und Routinen (Priesterkollegien, Tempel, Feste, Opfer, Vorzeichen, Sakralrecht usw.);

– der Bereich der *res publica* mit ihren institutionellen Säulen Magistratur, Senat und Volksversammlungen im Bereich der Stadt bzw. der Armee im Bereich *militiae*, mitsamt den gültigen Prinzipien und Routinen, v. a. Annuität und Kollegialität der Ämter, Wahl der Amtsträger durch Volksversammlungen, Zusammenwirken der drei genannten Säulen im staatlichen Handeln, Ausübung (und Begrenzung) von Gewalten (*imperium*, *potestas*), Verbot monarchischer Herrschaft.[11]

---

[9] *Anzenbacher*, Ordnung (wie Anm. 4), 1113.

[10] Den besten einführenden Überblick für Nichtspezialisten bietet ein alle wesentlichen Bereiche (außer dem Militär) umfassender Bildband: *Jochen Martin*, Das Alte Rom. Geschichte und Kultur des Imperium Romanum, München 1994. Vgl. ferner *Nathan Rosenstein/Robert Morstein-Marx* (Hrsg.), A Companion to the Roman Republic, Malden/Oxford 2006.

[11] Dazu die Standardwerke: *Ernst Meyer*, Römischer Staat und Staatsgedanke, 4., durchgesehene und ergänzte Ausgabe Zürich/München 1975; *Jochen Bleicken*, Die Verfassung der römischen Republik. Grundlagen und Entwicklung, 7., völlig überarbeitete und erweiterte Aufl. Paderborn 1995; *Claude Nicolet*, The World of the Citizen in Republican Rome, Berkeley/Los Angeles 1980; *Andrew Lintott*, The Constitution of the Roman Republic, Oxford 1999. Zur Dis-

Gleichsam quer zu diesen Bereichen standen Phänomene, die das Römersein schlechthin kennzeichneten; zu ihnen gehörten (mit klarem, distinktivem Rechtscharakter) das Bürgerrecht (*civitas*)[12], die Freiheit (*libertas*)[13], die Gemeinschaft des Rechts[14] und die als normativ betrachtete Praxis der Vorfahren (*mos / instituta maiorum*)[15], ferner handlungsleitende Konzepte wie die Machtbegriffe *imperium*, *potestas* oder *manus*, die Hierarchie generierende *auctoritas* und die auf Erwartbarkeit zielende *fides*. Mit Recht hat Franz Wieacker – bezogen auf die Rechtsordnung der römischen Bürgerschaft (*ius civile*) – festgestellt, zu ihrer Erkenntnis sei „weniger die Kenntnis der einzelnen Rechtssätze und Institutionen dieser Verfassung als eine Einsicht in das politische, soziale und moralische System, dessen Ausdruck jene Institutionen sind", erforderlich.[16]

Schon in dieser sehr groben Übersicht zeigt sich, dass die Römer keinen kompakten, gleichsam „patenten" Ordnungsbegriff besaßen, der eindeutig und unstrittig wie ein umzulegender Schalter die Aussage erlaubte, nun „sei" Ordnung – oder eben nicht. Das Funktionieren oder eine Störung festzustellen konnte angesichts einer solchen Vielfalt und Komplexität von Ordnungsparametern nur in zwei Modi geschehen: perspektivisch oder kumulativ. Das liegt für die ausgehende römische Republik auf der Hand. Der einzige klare Zustand, der *als einzelner* nahelegte, die *politische* Ordnung als verloren oder zumindest suspendiert zu betrachten, war die offene Monarchie (*regnum*), wie sie in Caesars

kussion um den Verfassungsbegriff und das konkurrierende Konzept der politischen Kultur s. *Karl-Joachim Hölkeskamp*, Rekonstruktionen einer Republik. Die politische Kultur des antiken Rom und die Forschungen der letzten Jahrzehnte, (HZ-Beiheft 38), München 2004 (für neuere Literatur s. die erweiterte engl. Ausgabe: Reconstructing the Roman republic. An ancient political culture and modern research. Translated by Henry Heitmann-Gordon, revised, updated, and augmented by the author, Princeton 2010). – Die folgenden Ausführungen berühren sich z.T. mit *Uwe Walter*, Meister der Macht ohne Formierung von Staatlichkeit: Die römische Aristokratie, in: Lundgreen, Staatlichkeit in Rom? (wie Anm. 1). Vgl. ferner *Bernhard Linke*, Die unfassbare Republik. Idealstaatsvorstellungen der Römer, in: Ulrich Niggemann / Kai Ruffing (Hrsg.), Antike als Modell für Nordamerika?, (HZ-Beiheft 55), München 2011, 37–64.

[12] S. etwa *Jane F. Gardner*, Being a Roman Citizen, London / New York 1993.

[13] *Jochen Bleicken*, Staatliche Ordnung und Freiheit in der römischen Republik, (Frankfurter Althistorische Studien 6), Kallmünz 1972; *Valentina Arena*, Libertas and the Practise of Politics in the Late Roman Republic, Cambridge 2013.

[14] Wie es Cato der Ältere in einer Rede formulierte: „iure, lege, libertate, re publica communiter uti oportet; gloria atque honore, quomodo sibi quisque struxit" (orat. inc. frg. 19 Jordan).

[15] Vgl. z. B. *Bernhard Linke / Michael Stemmler* (Hrsg.), *Mos maiorum*. Untersuchungen zu den Formen der Identitätsstiftung und Stabilisierung in der römischen Republik, (Historia-Einzelschriften 141), Stuttgart 2000; vgl. ferner *Maximilian Braun / Andreas Haltenhoff / Fritz-Heiner Mutschler* (Hrsg.), Moribus Antiquis Res Stat Romana. Römische Werte und römische Literatur im 3. und 2. Jh. v. Chr., (Beiträge zur Altertumskunde 134), München / Leipzig 2000; *Andreas Haltenhoff / Andreas Heil / Fritz-Heiner Mutschler* (Hrsg.), O tempora, o mores! Römische Werte und römische Literatur in den letzten Jahrzehnten der Republik, (Beiträge zur Altertumskunde 181), München / Leipzig 2003.

[16] *Franz Wieacker*, Römische Rechtsgeschichte. Erster Abschnitt: Einleitung, Quellenkunde, Frühzeit und Republik, München 1988, 353.

Dictatur auf Lebenszeit seit Anfang 44 erkannt wurde.[17] „Wo ein Tyrann ist", so formulierte es Cicero schon einige Jahre zuvor, „dort gibt es, so muss man sagen, nicht etwa eine fehlerhafte, sondern überhaupt keine *res publica*."[18] Aber diese Monarchie affizierte eine große Zahl anderer Institutionen und Routinen, die für die Ordnung standen, und setzte sie mehr oder minder außer Kraft, etwa die Dominanz des Senats in der politischen Willensbildung, die Freiheit der Wahlen und der Rede oder das Annuitätsprinzip. In Wirklichkeit stand also *regnum* für eine Kumulation von Verlusten der Ordnung. Allerdings war dies eine höchst partikulare und daher perspektivische Einschätzung, die in erster Linie von der bis dahin herrschenden, im Senat versammelten Aristokratie (Nobilität) vertreten wurde. Viele andere Akteure, z. B. die Soldaten und die hauptstädtische Plebs, hatten weit weniger Probleme, einem Monarchen zu gehorchen – wenn der nur die Ordnung insgesamt, wie sie selbst diese jeweils verstanden, wiederherstellte. Eine ganz unstrittige Ordnungs(zer)störung bildete hingegen die extreme Ballung von Beeinträchtigungen durch einen in Italien und mehreren Provinzen ausgetragenen Bürgerkrieg; dieser strahlte auf alle vier genannten Bereiche in höchstem Maße aus, da Eigentum, soziale Beziehungen, Kommunikation mit den Göttern und staatliche Ordnung zwar als gültige Parameter der Gesamtordnung nicht in Frage standen, sich aber in der Dynamik der Ereignisse für eine große Zahl oder sogar die Mehrheit der Akteure als verloren, prekär, zerrissen und/oder in einer Neuformierung begriffen darstellten.

Die extreme Ordnungs(zer)störung durch einen Bürgerkrieg[19] hatte insofern „totalen" Charakter, als sie zwar in erster Linie die *res publica*, also die politische

---

[17] Vgl. zuletzt *Mischa Meier*, Caesar und das Problem der Monarchie in Rom, in: Sitzungsberichte der Heidelberger Akademie der Wissenschaften, Heidelberg 2014; s. ferner *Martin Jehne*, Der Dictator und die Republik. Wurzeln, Formen und Perspektiven von Caesars Monarchie, in: Bernhard Linke/Mischa Meier/Meret Strothmann (Hrsg.), Zwischen Monarchie und Republik. Gesellschaftliche Stabilisierungsleistungen und politische Transformationspotentiale in antiken Stadtstaaten, (Historia-Einzelschriften 217), Stuttgart 2010, 187–211. – Die Dictatur als außerordentliches Notstandsamt setzt an sich die Feststellung einer Ordnungsstörung voraus, doch wurde diese ursprünglich als sachlich und zeitlich begrenzt konzeptualisiert: Es ging darum, eine bestimmte Aufgabe ungehindert wahrnehmen zu können und zwar innerhalb einer bestimmten Zeit (maximal sechs Monate bei der militärischen Dictatur *rei gerundae causa*); vgl. zusammenfassend *Bleicken*, Verfassung (wie Anm. 11), 112–114, sowie ausführlich *Wolfgang Kunkel/Roland Wittmann*, Staatsordnung und Staatspraxis der römischen Republik, (Handbuch der Altertumswissenschaft 3,2,2), München 1995, 665–717.

[18] *Cicero*, De re publica 3,43: „Ubi tyrannus est, ibi non vitiosam, ut heri dicebam, sed, ut nunc ratio cogit, dicendum est plane nullam esse rem publicam."

[19] Gemeint sind nach dem Präludium des Krieges zwischen Sulla und der Regierung der Marianer und Cinnaner in den späten 80er-Jahren des 1. Jahrhunderts v. Chr. die Bürgerkriege zwischen Caesar und den Pompeianern 49–45, zwischen den Caesarmördern und den Caesarianern Antonius und Octavian 43–42 sowie zwischen den beiden letzteren 32–30 v. Chr. In der Zwischenzeit gab es zudem immer wieder lokal oder regional begrenzte Konflikte, so den sog. Perusinischen Krieg 41–40 und die Kämpfe gegen Sextus Pompeius zur See 38–36 v. Chr. – Eine sehr gute Darstellung der Welt in Aufruhr zwischen 44 und 29 v. Chr. bietet *Josiah Osgood*, Caesar's Legacy. Civil War and the Emergence of the Roman Empire, Cambridge 2006.

Sphäre betraf, aber auch Auswirkungen auf die anderen Bereiche wahrgenommen wurden.[20] Insofern war es konsequent, dass Augustus seine Neuformierung der Ordnung (*restitutio rei publicae*[21]) seit 28 v. Chr. auch auf diese Bereiche ausweitete, indem er etwa das Verhalten der Aristokratie hinsichtlich Ehe und Familie „in Ordnung zu bringen" suchte[22] und demonstrativ das erneuerte gute Einvernehmen Roms mit den Göttern durch die Erneuerung von Tempeln und Kulten[23] zu gewährleisten und zugleich zum Ausdruck zu bringen unternahm. Zugespitzt formuliert: Die Erneuerungsmaßnahmen sollten auch durch ihre breite Anlage legitimiert werden, da diese eine umfassende Erschütterung oder gar Zerstörung der Ordnung insgesamt widerspiegelte und ins Bewusstsein rief. Das hatte zur Folge, dass erst jetzt eigentlich bestimmt wurde, was römische Ordnung und Römersein überhaupt darstellen sollten.[24] Eine verhältnismäßig umfassende Fixierung aus der Feder eines noch-zeitgenössischen Autors dessen gehört nicht zufällig in diesen Zusammenhang; sie macht aus dem aufatmenden Rückblick heraus den engen Zusammenhang zwischen Bürgerkrieg und Ordnungsverlust deutlich:

> „Nach neunzehn Jahren wurden der Bürgerkrieg beendet, die auswärtigen Kriege beigelegt, der Friede wiederhergestellt, die Raserei der Waffen allenthalben zur Ruhe gebracht. Die Gesetze erhielten ihre Kraft zurück, die Gerichte ihre Autorität, der Senat seine hohe Würde; die Amtsgewalt der Magistrate wurde auf ihr früheres Maß eingeschränkt. Es wurden lediglich zu den acht Prätoren noch zwei hinzugewählt. Die althergebrachte Form des Staates wurde wiederhergestellt, die Äcker fanden wieder Pflege, die Heiligtümer wurden geehrt, die Menschen genossen Ruhe und Frieden und waren sicher im Besitz

---

Für die zeitgenössische Wahrnehmung s. die materialreiche, aber nicht sehr analytische Studie von *Iris Mäckel*, Das Zeitbewusstsein und der Bürgerkrieg. Eine Untersuchung zur geistigen und politischen Situation im Umbruch zwischen Republik und Principat, (Göttinger Forum für Altertumswissenschaft, Beihefte 11), Göttingen 2002, sowie die einschlägigen Beiträge in: *Brian W. Breed/Cynthia Damon* (Hrsg.), Citizens of Discord. Rome and its Civil Wars, Oxford 2010; besonders erhellend: *Timothy Peter Wiseman*, The Two-Headed State: How Romans Explained Civil War, in: ebd., 25–44. Zu Caesars Bürgerkrieg s. zuletzt *Kurt A. Raaflaub*, Poker um Macht und Freiheit: Caesars Bürgerkrieg als Wendepunkt im Übergang von der Republik zur Monarchie, in: Linke / Meier / Strothmann, Zwischen Monarchie und Republik (wie Anm. 17), 163–186.

[20] Der beredteste Ausdruck der durch Bürgerkrieg, Enteignungen und Verlust der *pax deorum* verursachten Heillosigkeit findet sich in den Epoden 7 und v. a. 16 des Horaz, verfasst um 40 v. Chr.

[21] *Klaus Bringmann*, Von der *res publica amissa* zur *res publica restituta*. Zu zwei Schlagworten aus der Zeit zwischen Republik und Monarchie, in: Jörg Spielvogel (Hrsg.), Res publica reperta. Zur Verfassung und Gesellschaft der römischen Republik und des frühen Prinzipats, Stuttgart 2002, 113–123.

[22] *Jochen Bleicken*, Augustus, Berlin 1998, 484–494.

[23] *John Scheid*, Les restaurations religieuses d'Octavien / Auguste, in: Le Principat d'Auguste. Réalités et représentations du pouvoir. Autour de la *Res publica restituta*. Sous la direction de Frédéric Hurlet et Bernard Mineo, Rennes 2009, 119–128.

[24] *Andrew Wallace-Hadrill*, Rome's Cultural Revolution, Cambridge 2008.

ihres Eigentums. Vorhandene Gesetze erhielten nützliche Verbesserungen, neue wurden zum allgemeinen Nutzen erlassen."[25]

Mit der Beendigung der Bürgerkriege wuchsen, so fasst es der um 30 n. Chr. bewundernd auf die augusteische Wende zurückblickende Geschichtsschreiber in ein sprechendes Bild, die Glieder des *res publica* wieder zusammen („Sepultis, ut praediximus, bellis civilibus coalescentibusque rei publicae membris etiam coaluere quae tam longa armorum series laceraverat", 2,90,1).

Die für viele Menschen katastrophischen Bürgerkriege, in denen sich zugleich die Machtfrage und die anschließende Gestaltungsmacht auf immer weniger Akteure konzentriert hatte, sowie Augustus' Etablierung seiner Position als Wieder- und Neuformierung der Gesamtordnung legten es also nahe, dass der zuvor sehr facettenreiche und zugleich situationsabhängige Ordnungsbegriff der Römer nunmehr klarer expliziert wurde, als dies in der Zeit zuvor geschehen war. Korrespondierend damit erhielt Rom erst durch und unter Augustus auf Dauer, was zuvor, unter dem kollektiven Regime der Aristokratie, eigentlich gar nicht oder allenfalls in einem zeitlich eng begrenzten und partikular-parteilichen Sinne wie durch Gaius Gracchus oder unter Sulla existiert hatte: eine Regierung mit einer Politik (im Sinne von *policy* und *politics*). Bis dahin weitgehend selbstständige Bereiche wie die „offensive Arrondierung" der Gebiete, in denen der römische Befehl galt, die Bestellung und das Agieren der Amtsträger, die Organisation Italiens, der Lebenswandel der Eliten, die Pflege der Staatskulte, die Sicherheit und die Versorgung der Stadt Rom, die Bautätigkeit in der Metropole, die Münzprägung, die Gesetzgebung, die Disziplin und der Unterhalt der Soldaten, die Demonstration der römischen Macht, das Herrschen der Statthalter in den Provinzen – all dies gehorchte erst seit und durch Augustus einem einzigen Willen und fügte sich damit zu einem zusammenhängenden Ganzen. Demgegenüber waren die Versuche Ciceros in den 50er-Jahren des 1. Jahrhunderts v. Chr. – also ebenfalls schon als ausdrückliche Reaktion auf eine wahrgenommene Störung –, mit dem Instrumentarium der griechischen politischen Philosophie (in *De re publica*) bzw. als Versuch einer umfassenden Gesetzgebung (*De legibus*) die eigene Ordnung bewusst zu machen und zugleich zu fixieren, im Bereich der intellektuellen politischen Schriftstellerei verblieben.[26] Als für die augusteische Neuformierung wohl wichtiger erwiesen sich die antiquarischen Forschungen

[25] *Velleius Paterculus*, Historia Romana 2,89,3–4 (Übers. Marion Giebel, modifiziert): „Finita vicesimo anno bella civilia, sepulta externa, revocata pax, sopitus ubique armorum furor, restituta vis legibus, iudiciis auctoritas, senatui maiestas, imperium magistratuum ad pristinum redactum modum; tantummodo octo praetoribus adlecti duo. prisca illa et antiqua rei publicae forma revocata, rediit cultus agris, sacris honos, securitas hominibus, certa cuique rerum suarum. leges emendatae utiliter, latae salubriter."

[26] Vgl. zuletzt *Inga Meyer*, Von der Vision zur Reform. Der Staat der Gesetze. Ciceros Programm einer Neuordnung der Römischen Republik, 56–51 v. Chr., München 2006. Zur generellen „Theorielosigkeit" des römischen Staatsdenkens s. zusammenfassend *Linke*, Die unfassbare Republik (wie Anm. 11), 37 f. mit weiteren Hinweisen.

eines Varro, der mit der Kombination aus Sammeln, Systematisieren und Rekonstruieren der Traditionsbestände die Bausteine für die Reformulierung, Explizierung und Kanonisierung der Ordnung unter Augustus bereitstellte.[27] Das Vorbild der Vergangenheit an sich musste als Leitlinie nicht neu erfunden, sondern nur vervollständigt, vereinheitlicht und reaktiviert werden.[28]

Selbstverständlich hatten die Römer auch schon zuvor eine Vorstellung von ihrer Ordnung, doch diese Vorstellung war, wie angedeutet, gleichsam „intuitiver", weniger explizit ausformuliert als später[29], zudem auch gruppen-, interessen- und situationsabhängig.[30] Seit Anfang 60 v. Chr. finden sich bei Cicero immer wieder Klagen darüber, die *res publica* sei verlorengegangen (*amissa res publica*). Dabei steht *res publica* nicht etwa für eine bestimmte Staatsform, sondern für „den Staat, wie er seit Jahrhunderten bestanden hatte und anders als in der überkommenen Form gar nicht denkbar war".[31] Die Alternative zu diesem war schlicht der Nicht-Staat, und man kann sagen, dass *res publica* begrifflich einem Äquivalent für „Ordnung" in dieser Zeit (2. und 1. Jahrhundert v. Chr.) am nächsten kommt. Gleichzeitig hatte sich aus der geschichtlichen Erfahrung und aus den kurzen Rhythmen der Politik, in der jedes Amt auf ein Jahr gewählt und jedes Jahr alle Amtsträger komplett neu bestimmt wurden, die Überzeugung gebildet, selbst der schlimmste Einbruch von Anomie, Aufruhr oder Alleinherrschaft könne nicht von Dauer sein. Der so oft beklagte Verlust der Ordnung meinte also eher ihre zeitweilige Suspendierung; „da es schwer war sich vorzustellen, daß Rechtlosigkeit und Unordnung künftig auf immer herrschen sollten, konnte nur äußerste Hoffnungslosigkeit zu der Annahme führen, daß die *res publica* endgültig dahin sei".[32] Der *status* der *res publica* war also in dieser Wahrnehmung Schwankungen unterworfen, abhängig von der Stärke und Entschlossenheit der zerstörerischen Elemente beziehungsweise ihrer Verteidiger

[27] *Uwe Walter*, *Memoria* und *res publica*. Zur Geschichtskultur im republikanischen Rom, (Studien zur Alten Geschichte 1), Frankfurt am Main 2004, 175–177, 210.

[28] Dazu jetzt *Iris Samotta*, Das Vorbild der Vergangenheit. Geschichtsbild und Reformvorschläge bei Cicero und Sallust, (Historia-Einzelschriften 204), Stuttgart 2009.

[29] *Linke*, Die unfassbare Republik (wie Anm. 11), 57, spricht für die Mittlere Republik (ca. 340–140 v. Chr.) von einer „geringe[n] Ausschöpfung des normativen Potentials", das zumal die relativ einfach zu handhabende Gesetzgebung bot.

[30] So konnte ein Redner mit Aussicht auf Erfolg wagen, unter Hinweis auf die Entstehung *res publica* und spätere *exempla* den Aufruhr (*seditio*) als zwar stets missliches, manchmal in bestimmten Konstellationen aber doch gerechtes und beinahe notwendiges Mittel zu bezeichnen, die legitimen Interessen des Volkes durchzusetzen; vgl. *Cicero*, De oratore 2,199: „[…] conclusique ita, ut dicerem, etsi omnes semper molestae seditiones fuissent, iustas tamen fuisse non nullas et prope necessarias. […] si illae seditiones saluti huic civitati fuissent […]. […] si umquam populo Romano concessum esset ut iure incitatus videretur, id quod docebam saepe esse concessum, […]."

[31] *Christian Meier*, Res publica amissa. Eine Studie zu Verfassung und Geschichte der späten römischen Republik, Wiesbaden 1966, Neuausgabe mit neuem Vorwort, Frankfurt am Main 1980, 1.

[32] Ebd., 1 f., dort auch die Quellenbelege für das hier Referierte.

sowie weiteren vorübergehenden Konstellationen. Als Ausdruck dieser Phasen von Krankheit und Krisis galten gehäufte und zu Verhaltensmustern verhärtete Ausbrüche aus dem Feld des akzeptierten Verhaltens und damit eine zunehmend „schroffe Diskrepanz zwischen Norm und Wirklichkeit".[33]

3. Ordnungszersetzung? Spurensuche in der späten Republik und den Deutungen ihres „Untergangs"

Es gab zeitgenössische Beschreibungen und Erklärungen für die offenbar auch subjektiv als zunehmend wahrgenommenen Störungen der Ordnung in unterschiedlichen diskursiven Räumen und mit unterschiedlicher Reichweite. Cicero führte den zeitweiligen Verlust der *res publica* immerhin auf eine Grundkonstellation zurück: In zum Aufruhr disponierten Personen wurde immer wieder ein stets vorhandenes Potential von inneren Gegnern der politischen Machtverteilung und der herrschenden Verhältnisse insgesamt manifest; für diese ergaben sich demnach „abhängig von der Qualität der Beziehungen zwischen den ‚Teilen' des sozialen Organismus und ihrem funktionsgerechten Verhalten [...] Handlungschancen".[34] Die Bedeutung des Bürgerkrieges für Krankheit und Krisis in der Wahrnehmung der Zeitgenossen zeigt sich auch darin, dass die meist noch vorhandene Hoffnung, die politischen Gewichte würden sich wieder austarieren lassen, mit Beginn des Konfliktes zwischen Pompeius und Caesar Anfang 49 v. Chr. zunächst schwand, da auch ein Sieg von ersterem keine Rückkehr zur Ordnung, wie sie zuvor bestanden hatte, zu verheißen schien. Doch selbst diese Resignation war nicht von Dauer: Als sich nach Caesars Ermordung dessen Anhänger zerstritten und teils ins Lager der Republik zurückzukehren schienen (etwa in Gestalt der beiden Konsuln des Jahres 43, Aulus Hirtius und Gaius Vibius Pansa), kam zumindest bei einigen Akteuren sofort wieder die Hoffnung

---

[33] Ebd., 2; zum Begriff „Norm" ist jetzt grundlegend: *Christoph Lundgreen*, Regelkonflikte in der römischen Republik. Geltung und Gewichtung von Normen in politischen Entscheidungsprozessen, (Historia Einzelschriften 221), Stuttgart 2011.

[34] *Monika Bernett*, *Causarum cognitio*. Ciceros Analysen zur politischen Krise der späten römischen Republik, Stuttgart 1995, 252 f. Spätestens in dieser Zeit formierte sich auch das Geschichtsbild, das die innere Entwicklung Roms seit der Vertreibung der Könige immer wieder von Spaltungen zwischen Adel und Volk sowie von Angriffen einzelner Personen mit tyrannischen Absichten gekennzeichnet sah; s. dazu demn. *Uwe Walter*, Patrizier und Plebeier in der römischen Historiographie, erscheint in: Claudia Tiersch / Marian Nebelin (Hrsg.), Sprache und Konflikt. Semantische Kämpfe in Rom zwischen Republik und Prinzipat (Arbeitstitel, in Druckvorbereitung); ferner: *Jürgen von Ungern-Sternberg*, Die Wahrnehmung des „Ständekampfes" in der römischen Geschichtsschreibung (1990), in: ders., Römische Studien, Leipzig / München 2006, 170–180; *Tim J. Cornell*, Political Conflict in Archaic Rome and the Republican Historians, in: Giuseppe Zecchini (Hrsg.), ‚Partiti' e fazioni nell'esperienza politica romana, Milano 2009, 3–30.

auf, mit einem militärischen Sieg die Dinge wieder ins Lot zu bringen[35] – die Idee von der bloß bedrohten, schlimmstenfalls zeitweilig suspendierten Ordnung erwies sich als zäh. Diese Einschätzung hatte gewiss auch mit der antrainierten „engen Gegenwartsverhaftung“[36] der römischen Aristokraten zu tun. Freilich war ein grundsätzlicher Verlust an Vertrauen in die Regenerationsfähigkeit der Ordnung nicht zu übersehen, wenn eben diese Wiederherstellung stand und fiel mit dem Zufall des Erfolgs auf dem Schlachtfeld und des Sieges über Bedrohungen, die wie Caesar und Marcus Antonius als außerhalb der Ordnung stehend angesehen wurden (und als Bürger und Amtsträger von ihren Gegnern so auch konzeptualisiert werden mussten).[37] Und vor der nächsten Entscheidung in einem Bürgerkrieg, wenige Monate später im Juli des Jahres 43 v. Chr., schrieb Cicero an Brutus, einen der Caesarmörder, der in den östlichen Provinzen eine Armee gegen Antonius aufstellte, den ahnungsvollen Satz:

> „Unter allen Bürgerkriegen, die es nach meiner Erinnerung in unserem Gemeinwesen gab, war keiner, in dem nicht – wer auch immer siegen würde – am Ende immer noch eine Art von staatlicher Ordnung bestehen blieb. Was für einen Staat wir haben werden, wenn wir in diesem Krieg siegreich sind, kann ich nicht leicht sagen; wenn wir aber unterliegen, dann wird es gewiss gar keine staatliche Ordnung mehr geben.“[38]

Neben dem genannten Verweis auf Feinde der Ordnung (die zumal dann als extern angesprochen werden konnten, wenn sie wie Catilina, Caesar oder Antonius die selbsternannten Vertreter der Ordnung auf dem Schlachtfeld herausforderten, gleich den Kelten oder Hannibal in den für Rom kritischen Zeiten) war im politischen Diskurs eine andere, allgemeinere „Erklärung“ immer sagbar: die Klage über moralische Dekadenz und den Abfall vom *mos maiorum*, individuell erkennbar als Gier nach Macht, Ämtern und Reichtum sowie (alternativ) im Rückzug aus dem Einstehen für das Gemeinwesen.[39] Während das Auftreten von

---

[35] Vgl. ausführlich *Ulrich Gotter*, Der Diktator ist tot! Politik in Rom zwischen den Iden des März und der Begründung des Zweiten Triumvirats, (Historia Einzelschriften 110), Stuttgart 1996; für das im Text Angedeutete ebd., 238: „Caesars Partei, dieses im Rahmen der Republik durch und durch unnatürliche und dysfunktionale Gebilde, zerbrach mit dem Tod ihres Führers, der ihr einziger Zusammenhalt gewesen war. Caesars Parteigänger gingen getrennte Wege, die politische Landschaft Roms differenzierte sich wieder.“

[36] *Jehne*, Der Dictator und die Republik (wie Anm. 17), 189; in eine ähnliche Richtung weist die kluge, wenn auch in die Sprache einer anderen Zeit gefasste Beobachtung von Franz Wieacker, der von einer „fraglosen Sicherheit des Empfindens und Handelns“ der römischen Aristokraten spricht, verbunden mit „der kraftvollen Selbstbeschränkung des Vorstellungsvermögens, die allein einen sicheren Ausgriff in die Tat“ zulasse (*Franz Wieacker*, Vom Römischen Recht. Wirklichkeit und Überlieferung, Leipzig 1944, 59).

[37] Vgl. ebd., 258 f.

[38] *Cicero*, An Brutus 1,15,10 („Nullum enim bellum civile fuit in nostra re publica omnium quae memoria mea fuerunt, in quo bello non, utracumque pars vicisset, tamen aliqua forma esset futura rei publicae: hoc bello victores quam rem publicam simus habituri non facile adfirmarim, victis certe nulla umquam erit.“).

[39] Vgl. *Walter*, Memoria (wie Anm. 27), 319–329 für den Dekadenzdiskurs. Vgl. generell für die Erklärungsmuster *Karin Sion-Jenkis*, Von der Republik zum Prinzipat. Ursachen für

seditiosi und *hostes rei publicae*[40] dem Konzept des Aufruhrs zugeordnet werden kann, weist das Dekadenzmodell eher in Richtung der Ordnungszersetzung: Die Vergessenheit gegenüber Regeln, Normen und Traditionen, so konnte es Zeitgenossen wie Cicero und Sallust erscheinen, führte die „Angreifer" zu ihrem zerstörerischen Tun, viele potentielle „Verteidiger" der Ordnung (*boni*) aber zu Gleichgültigkeit, Passivität und Rückzug aus der öffentlichen Verantwortung – greifbar in Ciceros Polemik gegen die „Fischteichbesitzer".[41] Jochen Bleicken hat komplementär darauf hingewiesen, dass in den kritischen Jahren nach Caesars Diktatur diejenigen ehemaligen Konsuln, die gleichsam aus eigenem Recht Mitglieder der politischen Elite waren, ihren Aufstieg also nicht einem der Militärpotentaten verdankten, schon wegen ihrer sehr geringen Zahl nicht mehr in der Lage gewesen seien, durch Tat und Vorbild für die angestammte Ordnung, also die im Prinzip konsensuale Leitung der *res publica* durch die Nobilität, einzutreten und sie zu stabilisieren.[42]

Von Montesquieu bis Christian Meier: Wer erklären will, warum die nach außen so über die Maßen erfolgreichen Römer ihr jahrhundertealtes politisches System verlieren und sich unter breiter Zustimmung dauerhaft eine Monarchie etablieren konnte, verweist in der Regel auf eine ausschlaggebende Diskrepanz: Das die Ordnung tragende Personal mit seinen Kräften, Handlungsroutinen und Fähigkeiten war zunehmend weniger in der Lage, das gewaltige Herrschaftsgebiet zu regieren und mit den Folgewirkungen des eigenen Erfolgs umzugehen. „Die Republik zerbrach an dem Mißverhältnis von Stadtstaat und Weltherrschaft."[43] Der Desintegrationsprozess bedrohte dabei indes nicht die Integrität des Herrschaftsgebietes, sondern die Funktionsfähigkeit der Elite. Alfred Heuß formuliert es in einem Satz:

---

den Verfassungswechsel in Rom im historischen Denken der Antike, (Palingenesia 69), Stuttgart 2000.

[40] Zu ersterem Begriff s. *Margaret A. Robb*, Beyond Populares and Optimates. Political Language in the Late Republic, (Historia Einzelschriften 213), Stuttgart 2010, 150–165; zu letzterem *Jürgen Baron Ungern-Sternberg von Pürkel*, Untersuchungen zum spätrepublikanischen Notstandsrecht. *Senatus consultum ultimum* und *hostis*-Erklärung, (Vestigia 11), München 1970.

[41] „Piscinarii": *Cicero*, At Atticum 1,18,6 („In ihrer Dummheit hoffen sie, dass ihre Fischteiche intakt bleiben, während die Ordnung dahin ist."); 1,19,6; 1,20,3; 2,1,7; 4,5,1 f.; Ad familiares 1,7,7. Vgl. zuletzt allgemein *Fabian Knopf*, Gemeinsinn und Gemeinwohl in der politischen Rhetorik Ciceros und in den Geschichtswerken Sallust, in: Martin Jehne / Christoph Lundgreen (Hrsg.), Gemeinsinn und Gemeinwohl in der römischen Antike, Stuttgart 2013, 51–72 mit Belegen und älterer Literatur.

[42] *Jochen Bleicken*, Gedanken zum Untergang der römischen Republik (1995), in: ders., Gesammelte Schriften, Bd. II, Stuttgart 1998, 683–704, hier 701–703.

[43] *Bleicken*, Gedanken (wie Anm. 42), 703. Eine (in erster Linie moralische) Überforderung der republikanischen Herrschaftsform durch die Aufgabe, ein Reich zu regieren, sahen schon kaiserzeitliche Autoren wie Cassius Dio oder Florus als Ursache des Verfalls an; s. *Sion-Jenkis*, Von der Republik zum Prinzipat (wie Anm. 39), 117–126 und passim.

„Die ungeschriebenen Spielregeln, denen sich die Nobilität unterworfen und mit deren Hilfe sie einen im Grunde wenig zweckmäßigen äußeren Verfassungsmechanismus gemeistert hatte, wurden nun in wiederholten Alleingängen einzelner Politiker außer Kurs gesetzt, bis schließlich die latente Anarchie in offenen Bürgerkrieg überging und an Stelle von Recht und Gesetz das Schwert regierte."[44]

Selbstverständlich stellt sich dieser Vorgang in der neueren Forschung nicht einfach als Niedergang oder Elitenversagen dar. Besonders Christian Meier hat die Eigenschaft dieses Prozesses betont, ausweglos zu sein („Krise ohne Alternative"). In seiner Konzeption spielt auch der Begriff der Ordnung eine Rolle. In den Blick komme

„die ganze Vergeblichkeit und Ausweglosigkeit, die die Vorzeichen aller damaligen Politik bestimmte. [...] Wir müssen uns klarmachen, daß und warum damals die politische Kapazität der römischen Republik erschöpft war: Daß man einerseits in solchen Konstellationen befangen war, daß das einfache Handeln auf Grund naheliegender Interessen ständig das Funktionieren der Ordnung störte oder in Mitleidenschaft zog; daß selbst und gerade die Verteidigung des Bestehenden zu dessen Zerstörung beitrug; daß aber andererseits keine Möglichkeit bestand, die Kräfte des Gemeinwesens derart neu zu formieren, daß diese Konstellationen zum Gegenstand politischer Veränderung hätten gemacht werden können. Die Basis der Ordnung war gleichsam überlastet. Das Gemeinwesen war, modern gesagt, ‚unregierbar' geworden. So entstand die Dialektik von großer Verantwortung und geringer Handlungsmöglichkeit beim Senat. Alle auch nur potentiell Mächtigen fühlten sich im Gegebenen wohl. Dieses aber war gerade deswegen so beliebt, weil es schwach war gegenüber zahlreichen Wünschen. So war die Interessenverfolgung nicht gegen die bestehende Verfassung gemeint, aber praktisch gegen sie gerichtet. Diese Verfassung geriet unter die Räder des politisch-gesellschaftlichen Geschehens, aber nicht auf die Tagesordnung. Es bildete sich keine Alternative zum Bestehenden. Aus den ständig störenden Partikularinteressen ließen sich keine universalen, auf Änderung des Ganzen gerichteten Zielsetzungen heraustreiben."[45]

Wenn auch bislang niemand, soweit ich sehe, diesen Prozess als „Zersetzung" beschrieben hat, so sind verwandte metaphorische Ausdrücke wie „Auflösung", „Verfall", „Erosion" oder „Desintegration" doch geläufig; sie konkurrieren mit dem in einen ganz anderen Vorstellungsraum verweisenden, aktuell kaum mehr verwendeten Revolutionsbegriff sowie mit der „Krise"[46], wobei mit Recht darauf verwiesen wurde, dass für einen Vorgang, der sich über ein Jahrhundert hinweg

---

[44] *Alfred Heuß*, Herrschaft und Freiheit im griechisch-römischen Altertum, in: Golo Mann u. a. (Hrsg.), Propyläen Weltgeschichte, Bd. 11: Summa Historica. Die Grundzüge der welthistorischen Epochen, Berlin u. a. 1965, 67–128, hier 106.

[45] *Christian Meier*, Die Ohnmacht des allmächtigen Dictators Caesar. Drei biographische Skizzen, Frankfurt am Main 1980, 110f. Vgl. in diesem Sinne auch *ders.*, Res publica amissa (wie Anm. 31), LIV.

[46] Dazu *Rolf Rilinger*, Die Interpretation des Niedergangs der römischen Republik durch „Revolution" und „Krise ohne Alternative", in: Archiv für Kulturgeschichte 64, 1982, 279–306; vgl. auch *Karl Christ*, Der Untergang der römischen Republik in moderner Sicht, in: ders., Römische Geschichte und Wissenschaftsgeschichte, Bd. 1: Römische Republik und augusteischer Prinzipat, Darmstadt 1982, 134–167.

ausdehnt, die Bezeichnung Krise jedenfalls im medizinischen Sinne (als Phase, in der sich Gesundung oder Tod entscheiden), wenig überzeugend erscheint. Die in der Forschung diskutierten, multikausal miteinander verflochtenen Faktoren des Untergangs der Republik können als weitgehend akzeptiert gelten. Genannt werden:

- die Kollisionen, die sich aus den Widersprüchen in der institutionellen Architektur der historisch gewachsenen „Verfassung" ergaben,
- das Versagen gegenüber den Herausforderungen durch die Ausdehnung des römischen Machtbereiches,
- die Spannungen und Konflikte innerhalb der regierenden Klasse, die nicht mehr intern beigelegt werden konnten,
- der Verlust an Geltung und Bindungswirkung der kollektiven Moral dieser Klasse,
- die Zunahme der Provokationen und Grenzüberschreitungen durch einzelne Mitglieder der politischen Elite,
- die Spannungen zwischen den aktiven Klassen und gesellschaftlichen Interessengruppen, denen durch die Konsensunfähigkeit der regierenden Aristokratie eine Mitentscheidung über die Ordnung zugefallen war,
- die sozialen Probleme,
- der generelle Legitimitätsverlust der politischen Ordnung insgesamt.[47]

In der Quadriga der im Tübinger Sonderforschungsbereich formulierten Bedrohungskategorien kommt „Ordnungszersetzung" dem herrschenden Narrativ der spätrepublikanischen Geschichte wohl am nächsten, wiewohl das ebenfalls darunter subsumierbare antike Dekadenznarrativ (s. o.) in der Forschung nicht mehr akzeptiert wird. Äußere Katastrophen spielten hingegen keine Rolle in diesem Prozess: Es gab keine Epidemien, Naturkatastrophen oder ernstzunehmende Einbrüche äußerer Feinde. Die vielleicht als Aufruhr zu bezeichnenden Ereignisse waren zahlenmäßig und in ihrer Bedeutung begrenzt.[48] Sie können als Epiphänomene des generellen Desintegrationsvorgangs und der Konsensunfähigkeit der herrschenden Klasse angesprochen werden; sie wurden zudem – soweit sie nicht die Ebene des Bürgerkriegs mit offenem Ausgang erreichten – samt und sonders mit militärischen Mitteln vergleichsweise problemlos niedergeschlagen.[49] Nicht so leicht abzutun ist hingegen das Konzept Ordnungskonkurrenz,

---

[47] Die Aufzählung stark verkürzt nach *Karl-Joachim Hölkeskamp*, Eine politische Kultur (in) der Krise? Gemäßigt radikale Vorbemerkungen zum kategorischen Imperativ der Konzepte, in: ders., Eine politische Kultur (in) der Krise? Die „letzte Generation" der römischen Republik, (Schriften des Historischen Kollegs, Kolloquien 73), München 2009, 1–25, hier 4–7 (jeweils mit Lit.).

[48] Grundlegend ist *Wilfried Nippel*, Aufruhr und „Polizei" in der römischen Republik, Stuttgart 1988; vgl. *ders.*, Public Order in Ancient Rome, Cambridge 1995.

[49] Zu nennen sind hier etwa die in Rom oder in Italien betriebenen Aufstände des Volkstribunen L. Appuleius Saturninus 100 v. Chr., des vormaligen Konsuls Marcus Aemilius Lepidus 77,

wenn man darunter nicht nur den Kampf zwischen „Vertreter(n) zweier sozialer Systeme mit gesamtgesellschaftlichem Geltungsanspruch“, die sich „gegenseitig als fremd und bedrohlich wahrnehmen“[50] versteht – einen solchen gab es in der späten Republik nicht –, sondern in einem weiteren Sinn verschiedene Vorstellungen darüber, wie politische Macht gelagert und begründet werden sollte. Ich möchte im Folgenden in Anlehnung an den in Tübingen gehaltenen Vortrag skizzieren, warum es in der ausgehenden römischen Republik gleichwohl nicht zu einer klärenden Ordnungskonkurrenz kommen konnte, sondern vielmehr im Rahmen der bestehenden Ordnung ein neues Gleichgewicht gesucht und gefunden wurde.

4. Einstieg: drei Ackergesetze als Fallbeispiele

Da im Begriff „Ordnungszersetzung“ eine Prozessualität impliziert ist und auch „Ordnungskonkurrenz“ eine solche voraussetzt, werden hier exemplarisch drei Episoden aus der Geschichte der späteren römischen Republik, die sich jeweils um ein Ackergesetz drehen, kurz vorgestellt.

(1) Nur aus einer kurzen Notiz erfahren wir, dass Gaius Laelius, Konsul 140 v. Chr., ein Gesetz vorgeschlagen haben soll, um die Verdrängung von Kleinbauern vom öffentlichen Land zu bremsen. Doch als „die Reichen“ gegen den Vorschlag lautstark Protest erhoben, habe Laelius sein Vorhaben nicht weiterverfolgt.[51]

(2) Wenige Jahre später, 133 v. Chr., brachte der prominente junge Volkstribun Tiberius Gracchus ein nun sehr viel besser bezeugtes Gesetz ein.[52] Es sah vor, die Fläche des jeweils von einem Grundbesitzer zusätzlich genutzten öffentlichen Landes zu begrenzen, die freiwerdenden Parzellen landarmen Kleinbauern als

---

des Gaius Manlius und Lucius Sergius Catilina 63/62 oder die durch Pompeius' Quasi-Dictatur i. J. 52 beendeten Unruhen in Rom.

[50] So die Formulierung im Flyer des SFB 923.

[51] *Plutarch*, Tiberius Gracchus 8,4 f.

[52] Zum Folgenden s. im Rahmen jüngerer Gesamtdarstellungen *Bernhard Linke*, Die römische Republik von den Gracchen bis Sulla, Darmstadt 2005, 17–42; *Herbert Heftner*, Von den Gracchen bis Sulla. Die römische Republik am Scheideweg 133–78 v. Chr., Regensburg 2006, 42–63, 249–252; *Egon Flaig*, Politik in der späten Republik, Kurseinheit 1: Von den Gracchen bis zum Bundesgenossenkrieg, 133–89 v. Chr. Studienbrief der Fernuniversität Hagen, 1998, 92–108; *Michael Sommer*, Römische Geschichte I: Rom und die antike Welt bis zum Ende der Republik, Stuttgart 2013, 334–351. Vgl. ferner *Ernst Badian*, Tiberius Gracchus and the Beginning of the Roman Revolution, in: Hildegard Temporini (Hrsg.), Aufstieg und Niedergang der Römischen Welt, Bd. 1: Von den Anfängen Roms bis zum Ausgang der Republik, Berlin / New York 1972, 668–731; *David Stockton*, The Gracchi, Oxford 1979, 2. Aufl. 2002; *Stefanie Märtin*, Die politische Führungsschicht der Römischen Republik im 2. Jh. v. Chr. zwischen Konformitätsstreben und struktureller Differenzierung, (Bochumer altertumswissenschaftliches Colloquium 87), Trier 2012, 288–397; *Jochen Bleicken*, Überlegungen zum Volkstribunat des Tiberius Sempronius Gracchus, in: Historische Zeitschrift 247, 1988, 165–193.

Eigentum zuzuweisen und diese außerdem mit einem Startkapital auszustatten. Da Tiberius Gracchus nicht damit rechnen konnte, im Senat als der Versammlung der regierenden Aristokratie Zustimmung für sein Vorhaben zu finden, brachte er das Gesetz direkt vor die Volksversammlung. Als jedoch einer der neun anderen Volkstribunen sein Veto gegen die Abstimmung über das Gesetz ankündigte, ließ er diesen durch eine Abstimmung in der Volksversammlung absetzen. Dergleichen hatte es noch nie gegeben, aber es war auch nicht ausdrücklich verboten, und so musste die Senatsmehrheit tatenlos zusehen. Die Gegner des Gracchus konnten das auch tun, denn die nunmehr beschlossene Landverteilung tatsächlich umzusetzen würde angesichts der komplizierten Rechtsfragen lange dauern, und die Amtszeit des Volkstribunen endete am 10. Dezember. Danach konnte das ganze Vorhaben durchaus noch eingebremst werden, zumal man den nunmehr amtlosen Ex-Tribun anklagen konnte. Tiberius Gracchus wusste das selbstverständlich auch und bemühte sich deshalb in einer zunehmend aufgeheizten Konfrontationssituation um eine Wiederwahl für das Folgejahr. Ein im Amt unantastbarer Tribun vermochte, solange er mit der Volksversammlung im Rücken die politische Agenda bestimmte, den Senat und damit die Mehrheit der regierenden Aristokratie komplett zu marginalisieren; das zeichnete sich jetzt ab – zumal dann, wenn der Konsul mit seiner Kompetenzfülle nicht in Rom war oder nichts unternahm. Eine Gruppe von Senatoren unter Führung von Publius Cornelius Scipio Nasica Serapio deutete Gracchus' Bemühungen um Wiederwahl und eine Geste zu seinem Kopf hin als Griff nach der Königskrone. Sie rotteten sich zusammen, ergriffen bereitliegende Schlagwerkzeuge, eilten auf das Kapitol und schlugen Tiberius Gracchus und zahlreiche seiner Anhänger tot.

(3) Im Jahr 59 hatte Gaius Iulius Caesar das Konsulat inne. Seine Karriere war bis dahin formal regulär verlaufen, anders als die seines sechs Jahre älteren Verbündeten Gnaeus Pompeius, aber es war auch ihm immer wieder gelungen aufzufallen. Im Senat gab es eine kleine, aber rührige Gruppe, die fest entschlossen war, Caesars weiteren Aufstieg zu verhindern. Es gelang, einen aus dieser Gruppe, Marcus Calpurnius Bibulus, auf die andere Konsulstelle zu bringen, und schon zuvor hatte man bestimmt, dass Caesar nach dem Konsulat nur ein völlig unattraktives Aufgabenfeld (*provincia*) bekommen sollte. Einmal im Amt, ging Caesar sogleich energisch zur Sache.[53] Sein Entwurf für ein erstes Ackergesetz (*rogatio Iulia agraria*) verfolgte das Ziel, den Veteranen des Pompeius im Sinne eines politischen Bündnisses zwischen diesem, ihm selbst und Marcus Licinius Crassus zu ihrem Land zu verhelfen. Der Gesetzentwurf war durch-

[53] Zu Caesars Konsulat s. z. B. *Matthias Gelzer*, Caesar. Der Politiker und Staatsmann, 6. Aufl. Wiesbaden 1960, Neudruck mit einer Einführung und einer Auswahlbibliographie von Ernst Baltrusch, Stuttgart 2008, 59–84; *Christian Meier*, Caesar, Berlin 1982, 256–276; *Wolfgang Will*, Julius Caesar. Eine Bilanz, Stuttgart u. a. 1992, 51–61; *Timothy Peter Wiseman*, Caesar, Pompey and Rome, 59–50 B. C., in: J. A. Crook u. a. (Hrsg.), The Cambridge Ancient History (CAH^2) IX: The Last Age of the Roman Republic, 146–43 B. C., Cambridge 1994, 368–423, hier 368–381.

dacht, in sich konsistent, vor allem gemäßigt und ohne die Fehler, Probleme und Zweideutigkeiten, derentwegen alle früheren Ackergesetze, beginnend mit dem des Tiberius Gracchus, so unruhe- und z. T. auch gewaltträchtig gewesen waren. Caesar bemühte sich demonstrativ um die Zustimmung des Senats. Sein Werben musste nicht von vornherein aussichtslos erscheinen; jedenfalls hatte er zunächst den Schwarzen Peter den Hardlinern um Bibulus, Marcus Porcius Cato d. J. und Lucius Licinius Lucullus zugespielt, und deren Reaktion lag in aller Öffentlichkeit zutage, da Caesar die regelmäßige Publikation der Senatsakten durchgesetzt hatte. Er beachtete sorgfältig die Regeln, hofierte den Senat als den Beirat (*consilium*) seines Konsulats und richtete bei der Umfrage ganz nach der Tradition das Wort zunächst an den älteren und durch seine reguläre Karriere ausgezeichneten Crassus; zudem erläuterte er seinen Gesetzentwurf und lud die Senatoren ein, Kritik und Verbesserungsvorschläge vorzubringen – wohl wissend, dass es sachlich nichts zu beanstanden gab. Doch die Gegner waren durch nichts zum Einlenken zu bewegen und lehnten alles ab, was Pompeius und Crassus zu nutzen und Caesar Prestige einzubringen drohte. Statt auf Diskussion setzten sie auf Sabotage. Cato hielt eine seiner üblichen Dauerreden, worauf Caesar die Nerven verlor und ihn verhaften ließ. Das war ein Fehler, weil die meisten Senatoren sich mit Cato solidarisierten, obgleich sie seine Position in der Sache für zu schroff hielten. Jedenfalls stieß die Gesetzesinitiative im Senat auf taube Ohren. Caesar machte den Antrag daraufhin in Kundgebungen vor dem Volk (*contiones*) bekannt. Auch hier verweigerten die Gegner eine Diskussion; Bibulus ließ sich sogar zu einer hochmütigen Absage an die Souveränität der Bürgerschaft (*maiestas populi Romani*) hinreißen, indem er erklärte, die Bürger würden das Gesetz nicht bekommen, selbst wenn alle es wollten. Damit brach er eindeutig die Regeln der auf Reverenzgesten und Achtung beruhenden politischen Kultur der Kommunikation zwischen Elite und Volk. Caesar dagegen versicherte sich der Unterstützung des Pompeius. Diese Einmütigkeit der lange als Intimfeinde geltenden Rivalen erstaunte. Die Gegner aber waren öffentlich vorgeführt, und die Schwäche ihrer Argumente konnte niemand übersehen.

Dennoch: diese Vorgänge im Februar und März 59 v. Chr. bedeuteten für Caesar im Rückblick den *point of no return*; danach gab es keinen Weg zum Konsens mit dem Senat, ab diesem Moment war Caesar zum deutlichen Außenseiter geworden. Die Zustimmung zu dem Gesetz gegen alle Hinderungsversuche wurde durchgesetzt, wie es bald üblich werden sollte: Veteranen des Pompeius besetzten den Abstimmungsplatz auf dem Forum; ihre Gewaltdrohung konnte und sollte niemand übersehen. Bibulus suchte zunächst die Abstimmung mit religiösen Einsprüchen zu verhindern, indem er den dafür vorgesehenen Tag und alle weiteren zu Festtagen erklärte, an denen die Stimmabteilungen nicht zusammengerufen werden durften. Außerdem ließ er verkünden, er werde andauernd den Himmel beobachten, was als ominöses Zeichen interpretiert werden konnte und die Legitimität aller Handlungen Caesars in seinem Konsulatsjahr in Frage stellen sollte. Caesar setzte dagegen einen Abstimmungstag an und kümmerte sich nicht um die Himmelsbeobachtung seines Kollegen. Bibulus wurde mit Mist beworfen und verprügelt; letzteres widerfuhr auch Cato. Der Antrag wurde mit großer Mehrheit angenommen. Was war das nun? Hatte Caesar die Maske fallenlassen? Verhöhnte er die Ordnung, die Tradition und die Götter? Seine Gegner sahen es so. Doch auch sie hatten den Bogen kräftig überspannt und die Legitimität ihrer Obstruktion überschätzt. Denn der breite Konsens vor allem im Senat, der nach dem Herkommen Voraussetzung für den Einsatz der Verhinderungsmittel war, fehlte völlig. Mittel, die zur Abwehr einer echten Gefahr für die *res publica* gedacht waren, wurden hier offensichtlich missbraucht; sie richteten sich gegen ein jedenfalls nicht evident ordnungsgefährdendes Vorhaben. Der radikale Widerstand der Caesargegner war um so weniger plausibel, als sie sich nicht in traditioneller Weise um einen vorgängigen Kompromiss bemüht hatten. Bibulus gefiel sich in der Rolle des Beleidigten. Er verließ sein Haus nicht mehr und ließ bekannt machen, er werde für den Rest des Jahres den Himmel beobachten; danach trat er nicht mehr in Erscheinung. Damit verstieß er aber gegen das Gebot der Öffentlichkeit und Unmittelbarkeit in einer politischen *face-to-face*-Kultur, die keinen Stellvertreter und keine Politik per schriftlicher Bekanntmachung kannte. Die Versuche der erbitterten Widersacher, die Gültigkeit von Caesars Amtshandlungen in Zweifel zu ziehen, fruchteten jedenfalls nichts; der traditionelle Politikbetrieb war weitgehend paralysiert, und Caesar hatte in der Volksversammlung freie Bahn. Mit weiteren Initiativen, darunter einem zweiten Ackergesetz, erfüllte er die Versprechen gegenüber seinen Partnern. Sich selbst sicherte er Gallien als Operationsgebiet. Dort sollte er in den nächsten acht Jahren nie dagewesene Ressourcen an Ruhm, Geld und loyalen Soldaten gewinnen – was es für ihn nahezu ausschloss, danach als „normaler" Feldherr nach Rom zurückzukehren und sich dort wieder dem üblichen Wettbewerb im tagespolitischen Kleinklein oder gar einer gerichtlichen Anklage durch seine Gegner zu stellen.

5. Eine Art von Zersetzung: Die aristokratische Politik verliert ihre Legitimität

Was ist den drei Ereignissen zu entnehmen? Das Laelius-Beispiel zeigt eine für die römische Politik lange Zeit typische Vormacht der Verfahren gegenüber möglichen Inhalten. Das Fehlen eines Konsenses in der regierenden Aristokratie, der in dieser Sache offenbar auch nicht hergestellt werden konnte, verhinderte, dass überhaupt etwas ins Werk gesetzt wurde, was längerfristige Auswirkungen gehabt hätte. Es kam gar nicht zu einer offenen Debatte; die Mechanismen der informellen Meinungsbildung funktionierten; es gab keine Chance für Akteure außerhalb der Aristokratie, in das Geschehen einzugreifen.

Eine tiefer eingehende Analyse der römischen Politik im 2. Jahrhundert v. Chr. – jener Zeit mithin, als der Stadtstaat die letzten noch verbliebenen potentiellen Machtrivalen in der Mittelmeerwelt ausschaltete – zeigt deutlich eine paradoxe Konstellation: Rom hatte sich spätestens seit dem 4. Jahrhundert zu einer Machtmaschine mit ausgeprägtem Sinn für Hierarchien ausgebildet. In die Grundstrukturen von Familie, Gesellschaft und öffentlicher Gewalt war eine starke Konzentration von Macht und Entscheidungsbefugnissen eingeschrieben: in der Gestalt des *pater familias* im Haus, des Patrons in den sozialen Nahbeziehungen, des Amtsträgers – zumal des höheren, mit einem *imperium* ausgestatteten – im Bereich der gesamten *res publica*. Aber die Staatlichkeit dieses Gebildes *res publica*, genauer: die institutionellen Voraussetzungen dafür, politische Agenden zu formulieren, Willen zu bilden und diesen umzusetzen, blieben schwach. Überdeckt, gleichsam zum Verschwinden gebracht wurde diese Schwäche jedoch durch die Ressourcen und Routinen, schier unerschöpflich Macht zu generieren, Widerstand zu brechen und partikulare Bedürfnisse, zumal solche der Schwächeren, situativ durch Teilhabe am Prestige und der Beute zu befriedigen. Durch diesen Überschuss an Aktionspotenz blieb ein *umfassender* Institutionalisierungsprozess aus, der den sich wandelnden Verhältnissen und den vermehrten Anforderungen an „Regierung" seit dem Hannibalkrieg (218–201 v. Chr.) Rechnung getragen hätte. Die „Staatlichkeit" der Republik war gleichsam „aufgehoben" in den Konzentrationen von Macht und reaktiver Handlungsfähigkeit, in der Intensität der inneraristokratischen politischen Kommunikation und in den zeitraubenden, aber stabilisierenden Routinen des bürgerschaftlichen Kollektivs wie auch der Amtsträger – und das blieb auch so. Zwar wurden unklare oder widersprüchliche Regeln etwa der Ämterlaufbahn sowie deren Dehnung, wie sie im Hannibalkrieg mehrfach geduldet worden war, in den beiden folgenden Jahrzehnten stärker als Problem wahrgenommen und kam es 180 v. Chr. in diesem Bereich zu eindeutigen, gesetzlichen Festlegungen (*lex Villia annalis*). Militärisch aber setzte sich Rom in drei Kriegen ungefährdet gegen Makedonien und das Seleukidenreich durch und zertrümmerte 146, was von Karthago übrig geblieben war – das 2. Jahrhundert erlebte, nachdem mit dem Hannibalkrieg die militärische Risikoschwelle überwunden war, regelrechte Ausbrüche römischer Kraftentfaltung.

Es gab also aus der Perspektive der maßgeblichen Akteure gar keine Veranlassung, von der geläufigen und erfolgreichen Handhabung der Dinge abzuweichen, und es existierte auch kein Instrumentarium, längerfristige Prozesse, die sich am Ende zu einer Bedrohung der Ordnung und ihrer Routinen auswachsen konnten, als solche wahrzunehmen oder gar gegenzusteuern – die gelegentlichen Ausfälle gegen moralische Dekadenz durch Reichtum und Luxusgüter sowie die Beschwörung einer „guten alten Zeit" signalisierten vielleicht ein generelles Unbehagen, waren aber auch Handwerkszeug im politischen Tageskampf um Posten und Prestige. Ferner hätte niemand die politische Klasse generell der Untätigkeit beschuldigen können, denn auf Fehlentwicklungen, die man zu diagnostizieren glaubte, wurde durchaus reagiert, etwa durch gesetzliche Restriktionen von privatem Aufwand. Auch das Institutionengefüge wurde vielfach modifiziert[54], wobei nicht immer klar erkennbar ist, warum bestimmte Regelungen beschlossen wurden; das gilt etwa für die Einführung der schriftlichen Abstimmung in verschiedenen Kontexten in den 130er-Jahren. Und als gegenüber den jährlich wechselnden Amtsträgern stabiles Organ der *res publica*, das für politische Kontinuität und Willensbildung stehen konnte, gab es immerhin den Senat, der als Versammlung der herrschenden, die Ordnung tragenden Aristokratie, zumal der ehemaligen Oberbeamten (Konsulare), ab dem ausgehenden 3. Jahrhundert v. Chr. zu einem „ständig tätigen und alle Bereiche des öffentlichen Lebens diskutierenden und kontrollierenden Gremium geworden war".[55]

Der politische Betrieb funktionierte also. Der inneraristokratische Wettbewerb um die Ämter in Rom wurde durch die Vermehrung mittlerer Amtsstellen intensiver, und die Kontrolle des Herrschaftsgebietes an der Peripherie nahm die politische Elite zunehmend in Beschlag. Das alles war geeignet, die Aufmerksamkeit für die Folgen der sich ebenfalls beschleunigenden Basisprozesse in Italien zu mindern. Diese waren vor allem demographischer und ökonomischer Natur: Massive Binnenwanderungen, Zuzug in die Städte – zumal nach Rom – und ein Wachstum der Bevölkerung durch eine gelockerte Geburtenkontrolle, welche die Verluste durch den Hannibalkrieg rasch ausglich, veränderten den Arbeitsmarkt ebenso wie die Zukunftsaussichten großer Teile der jungen Bevölkerung ganz Italiens.[56] Anfangs wurde das seit Jahrhunderten bewährte Instrument der Ansiedlung in neu gegründeten Städten noch bedient, doch seit den 170er-Jahren gab es keine Ansiedlungen mehr, vielleicht weil die enormen Reichtümer, die nach den spektakulären Siegen im Osten hereinkamen, nach Anlagen suchten; Grund und Boden wurden dadurch zu einem begehrten Gut.[57] Wenig Aufmerksamkeit schenkte man in Rom auch den Verhältnissen bei den latinischen und

---

[54] Vgl. *Clifford Ando*, From Republic to Empire, in: Michael Peachin (Hrsg.), The Oxford Handbook of Roman Social Relations, Oxford 2011, 37–66, hier 46: „The Romans also themselves undertook complex and far-reaching adjustments to the public practices and normative codes that structured social and political conduct as they understood it. In other words, they proposed, debated, and enacted solutions to a wide range of comtemporary problems, variously diagnosed."

[55] *Martin Jehne*, Der römische Senat als Hüter des Gemeinsinns, in: ders. / Lundgreen (Hrsg.), Gemeinsinn und Gemeinwohl (wie Anm. 41), 23–50, hier 27.

[56] Eine umfassende Forschungsbilanz liefert *Luuk De Ligt*, Peasants, Citizens and Soldiers. Studies in the Demographic History of Roman Italy 225 BC – AD 100, Cambridge / New York 2012; für eine einleuchtende Analyse im Rahmen der Gesamtentwicklung des 2. Jahrhunderts s. *Nathan Rosenstein*, Rome and the Mediterranean 290 to 146 BC. The Imperial Republic, (The Edinburgh History of Ancient Rome), Edinburgh 2012, 112–116, 259–267.

[57] Vgl. *Linke*, Die römische Republik (wie Anm. 52), 12 und 140.

italischen Verbündeten und in den eigenen Kolonien.[58] Wie mit dem Problem der Immigration aus diesen Gemeinden umgegangen wurde, ist charakteristisch für den römischen „Politikstil" der punktuellen Kraftentfaltung ohne längerfristige Zielperspektive: Zwischen 206 und 173 gab es vier Ausweisungen latinischer und italischer Bündner aus Rom. Ähnlich sieht das Muster auf dem Feld der Milizarmee aus, deren Träger, die bäuerliche Mittelschicht, durch zwei Umstände belastet war: durch den materiell vergleichsweise unergiebigen und daher für die Soldaten unattraktiven Dauerkrieg in Spanien sowie durch Verschiebungen im ökonomischen Gefüge ihrer heimatlichen Lebenswelt, auf die sie kaum reagieren konnten, außer durch Wegzug nach Rom. Auf die seit 151 mehrmals in nennenswertem Umfang auftretenden Kriegsdienstverweigerungen und Proteste reagierte man teils mit Härte, teils mit ad hoc-Änderungen im Rekrutierungsmodus.

Es ist auch aus der geschichtlichen Rückschau in diesen Prozessen kein Punkt erkennbar, an dem es gleichsam von außen her oder durch ein Umspringen von Quantität in Qualität zu einer krisenhaften Zuspitzung und Eskalation kommen *musste* – immer wieder ließen sich Kräfte mobilisieren, die Engstellen gewaltsam weiteten, konnte man Gehorsam einfordern, wurden Umwege gefunden, reagierte man mit punktuellen Verboten oder wurden (in begrenztem Umfang) neue Institutionen eingeführt, etwa die ständigen Geschworenengerichtshöfe für bestimmte schwere Delikte seit der Mitte des 2. Jahrhunderts v. Chr. Doch die Achse des politischen Systems, also der Senat mit seinen ca. 300 Mitgliedern aus dem politisch aktiven Teil der Aristokratie sowie die Magistrate, die immer nur für ein Jahr gewählt wurden und überdies durch Einsprüche unter gewissen Umständen an eigenmächtigen Handlungen gehindert werden konnten, war nicht darauf ausgerichtet, eine konsistente *policy* zu entwickeln – oder auf eine solche zu reagieren, wenn einzelne Akteure dies unternahmen.[59] Zwar wissen wir nicht, wie ausführlich und „diskursiv" Debatten im Senat geführt wurden, doch scheint sich aus der Analyse der römischen Geschichtsschreibung, die

---

[58] *Ando*, From Republic (wie Anm. 54), 49, identifiziert ein „staggering uninterest in the aggregate effects of migrations". *Linke*, Die unfassbare Republik (wie Anm. 11), 62, spricht gar von der „staatenlosen Peripherie" und betont, die maßgeblichen Kräfte in Rom und Italien hätten kein Interesse an der Etablierung einer flächendeckenden staatlichen Organisationsstruktur gehabt; die starke Machtbildung erschien nur akzeptabel, wenn sie sich auf das Zentrum Rom – wo sie durch politische Mechanismen eingehegt werden konnte – konzentrierte; hinzuzudenken ist die Machtprojektion an die äußere Peripherie.

[59] Das hat schon Theodor Mommsen betont (mit zeitgenössisch bedingter scharfer Adelskritik); vgl. *Theodor Mommsen*, Römische Geschichte 2 (1855), 13. Aufl. Berlin 1923, 69: „Womöglich noch mehr ließ man in den inneren Angelegenheiten das Schiff vor dem Winde treiben; wenn man unter innerem Regiment mehr versteht als die Erledigung der laufenden Geschäfte, so ward in dieser Zeit überhaupt in Rom nicht regiert. Der einzige leitende Gedanke der regierenden Korporation war die Erhaltung und womöglich Steigerung ihrer usurpierten Privilegien."

im Hannibalkrieg einsetzt[60], sowie der Fragmente der römischen Redner[61], aus denen der bekannte Cato herausragt, zu ergeben, dass der zeitgenössische Ordnungsdiskurs, wie er sich materialisierte in der Rede über Gemeinwohl, Selbstbeschränkung und vorbildhafte Tradition (*mos maiorum*), kaum je dahin kam, mehr zu sein als ein situationsbezogenes und „ideologisches" Argument in der politischen Kommunikation – und jedenfalls eher ein Ausdruck von Konsensfiktion als ein Instrument von Konsensherstellung, gar von einer tiefergreifenden Analyse oder ein Mittel zur Problemlösung. Es gibt nur einen überlieferten Fall, wo in einer Senatsdebatte einmal grundsätzlich über verschiedene politische „Stile" debattiert wurde – und dabei ging es um Außenpolitik.[62]

Gleichzeitig jedoch lagen in den Institutionen, zumal der Magistratur und den Volksversammlungen, die zusammen weitreichende Vorhaben beschließen konnten, lagen auch im antrainierten Habitus der Aristokratie, Chancen zur Profilierung zu nutzen und den eigenen Willen durchzusetzen, wirkmächtige strukturelle Voraussetzungen bereit, tatsächlich auftretende *inneraristokratische* Konflikte oder gar dauerhafte Polarisierungen eher eskalieren zu lassen als zu dämpfen. Es zeigte sich nun eine längerfristig gefährliche Diskrepanz: auf der einen Seite der enorme Ehrgeiz der Aristokraten, der Druck, unbedingt Karriere zu machen und sich vor den Konkurrenten und den eigenen Vorfahren auszuzeichnen, auf der anderen Seite der äußerst geringe Spielraum, Projekte anzustoßen, die Prominenz und dauerhaften Einfluss ermöglicht hätten – jenseits der Kriegsführung, die aber seit 146 keine so große Rolle mehr wie zuvor spielte. Und genau das passierte 133 mit dem Volkstribunat des Tiberius Gracchus, unserem zweiten Fall.[63] Vor der Entschlossenheit des jungen Tribunen und seiner Unterstützer im Senat – die es auch gab – versagten zunächst die informellen Routinen der Konfliktvermeidung. Verschärfend kam hinzu, dass das politische System der römischen Republik keine Kompromisse kannte, sondern nur das Prinzip der aufgeschobenen Gegenleistung – auf die aber konnte Tiberius nicht warten, nachdem er sich so exponiert hatte und überdies nach Ablauf des einjährigen Amtes als Hinterbänkler im Senat nichts mehr würde bewegen können.

---

[60] Dazu *Hans Beck/Uwe Walter*, Die Frühen Römischen Historiker (FRH), Bd. 1: Von Fabius Pictor bis Cn. Gellius, 2. Aufl. Darmstadt 2005.

[61] *Enrica Malcovati*, Oratorum Romanorum Fragmenta Liberae Rei Publicae, Turin 1967. Eine neue, kommentierte Sammlung bereiten Henriette van der Blom und Catherine Steel vor.

[62] Im Jahr 171; vgl. *Livius*, Ab urbe condita 42,47,1–9; *Karl-Ernst Petzold*, Die Freiheit der Griechen und die Politik der *nova sapientia*, in: Historia 48, 1999, 61–93.

[63] Tom Holland bringt den Widerspruch schön auf den Punkt (*Tom Holland*, Die Würfel sind gefallen. Der Untergang der Römischen Republik, München 2004, 50 und 51): „Ein System, das bei seinen Bürgern einen quälenden Hunger nach Ansehen verursachte, das vor ihren prahlerischen Rivalitäten brodelte, das so viel aggressiven Tatendrang erzeugte, um alles zu überwältigen, was sich ihm in den Weg stellte, rief zugleich lähmenden Stillstand hervor. [...] Das Schicksal der Gracchen hatte endgültig bewiesen, dass jeder Versuch, die Republik umfassend zu reformieren, als Tyrannei verstanden würde. Jedes Vorhaben radikaler Reformen [...] würde unweigerlich in tödliche Rivalität ausarten."

Er verzichtete also auf eine Vorberatung mit den führenden Figuren der Gegenseite und trat gleich in die zweite Phase des Konfliktes ein: das Durchsetzen von Entscheidungen in und mit der Öffentlichkeit. Die Ereignisse wurden schon kurz skizziert; hier ist nur eine Feststellung wichtig: Die Ordnung wurde zunächst zwar gedehnt, indem Tiberius die Kompetenzen des Volkstribunen und die Hoheit des Volkes, alles beschließen zu können, was ihm vorgelegt wurde, vollständig ausreizte. Gegen die Absetzung des Einspruch einlegenden Kollegen, die Verabschiedung des Ackergesetzes und sogar gegen den Griff in die Staatskasse, um die Bauernstellen auszustatten, konnte niemand etwas unternehmen. Die Gegner des Tribunen und seines Projektes hatten aber Anlass zur Hoffnung, den Sturm auszusitzen. Als das, wie angedeutet, durch die angestrebte Wiederwahl nicht mehr möglich erschien, beschritten die Hardliner den Weg in die brachiale und unerhörte Gewalt. Just in diesem Moment der Gewalt, ausgeübt von Senatoren, die man nur als würdige Herren in schweren Togen kannte, sah der kaiserzeitliche Geschichtsschreiber Appian im Rückblick einen tiefen Einschnitt und den Einstieg in eine verhängnisvolle Eskalation, die in regelrechten Bürgerkrieg münden konnte, geführt mit Legionen und planmäßigen Tötungen von politischen Gegnern und persönlichen Feinden in den sog. Proskriptionen.[64] Der Republik fehlten, zurückblickend betrachtet, sozusagen Stoßdämpfer: Wenn jemand durch Überreden, Blockieren oder Aussitzen nicht zu stoppen war, blieb nur der Weg in die Gewalt. War diese einmal erfolgreich eingesetzt worden, begünstigte das Nachahmer. Das hat übrigens schon Cicero im Jahr 44 bemerkenswert hellsichtig formuliert:

---

[64] *Appian von Alexandria*, Bürgerkriege 1,4–9 (Übers.: Otto Veh): „Noch nie aber hatte man ein Schwert in die Volksversammlung gebracht und war es dort zu Blutvergießen unter Bürgern gekommen, bis Tiberius Gracchus, während er das Amt eines Volkstribunen bekleidete und Gesetze einbrachte, als erstes Opfer bei einem inneren Zwist den Tod fand, und nach ihm noch viele Menschen, die sich auf dem Kapitol um den Tempel zusammendrängten, erschlagen wurden. Mit diesem Verbrechen aber kamen die Unruhen zu keinem Ende mehr. Die Parteien stießen immer wieder offen aufeinander, sie trugen oftmals Dolche bei sich, und in den Tempeln, bei Volksversammlungen und Marktgeschäften mußte von Zeit zu Zeit ein Beamter sterben, mancher Volkstribun, Prätor, Konsul oder Bewerber um diese Ämter oder auch ein sonstwie angesehener Mann. Hemmungslose Gewalttätigkeit behielt stets in kurzem Abstand die Oberhand, dazu schmähliche Geringschätzung gegenüber Recht und Gesetz. Als dann das Übel an Ausdehnung gewann, kam es zu offenen Empörungen gegen die Staatsgewalt und zu großen, rücksichtslosen Kriegsunternehmen gegen das Vaterland, ausgehend von Verbannten oder Verurteilten oder von Personen, die miteinander um irgendein Amt oder Kommando stritten. Häufig erhoben sich nunmehr Gewaltherrschaften und Parteiführer, welche die höchste Gewalt anstrebten, wobei die einen sich weigerten, die ihnen vom Volke anvertrauten Truppen wieder zu entlassen, andere hingegen ohne Erlaubnis des Volkes auf eigene Rechnung Streitkräfte gegeneinander anwarben. Wenn sich eine der beiden Parteien vorweg in den Besitz der Stadt gesetzt hatte, so bekämpfte die Opposition angeblich ihre Widersacher, in Wirklichkeit freilich ihre Vaterstadt. Dabei warfen sie sich auf diese wie auf eine feindliche Metropole, und es kam zu erbarmungslosen Schlächtereien unter denen, die ihnen gerade in den Weg traten. Bei anderen griff man zu Proskriptionen, Verbannungen oder Vermögenskonfiskationen, einige erlitten sogar ganz gräßliche Folterungen."

„Wenn wir nämlich nicht viele Verbrechen ungeahndet hingenommen hätten, wäre niemals solche Allmacht einem einzelnen zugefallen, der das Erbe seines Vermögens auf wenige, das seiner Begierden auf viele verbrecherisch Gesinnte hat kommen lassen. Und es wird niemals an Ursache und Anlaß zu Bürgerkriegen fehlen, solange verkommene Kreaturen jene blutbefleckte Lanze in Erinnerung haben und darauf hoffen. Nachdem Publius Sulla diese unter der Diktatur seines Verwandten geschwungen hatte, scheute er auch fünfunddreißig Jahre später vor einer noch verbrecherischeren nicht zurück. [...] Man muß daher zu der Einsicht gelangen, daß, wenn solche Belohnungen ausgesetzt sind, Bürgerkriege niemals ausbleiben werden. Deshalb stehen nur mehr die Mauern der Stadt, und selbst die schon in Furcht vor den schlimmsten Verbrechen; das Gemeinwesen aber haben wir vollkommen verloren.“[65]

Mit dem oben schon einmal aufgegriffenen Stichwort Bürgerkrieg ist bereits etwas angedeutet: Zwar erodierte die Ordnung der aristokratischen Republik zusehends, indem ihre durchaus widersprüchlichen Regeln und ihre Routinen durch einseitige Anwendung und konfrontative Ausreizung vonseiten der Akteure mehr und mehr zu einem Teil des Problems wurden, anstatt Konflikte zu dämpfen und Auswege anzubieten. Gleichzeitig verlor die Führung der *res publica* durch die herrschende Aristokratie und den Senat an Akzeptanz und damit auch an Legitimität. Relevante Teile der Bürgerschaft sahen die Entscheidungen und Handlungen des Senats nicht mehr als verbindlich an, sie gehorchten der alten Elite nicht mehr.[66] Das angesammelte Prestige der Vorfahren verlor seine legitimierende Kraft in dem Moment, wenn ein aufrührerischer Volkstribun oder ein Aufsteiger mit Drang ins Konsulat die unbestreitbaren Leistungen der *maiores* gegen die Trägheit und Schwäche der Nachkommen ausspielte.

---

[65] *Cicero*, De officiis 2,28 f. (Übers.: Heinz Gunermann): „Nisi enim multorum impunita scelera tulissemus, numquam ad unum tanta pervenisset licentia, a quo quidem rei familiaris ad paucos, cupiditatum ad multos improbos venit hereditas. nec vero umquam bellorum civilium semen et causa deerit, dum homines perditi hastam illam cruentam et meminerint et sperabunt, quam P. Sulla cum vibrasset dictatore propinquo suo, idem sexto tricensimo anno post a sceleratiore hasta non recessit, [...]. ex quo debet intellegi talibus praemiis propositis numquam defutura bella civilia. itaque parietes modo urbis stant et manent, iique ipsi iam extrema scelera metuentes, rem vero publicam penitus amisimus.“

[66] Auch das hat bereits Theodor Mommsen richtig gesehen, freilich vom politischen Denken seiner Zeit und seinem Fortschrittsmodell her normativ aufgeladen; vgl. *Theodor Mommsen*, Römische Geschichte 3 (1856), 13. Aufl. Berlin 1923, 93: „Wenn aber eine Regierung nicht regieren kann, hört sie auf legitim zu sein und es hat wer die Macht, auch das Recht sie zu stürzen.“ Mommsen lokalisiert diesen Punkt in den 60er Jahren, namentlich in der Untätigkeit gegenüber Mithradates und den Seeräubern. Zum Akzeptanzverlust der herrschenden Elite s. erhellend *Jürgen von Ungern-Sternberg*, Die Legitimitätskrise der römischen Republik, in: Historische Zeitschrift 266, 1998, 607–624.

6. Neuformierung einer Alternative im selben Gehäuse

Aber dieser Erosionsprozess mündete nicht in einen Zerfall von Macht und Handlungsfähigkeit Roms und in Rom, ganz im Gegenteil. Tiberius Gracchus hatte einen Weg gewiesen, indem er, modern gesprochen, eine Interessengruppe formierte und in den politischen Betrieb einfädelte. Das blieb bei ihm noch ephemer, sollte aber Schule machen: Im Volkstribunat mit seinem Recht, Gesetzesvorschläge einzubringen und sie mittels der Volksversammlung durchzusetzen, sowie später im Obermagistrat, der zusätzlich zur politischen Initiative im Senat und der Volksversammlung noch die machtvolle militärische Kommandogewalt (*imperium*) besaß, lagen starke und selbstbewusste Institutionen bereit, die wirtschaftliche und soziale Interessen formulieren und politisch bündeln konnten. Sie bildeten die Voraussetzung für eine Homogenisierung von Interessengruppen – auch, aber nicht nur der Nicht-Privilegierten. Erst jetzt kam es „horizontal" zur Formierung von Gruppen, welche die angestammte, im Klientelwesen verfestigte polyzentrisch-personale, vertikale und schichtenübergreifende gesellschaftliche Integration überlagerte und sprengte. Die Gruppen und ihre „Mobilisierer" waren in der zeitlichen Reihenfolge: das ländliche Proletariat (Tiberius Gracchus), die großen Grundbesitzer (Senat), die italischen Bundesgenossen (Marcus Fulvius Flaccus, Gaius Gracchus, Marcus Livius Drusus), das städtische Proletariat und die Ritter (Gaius Gracchus, Marcus Livius Drusus), schließlich die Soldaten (Gaius Marius, Lucius Cornelius Sulla, Cn. Pompeius, Iulius Caesar). Damit entstanden neue Gravitationszentren von Macht und neue politische Optionen, von denen sich der Feldherr mit *imperium*, der sich auf ein loyales Heer stützte und seine Handlungsfreiheit im politischen Apparat der Hauptstadt abzusichern wusste, als die am Ende erfolgreichste erweisen sollte. Aber diese Griffe nach der Macht hätten nicht stattfinden können, hätte nicht die Erosion der sozialen Autorität der politisch dominanten Mehrheitsaristokratie ein Unzufriedenheitspotential entstehen lassen, das sich durchaus in „konkreten Alternativentwürfen zur bestehenden Ordnung manifestierte".[67] Seit Tiberius Gracchus wuchs im politisch aktivierbaren Teil der Bürgerschaft das Bewusstsein dafür, dass es auch andere Optionen für die Gestaltung der politischen Führung als die kollektive Herrschaft der Nobilität gab. Mit diesem Prozess nahm zugleich die Intensität der Mobilisierung zu, während zuvor das in der Regel schwache Interesse an politischen Fragen mit der überwiegend symbolisch-rituellen Integration der Bürgerschaft bei Wahlen und Abstimmungen korreliert hatte. Man

---

[67] *Linke*, Republik (wie Anm. 52), 141, auch für das Folgende. Vgl. ferner *Arthur Keaveney*, Crisis with Alternative – The Reformers of the Roman Republic, in: ders./Louise Earnshaw-Brown (Hrsg.), The Italians on the Land: Changing Perspective on Republican Italy Then and Now, Newcastle upon Tyne 2009, 1–10.

kann von einem ziemlich massiven Politisierungsprozess sprechen, der sich in der Kaiserzeit – freilich in anderer Weise – fortsetzte.[68]

Dieser Prozess wurde befördert durch die in den Institutionen der Republik liegenden Möglichkeiten. Wie in einem Magazin hatten sich dort „Wege zur Macht" angesammelt; diese wurden nun ausprobiert, modifiziert und am Ende durch den erfolgreichsten der spätrepublikanischen Potentaten, nämlich Oktavian, den späteren Augustus, miteinander kombiniert und wiederum ergänzt.[69]

Das ebenfalls schon skizzierte Konsulat Caesars im Jahr 59 bringt die Gewichtsverschiebung zum Ausdruck, denn in den zwei Generationen seit Tiberius Gracchus' Initiative war der Prozess weitergegangen. Die traditionelle Dominanz des Senats und der Mehrheitsaristokratie wurde nun nicht mehr mit kurzfristigen, prekären und eskalationsbedrohten Instrumenten herausgefordert. Caesar, Pompeius und Crassus hatten sich vielmehr längerfristig dazu verabredet, in der *res publica* nichts geschehen zu lassen, was dem Interesse von einem der drei zuwiderlaufe. Es gab formierte Druckmittel – hier die Veteranen des Pompeius –, die bereitstanden, jeden Widerstand zu brechen. Weil die Eskalations-

[68] Vgl. *Ando*, From Republic (wie Anm. 54), 61: „The principate is, in these terms, an explosion of voices."

[69] Vgl. *Uwe Walter*, Römische Geschichte (bis 44 v. Chr.), in: Der Große Ploetz. Die Enzyklopädie der Weltgeschichte, 35., völlig neubearb. Aufl., Göttingen 2008, 209–256, hier 255.

Rechtlich verhüllte Wege zur Macht in der späten Republik

Usurpation im „Staatsnotstand" / Privatmann mit *imperium*	legalisierte Militärdiktatur	Kontinuität des Konsulats des *imperium*	prokonsularisches *imperium* mit Recht auf Wahrnehmung durch Legaten	poltische Initiative des Volkstribunen
P. Cornelius Scipio (210)				Ti. Gracchus (133) C. Gracchus (123)
		Marius (104–100)		
Pompeius (83–77)	Sulla *dictator* (82–79)			L. Drusus (91)
	Pompeius *consul sine collega* (52)		Pompeius (55–49)	P. Clodius (58)
	Caesar *dictator* (49–44)	Caesar (59; 58–50; 49)		
		Octavian/Augustus		
„privato consilio et privata impensa" (Res Gestae 1) 44–43	Triumvir *rei publicae constituendae* 43–33	Konsul 31–23	*proconsul/ imperium (pro) consulare* ab 23	*tribunicia potestas* ab 23

Das Experimentieren mit verschiedenen Modellen von Macht, Führung und Legitimität als Signatur der Epoche betont jetzt auch *Catherine Steel*, The End of the Roman Republic, 146 to 44 BC. Conquest and Crisis (The Edinburgh History of Ancient Rome), Edinburgh 2013.

option schon vorhanden war und der Sieg am Ende nicht in Frage stand, hatten, so könnte man paradox argumentieren, Caesar und seine Verbündeten weiten Spielraum, es zunächst konsensual zu versuchen (und damit der Tradition aristokratischer Politik demonstrativ zu huldigen). Es hatte sich, anders gewendet, bereits eine Konstellation herausgebildet, die den Erfolg in jedem Fall sicherte, ihn allenfalls im Konfliktfall prekär machte, weil die Gegner angesichts ihrer Ohnmacht, ja Demütigung unversöhnlich zu bleiben drohten. Diese reagierten ihrerseits – und zwar schon seit den Gracchen – auf den neuen Politikstil, indem sie sich immer stärker auf die kollektive Machtsicherung im Senat konzentrierten (auch durch institutionelle Formierungen), wobei sie jedoch beinahe unvermeidlich die Interessen aller Akteure außerhalb ihres engen Gesichtsfeldes aus dem Blick verloren: diejenigen der Armen in der Stadt Rom, der Italiker, der provinzialen Eliten und der Soldaten.

Was der Verhinderung politischer Projekte lange in die Hände gespielt hatte, nämlich die Kurzfristigkeit des politischen Betriebs und damit auch der Handlungsmöglichkeiten, griff nicht mehr – auch dies war eine Lehre aus Caesars Konsulat 59. Pompeius hatte so viel Prestige und Geld angesammelt, dass er selbst gar kein Amt mehr brauchte, um seinen Willen immer wieder zur Geltung zu bringen; es genügten markige Worte und einige Gefolgsleute in Ämtern mit Initiativrecht. Caesar, der noch nicht auf einem solchen Gipfel angekommen war, wählte eine andere, institutionell gesicherte Option: das mehrjährige Militärkommando mit Befehlsgewalt, das ihm im Erfolgsfall Ruhm, Geld, loyale Anhänger und Immunität gegen mögliche Anklagen einbrachte.

7. Ordnungszersetzung in der späten römischen Republik?

Der Begriff „Ordnungszersetzung" ist als analytische Kategorie nicht ohne Probleme, handelt es sich doch zunächst um eine Metapher: Leben stirbt ab und der „Kadaver" wird in einem biochemischen Prozess in anorganische Bestandteile zerlegt, die allenfalls wieder Grundstoffe für neues Leben sein können. Was sich im letzten Jahrhundert der römischen Republik vollzog, war jedoch etwas anderes. Die alte Ordnung war vom politisch aktiven Teil der Aristokratie bestimmt und ganz auf die Stadt Rom fixiert gewesen; sie war ferner geprägt von einer größeren Zahl vereinzelter Akteure, von kurzfristigem politischem Handeln sowie – auf Seiten der breiten Masse der Bürger – von selbstverständlichem, dabei wenig emphatischem Gehorsam gegenüber der Aristokratie und den Amtsträgern als der Verkörperung der gesamten Bürgerschaft. Diese Ordnung zerfiel nicht vollständig – auch in der späten Republik gab es immer wieder „normale" Jahre, also Phasen politischer Ruhe und Routine.[70] Aber sie rückte

[70] Dies betont gegen die Rede von der „Krise ohne Alternative" v. a. *Erich S. Gruen*, The Last Generation of the Roman Republic, Berkeley/Los Angeles 1974, 2. Aufl. 1995.

gleichsam an den Rand, konnte sie sich doch nicht mehr aus sich selbst heraus stabilisieren und vor allem nicht mehr die zwingende Autorität entfalten, auf die ihre Träger zuvor hatten bauen können und für die es keines Erzwingungsstabes und keiner die „Ruhe und Ordnung" aufrechterhaltenden Institution bedurft hatte.[71] Komplementär zu ihrer Schwächung und Marginalisierung formierten sich, wie skizziert, andere Akteursverbände, bestehend immer aus einem Anführer mit magistratischer Gewalt und damit dem Recht, initiativ zu werden (Volkstribun oder Konsul), sowie einer wenn nicht homogenen, so doch über gewisse Agenden mobilisierbaren und gleichsam soziologisch definierbaren Anhängerschaft. Als Modus und Rhetorik der Bindung stand das Klientelverhältnis zur Verfügung, freilich in einer gegenüber früher gänzlich veränderten Form: nicht mehr zwischen einem Patron und einzelnen Klienten, sondern zwischen dem Patron und interessenmäßig bestimmbaren Gruppen. Caesar obsiegte am Ende nicht in erster Linie wegen seines militärischen Talents und Glücks im Bürgerkrieg von 49 bis 45, sondern deshalb, weil er die breiteste Koalition zusammenbrachte: seine Soldaten, aber eben auch die kriegsunwilligen Eliten und Bürger der Städte Italiens, die stadtrömische Plebs, aber zunehmend auch zahlreiche Senatoren, die ihm alles zu verdanken hatten. Die Ordnungs*zersetzung* in Rom, wenn man denn von einer solchen sprechen möchte, ging also einher mit bemerkenswerten *Formierungs*prozessen von Akteursgruppen, die zum Teil vorher gar nicht existiert hatten, sowie mit einer nochmals gewaltigen Steigerung der Machtressourcen (Truppen, Geld und Loyalitäten) – am Ende ließen mehr als vierzig Legionen den gesamten römischen Herrschaftsbereich unter ihren Marschtritten erdröhnen.

Gleichzeitig beriefen sich alle wesentlichen Akteure auf die eine, einzig sagbare, römische Ordnung, freilich in verschiedenen Interpretationen und Weiterungen – das galt sogar für Caesar, der den Senat nach seinem Sieg zwar aufblähte und dadurch paralysierte, aber eben nicht abschaffte und der seine monarchische Position eher notdürftig in das Gewand des uralten Amtes eines Dictators hüllte.[72] Deswegen fällt es auch schwer, von einer Ordnungs*konkurrenz* im Sinne der Definition des SFB 923 (s. o. zu Anm. 50) zu sprechen, jedenfalls wenn man die Sicht der Akteure berücksichtigt. Wieder setzte sich die Verlegenheitslösung durch, mit extremen Dehnungen der institutionellen Ordnung zurechtzukommen. Als äußere Hülle blieben Senat, Magistratur und Volksversammlungen jedoch unverändert erhalten, und das bildete die Voraussetzung dafür, dass Caesars Erbe Oktavian, der spätere Augustus, nachdem die Machtfrage i. J. 30 v. Chr., knapp zwanzig Jahre nach Beginn des Bürgerkriegs zwischen Caesar und den Pompeianern, endlich entschieden war, seine

[71] Dazu *Nippel*, Aufruhr und „Polizei" (wie Anm. 48); *Nippel*, Public Order (wie Anm. 48).

[72] *Martin Jehne*, Der Staat des Dictators Caesar, (Passauer Historische Forschungen 3), Köln u. a. 1987.

Monarchie als *res publica restituta*, als wiederhergestellte römische Ordnung ausflaggen konnte.[73]

Wie war das möglich geworden? Man kann das, was die althistorische Forschung als „Auflösung" oder als „Krise und Untergang der Republik" oder als „Römische Revolution" bezeichnet, nach dem hier nur eben Angedeuteten als komplementäre Koexistenz zweier Ordnungen[74] ansprechen. Anders als in der Konfrontation zwischen Ancien Régime und Revolution in Frankreich 1789 oder in Russland 1917 verwendeten hier beide „Entwürfe" dieselbe Sprache und dieselben Institutionen; sie teilten die wertestabilisierenden Traditionen, die höchsten Güter und Ziele sowie (weitgehend) auch die Handlungsroutinen, und niemand stellte den „Teilchenbeschleuniger" der gesamten historischen Dynamik, nämlich die Herrschaft über große Teile der Welt als Ziel und Realität, in Frage. Durch die hohe Kontingenzanfälligkeit des Geschehens – militärische Entscheidungen spielten eine wichtige Rolle, und sobald sich der Prozess in wenigen Akteuren polarisierte, zeitigte deren Ausscheiden aus dem Spiel enorme Wirkungen (Pompeius 48, Caesar 44, die Konsuln Anfang 43) –, wurde die im Rückblick leicht erkennbare Prozessualität dieses Geschehens für die zeitgenössischen Akteure verdeckt: Wenn Cicero den Mob rasen, den Senat paralysiert und die Mächtigen schrankenlos schalten sah, konnte er dies resigniert in ein *rem publicam amisimus* fassen[75] – und doch auf eine neue Konstellation mit anderen Verantwortlichen hoffen und seine Aktivität ganz auf die Chance setzen, das alte System irgendwie wiederzubeleben beziehungsweise einfach wiederaufleben zu lassen, wie eindrucksvoll in den achtzehn Monaten nach Caesars Ermordung zu verfolgen ist.

Der Glaube an die große Reset-Taste war wohl auch ein Ergebnis der besonderen Rhythmik des Transformationsprozesses: Dieser vollzog sich in einer Kette von Vorstößen und Reaktionen, deren Ergebnis gleichsam dramatisch, nicht prozessual, kontingent, nicht systemisch wahrgenommen wurde.[76] In den

[73] Die Kontinuität betont zuletzt *Ando*, From Republic (wie Anm. 54), 60: „(T)he Romans shaped the institutional structures of the principate, as well as their understandings of its form, in light of complex systems of analysis visible already in the late second century BC and under continuous development thereafter." Vgl. ferner *Walter Eder*, Augustus and the Power of Tradition, in: Karl Galinsky (Hrsg.), The Cambridge Companion to the Age of Augustus, Cambridge 2005, 13–32.

[74] Ein anonymer Gutachter des vorliegenden Aufsatzes schlägt die Formulierung „zwei verschiedene Anfüllungen derselben Ordnungshülse" vor.

[75] Vgl. *Cicero*, De officiis 2,29 (wie Anm. 65); Ad Quintum fratrem 1,2,14; vgl. Oratio post reditum habita 5: „Rem publicam illis accepi temporibus eam quae paene amissa est, a vobis eam reciperavi quam aliquando omnes unius opera servatam iudicaverunt"; Ad Atticum 4,18,2: „Amisimus, mi Pomponi, omnem non modo sucum ac sanguinem sed etiam colorem et speciem pristinae civitatis"; Ad Atticum 1,18,6: „Ceteros iam nosti; qui ita sunt stulti ut amissa re publica piscinas suas fore salvas sperare videantur"; Ad familiares 15,17,2: „*prosôpon poleôs* amisimus".

[76] Dieses Prozessmodell liegt der immer noch höchst lesenswerten Darstellung von *Alfred Heuß* zugrunde: Das Zeitalter der Revolution, in: Golo Mann / Alfred Heuss (Hrsg.), Propyläen Weltgeschichte, Bd. 4: Rom. Die römische Welt, Frankfurt am Main u. a. 1963, 175–316.

Augen nicht allein Ciceros hatten, vereinfacht gesagt, die Gracchen, Saturninus, Catilina, Clodius, Pompeius und Caesar vor allem eines gemeinsam: einen vorzeitigen, unrühmlichen Tod. Ein Neuanfang mit den alten Tugenden erschien bis kurz vor Schluss möglich – sie mussten nur wieder ins Bewusstsein gehoben und zur Geltung gebracht werden.

Man kann Christian Meiers vieldiskutiertes Wort von der „Krise ohne Alternative" auch so verstehen: Mochten außerhalb der herrschenden Aristokratie viele Römer schon früh ihr Heil in einem Alleinherrscher gesichert gesehen haben, so hatte Caesar keine Möglichkeit, eben diese seine tatsächliche Alleinherrschaft anders als durch eine enorme Dehnung des etablierten Gefüges aus Institutionen und Handlungen zur Geltung zu bringen. Die beiden Wirklichkeiten innerhalb der einen Ordnung ließen sich am Ende zwar nicht mehr zur Deckung bringen[77], aber die Hülle blieb und konnte zum Neuaufbau genutzt werden, sobald die Machtfrage entschieden war und ein Konsens etabliert werden konnte, der die Aristokratie wieder in den Stand setzte, Herrschaft auszuüben und ihren Platz in der *res publica* einzunehmen. Ein Grund, die zuvor über Jahrhunderte erfolgreiche, am Ende jedoch gelähmte Ordnung, die *res publica*, zu verdammen, bestand nicht; die Neuformierung durch Augustus konnte als Renovierung eines Baus verstanden werden, der in Etappen errichtet und immer wieder den Bedürfnissen angepasst worden war. Die Schuld für die zwischenzeitliche Agonie ließ sich einer versagenden Elite zuschreiben.[78] So hat es jedenfalls im Rückblick auch der bereits zitierte Velleius Paterculus gesehen, der nicht der alten Aristokratie angehörte: Selbst in den Kämpfen nach Caesars Ermordung ging es in seiner Sicht nicht um eine alte oder neue Ordnung, sondern um den Kampf zweier Parteien. Sein Gebrauch von *res publica*

> „trennt nicht die Zeit der Republik von der neuen des Prinzipats, sondern er dient im Gegenteil dazu, beide Phasen der römischen Geschichte miteinander zu verknüpfen: Er ist das bindende Glied, das über die Unterschiede zwischen beiden Systemen hinwegtäuscht."[79]

---

[77] Vgl. dazu demn. erhellend *Martin Jehne*, Die Chance, eine Alternative zu formulieren, und die Chance, eine Alternative zu verwirklichen. Das Sagbare und das Machbare im republikanischen und augusteischen Rom, erscheint in: Tiersch/Nebelin, Sprache und Konflikt (wie Anm. 34, in Druckvorbereitung).

[78] Vgl. *Ronald Syme*, A Roman Post-Mortem. An Inquest on the Fall of the Roman Republic (1950), in: ders., Roman Papers I, Oxford 1979, 205–217, hier 206f.: „To indict the Republican system of government was not only painful but intolerable: at the most a Roman was prepared to recognize imperfections of detail, or the need for adjustments. Moreover, it argued a lack of courage and faith. Caesar Augustus had just restored the rule of Senate and People, taking for himself powers by delegation. Not King or Dictator, but Princeps. [...] The Republic being to the Romans both a necessary mechanism and a necessary way of thought, and therefore invulnerable, might not the revent calamities be put down to the fault of the governing class?" – Symes eigene Schilderung ist mit Recht berühmt geworden: The Roman Revolution (1939); Übers.: Die Römische Revolution. Machtkämpfe im antiken Rom. Neuausgabe hrsg. von Christoph Selzer und Uwe Walter, Stuttgart 2003.

[79] *Sion-Jenkis*, Von der Republik zum Prinzipat (wie Anm. 39), 22.

Die Errichtung der römischen Monarchie als Prinzipat durch Augustus gehört in diesem Sinne zweifellos zu den erfolgreichsten Systemtransformationen der Weltgeschichte. Die für die Herrschaft über das Imperium unverzichtbare Aristokratie „ins Boot zu holen" gelang auch deshalb, weil bei aller Klage über den Verlust der alten „Freiheit" doch allen Akteuren nach den blutigen Schlachten und Verfolgungen sehr bewusst war, dass und warum die kollektive Herrschaft der Aristokratie und die weiten, zu unberechenbaren Ergebnissen führenden Befugnisse der Volksversammlung nicht wieder herzustellen waren. Das musste selbst Tacitus, ansonsten schärfster Kritiker der Kaiser wie seiner eigenen Standesgenossen, aus dem Rückblick nach gut 100 Jahren zugestehen, die systemische Analyse in einer moralische Phrasierung kleidend:

> „[...] da nahm Caesar (d.h. Oktavian) das Heer durch Geschenke für sich ein, das Stadtvolk durch Getreideversorgung und alle durch die Süße des Friedens. Schrittweise stieg er auf, zog er die Pflichten des Senats, der Amtsträger, der Gesetze an sich, ohne dass sich jemand widersetzte. Denn die Trotzigsten waren im Kampf oder in den Proskriptionen umgekommen, und die übrigen Adligen wurden je nach ihrem Eifer in der Unterwerfung mit Vermögen und Ämtern erhöht. Aufgrund der neuen Verhältnisse waren sie emporgestiegen und zogen deshalb die gesicherte Gegenwart den früheren, gefährlichen Zuständen vor. Und auch die Provinzen hatten durchaus nichts gegen diese Ordnung der Dinge. Denn der Herrschaft von Volk und Senat (= der Republik) misstraute man wegen der Konflikte zwischen den Mächtigen und der Habsucht der Amtsträger; die Gesetze boten keine Hilfe, waren sie doch durch Gewalt, Wahlkämpfe und am Ende durch Bestechung (in ihrer Wirkung) gestört."[80]

Nachbemerkung: Das Interesse am Verlust einer Ordnung ohne Herausforderer

Krise und Untergang der römischen Republik sind ins historische Bewusstsein Europas (und der USA) eingegangen, auch weil diese Geschichte – selten genug – eher von den historischen Verlierern geschrieben wurde[81], also von Aristokraten, denen die monarchische Ordnung des Augustus und der Kaiser als das Ende ihrer Freiheit und ihres Monopols erscheinen konnte, die Geschicke Roms zu lenken. Doch hätte der zudem bloß relative Machtverlust einer kleinen Gruppe

[80] *Tacitus*, Annales 1,2: „Caesar [...] militem donis, populum annona, cunctos dulcedine otii pellexit, insurgere paulatim, munia senatus magistratuum legum in se trahere, nullo adversante, cum ferocissimi per acies aut proscriptione cecidissent, ceteri nobilium, quanto quis servitio promptior, opibus et honoribus extollerentur ac novis ex rebus aucti tuta et praesentia quam vetera et periculosa mallent. neque provinciae illum rerum statum abnuebant, suspecto senatus populique imperio ob certamina potentium et avaritiam magistratuum, invalido legum auxilio, quae vi ambitu postremo pecunia turbabantur."

[81] *Marian Nebelin*, Sieger, Besiegte und Historiker, in: Michael Meißner u.a. (Hrsg.), Eliten nach dem Machtverlust? Studien zur Transformation von Eliten in Krisenzeiten, Berlin 2012, 49–87 mit weiterer Literatur.

von wenigen Dutzend Familien kaum eine so nachhaltige politische Betroffenheit erzeugen können. Es ging eben um weit mehr als um einen Regimewechsel oder die Ersetzung einer Clique durch einen Monarchen. Die Erinnerung an die *res publica* im Sinne von „Republik“[82] hatte und hat starke Verbündete: Die Parole der Freiheit vermag Energien und Phantasien zu mobilisieren; auf der anderen Seite steht als Antityp der Tyrann, der in Gestalten wie Sulla und Caesar zum faszinierenden Schreckbild wurde. Und viel mehr als ein äußerer Krieg vermag ein Bürgerkrieg Ängste auszulösen, bedeutet er doch das Menetekel der totalen Auflösung der Ordnung und der totalen Verunsicherung. Tatsächlich wurde die Bevölkerung Italiens nach allem, was wir wissen, durch den fast zwanzig Jahre währenden Hannibalkrieg längst nicht so traumatisiert und zugleich verroht wie durch den Bundesgenossenkrieg (91–89 v. Chr.) und den Krieg Sullas gegen die Regierung der Marianer Ende der 80er-Jahre, obwohl beide Kriege jeweils nur wenige Jahre dauerten. Und wenn selbst eine nach außen so über die Maßen erfolgreiche nichtmonarchische Ordnung – und gerade eine solche Ordnung! –, wenn eine Verfassung und eine herrschende Klasse, die unter dem Banner der Freiheit (*libertas*) segelten, sich vor aller Augen und schrittweise selbst zerstören konnten, dann war dadurch eine überzeitliche und zugleich bedrängende Frage aufgeworfen: Wie kann ein freistaatliches politisches System selbst unter günstigen Bedingungen überhaupt stabilisiert werden? Den Versuch einer Antwort auf diese bange Frage suchte man in der Figur der republikanischen Tugend als der wichtigsten Voraussetzung für das Gelingen eines nicht-monarchischen politischen Systems. Machiavelli hat sie aufgerufen, Rousseau und die Jakobiner, aber auch die amerikanischen Verfassungsväter und die Federalists.[83] Sie ist zugleich die unverächtliche Rechtfertigung dafür, die Frage nicht nur als eine systemisch-analytische, sondern auf den Spuren der Zeitgenossen auch als eine moralisch-politische, an das Denken und Handeln der verantwortlichen Akteure gerichtete zu stellen.

---

[82] Zu dieser Bedeutungsentwicklung s. *Rudolf Stark*, Res publica (1937), in: Hans Oppermann (Hrsg.), Römische Wertbegriffe, (Wege der Forschung 34), Darmstadt 1974, 42–110, hier 89–97 mit den Belegen.

[83] Aus der umfangreichen Literatur s. nur *Thomas Maissen*, Art. „Republik“, in: Der Neue Pauly 15/2, Stuttgart/Weimar 2002, 714–741 (mit umfangreicher Bibliographie); *Paul Rahe*, Republics, Ancient and Modern. Classical Republicanism and the American Revolution, Chapel Hill 1994; *Fergus Millar*, The Roman Republic in Political Thought, Hanover/London 2002; *Mortimer N. S. Sellers*, The Roman Republic and the French and American Revolutions, in: Harriet I. Flower (Hrsg.), The Cambridge Companion to the Roman Republic, Cambridge 2004, 347–364; *Niggemann/Ruffing*, Antike als Modell für Nordamerika? (wie Anm. 11).

Ordnungskonkurrenz: Polemik und Feindbild in konkurrierenden Ordnungen

Der platonische Philosoph Porphyrios und sein Kampf gegen die Christen

Irmgard Männlein-Robert

Die im SFB 923 bislang angewandte Arbeitsdefinition von „Ordnungskonkurrenz(en)" beschreibt diese als historische Phasen oder situative Konstellationen, in denen Vertreter zweier Ordnungen mit gesamtgesellschaftlichem Geltungsanspruch sich gegenseitig als existenziell bedrohlich, die aus der jeweils anderen Ordnung erkannte Gefahr als „von außen" kommende Bedrohung wahrnehmen. Situativ ergibt sich daraus eine spezifische Bedrohungskommunikation als gleichsam performativer und instrumentalisierter Akt, welche gegenseitige Bedrohung in jeder denkbaren Kommunikationsform mit einschließt. Strategien des Angriffs und der Verteidigung verschmelzen miteinander, es kommt nicht selten zu Teiladaptionen inhaltlicher oder formaler Elemente aus der konkurrierenden Ordnung, welche die bereits bestehenden Spannungen intensivieren. Als zentral erweisen sich die Mechanismen der Bedrohungskommunikation in allen ihren Facetten vor allem mit Blick auf den zunächst immer offenen Ausgang akuter Bedrohungsszenarien sowie auf Kippmomente und entsprechende Phänomene der Emergenz, welche den hegemonialen Anspruch einer der beiden konkurrierenden Ordnungen letztlich erst ermöglichen und somit neue soziale und politische Wandlungsprozesse herbeiführen können. Für die empirische resp. phänomenologische Untersuchung von Ordnungskonkurrenzen bietet sich das heuristische Paradigma „Polemik und Feindbild" in besonderem Maße an, da die Konstruktion und Funktionalisierung von Feindbildern ein wichtiger Indikator dafür ist, ob eine Ordnungskonkurrenz gegeben ist, und überdies wichtige Aufschlüsse über das emotionale Engagement von repräsentativen Akteuren einer Ordnung gibt, die sich als bedroht imaginieren oder als tatsächlich bedroht wahrnehmen. Der Konstruktion, Stilisierung und Funktionalisierung von Feindbildern kommt im Kontext der Bedrohungskommunikation eine besondere Rolle zu. Als eine Form der polemischen Strategie lässt sie nämlich emotionale Faktoren und Implikationen sichtbar werden, welche bei der Konkurrenz einer alternativen Ordnung in akuten Bedrohungssituationen auch kognitiv handlungsleitend sind. Die Existenz von Feindbildern darf generell als Indikator für existenzielle (Ordnungs-)Konkurrenzen verstanden werden, welche sich im politischen wie im literarischen Bereich der Polemik finden, also dem semantischen Feld von „Streit, Kampf und Krieg" in Rede, Text und Handlung zuzurechnen sind.[1] Die Bedrohungskommunikation von Streit, Kampf und Krieg artikuliert sich sowohl in der Vormoderne als auch in der Neuzeit nicht selten über divergente Modi der literarischen Darstellung (mit entsprechend unterschiedlicher Programmatik). Polemik und Feindbilder spielen in fast allen Teilprojekten des Bereiches D „Ordnungskonkurrenz" eine wichtige Rolle: Sei es die Konkurrenz der Welt- und Wissensordnung von platonischen Philosophen und Christen in der Spätantike (D01), das konkurrierende Verhältnis von aufgeklärten Anhängern des österreichischen sog. „Josefinismus" und deren konservativen Gegnern aus landständischem Adel und Klerus (D02), seien es die Spannungen zwischen Adel und Bürgertum seit 1800 (D03) oder die gegenseitige Bedrohung der Supermächte zur Zeit des Kalten Krieges im 20. Jahrhundert (D04). Das Spektrum der hier verhandelten bedrohten Ordnungen reicht von weltanschaulich-ideologischen und religiös-theologisch fundierten über kulturelle hin zu sozial-gesellschaftlichen und politischen Ordnungen. Alle genannten historischen Fallbeispiele für Ordnungskonkurrenz sind zum erheblichen Teil durch Polemik und Feindbilder im Kontext einer real wahrgenommenen oder auch nur imaginierten Bedrohung bedingt oder sogar konstituiert. Daher ermöglicht die Identifikation und Analyse von Feindbildern eine Ausdifferenzierung nicht nur der Bedrohungswahrnehmung, sondern zugleich auch der Identitätskonstituierung durch polemische Beschreibung des „anderen" in realen oder imaginierten Bedrohungssituationen und trägt damit wesentlich zur Phänomen-Beschreibung und -Interpretation des heuristischen Modells bedrohter Ordnungen bei.

Zuerst soll als empirisches Fallbeispiel (I.) die historische Ordnungskonkurrenz zwischen Platonismus und Christentum in der Spätantike (1.) skizziert werden. Auf diese Ordnungskonkurrenz werden dann Ergebnisse der neueren Feindbildforschung angewendet. Daran wird überprüft, inwiefern sich deren systematische Kategorien im Hinblick auf die Konkurrenz zweier spätantiker religiös-kultureller Ordnungen, hier: Platonismus und Christentum, als tragfähig erweisen (2.) und inwiefern einige Differenzierungen zum bislang angewandten Ordnungsbegriff sinnvoll sind. Dabei sollen Perspektiven und Fragen zur Feindbildtheorie in ihrer Relevanz für Ordnungen, genauer: für das Verhältnis konkurrierender Ordnungen über den Rahmen des hier exemplarischen Teilprojektes hinaus formuliert werden (3.). Anschließend folgt ein Abschnitt theoretischer Reflexion (II.) mit der Diskussion interepochaler und interdis-

[1] Vgl. *Hermann Stauffer*, Art. „Polemik", in: Gert Ueding (Hrsg.), Historisches Wörterbuch der Rhetorik, Bd. 6, Darmstadt 2003, 1403–1415, mit Problematisierung des unspezifischen Polemik-Begriffs.

ziplinärer Anschlussmöglichkeiten, aber auch möglicher Grenzen im Kontext des Paradigmas „Ordnungskonkurrenz“ mit Blick auf bedrohte Ordnungen.

I. Empirische Fallstudie: Ordnungskonkurrenz zwischen Platonismus und Christentum in der Spätantike (Teilprojekt D01)

1. Die historische Problemkonstellation

Mit dem Teilprojekt D01 befinden wir uns räumlich und zeitlich im Imperium Romanum der Spätantike: Im ausgehenden 3. Jahrhundert n. Chr. verfasst der platonische Philosoph Porphyrios eine monumentale und folgenreiche Schrift gegen die Christen. Er ist ein besonders renommierter Repräsentant der platonischen Philosophen, die zu dieser Zeit nicht nur eine intellektuelle, sondern auch eine soziale Elite darstellen. Seit dem wiedererwachten intensiven Interesse an Platons Schriften und Platons Philosophie im ausgehenden 1. Jahrhundert v. Chr. hatte sich der sog. „Platonismus“ zuerst noch mit konkurrierenden philosophischen Richtungen wie der Stoa, dem Kepos Epikurs oder den Peripatetikern auseinandersetzen müssen. Zu Beginn des 3. Jahrhunderts n. Chr. ist der Platonismus jedoch die einzige weiterhin aktive und verbreitete alte Philosophie, verstanden als universales Bildungssystem und philosophisch basierte Lebensform einer vielfach politisch aktiven Oberschicht. Das Christentum hingegen ist in der Kaiserzeit vor seiner politischen Akzeptanz durch Kaiser Konstantin nur eine von vielen modischen religiösen Gruppierungen (vgl. z. B. Isis-Kult; Mithras-Kult; Gnostik; Manichäismus etc.)[2], fällt jedoch aufgrund seiner singulären Alteritäten im Kontext der spätantiken Gesellschaften im Römischen Reich von Anfang an als besonders fremdartig, neu und seltsam auf.[3] Durch das in den ersten Jahrhunderten n. Chr. erstarkende, sich allmählich ausbreitende, sich zunächst gleichsam subkutan etablierende Christentum formiert sich aus Sicht der jeweils zeitgenössischen Platoniker ein fremdartiger und bedrohlicher Opponent, der den Zeitgenossen eine in mancher Hinsicht verwandte, in vielerlei Hinsicht jedoch diskrepante und neue Lebens- und Weltordnung anbietet. Daher könnte man die spätantike Ordnungskonkurrenz zwischen Platonismus und Christentum entweder in freier Anlehnung an Samuel Philipp Huntington als „clash of civilizations“[4] oder in enger Anlehnung an Louis Massignon als „clash of cultures“ bezeichnen, der so die frappierend ähnliche (mentalitätsbedingte) Ordnungskonkurrenz zwischen Christen (also Repräsentanten einer westlichen

[2] Umfassend dazu ist *Martin P. Nilsson*, Geschichte der griechischen Religion, Bd. 2, 4. Aufl. München 1988, hier v. a. 581–701.

[3] *Paul Veyne*, Die griechisch-römische Religion. Kult, Frömmigkeit und Moral, Stuttgart 2008, 66–70.

[4] *Samuel P. Huntington*, The Clash of Civilizations and the Remaking of World Order, New York 1996.

Gesellschaft) und Muslimen für das koloniale Ägypten des frühen 19. Jahrhunderts beschreibt.[5] Ein solcher „clash" spielt sich in unserem Fall freilich innerhalb desselben politischen und sogar innerhalb desselben kulturellen Raumes ab, wird ideologisch aber auf der Ebene von Religion und Lebens- resp. Glaubensordnungen verhandelt, die in der Antike maßgebliche kulturkonstituierende und politische Relevanz haben. Die Christen, anfangs Akteure einer in sich geschlossenen, parallelgesellschaftlichen neuen Subkultur, die im Lauf der Spätantike zur gesamtgesellschaftlichen Leitkultur avanciert, bieten religiöse, soziale und intellektuelle Alternativen erstmals für alle – also nicht nur für Gebildete – an. Sowohl die Platoniker als auch die Christen leben und repräsentieren eine primär philosophisch-religiöse Ordnung, die jedoch über das Individuelle hinausgehende gesellschaftliche, soziale und auch politische Relevanz hat. Religion gilt in der Antike von jeher als grundlegender Faktor und Konstituens jeder Kultur und jedes kulturellen Selbstverständnisses. Von jeher garantieren Götter den Erhalt der politischen Macht bzw. dokumentiert politische Macht die erfahrene göttliche Unterstützung. Die traditionelle Religion hat daher vor allem im römischen Bereich immer einen politischen Grundton, da sie traditionell als staatserhaltend angesehen wird, und ist nicht mit persönlicher oder individueller Frömmigkeit zu verwechseln (diese ist Privatsache jedes einzelnen).[6] Ändert sich jedoch das Gottesbild oder die theologische Basis oder ändern sich die Modi religiöser Praxis und die von religiösen Strukturen getragenen Routinen des Alltags, dann sind das wesentliche Änderungen der lebensweltlichen Kultur mit erheblicher politischer Relevanz. Besonders deutlich sind die staatstragenden Komponenten vor allem der römischen Religion, da seit dem Prinzipat des Augustus jeder römische Kaiser zugleich auch höchster Staatspriester (*pontifex maximus*) ist und sich nach Augustus ein auf Vergöttlichung des Kaisers basierender Kaiserkult etabliert. Platonische Philosophie und ihre Repräsentanten, die sich fast immer politisch engagieren[7], sind im zeitgenössischen Kontext der Kaiserzeit als staatstragende intellektuelle Elite zu verstehen – die Schule Platons ist die einzige der alten Philosophenschulen, die sich bis in die Spätantike hält. Im 3. Jahrhundert

[5] *Louis Massignon*, La psychologie musulmane (1931), in: ders. (Hrsg.), Ecrits mémorables, Bd. 1, Paris 2009, hier 629: „Après la venue de Bonaparte au Caire, le clash of cultures entre l'ancienne Chrétienté et l'Islam prit un nouvel aspect, par invasion (sans échange) de l'échelle de valeurs occidentales dans la mentalité collective musulmane."

[6] *Veyne*, Griechisch-römische Religion (wie Anm. 3), hier 92–98.

[7] Die politische Involvierung platonischer Philosophen ist im Umkreis des Porphyrios gut sichtbar: So hat bereits sein Lehrer Plotin Kontakte zum römischen Kaiserhaus, da er mit Kaiser Gordian III. einen Feldzug gegen Indien unternimmt und später in Rom in den 50er/60er Jahren in engem Kontakt mit Kaiser Gallienus und seiner Frau steht (*Porphyrios*, *Vita Plotini* c. 3; c. 12), dazu *Dominic J. O'Meara*, Platonopolis. Platonic Political Philosophy in Late Antiquity, Oxford 2003 (ND 2007), 13–16; auch Porphyrios' athenischer Lehrer, der Platoniker Longin, ist Ende der 60er Jahre des 3. Jahrhunderts n. Chr. in Palmyra am Hof der syrischen Regentin Zenobia in die aktuelle Politik involviert, dazu *Irmgard Männlein-Robert*, Longin, Philologe und Philosoph. Eine Interpretation der erhaltenen Zeugnisse, München/Leipzig 2001, hier 109–138.

n. Chr. mit seinen unruhigen Zeiten wiederholter kaiserlicher Machtwechsel, der Bedrohung des Römischen Reiches durch angrenzende Völkerschaften sowie intern wiederkehrender Seuchen, kurz: im sog. „Zeitalter der Angst“[8], bieten nun zum einen die Philosophie, und das heißt zum damaligen Zeitpunkt die *platonische* Philosophie mit ihren starken theologischen und religiösen Elementen, zum anderen aber auch das neue Christentum mit zunehmend philosophisch anspruchsvolleren Konzepten den Zeitgenossen die attraktive Aussicht auf „Rettung der Seele“ oder „Erlösung“ als eine Art Kompensation für das gegenwärtig schwierige Leben, eine Kompensation, die freilich auf jeweils höchst unterschiedliche Weise erreicht werden kann: Während die platonische Philosophie (zur Zeit des Porphyrios) die Rettung der Seele etwa durch Erwerb und Vollzug eines philosophischen (asketischen) Bildungsplans (*paideia*), mittels einer angestrebten „Angleichung an Gott“ (*homoíosis theó*) propagiert, die aus eigener Kraft im Leben eingeübt und in der postmortalen Transzendenz verwirklicht werden kann, sind im Christentum Rettung der Seele und Erlösung des ganzen Menschen nur durch Gott möglich, wenn das irdische Leben gottgefällig vollzogen wurde. Neben derartigen Unterschieden liegt ein Grund für das Konkurrenzverhältnis zwischen Platonikern und Christen auch in theologischen Ähnlichkeiten, auf die einzugehen hier nicht der Ort ist.[9] Porphyrios ist nicht der erste uns bekannte Platoniker, der sich gegen das Christentum wendet, etwa 100 Jahre vorher tut dies bereits der platonische Philosoph Kelsos.[10] Auch Porphyrios' römischer Lehrer Plotin beschäftigt sich kritisch mit gnostischen und christlichen Lehren[11], aber Porphyrios ist der Philosoph, dessen Kampf gegen das Christentum die weitesten Kreise zog und die nachhaltigsten Erschütterungen und Reaktionen auf christlicher Seite hervorrief. Seine umfangreiche, 15 Bücher umfassende Schrift *Gegen die Christen* wurde im 4. Jahrhundert n. Chr. zuerst unter Kaiser Konstantin, dann erneut unter Theodosius II. und Valentinian III.

---

[8] So nach *Eric R. Dodds*, Pagan and Christian in an Age of Anxiety. Some Aspects of Religious Experience from Marcus Aurelius to Constantine, Cambridge 1965 (= Heiden und Christen in einem Zeitalter der Angst. Aspekte religiöser Erfahrung von Marc Aurel bis Konstantin, Frankfurt am Main 1992).

[9] Allgemein siehe immer noch *Wilhelm Nestle*, Die Haupteinwände des antiken Denkens gegen das Christentum (1948), in: Jochen Martin / Barbara Quint (Hrsg.), Christentum und antike Gesellschaft, Darmstadt 1990, 17–80. Zur Diskussion etwa um den (pagan-platonischen wie christlichen) Gottesglauben / Monotheismus siehe z. B. *Polymnia Athanassiadi / Michael Frede* (Hrsg.), Pagan Monotheism in Late Antiquity, Oxford 1999, oder *Mark Edwards*, Pagan and Christian Monotheism in the Age of Constantine, in: Simon Swain / Mark Edwards (Hrsg.), Approaching Late Antiquity. The Transformation from Early to Late Empire, Oxford 2004, 211–234; zur Konkurrenz in der Anwendung alexandrinischer, also pagan-hellenischer Exegese-Techniken siehe z. B. *Bernhard Neuschäfer*, Origenes als Philologe, 2 Bde., Basel 1987.

[10] Erhalten in der Widerlegung des Christen Origenes (*Contra Celsum*).

[11] Dazu *Porphyrios*, *Vita Plotini* c. 16. Plotin verfasst nur eine Widerlegung selbst und delegiert das hauptsächlich an seine Schüler Amelios und Porphyrios, siehe auch *A. P. Bos*, World Views in Collision. Plotinus, Gnostics, and Christians, in: David T. Runia (Hrsg.), Plotinus Amid Gnostics and Christians, Amsterdam 1984, 11–28.

(448 n. Chr.) verboten, konfisziert und verbrannt.[12] Unsere heutige Kenntnis dieser Schrift verdanken wir ausschließlich den massiven Gegenangriffen in ebenso zahlreichen wie umfangreichen Widerlegungen von christlichen Autoren bis in byzantinische Zeit, die Porphyrios ausführlich zitieren (derzeit sind ca. 80 Textzeugnisse [echte Fragmente und Testimonien unterschiedlicher Qualität] bekannt).[13] Die gegenseitige Bedrohungswahrnehmung zwischen Christen und Platonikern erweist sich somit als evident, sie ist phasenweise akut und entlädt sich ebenso in aufwendigen Widerlegungen des jeweiligen Gegners wie in wüsten Hasstiraden. Die Konkurrenz zwischen den beiden Ordnungen, der des Platonismus, welcher der alten, genuin griechisch-römischen Bildungs- und Kulturtradition verpflichtet ist, und der des neuen, sich formierenden, nicht in jeder[14], aber in vieler Hinsicht fremdartigen, neue soziale Strukturen ausbildenden Christentums[15], erweist sich als eklatant sowie für beide Seiten als existenziell.

2. Polemik und die Konstruktion von Feindbildern im Kontext von Ordnungskonkurrenz

Im Kontext der Konkurrenz sowie der daraus resultierenden Polemik zwischen den beiden spätantiken Lebens-, Welt- und Wissensordnungen des Platonismus und des Christentums liegt im Folgenden das Augenmerk auf der Konstruktion und Funktionalisierung von Feindbildern: Dabei werden Ergebnisse der neueren sozial- und politikwissenschaftlichen Feindbildforschung, vorwiegend Christoph Wellers (2001/2002), Sven Reichardts (2002) und Josef Bergholds (2007), auf die spätantike Ordnungskonkurrenz zwischen Platonikern und Christen angewendet.[16] In der Feindbildforschung spätestens seit den 80er Jahren des letzten

---

[12] Dazu Porph. 38 T. und 40 T. Smith.

[13] Im Kontext von Teilprojekt D01 des SFB 923 „Bedrohte Ordnungen“ entsteht derzeit eine neue Ausgabe dieser Porphyrios-Schrift mit einer neuen kritischen Sichtung der überlieferten Fragmente, mit deutscher Übersetzung und Kommentar (hrsg. von Matthias Becker). Bis zu deren Erscheinen werden – auch im vorliegenden Beitrag – die Porphyrios-Fragmente nach der alten Ausgabe von Harnack (als H.) zitiert (*Adolf von Harnack*, Porphyrius. Gegen die Christen. 15 Bücher. Zeugnisse, Fragmente und Referate, Berlin 1916).

[14] Zu den Ähnlichkeiten, Analogien und Parallelen zwischen Platonismus und Christentum siehe z. B. *Augustinus*, De civitate dei VIII, wo er die Übereinstimmung der platonischen Philosophie mit der christlichen Lehre darlegt, dazu *Jan H. Waszink*, Bemerkungen zum Einfluss des Platonismus im frühen Christentum, in: ders. (Hrsg.), Opuscula Selecta, Leiden 1979, 352–385, hier 359.

[15] Zur christlichen Solidarpraxis der *caritas* (mit Fürsorge für Kranke, Witwen, Waisen), für die es auf heidnischer Seite – trotz einiger Philanthropen, die Wohltaten erbringen und Spenden machen – keine vergleichbar umfassenden und überpersönlichen Konzepte gibt, siehe *Katrin Pietzner*, Die Christen, in: Klaus-Peter Johne (Hrsg.), Die Zeit der Soldatenkaiser. Krise und Transformation des Römischen Reiches im 3. Jahrhundert n. Chr. (235–284), Bd. 2, Berlin 2008, 973–1007.

[16] *Christoph Weller*, Feindbilder: Ansätze und Probleme ihrer Erforschung, Bremen 2001; *Christoph Weller*, Warum gibt es Feindbilder?, in: Jochen Hippler / Andrea Lueg (Hrsg.), Feind-

Jahrhunderts, genauer seit dem Ende des Kalten Krieges, dominiert ein kognitionspsychologischer Ansatz:[17] Demnach organisiert der Mensch seine Wahrnehmungen, Überzeugungen oder Neigungen in einem kategorialen Wertesystem. Entsprechende Konstrukte erleichtern zwar die Orientierung, bedingen freilich durch die damit verbundene Reduktion von Komplexität immer auch eine selektive Wahrnehmung der Wirklichkeit. Neben der Konstruktion und Konzeptualisierung von Feindbildern sind in unserem Kontext vor allem die derzeit diskutierte soziale wie die emotionale Dimension und damit verbunden die Habitualisierung von Feindbildern von besonderem Interesse.[18] Feindbilder entstehen zunächst vor dem Hintergrund materieller oder ideologischer Konkurrenzverhältnisse.[19] Nach neueren Ansätzen der Soziobiologie basieren Feindbilder dabei auf uralten, evolutionsbiologisch erklärbaren Kategorien: Der Feind wird als existenzielle Bedrohung einer Person, einer Gruppe oder Ordnung wahrgenommen, zu beobachten sind emotionale und kognitive Verhaltensweisen. Grundlegend für die Genese von Feindbildern ist zunächst die Differenz von Selbstwahrnehmung und Fremdwahrnehmung.[20] Ein Feind ist mehr als ein Gegner, er stellt eine grundlegende Bedrohung dar, d.h. immer konstituieren auch emotionale Komponenten die Feindwahrnehmung. Feindbilder sind immer negativ, besonders änderungsresistent, meist typisiert und verkürzt, so dass die Komplexität des Feindes reduziert ist. Feindbilder sind Formen eines Gefühls von Bedrohung durch einen realen oder vorgestellten Feind (zur Differenzierung von Bedrohungswahrnehmung und Bedrohungsimagination s.u.). Der Feind gilt von jeher als Barbar, als Kulturzerstörer, als rückständig im Vergleich zur eigenen Kultur. Bei der Untersuchung feindlicher Verhältnisse findet sich eine ganze Reihe negativer stereotyper Phänomene, etwa die Animalisierung des Gegners: Dieser wird begrifflich oder auch faktisch zum Tier gemacht, dehumanisiert und so als böse und dämonisch beschworen (das greift besonders in religiösen Gesellschaften).[21] Nach Richard Hof-

---

bild Islam oder Dialog der Kulturen, Hamburg 2002, 49–58; *Sven Reichardt*, Feindbild und Fremdheit. Bemerkungen zu ihrer Wirkung, Bedeutung und Handlungsmacht, in: Benjamin Ziemann (Hrsg.), Perspektiven der historischen Friedensforschung, Essen 2002, 250–271; *Josef Berghold*, Feindbilder und Verständigung. Grundfragen der politischen Psychologie, 3. Aufl. Wiesbaden 2007.

[17] *Anne K. Flohr*, Feindbilder in der internationalen Politik. Ihre Entstehung und ihre Funktion, Münster/Hamburg 1993, hier 47f.

[18] Siehe *Peter L. Berger/Thomas Luckmann*, The Social Construction of Reality, Garden City (NY) 1966 (in deutscher Übersetzung von *Monica Plessner*, Die gesellschaftliche Konstruktion der Wirklichkeit. Eine Theorie der Wissenssoziologie, Frankfurt am Main 1969 u.ö.).

[19] Zu ideologischen Konkurrenzen siehe v.a. *Bernhard Pörksen*, Die Konstruktion von Feindbildern. Zum Sprachgebrauch in neonazistischen Medien, 2. Aufl. Wiesbaden 2005.

[20] Siehe *Martin Reisigl*, Art. „Feindbild", in: Gert Ueding (Hrsg.), Historisches Wörterbuch der Rhetorik, Bd. 10, Darmstadt 2012, 291–304, hier 292.

[21] Siehe den psychologischen Ansatz bei *Sam Keen*, Gesichter des Bösen. Über die Entstehung unserer Feindbilder, München 1993, der auch von einer universalen Rhetorik des *homo hostilis* ausgeht (ebd., 7), sowie *Pörksen*, Konstruktion von Feindbildern (wie Anm. 19), hier 231–237, und *Reisigl*, Feindbild (wie Anm. 20), 295 und 297.

stadter[22] sind Feindbilder nicht selten kohärent konstruiert, d. h. man verwendet viel Mühe auf eine „faktenreiche", scheinbar lückenlose Beweisführung, die im Extremfall sogar paranoid anmuten kann.[23] Vor allem mit Blick auf die Dynamik in Gruppen erweist sich die Wahrnehmung oder Konstruktion eines Feindes als wirksames Mittel zur Bestätigung eines positiven Selbstbildes und eines negativen Fremdbildes. Der Feind wird damit m. E. Teil der eigenen Selbstbeschreibung. Allerdings ist zu beobachten, dass nicht selten beide Seiten ähnliche oder gar spiegelbildliche Vorwurfsmuster verwenden. Gerade eine Bedrohungswahrnehmung verstärkt die Konformität einer Gruppe – im Falle einer Bedrohung kommt es hier verstärkt zu Mechanismen der Inklusion wie der Exklusion. Nach Sven Reichardt ist „mit dem Begriff ‚Feindbild' eine soziale Beziehung oder Relation bezeichnet, die sich durch höchsten Grad der Exklusion des Anderen auszeichnet, meist, um zur Selbstvergewisserung der eigenen Identität zu kommen."[24] Konstruktion und Funktionalisierung von Feindbildern sind somit maßgebliche Strategien bedrohter Ordnungen und dürfen als bestandssichernde Maßnahmen gelten. Damit tragen Feindbilder zur Stabilisierung von Identität bei Individuen und Gruppen bei und dienen deren eigener Legitimation. Zudem bieten sie die Möglichkeit der Selbstentlastung oder Lenkung von Aggressionen.

3. Porphyrios und seine Feinde

Das in der modernen Feindbildforschung zur Verfügung gestellte begriffliche und methodische Instrumentarium soll hier nun auf unsere antiken Texte und die spätantike Ordnungskonkurrenz zwischen Platonikern und Christen angewandt werden. In diesem Sinne sei im Folgenden analysiert, in welchem situativen Kontext, aus welchem Selbstverständnis heraus und mit welcher Strategie der Platoniker Porphyrios das Christentum zum Feindbild der von ihm repräsentierten Ordnung macht. Dabei stehen gruppenspezifische Phänomene der Feindbildforschung im Zentrum der Betrachtung. Anschließend seien einige Beispiele angeführt und daran gezeigt, wie die Formation des Feindbildes „Porphyrios" auf der Gegenseite, bei seinen christlichen Gegnern, erfolgt. Dort geht es vor allem um die Frage der Emotionalität in Angriff und Verteidigung mit Blick auf den paganen „Feind".

Der genaue historisch-situative Kontext, in dem Porphyrios seine Attacken gegen das Christentum verfasst, ist bislang umstritten: In jedem Fall ist die Schrift *Gegen die Christen* im Zeitraum zwischen 272 n. Chr. und den ersten Jahren des

---

22 *Richard Hofstadter*, The Paranoid Style in American Politics, in: Harper's Magazine 1964, 77–86, hier 85 f. (auch in *ders.* [Hrsg.], The Paranoid Style in American Politics, and Other Essays, New York 1965).

23 Vgl. *Berger/Luckmann*, Construction of Reality (wie Anm. 18), 98–112, zum Prozess der Verdinglichung von Feindbildern in fünf Schritten.

24 *Reichardt*, Feindbild und Fremdheit (wie Anm. 16), 251.

4. Jahrhunderts (bis spät. 305 n. Chr.), aller Wahrscheinlichkeit nach in Sizilien oder in Rom entstanden.[25] Porphyrios äußert sich auch in anderen Schriften, die in diesem Zeitraum entstehen, wiederholt gegen die Christen.[26] Da Porphyrios selbst einer religionsphilosophischen Richtung des Platonismus anhängt, registriert er weitblickend das rasche Ausgreifen der neuen christlichen Religion als Problem und als grundlegende Bedrohung für die eigene platonische Wissens- und Lebensordnung. Er selbst formuliert seine Angriffe in einer für die Christen relativ ruhigen Phase, im Zeitraum zwischen der reichsweiten Christenverfolgung des Kaisers Valerian (257–260 n. Chr.) und einer besonders heftigen und umfassenden unter Kaiser Diokletian (303–313 n. Chr.).[27] Porpyhrios verfasst seine Kritik jedoch auch zu einer Zeit, die innen- und außenpolitisch besonders schwierig ist, in der das Christentum im Imperium Romanum immer mehr Anhänger findet, zunehmend auch in gebildeten Bevölkerungsschichten. Ob die Angriffe des Porphyrios auf die Christen in unmittelbarem Zusammenhang mit der kaiserlichen Religionspolitik eines Diokletian stehen, wie wir das für eine ähnlich christenkritische Schrift des Provinzstatthalters Sossianos Hierokles für die Zeit um 300 n. Chr. wissen, oder nicht, ist bislang Gegenstand heftiger Diskussionen. Was wir sicher sagen können, ist, dass Porphyrios in jedem Falle mit seiner scharfen Attacke die antichristliche Politik Diokletians und dessen große Christenverfolgung in den Jahren ab 303 n. Chr. zumindest atmosphärisch und argumentativ vorbereitet.[28] Wie sehen nun die Strategie des Porphyrios und die

---

[25] Zur Datierung (mit Forschungsdiskussion) siehe *Jeremy M. Schott*, Porphyry on Christians and Others. „Barbarian Wisdom", Identity Politics, and Anti-Christian Polemics on the Eve of the Great Persecution, in: Journal of Early Christian Studies 13, 2005, 277–314, hier 282. Umfassend dazu *Christoph Riedweg*, Porphyrios über Christus und die Christen. „De philosophia ex oraculis haurienda" und „Adversus Christianos" im Vergleich, in: Antonie Wlosok (Hrsg.), L'Apologétique Chrétienne Gréco-Latine à l'Epoque Prénicénienne, Genève 2005, 151–198.

[26] Auch in *De philosophia ex oraculis haurienda*, ausführlich dazu *Riedweg*, Porphyrius über Christus und die Christen (wie Anm. 25).

[27] Antichristliches Edikt Diokletians: Sämtliche christlichen Schriften sollen verbrannt, Kirchen zerstört werden (*Eusebios*, hist. eccl. 8, 2, 4; Lactantius mort. pers. 12, 3).

[28] Es ist umstritten, ob sich Porphyrios im direkten und persönlichen Umkreis Kaiser Diokletians in der von diesem initiierten ersten systematischen und flächendeckenden Christenverfolgung 303/304 n. Chr. engagiert hat. Die Diskussion entzündet sich an der bei Laktanz erhaltenen Nachricht (inst. div. 5, 2, 2 f. Heck), der zufolge es am Hof des Diokletian in Nikomedia / Bithynien zu einer Anhörung zweier christenfeindlicher Prominenter kommt: Während Sossianos Hierokles, der Statthalter von Bithynien, Verfasser einer Schrift mit dem Titel *Philalethes*, namentlich genannt und bekannt ist (siehe *Schott*, Porphyry on Christians and Others [wie Anm. 25], 286), bleibt der zweite Christenkritiker anonym. Für eine Identifizierung dieses Philosophen mit Porphyrios plädiert z. B. *Elizabeth DePalma Digeser*, Lactantius, Porphyry, and the Debate over Religious Toleration, in: The Journal of Roman Studies 88, 1998, 129–146; *Elizabeth DePalma Digeser*, Porphyry, Lactantius, and the Paths to God, in: StudiaPatristica 34, 2001, 521–528; gegen eine Identifizierung mit Porphyrios wenden sich z. B. *Timothy D. Barnes*, Scholarship or Propaganda? Porphyry „Against the Christians" and its Historical Setting, in: Bulletin of the Institute of Classical Studies (London) 39, 1994, 53–65, hier 65, und *Riedweg*, Porphyrius über Christus und die Christen (wie Anm. 25), 155–161.

Konstruktion seines Feindbildes der Christen aus? Anhand der sicher zuzuschreibenden Fragmente können wir feststellen, dass Porphyrios kontinuierlich das Unstimmige, Unlogische und Absurde, das Fremde und Neue am Christentum akzentuiert. Entsprechend der seit alters in der griechischen Kultur gepflegten rhetorischen Polemik[29] greift er nicht zimperlich einige der besonders namhaften Repräsentanten der Christen, etwa die Apostel (hier v. a. Petrus und Paulus)[30], an, beschimpft sie als Scharlatane, unterstellt ihnen Betrugsabsichten (*falsitas*)[31], greift also ihre Reputation und Integrität an. Zudem wirft er ihnen vor, sie wollten die Naivität ihres (ohnehin ungebildeten) Publikums ausnutzten, nennt ihre Anhänger „ungebildete und dumme Bauerntölpel" (*rusticani et pauperes/ indocti*).[32] Auch Jesus gerät ins Visier des Porphyrios: Er deklassiert ihn, indem er seinen ontologischen Status als Gottessohn mit allen Mitteln der philosophischen Logik widerlegt und dabei allein einräumt, dass Jesus ein frommer und sittlich vorbildlicher Mensch, aber eben ein Mensch und nicht Gottessohn, gewesen sei.[33] Besonders vehement richtet sich Porphyrios gegen einen wirkungsvollen christlichen Philosophen, der ihm als Verräter der eigenen – philosophischen – Sache gilt: Es handelt sich dabei um Origenes (3. Jahrhundert n. Chr.).[34] Porphyrios bezichtigt ihn nämlich, nach anfänglichen Studien der platonischen Philosophie zum Christentum übergetreten zu sein, und unterstellt ihm somit, ein Konvertit zu sein.[35] Konvertiten erweisen sich nicht selten als besonders fanatische Verfechter ihres neuen Glaubens, und so ist das, zumindest Porphyrios zufolge, auch im Fall des Origenes. Dieser ist aus der Sicht des Porphyrios besonders gefährlich, da er – platonisch geschult – das methodische und theoretische Rüstzeug dazu hat, das Christentum intellektueller und philosophischer erscheinen zu lassen, als das bislang der Fall war. Spätestens anhand dieses Bei-

[29] Dazu *Stauffer*, Polemik (wie Anm. 1), 1405.

[30] Z. B. Porph. bei Hieronymus ep. 112, 6 und ebd., 112, 11, 1 f. (p. 372 f. und 380 Hilberg) = frg. 21B H.

[31] Porph. frg. 2 und 11 H.

[32] So Porph. frg. 4 H. (*rusticani et pauperes*); vgl. frg. 20 H.; sie sind ungebildet und von gottloser Natur (*indocti et impiae naturae*): Porph. frg. 346 F., Z. 17 f. Smith.

[33] Z. B. Porph. bei Theophylactus enarr. in Ioh. (PG 123, col.1141 = frg. 86 H.) oder Porph. bei Michael Psellos, opuscul. theol. 75, 102–116 (p. 301 Gautier) = frg. 1 Goulet (*Richard Goulet*, Cinq nouveaux fragments nominaux du traité de Porphyre „Contre les chrétiens", in: Vigiliae Christianae 64, 2010, 140–159, hier 141–143). Ebenso im 3. Buch von *De philosophia ex oraculis haurienda*, wo er Jesus als – ganz und gar menschlichen – Weisen darstellt, dazu *Riedweg*, Porphyrius über Christus und die Christen (wie Anm. 25), 185 f.

[34] Zur Diskussion um den hier gemeinten Christen Origenes und den zeitgenössischen Platoniker namens Origenes sowie die in der älteren Forschung vorgeschlagene (mittlerweile verworfene) Identifizierung beider, siehe z. B. *Karl-Otto Weber*, Origenes der Neuplatoniker. Versuch einer Interpretation, München 1962.

[35] Vgl. dagegen Eusebios (Hist. Eccl. VI 19, 9 f.), der Origenes nicht als Konvertiten, sondern als genuinen / gebürtigen Christen beschreibt, siehe auch *Jeremy M. Schott*, „Living like a Christian, but Playing the Greek". Accounts of Apostasy and Conversion in Porphyry and Eusebius, in: Journal of Late Antiquity 1, 2008, 258–277.

spiels wird deutlich, dass man trotz aller Exklusionsstrategien von einer gewissen „Nähe der Feinde zueinander" ausgehen darf, d. h. dass gerade besonders feindliche Angriffe auf zumindest teilweise gegebene Affinitäten (in inhaltlicher, systematischer oder methodischer Hinsicht) verweisen.[36] In jedem Fall gilt Origenes' christliche Umdeutung der platonischen Philosophie Porphyrios nicht nur als Profanierung platonischen Wissens, sondern als Bedrohung der Philosophie und der von ihr gestifteten universalen Ordnung überhaupt. Zudem hatte sich Origenes intensiv mit der Christenkritik des Platonikers Kelsos auseinandergesetzt, hatte also erstmals ein Arsenal an Argumenten aus christlicher Sicht gegen den Platonismus zusammengestellt. Entsprechend scharf argumentiert Porphyrios gegen diesen Origenes. Doch Porphyrios übt nicht nur Kritik an herausragenden historischen oder zeitgenössischen Figuren der neuen Religion. Als exzellenter Literaturkenner und Literaturkritiker attackiert er intensiv vor allem die heiligen *Texte* der Christen, das Alte wie das Neue Testament. In gut polemischer Manier arbeitet er Diskrepanzen heraus (wie etwa die bei Matthäus und Lukas nicht übereinstimmende Narrative von der Geburt Jesu)[37] oder entwertet das für die frühe Christologie so bedeutende alttestamentliche Buch Daniel durch seine bis heute gültige Spätdatierung in hellenistische Zeit.[38] Weiterhin wirft Porphyrios den Christen unangemessenen Umgang mit ihren eigenen Texten vor, etwa wenn sie die allegorische Exegese-Methode für das Neue Testament verwenden, die nur bei alten und schwer verständlichen Texten anzuwenden sei.[39] Wir können beobachten, dass sich Porphyrios' Polemik nicht im Verbalen erschöpft, sondern vorrangig auf grundsätzliche und argumentativ schwer widerlegbare, fundamentale Vorwürfe abzielt. Seine Polemik und damit seine Konstruktion eines christlichen Feindbildes beabsichtigt eine sachlich-faktische Dekonstruktion der Grundfesten der neuen christlichen Glaubensordnung. Er kennt die heiligen Schriften der Christen bis ins Detail und markiert daher dogmatische oder methodische Kritikpunkte, die auch in zeitgenössischen innerchristlichen Debatten (etwa im Streit um Arianer und Nestorianer) eine wichtige Rolle spielten und sogar bis heute noch in der theologischen Diskussion virulent sind. Bislang scheint, zumindest nach der überlieferten Textevidenz, bei ihm Aggression den

---

[36] Siehe das Zitat des rumänischen Philosophen Emil Cioran: „Ich habe beschlossen, mit niemandem mehr einen Streit auszutragen, seit ich bemerkt habe, dass ich schließlich immer meinem neuesten Feind ähnlich werde." (*Emil M. Cioran*, Vom Nachteil, geboren zu sein, Frankfurt am Main 1979, 24 und 96).

[37] Porph. frg. 12 H.

[38] Siehe die Zeugnisse des Porph. (bei Hieronymus in Dan.) frg. 43 A-X H.; *Maurice Casey*, Porphyry and the Origin of the Book of Daniel, in: Journal of theological studies 27, 1976, 15–33; *Pier Franco Beatrice*, Pagans and Christians on the Book of Daniel, in: Elizabeth A. Livingstone (Hrsg.), Papers presented at the Eleventh International Conference on Patristic Studies. Biblica et apocrypha, orientalia, ascetica, (Studia Patristica 25), Leuven 1993, 27–45.

[39] Z. B. Porph. bei Didym. in eccles. 9, 10 (281, 17–22 = p. 38 Gronewald); dazu *Schott*, Porphyry on Christians and Others (wie Anm. 25), 303.

Feinden gegenüber zwar vorhanden, aber nicht übermäßig zu sein.[40] Allerdings sind wir hier mit der aktuellen Auswertung und Interpretation unserer Texte noch nicht am Ende, letztlich können wir noch nicht sicher sagen, ob es sich vorwiegend um eine Kampfschrift oder doch eher um eine Angstschrift des Porphyrios handelt (und inwiefern das auseinanderzuhalten ist).[41] Sicher sagen können wir aber Folgendes: Das in der aktuellen Feindbildforschung zentrale Argument, dass Konstruktion und kontinuierliche Kolportage von Feindbildern in einer Gruppe maßgeblich zu deren Stabilisierung beitragen, lässt sich mit Sicherheit auch für Porphyrios bestätigen. Denn Porphyrios tritt uns zwar in seiner Anti-Christen-Schrift als individueller Gelehrter entgegen, er formuliert seine Kritikpunkte in jedem Falle jedoch als Sprecher oder Repräsentant einer Gruppe, und das in zweifacher Hinsicht: Zum einen (vermutlich) als Oberhaupt eines Kreises neuplatonischer Gesinnter oder einer Schule in Rom[42], zum anderen als Sprecher für alle platonischen Philosophen im zeitgenössischen Imperium Romanum. Porphyrios attackiert vor allem die den frühen Christen wichtigen und zentralen (heiligen) Personen und zentrale christliche „heilige Texte". Um die Christen als bedrohliche Feinde von der eigenen Gruppe nachhaltig ab- und auszugrenzen, wendet er allem Anschein nach eine besonders raffinierte Exklusionsstrategie an, die eine wichtige Ausdifferenzierung des Ordnungsbegriffes zur Folge hat.[43] Porphyrios rechnet nämlich die Christen zu den „Barbaren" und grenzt sie so von der eigenen Gruppe der „Hellenen" ab. Kurz zum besseren Verständnis: Als „Barbaren" werden von den Griechen seit jeher alle Menschen bezeichnet, die nicht griechisch sprechen, also nicht im griechischen Kulturraum leben und nicht der griechischen Kultur zugehören. Seit den Perserkriegen des 5. Jahrhunderts v. Chr. wird der zunächst sprachlich-ethnisch motivierte Barbarenbegriff zunehmend negativ und abwertend konturiert.[44] Immer handelt es sich bei der Dichotomie

---

[40] Siehe *Wolfram Kinzig*, War der Neuplatoniker Porphyrios ursprünglich Christ?, in: Manuel Baumbach / Helga Köhler / Adolf M. Ritter (Hrsg.), Mousopolos Stephanos. Festschrift für Herwig Görgemanns, Heidelberg 1998, 320–332, der ein negatives Erlebnis des (vormals christlichen) Porphyrios mit Christen in seiner Jugend postuliert, dagegen wendet sich *Riedweg*, Porphyrius über Christus und die Christen (wie Anm. 25).

[41] Vgl. die einseitige Annahme in der älteren Forschung, es handle sich allein um eine Reaktion der Hellenen auf die Christen, etwa *Pierre de Labriolle*, La réaction païenne. Etude sur la polémique antichrétienne du Ier au VIe siècle, Paris 1934.

[42] Siehe *Eunapios, Vitae sophistarum et philosophorum* c. 10, 23–11, 1 G., dazu *Matthias Becker*, Eunapios aus Sardes. Biographien über Philosophen und Sophisten. Einleitung, Übersetzung, Kommentar, Stuttgart 2013, hier 84. Auch seine Heirat mit der Römerin Marcella (siehe Porph. ep. ad Marc.) spricht für ein Leben in Rom.

[43] Porph. bei *Eusebios*, Hist. eccl. VI, 19, 7 = frg. 39 H. (am Beispiel des Origenes); vgl. auch Euseb. Praep. ev. I 2, 1–5 = frg. 1 H., wo sich Eusebios mit dem Vorwurf, die Christen seien Barbaren und Atheisten, auseinandersetzt.

[44] Ausführlicher dazu ist *Stephan Schmal*, Feindbilder bei den frühen Griechen. Untersuchungen zur Entwicklung von Fremdenbildern und Identitäten in der griechischen Literatur von Homer bis Aristophanes, Frankfurt am Main u. a. 1995. Zeitlich weiter ausgreifend: *Albrecht*

Hellenen – Barbaren um ein asymmetrisches Verhältnis[45], wenn die Griechen andere, anderssprachige Ethnien, Angehörige anderer Kulturen, kurz: Fremde mitunter prägnant von sich abgrenzen und ausschließen. Die Römer übernehmen den Barbaren-Begriff und -Topos von den Griechen. Mit dem Begriff des „Barbaren" verbindet sich (nicht nur bei den Griechen) seit jeher immer auch die Vorstellungen von Wildheit, Feigheit und Unbildung. Wenn Porphyrios also die Christen – oder einen ihrer herausragenden Repräsentanten (wie etwa Origenes) – den Barbaren zurechnet, verschiebt er den traditionellen Barbarenbegriff von einem geographisch-ethnischen Begriff hin zu einem neu ausdifferenzierten. Die Christen dagegen sehen sich selbst als „Hellenes" und fühlen sich, da griechisch-sprachig, dem griechischen Kulturraum, der im Römischen Reich aufgegangen war, verpflichtet; sie sagen, sie hätten allein den „ererbten Aberglauben" abgelegt.[46] Dagegen steht für Porphyrios allem Anschein nach unverbrüchlich fest, die Christen seien Barbaren.[47] Sie gehören zwar derselben Kultur an, bekunden aber aufgrund ihrer neuen Religion und nicht-traditionellen Lebensweise ihre Unbildung und ihren Aberglauben. Obwohl Porphyrios selbst aus Tyros kommt, also Phönizier und damit nicht primär griechisch-sprachig ist, betrachtet er sich als „Grieche" und hat aufgrund seiner Erziehung und Bildung, seiner kulturellen Zugehörigkeit und nicht zuletzt aufgrund seiner Zugehörigkeit zur traditionellen hellenisch-römischen Religion ein ganz und gar hellenisches Selbstverständnis. Porphyrios funktionalisiert also das traditionelle Barbarenverdikt bei der Konstruktion seines christlichen Feindbildes so um, dass nicht mehr Kultur im Sinne von Sprache, Ethnie und geographischem Lebensraum, sondern Kultur im Sinne von Bildung, Religion und Lebenspraxis (unabhängig vom Lebensraum) darüber entscheidet, ob man Barbar oder Grieche ist.[48] Erkennbar

---

Dihle, Die Griechen und die Fremden, München 1994; *Thomas Harrison* (Hrsg.), Greeks and Barbarians, New York 2002.

[45] Siehe *Reinhart Koselleck*, Vergangene Zukunft. Zur Semantik geschichtlicher Zeiten, Frankfurt am Main 1989, hier 213, und zum Hellenen-Barbaren-Gegensatz 218–229.

[46] *Eusebios*, Praep. ev. 1, 5, 10.

[47] So z. B. über Origenes, den er der „barbarischen Verwegenheit" bezichtigt (Porph. bei Eus. Hist. eccl. VI 19, 7 = frg. 39 H.: βάρβαρον […] τόλμημα). Vgl. auch *Koselleck*, Vergangene Zukunft? (wie Anm. 45), 229–244, der jedoch nur aus christlicher Perspektive darstellt, wie z. B. „Hellene" und „Barbar" konvergieren können (ebd., 233).

[48] *Koselleck*, Vergangene Zukunft? (wie Anm. 45), 217, bezeichnet dieses Phänomen als die auf die „Territorialisierung" folgende „Spiritualisierung" des Fremden resp. Feindlichen. Siehe auch *Schott*, Porphyry on Christians and Others (wie Anm. 25), hier 280 f. mit Anm., und *Aaron P. Johnson*, Porphyry's Hellenism, in: Sébastien Morlet (Hrsg.), Le traité de Porphyre contre les chrétiens. Un siècle de recherches, nouvelles questions, Paris 2011, 165–181, hier 165 und 176. Seit Plutarch, Numenios und Kelsos ist in den Reihen der Platoniker ein gesteigertes Interesse an der Weisheit der Barbaren (*bárbaros philosophía*), also an ägyptischen, chaldäisch-babylonischen, jüdischen oder indischen Weisheits- und Wissenstraditionen festzustellen, dazu *Matthias Baltes*, Der Platonismus und die Weisheit der Barbaren, in: John J. Cleary (Hrsg.), Tradition of Platonism. Essays in Honour of John Dillon, Aldershot u. a. 1999, 115–138. Zu Porphyrios' Akzentuierung einer universal gedachten platonischen Philosophie siehe *Schott*, Porphyry on

wird im Kontext dieser Exklusionsstrategie[49] nicht nur eine Verschiebung oder Übertragung[50] des alten Barbaren-Hellenen-Dualismus, sondern auch eine neue kulturelle Ausdifferenzierung innerhalb ein und derselben politischen Ordnung. Die Christen halten sich nicht an die tradierten religiösen Ordnungs- und Verhaltensmuster und gelten den Nicht-Christen, den Paganen, daher als verdächtige und neuerungssüchtige Abweichler. Sie erscheinen als Bedrohung für die gesamte, religiös fundierte zeitgenössische Gesellschaftsordnung, da sie alte Identitäten und Hierarchien aufweichen.[51] Auf diesen Vorwurf reagieren die Christen freilich unterschiedlich: Entweder behaupten sie, eine ebenso kulturübergreifende kulturelle Macht wie die Hellenes zu sein, oder sie betrachten sich selbst als eine dritte, zwischen den bekannten Instanzen „Hellenen" und „Barbaren" stehende Größe. Die Distinktion zwischen Barbaren und Hellenes wird also von beiden Seiten im Kontext des Kampfes gegen den jeweiligen Feind funktionalisiert. Inwieweit für Porphyrios und entsprechende philosophisch-platonische Kreise die Bedrohung durch das Christentum situativ konkret und faktisch ist, ist uns derzeit noch nicht ganz klar. In jedem Fall sei hier eher der Begriff der *Bedrohungsimagination* verwendet, da Porphyrios – wie sich wenig später zeigen sollte: durchaus weitblickend – eine akute Bedrohung der eigenen Ordnung durch die Christen in seinen Schriften eindrucksvoll inszeniert und um den Erhalt seiner Weltordnung kämpft. Umgekehrt muss man mit Blick auf die Christen und deren Angriffe auf Porphyrios ganz klar von *Bedrohungswahrnehmung* sprechen. Denn Porphyrios und seine polemische Schrift waren tatsächlich eine ernsthafte Bedrohung und akute Gefahr für die zeitgenössischen Christen. Das wird daran deutlich, dass die christlichen Intellektuellen des 4. und 5. Jahrhunderts, etwa Eusebios von Caesarea, Makarios Magnes, die Kirchenväter Hieronymus und Augustinus, dann auch der Bischof Theodoretos, überaus heftig auf seine Kritik reagieren: Selbst wenn Eusebios den Platoniker Porphyrios als weithin angesehene Autorität anerkennt oder wenn Augustinus ihn als *philosophus nobilis*, zugleich aber auch als „schärfsten Feind" der Christen (*acerrimus inimicus*) tituliert[52], werfen die Christen ihm mit Blick auf seine am Christentum geübte Polemik „Dummheit" und „Ignoranz" vor und beschimpfen ihn als Feind und

Christians and Others (wie Anm. 25), 288, und v.a. *Fergus Millar*, Porphyry. Ethnicity, Language, and Alien Wisdom, in: Jonathan Barnes / Miriam Griffin (Hrsg.), Philosophia togata II. Plato and Aristotle at Rome, Oxford 1997, 241–262.

[49] Allgemein dazu *Schmal*, Feindbilder (wie Anm. 44), 19–24.

[50] *Koselleck*, Vergangene Zukunft? (wie Anm. 45), 216.

[51] Porph. bei *Eusebios*, Hist. eccl. VI 19, 1–11, v.a. 4 = frg. 39 H.: Die irritierende und als bedrohlich wahrgenommene „Andersheit" der Christen wird hier auch sprachlich kenntlich (z.B. an der Verwendung des sonst seltenen Adjektivs „othneíos"), siehe *Schott*, Porphyry on Christians and Others (wie Anm. 25), 314.

[52] *Augustinus*, civ. 7, 25 (*philosophus nobilis*); ders., civ. 19, 22 (*dictissimus philosophorum, quamvis Christianorum acerrimus inimicus*, siehe auch civ. 22, 4; cons. ev. 1, 15, 23; vgl. Euseb. Praep. ev. I 9; V 1; X 9; ders., Hist. eccl. VI 19, 2).

„Verleumder" (*diábolos*).[53] Interessanterweise versuchen die genannten Christen, Porphyrios mit seinen eigenen Waffen zu schlagen – hier erkennen wir die Spiegelbildlichkeit zwischen Feindbildern entsprechend der Feindbildforschung. So versuchen sie etwa, ihm Selbstwidersprüche nachzuweisen[54] oder werfen ihm vor, er sei ein „unfrommer", unreligiöser Mensch (*impius*)[55]. Darüber hinaus finden wir in ihren Gegenschriften Formen des Angriffs, die weit über rhetorische Polemik hinausgehen: So wird er (bei Eusebios) als „Advokat der Dämonen" bezeichnet[56], mit Blick auf seine Kritik an Jesus wird ihm eine „diabolische" Intention unterstellt[57], und auch sonst zeichnet sich eine regelrechte Dämonisierung des Christenkritikers ab. Entsprechend den Paradigmen der Feindbildforschung darf ganz besonders die Animalisierung des Feindes als Beleg für emotionale resp. affektive Komponenten gelten: So wird Porphyrios etwa als „bellender Hund" oder als „Affe" beschrieben.[58] Eine solche Entmenschlichung des Gegners evoziert zwangsläufig die Vorstellung einer notwendigen Säuberung oder Reinigung, evoziert ebenso wie die Dämonisierung des Feindes dessen Konnotation als gefährlich und böse, die in der religiös geprägten gesellschaftlichen Ordnung des Römischen Reiches im 3. und 4. Jahrhundert leicht greift.[59] Eine verwandte

---

[53] Z. B. *Eusebios*, Hist. eccl. VI 19, 9; *Hieronymus* ep. 130, 14 (*stultus philosophus* [sc. Porphyrius]); Porphyrios zeige sich ignorant, wenn er den Evangelisten Matthäus zu überführen glaube (*Hieronymus* Is. 9, 30, 1–5; ders., Dan. 1; vgl. in Dan. 4.11, 44 f.); Porphyrios könne nur naive und schlecht informierte Christen überzeugen (so Hieronymus in Dan. 4.12, 1–3); Porphyrios sei ein Sykophant (ebd., 1.3, 98; vgl. *Eusebios*, Demonstr. ev. I 1, 12); Augustinus unterstellt Porphyrios unfromme Eitelkeit und Ignoranz bei seinen Verleumdungen (Aug. cons. ev. 1. 7, 10).

[54] Etwa Eusebios, dazu *Aryeh Kofsky*, Eusebius of Caesarea against Paganism, Leiden 2000, hier 273.

[55] *Eusebios*, chron. praef. interpr. Hieronymus p. 8, 1 Helm; Aug. cons. ev. 1.7, 11.

[56] *Eusebios*, Praep. ev. VI praef.

[57] *Didymos*, eccl. 9.8–10.20 [281, 17–22], p. 38 Gronewald (allerdings mit anderer Zuordnung der *verba Porphyrii* als Gronewald).

[58] *Hieronymus*, in Matth. 21, 21, Z. 1438–1456 (p. 191 f. Hurst / Adriaen) = frg. 3 H.; *Hieronymus* adv. Pelag. 2, 17, Z. 7–12 (CChr.SL 80, p. 76) = frg. 70 H.: *latrat Porphyrius*); *Theodoretos*, Graec.aff. 7, 36 f. (= frg. 38 H.), wo Porphyrios als „Affe" bezeichnet wird; zur rhetorischen Animalisierung siehe *Reisigl*, Feindbild (wie Anm. 20), 297.

[59] Eine solche Dämonisierung greift in religiösen Gesellschaften besonders gut, dazu siehe *Günther Schlee*, Wie Feindbilder entstehen. Eine Theorie religiöser und ethnischer Konflikte, München 2006, hier 94–125. Auf Porphyrios oder Christenkritiker wie ihn spielen z. B. an *Arnobios*, Adv. nationes (2, 15: *viri novi*) oder *Laktanz*, div. inst. 5, 2 (der hier von einem „Lehrer der abstinentia" als einem Hohepriester der Philosophie spricht und damit auf Porphyrios als Verfasser der (überlieferten) Schrift *De abstinentia* anspielen könnte, dazu siehe die Diskussion bei *Timothy D. Barnes*, Sossianus Hierocles and the Antecedents of the „Great Persecution", in: Harvard Studies in Classical Philology 80, 1976, 239–252, und *Markus Mertaniemi*, Values of Hatred. Rhetoric and Image of Christianity Before and During the Great Persecution 303–312 AD, in: Kari Alenius / Olavi K. Fält / Markus Mertaniemi (Hrsg.), Imagology and Cross-Cultural Encounters in History, Rovaniemi 2008, 57–62, und *ders.*, Acerrimus inimicus. Porphyry in Christian Apologetics, in: Jörg Ulrich (Hrsg.), Continuity and Discontinuity in Early Christian Apologetics, Frankfurt am Main 2009, 97–112, der für die Möglichkeit plädiert, es könne sich bei dem von Laktanz Genannten um Porphyrios handeln.

polemische Strategie ist die Anonymisierung des Gegners, wie wir sie ebenfalls in der Reaktion auf Porphyrios feststellen. Bereits jetzt zeichnet sich mit Blick auf die einschlägigen christlichen Texte ab, dass deren Autoren in ungleich höherem Maße emotional auf Porphyrios' Kritik reagieren, da seine Angriffe argumentativ vielfach nicht zu widerlegen waren (und sind) und wohl nicht zuletzt daher viele Zeitgenossen zur Abkehr vom Christentum veranlasst haben.[60] Die aggressiven Posen so mancher christlicher Gegner, die zu Verbalinjurien und Dämonisierungsstrategien greifen, verdichten sich in den symbolhaften Bemühungen der römischen Kaiser Konstantin, Theodosius II. und Valentinian III., Porphyrios' Bücher zu verbrennen und zu verbieten.[61] Porphyrios avanciert bei den gebildeten Christen also schnell zum Inbegriff des Feindes überhaupt, da sie sehen, dass ihre Lebens- und Weltordnung durch seine Angriffe faktisch bedroht ist und sie selbst in Rechtfertigungsnot geraten. Anders als (vermutlich) im Falle des Porphyrios selbst kommt es bei den Christen zu unsachlichen, polemischen Verkürzungen in der Polemik, werden emotionale Komponenten greifbar, die das Feindbild „Porphyrios" ganz offensichtlich bei den christlichen Apologeten evoziert. Erkennbar werden dabei die für Feindbilder bekannten immanenten Stereotypen sowie traumatische Reflexe im Kontext imaginierter wie tatsächlich wahrgenommener Bedrohung der eigenen Ordnung.[62] Aus heutiger Sicht bemerkenswert ist das Faktum, dass Porphyrios' Kritik heute nur noch in den Widerlegungen der Christen erhalten ist, indem sie regelmäßig aus seiner Schrift zitieren, um ihn dann zu widerlegen, was von einer eigenwilligen intertextuellen Dialektik beider feindlicher Gruppen zeugt (beide hätten sich gegenseitig totschweigen, den Feind der *damnatio memoriae* anheimfallen lassen können): Das kann m. E. als gutes Beispiel für den im SFB 923 postulierten Kommunikationszwang im situativen Kontext einer bedrohten Ordnung gelten.

4. Die Feindbildtheorie und ihre Relevanz für die Beschreibung konkurrierender Ordnungen

Porphyrios gehört zu den durchaus staatstragenden griechischen Intellektuellen im Römischen Reich, die im sozial, intellektuell und politisch Form annehmenden Christentum frühzeitig eine existenzielle Bedrohung und Gefahr identifizieren. Er registriert früh das gewaltige Bedrohungspotential, das der eigenen kulturellen Lebensordnung durch die Christen, deren dem Platonismus vielfach

---

[60] So nach Sever. Gabal. creat. orat. 6 (PG 56, col. 487) = frg. 42 H.

[61] Zur angeordneten Verbrennung von Porphyrios' christenfeindlichen Schriften siehe Codex Iustinianus (448 n. Chr.) I 1, 3; ebd., 1.5, 6; siehe auch *Wolfgang Speyer*, Büchervernichtung und Zensur des Geistes bei Heiden, Juden und Christen, Stuttgart 1981; *Dirk Rohmann*, Christianity, Book Burning, Censorship. Studies in Text Transmission in Late Antiquity (in Vorbereitung zum Druck).

[62] *Reisigl*, Feindbild (wie Anm. 20), 293, 295 und 298; ausführlicher zu Barbar und Stereotypen(-bildung) ist *Schmal*, Feindbilder (wie Anm. 44), 15–24.

ähnliche Lehren, deren *way of life* sowie durch deren singuläres Sozialverhalten erwächst. Diese Bedrohung der eigenen Welt- und Wissensordnung konkretisiert sich bei Porphyrios in einem wuchtigen, sich über Jahre und Jahrzehnte konturierenden und intensivierenden christlichen Feindbild, das allerdings weniger emotional als vielmehr argumentativ konstruiert zu sein scheint. Für den elitären, intellektuellen Platoniker geht es zum einen um den Fortbestand eines religiös-theologisch basierten Platonismus als universaler Wissens-, Lebens- und Kulturordnung; Porphyrios denkt dabei sicherlich auch an sein philosophisches (Stamm-)Publikum, auf das auch die christliche Philosophie zunehmend abzielt. Zum anderen geht es ihm aber auch um Wahrung und Verteidigung materieller und sozialer Privilegien, die er als griechischer Philosoph im Römischen Reich seit jeher genießt, etwa, was Förderer resp. Gönner und damit verbundene Netzwerke, aber auch materielle Ressourcen wie Unterrichts- und Arbeitsräume, Wohnhäuser, Honorare und damit verbunden Ruhm und gesellschaftliche wie wissenschaftliche Anerkennung angeht. Porphyrios agiert immer auch als Repräsentant einer Gruppe (Platoniker), deren Identität durch die empfindlich und scharf registrierten und attackierten Alteritäten der Christen wesentlich gestärkt und sogar dynamisiert wird. Auch die christlichen Apologeten und Kirchenväter, die sich polemisch mit Porphyrios auseinandersetzen, bewirken eine interne Stabilisierung ihrer Gruppe[63] und eine sogar stark stereotypisierte Wahrnehmung des Feindes Porphyrios. Anders als das bei Porphyrios bislang zu beobachten ist, verrät deren Emotionalität in Angriff und Polemik[64] eine eigene Form der Konstruktion der Wirklichkeit, eine klare Sedimentation, Festigung und Einübung, kurz: Ritualisierung in der Anwendung ihres Feindbildes, das als Verdinglichung oder personhafte Konkretisierung einer als existenziell wahrgenommenen Bedrohung auf christlicher Seite fungiert. Für die Christen geht es schließlich um grundlegende Akzeptanz und Legitimierung ihrer neuartigen, letztlich hybriden Glaubens- und Kulturordnung, die im späten 3. Jahrhundert n. Chr. noch alles andere als gesichert war. Das heißt: Zum Zeitpunkt der ersten christlichen Widerlegungen des Porphyrios ist der Ausgang dieser Ordnungskonkurrenz noch völlig unklar, Kaiser Konstantin und die christliche Wende in der Reichspolitik sind noch nicht in Sicht. Zuletzt hat sich der israelische Religionshistoriker Guy Stroumsa zu der hier als Fallbeispiel verhandelten spätantiken Ordnungskon-

[63] Neben den christlichen apologetischen Schriften gibt es auch anti-hellenische Streitschriften (πρὸς-Ἕλληνας-Schriften), dazu *Wolfram Kinzig*, Überlegungen zum Sitz im Leben der Gattung Πρὸς Ἕλληνας/Ad nationes, in: Raban von Haehling (Hrsg.), Rom und das himmlische Jerusalem. Die frühen Christen zwischen Anpassung und Ablehnung, Darmstadt 2000, 152–183. Beide Seiten, Christen und Platoniker, sind in innere Diskussionen um Orthodoxie verstrickt: Porphyrios z. B. gegen seinen Schüler und Kontrahenten Iamblich (v. a. in Fragen der Theurgie), auf christlicher Seite ringen z. B. Arianer und Nestorianer in Konzilien um Deutungshoheit und Orthodoxie.

[64] So nach den Wissenssoziologen Peter L. Berger und Thomas Luckmann (Construction of Reality [wie Anm. 18]) mit der These von Gesellschaft als subjektiver Wirklichkeit.

kurrenz zwischen Platonismus und Christentum geäußert.[65] Stroumsa betont überzeugend die Multikausalität einer lange „subkutan“ verlaufenden und dennoch radikalen Transformation[66] – er präzisiert sie treffend als „Mutation“ – der spätantiken Gesellschaft im Westen wie im Osten des Römischen Reiches zu einer christlichen Gesellschaft. Diese „Mutation“ war für die Platoniker und die gebildeten Eliten um die Wende vom 3. zum 4. Jahrhundert n. Chr. sicherlich noch nicht absehbar und wenn sie es gewesen wäre, dann als eine Horrorvision.

II. Ordnungskonkurrenz: Perspektiven, Möglichkeiten, Grenzen

Abschließend seien einige Perspektiven, Möglichkeiten und Grenzen für die Erarbeitung einer noch ausstehenden typologischen Beschreibung von Ordnungskonkurrenz(en) formuliert: Anhand des ausgewählten Fallbeispiels der Ordnungskonkurrenz zwischen Platonikern und Christen in der Spätantike wird deutlich, inwiefern der bislang hypothetisch verwendete Ordnungsbegriff (1.), aber auch das Konkurrenzverhältnis von Ordnungen (2.) sowie die phänomenologische Beschreibung von „Bedrohungswahrnehmung“ (3.) weiter ausdifferenziert und komplexer beschrieben werden können:

1.) Zum einen erweist sich „Ordnung“ als bestimmter Sinngehalt sozialer Beziehungen, der durch den Begriff des Sollens oder der Norm charakterisiert werden kann. Eine Ordnung hat Max Weber zufolge dann Geltung, wenn der Ablauf des an der Ordnung orientierten Handelns garantiert ist und wenn der normative Charakter einer Ordnung gegeben ist.[67] Daher ist die Ausschließlichkeit der Geltung einer Ordnung nach Weber eigentlich nur im spezifisch juristischen Bereich möglich, während im Bereich des Tatsächlichen durchaus zwei verschiedene Ordnungsvorstellungen nebeneinander bestehen können. Weber konstatiert damit, dass es zu Ordnungskonkurrenz nur von einem spezifisch normativen Standpunkt aus kommen kann, kurz: wenn zwei Ordnungen gleichermaßen *normativen* Geltungsanspruch erheben.[68] Im Falle von Platonismus und Christentum haben wir es mit zwei konkurrierenden Ordnungen zu tun, die beide gesamtgesellschaftliche Ansprüche erheben und politische Wirksamkeit benötigen. Durch die starke religiös-theologische Fundierung dieser beiden – normativen – antiken Lebens-, Welt- und Wissensordnungen erweisen sich die Spannungen und die Konkurrenz zwischen den platonischen Philosophen der

[65] *Guy G. Stroumsa*, Das Ende des Opferkults. Die religiösen Mutationen der Spätantike, Berlin 2011.

[66] So z. B. *Thomas Lechner*, Very sophisticated? Mission und Ausbreitung des Christentums in der Welt der Zweiten Sophistik, in: Millenium 8, 2011, 51–86, hier 53.

[67] *Max Weber*, Grundriß der Sozialökonomik, Bd. III/1: Die Wirtschaft und die gesellschaftlichen Ordnungen und Mächte, Tübingen 1921, v. a. 16–17.

[68] Dazu siehe *Hans Kelsen*, Der soziologische und der juristische Staatsbegriff. Kritische Untersuchung des Verhältnisses von Staat und Recht, Tübingen 1922, hier 170.

Spätantike und den zeitgenössischen christlichen Repräsentanten als besonders emotional, da existenziell.[69] Es wird weiterhin zu untersuchen sein, wann oder inwiefern wir es bei den ausgewählten Fallbeispielen für *Ordnungskonkurrenz* mit „*Pluralismus*" oder „*Antagonismus*" von Ordnungen zu tun haben: Der Begriff der Konkurrenz ist ja nicht a priori auf nur zwei Kontrahenten oder Gegner zu beziehen, sondern ist zunächst ein pluralistischer Begriff, d.h. es kann sich um mehr als zwei Konkurrenten handeln. Im SFB 923 liegt das Hauptaugenmerk in der ersten Förderphase deshalb auf prominenten Zweier-Konstellationen, damit so das begriffliche und methodische Instrumentarium präziser erarbeitet werden kann, welches mit Blick auf weitere Untersuchungen freilich auch auf komplexere Ordnungskonkurrenzen angewandt werden soll. Denn wie am Fallbeispiel Spätantike gezeigt, erweist sich die Ordnungskonkurrenz zwischen Platonismus und Christentum als weitaus komplexer als bislang angenommen (s.u. 2.). Trotz der anzunehmenden pluralistischen Tiefenstruktur von Ordnungskonkurrenz(en) dominiert – zumindest bislang – das Denkmodell des Antagonismus, der bereits von seiner Etymologie her als handlungsbetonter Begriff kenntlich wird, da er das „Gegenhandeln" von Akteuren beschreibt.[70] Nach Karl Marx handelt es sich bei „Antagonismus" um ein Konfliktverhältnis, das auf entgegengesetzten gesellschaftlichen Interessen beruht.[71] Nicht jeder Gegensatz ist jedoch antagonistisch, sondern nur der, welcher als wechselseitige Gefahr wahrgenommen wird. Übertragen wir diese Modelle, dann haben wir es mit Blick auf Ordnungskonkurrenz(en) also primär (aber nicht ausschließlich) mit einem Antagonismus von Ordnungen zu tun, die aufgrund ihres Geltungsanspruches und ihrer Normativität in Konkurrenz zueinander stehen und sich gegenseitig so lange als Bedrohung wahrnehmen, bis es durch emergente Faktoren und generell über den Faktor „Zeit" zur Auflösung der entstandenen Konkurrenz und zum Erfolg der einen Ordnung kommt. Nach Weber basiert die jeweils postulierte Legitimität der miteinander konkurrierenden Ordnungen auf deren (behaupteter) Legalität und Traditionsverbundenheit[72], was allerdings für die Christen nicht in gleichem Maße wie für die Platoniker zutrifft, da sich erstere zwar gezielt als einer alten Tradition verhaftet stilisieren, aus Sicht der Zeitgenossen freilich als „Neuerer" gelten.[73] Das

[69] Es geht dabei nicht nur um eine Bedrohung durch die Christen in religiöser oder intellektueller Hinsicht, sondern durchaus auch um soziale Faktoren (etwa Konkurrenzen mit Blick auf Gönner und materielle Bedingungen). Zum Verhältnis von Ordnungskonkurrenz und Machtneid vgl. *Walter Leisner*, Die demokratische Anarchie. Verlust der Ordnung als Staatsprinzip? Berlin 1982, 332; ebenso *ders.*, Demokratie. Betrachtungen zur Entwicklung einer gefährdeten Staatsform, Berlin 1998, hier 716.

[70] *Wolfgang F. Haug*, Antagonismus, in: ders. (Hrsg.), Historisch-kritisches Wörterbuch des Marxismus, Bd. 1, Hamburg 1994, 297–309.

[71] *Karl Marx*, Das Kapital III, in: Marx-Engels-Werke, Bd. 25, Berlin 1964, 827.

[72] *Max Weber*, Wirtschaft und Gesellschaft, Frankfurt am Main 2005, hier 27.

[73] Ausführlicher dazu *Michael Erler*, Legitimation und Projektion. Die „Weisheit der Alten" im Platonismus der Spätantike, in: Dieter Kuhn/Helga Stahl (Hrsg.), Die Gegenwart des Altertums. Formen und Funktionen des Altertumsbezugs in den Hochkulturen der Alten Welt,

trifft in besonderem Maße für die Platoniker zu, die Maßstäbe für Bildung und Kultur aus der klassizistischen Retrospektive auf die Philosophie eines Pythagoras und Platon gewinnen.[74] Auch mit Blick auf moderne Ordnungskonkurrenzen müssen künftig Aspekte der jeweiligen Legitimation und (proklamierten) historischen Basierung einer Ordnung stärker in den Blick genommen werden, da so die von einer Ordnung ausgehende (reale oder imaginierte) Bedrohung in ihrer Relevanz und Reichweite präzisiert werden kann. In diesem Kontext muss allerdings auch die Beschreibung von Akteuren den vorliegenden Ergebnissen angepasst werden: Denn während sich die Gesellschaft als politischer Akteur vor allen Dingen erst seit dem 20. Jahrhundert formiert[75], werden mit Blick auf vormoderne Gesellschaften und Kulturen, wie am Beispiel Spätantike ersichtlich, eklatante Unterschiede deutlich: Dort treten nämlich vor allem Repräsentanten der Eliten als politische oder kulturelle Akteure auf, welche die Kommunikation über die Bedrohung ihrer Ordnung sowie daraus resultierende Feindbilder und entsprechende Stereotypen etablieren. Erst mit der Verbreitung des Christentums formiert sich eine anwachsende gesellschaftliche Gruppe, die unter Kaiser Konstantin dann sogar politische Etablierung erreicht, und somit gleichsam als „Akteur" greifbar wird, auch wenn noch einige Zeit herausragende Einzelne als dominierende Wortführer dieser Lebens- und Weltordnung kenntlich bleiben.

2.) Zum anderen zeichnet sich ab, dass eine soziale Ordnung nicht immer nur durch eine andere, in striktem Sinne *von außen* kommende Ordnung bedroht wird; das ist nicht nur im hier vorgestellten Fallbeispiel aus D01, sondern auch in den Teilprojekten D02 und D03 mit Blick auf die gesellschaftlich-ständische Konkurrenz erkennbar. Die Frage der Perspektive und Grenzziehung der eigenen Ordnung von Akteuren resp. Beobachtern erweist sich damit als zunehmend relevant. In jedem Fall wird der multiple und konfigurative Charakter von Ordnungen vor allem mit Blick auf das Verhältnis verschiedener gesellschaftlicher resp. sozialer Gruppen zu einer Ordnung deutlicher herauszuarbeiten sein. Grundlegend ist dabei die Frage: Konfiguriert Ordnung tatsächlich soziale Gruppen und ganze Gesellschaften oder ist nicht zugleich *auch* von gruppenübergreifenden *kulturellen* Strukturen innerhalb einer sozialen Ordnung und damit von *innerkulturellen Ordnungskonkurrenzen* auszugehen? Im Rekurs auf Martin Sabrow bietet sich daher ein kulturgeschichtlicher Ansatz an, der solchen Phänomenen wie dem der Ordnungskonkurrenz als Facette bedrohter Ordnungen deutlicher Rechnung trägt: „Die kulturgeschichtliche Perspektive

---

Heidelberg 2001, 313–326, und *Matthias Becker*, Bedrohungskommunikation und der Faktor Zeit. Überlegungen zu den christenfeindlichen Äußerungen des Porphyrios (in Vorbereitung zum Druck).

[74] Siehe z. B. *Peter Pilhofer*, Presbyteron kreitton. Der Altersbeweis der jüdischen und christlichen Apologeten und seine Vorgeschichte, Tübingen 1990.

[75] *Martin Sabrow*, Leitmotive und Machtworte. Zeitgeschichte als Kulturgeschichte, in: Norbert Frei (Hrsg.), Was heißt und zu welchem Ende studiert man Geschichte des 20. Jahrhunderts?, Göttingen 2006, 100–107, hier 103.

kann […] helfen, Entwicklungen der Zeitgeschichte zu erschließen, die quer zu ihren gesellschaftlichen Großordnungen lagen."[76] Ein solcher kulturgeschichtlicher Ansatz deckt zeittypische Denkhorizonte und kollektive Ordnungsmuster auf, die geschichtliches Denken und Handeln leiten[77] und kann somit zu einer wichtigen Ausdifferenzierung von Ordnungskonkurrenzen beitragen. Basierend auf dieser Annahme ist somit ein Nebeneinander und Ineinander kultureller wie sozialer und politischer Ordnungsmodelle zu postulieren. Religion und Glaubens- resp. Wissensordnung erweisen sich dabei besonders deutlich als Basis für kulturelle Identität. Kulturelle und nicht zuletzt religiöse Identitäten konstituieren Ordnungen und sind zugleich auch Urheber und Auslöser für entsprechend motivierte Ordnungskonkurrenzen („clashes" nach Huntington und Massignon)[78], die nicht nur für postmoderne internationale *post-cold-war*-Gesellschaften Geltung haben (Huntington), sondern auch für koloniale (Massignon) und überdies, wie gezeigt, als innerkulturelle oder interne Ordnungskonkurrenzen sogar für vormoderne antike Gesellschaften. Am Beispiel der gegenseitig wahrgenommenen Bedrohung von Christen und Platonikern und den daraus resultierenden Feindbildszenarien wird deutlich, dass rein politische oder rein soziale Ordnungsvorstellungen nicht greifen, vielmehr zusätzliche Koordinaten definiert und in das Modell eingezogen werden müssen: Diese können auf einem modifizierten oder erweiterten Begriff von Ordnungskonfiguration beruhen, die Dynamik menschlichen Bewältigungshandelns in Bedrohungssituationen fokussieren oder aber auf alternativen Kulturkonzepten resp. einem stärker ausdifferenzierten Kulturbegriff basieren.

3.) Darüber hinaus kann das in diesem Beitrag auf Ordnungskonkurrenz(en) angewandte Feindbild-Paradigma helfen, Bedrohungsimagination und Bedrohungswahrnehmung präziser voneinander zu unterscheiden, handelt es sich dabei doch nicht um variable Begrifflichkeiten, sondern um alternative Konzepte im Kontext bedrohter Ordnungen, die nicht zuletzt die literarische Gestaltung resp. Präsentation und intentionale Überformung historischer Texte und Dokumente würdigen und in die Interpretation einbeziehen. Ordnungskonkurrenz erweist sich als Phänomen eines polemischen Antagonismus resp. einer polemischen Pluralität[79], die Kategorie des „Feindbildes" avanciert dabei insgesamt zur paradigmatischen, überhistorischen resp. strukturellen Schlüsselkategorie, die auch in anderen Teilprojekten, etwa im Fall der Ordnungskonkurrenz der Supermächte USA und UdSSR im Kalten Krieg, also interepochal und interdisziplinär anwendbar ist und deren Praktikabilität für die Konkurrenz zwischen Aufklärern und Klerus und die postulierte „Nähe der Feinde" im 18. Jahrhundert sowie für die Ordnungskonkurrenz zwischen armen Adligen und Bürgerlichen

[76] *Sabrow*, Leitmotive und Machtworte (wie Anm. 75), 103.
[77] *Sabrow*, Leitmotive und Machtworte (wie Anm. 75), 104.
[78] Siehe Anm. 4 und 5.
[79] Vgl. *Leisner*, Demokratische Anarchie (wie Anm. 69), 255 f.

im 19. Jahrhundert heuristisch plausibel erscheint. In jedem Falle handelt es sich, wie anhand der Funktionalisierung von Feindbildern gezeigt, bei Ordnungskonkurrenz um eine zeit-, raum- und systemübergreifende Signatur bedrohter Ordnungen überhaupt.

II. Perspektiven

„We are gambling with our survival."

Bedrohungskommunikation als Indikator für bedrohte Ordnungen

Fabian Fechner, Tanja Granzow, Jacek Klimek, Roman Krawielicki, Beatrice von Lüpke und *Rebekka Nöcker*

Bei der Analyse von bedrohten sozialen Ordnungen sind prinzipiell zwei Zugangsweisen möglich: Aus wissenschaftlicher Perspektive kann zum einen der Wechsel sozialer Ordnungen konstatiert und von der Auflösung einer Ordnung auf ihre vorausgehende Bedrohung geschlossen werden. Bedrohte Ordnungen lassen sich dann etwa in engen Zusammenhang mit den sie verursachenden Ereignissen stellen und kausale Zusammenhänge ausfindig machen. Zum anderen ist es aber auch denkbar, sich der Perspektive der in einer Ordnung lebenden Personen, der Akteure, anzunähern und danach zu fragen, ob selbige ihre eigene soziale Ordnung als bedroht wahrnehmen.

Einen solchen Zugang wählt das in diesem Beitrag vorgeschlagene Konzept „Bedrohungskommunikation", das drei spezifische Inhaltskriterien für die Analyse von Kommunikationszeugnissen entwickelt.[1] Er fragt nicht in erster Linie nach dem Realitätsstatus der in der Kommunikation benannten Ereignisse oder der Evidenz der Deutungen, sondern vielmehr danach, welche Auswirkungen es hat, wenn Akteure ihre Ordnung als bedroht verstehen. Dieser Zugang ermöglicht damit eine vergleichende Analyse von hinsichtlich Provenienz und Typik heterogenen Quellenkorpora, wobei die historische Faktizität der benannten Ereignisse nicht im Vordergrund steht. Beispielsweise kann eine apokalyptische Prophezeiung, die aus der Perspektive einer säkularisierten Gesellschaft möglicherweise als fiktional und deswegen als irrelevant bewertet wird, gleichermaßen Gegenstand der Betrachtung sein wie zumindest aus heutiger Sicht evident erscheinende Katastrophenwarnungen. Das Konzept erlaubt es auch, unterschiedliche Ereignisse wie den Kalten Krieg im 20. Jahrhundert oder die Situation nach dem Erdbeben von Smyrna im Jahr 177 n. Chr. miteinander in Bezug zu setzen.

„Bedrohung" und das damit in Verbindung stehende, bislang lediglich in systemtheoretischen Zusammenhängen gebrauchte Kompositum „Bedrohungs-

[1] Der Beitrag ist aus dem interdisziplinären SFB-923-Arbeitskreis „Bedrohung" hervorgegangen, an dem außer den VerfasserInnen Laura Carrara, Sabine Sauter und Susanne Stein mitgewirkt haben (beteiligte Disziplinen: Germanistische Mediävistik, Osteuropäische Geschichte/Neuere Geschichte/Zeitgeschichte, Gräzistik, Politikwissenschaft).

kommunikation" sind keine in geisteswissenschaftlichen Disziplinen etablierten Begriffe. Berücksichtigt man jedoch, dass „Bedrohung" Bestandteil eines weiten Wortfeldes ist, das Schlagwörter wie „Krise", „Risiko" oder „Gefahr" umfasst, ergeben sich mehrere Anknüpfungsmöglichkeiten an mehrere, in verschiedenen Disziplinen entwickelte Konzepte. Daher führt der vorliegende Beitrag in einem ersten Schritt in dieses Wortfeld ein, wobei das besondere Augenmerk darauf liegt, welche Bedeutung der Kommunikation in der jeweiligen Begriffsdiskussion beigemessen wird (1). In einem zweiten Schritt werden die methodischen Grundlagen des Konzeptes „Bedrohungskommunikation" entwickelt. Wenn bedrohte Ordnungen über Kommunikationszeugnisse identifiziert werden sollen, dann ist es unabdingbar, über den zugrunde liegenden Kommunikationsbegriff Rechenschaft abzulegen sowie sich dem jedem Kommunikationsakt vorausgehenden kognitiven Prozess der Deutung methodisch zu nähern. Ebenso gilt es, den konzeptuellen Umgang mit der nicht nur in der Soziologie so komplexen Größe „Ordnung" und das Vorgehen bei der Quellenauswahl zu problematisieren (2). Auf diesem Fundament fußt das heuristische Instrumentarium „Bedrohungskommunikation", dessen drei Inhaltskriterien, nämlich Status quo, Szenario und Handlungsempfehlungen, jeweils dargelegt und an zwei Fallbeispielen – am Erdbeben von Smyrna im Jahr 177 n. Chr. und am Kalten Krieg – illustriert werden (3). Abschließend werden der mögliche Ertrag des vorgestellten Konzeptes für historisch arbeitende Wissenschaften aufgezeigt und weiterführende Fragestellungen aufgeworfen (4).

1. Bedrohung: Verwandte Konzepte

Der Begriff der „Bedrohung" ist Bestandteil eines Wortfeldes, welches die Kontingenz von Negativereignissen im individuellen Lebensvollzug und bei gesamtgesellschaftlichen Entwicklungen umfasst: Die dabei im allgemeinen Sprachgebrauch und teils auch in der wissenschaftlichen Terminologie vorherrschenden Konzepte sind „Gefahr", „Sicherheit" bzw. „Unsicherheit", „Risiko" und „Krise".

„Gefahr" ist ebenso wenig wie „Bedrohung", sieht man von Ansätzen in der Psychologie und Soziologie ab, ein wissenschaftlich etablierter Terminus, und in der Alltagssprache werden die beiden Begriffe weitestgehend synonym verwendet.[2] Zu den wenigen Versuchen, die Begriffe voneinander abzugrenzen, zählen diejenigen des Politologen Herfried Münkler sowie des Soziologen Wolfgang Bonß. Münkler versteht unter „Gefahr" den „drohende[n] Eintritt eines Ereig-

[2] Vgl. *Dudenredaktion* (Hrsg.), Duden. Deutsches Universalwörterbuch, 7. Aufl. Mannheim/Zürich 2011, 267, 677. „Bedrohung" wird definiert als „*Gefährdung*: die B[edrohung] des Friedens", „Gefahr" wiederum umschrieben als „*drohendes Unheil*". Vgl. auch Brockhaus. Enzyklopädie in 30 Bänden, Bd. 10, 21. Aufl. Leipzig/Mannheim 2006, 311, wo „Gefahr" als „Bedrohung der Sicherheit, drohendes Unheil" bezeichnet wird.

nisses oder de[n] Beginn einer Entwicklung […], das/die für viele davon Betroffene schwere Schädigungen einschließlich des Todes zur Folge haben kann.“[3] Zentral ist ferner die Unterscheidung anhand der Kategorien „Kontingenz“ und „Intention“: Bei Bedrohungen sei stets ein intentional handelnder Akteur identifizierbar, während „Gefahr“ zufällig eintrete.[4] Bonß hingegen grenzt sein „Konzept der Gefahr“ ex negativo vom Risikobegriff ab und erachtet die Subjekt- und Situationsunabhängigkeit als charakteristisches Merkmal von Gefahren. Anders als Risiken seien Gefahren ferner „prinzipiell negativ“[5] und zeichneten sich zudem durch die Merkmale „unbeherrschbar“, „unzurechenbar“ und „unverantwortbar“ aus.[6] Um die möglichen Folgen von Gefahren und Bedrohungen handhabbar zu machen, seien Akteure daher bestrebt, diese in Risiken zu transformieren.[7]

Hingegen wird „Sicherheit“ gemeinhin als das generelle Geschütztsein vor jeglicher Gefahr, als Rechtssicherheit oder als Geborgenheit verstanden.[8] Der damit bereits anklingenden Mehrdimensionalität des Begriffes begegnet Bonß mit einer Systematisierung, die auf der Beobachtung beruht, dass im Englischen zwischen drei sowohl lexikalisch als auch semantisch verschiedenen Sicherheitstypen unterschieden wird: *safety* (technische Sicherheit), *security* (politisch-soziale Sicherheit) und *certainty* (kognitive Sicherheit).[9] In der Politikwissenschaft ist das von der Kopenhagener Schule geprägte Konzept der „Versicherheitlichung“ (*securitization*) bekannt geworden. Demnach greifen Akteure – in der Regel politische Eliten – ein bestimmtes soziales oder politisches Thema heraus und sprechen ihm Sicherheitsrelevanz zu, um so außerordentliche Maßnahmen zu rechtfertigen. In diesem Sinne handelt es sich bei „Versicherheitlichung“ also um einen spezifischen Sprechakt.[10]

---

[3] *Herfried Münkler*, Strategien der Sicherung: Welten der Sicherheit und Kulturen des Risikos. Theoretische Perspektiven, in: Herfried Münkler/Matthias Bohlender/Sabine Meurer (Hrsg.), Sicherheit und Risiko. Über den Umgang mit Gefahr im 21. Jahrhundert, Bielefeld 2010, 11–34, hier 11.

[4] Ebd.

[5] *Wolfgang Bonß*, (Un-)Sicherheit in der Moderne, in: Peter Zoche/Stefan Kaufmann/Rita Haverkamp (Hrsg.), Zivile Sicherheit. Gesellschaftliche Dimensionen gegenwärtiger Sicherheitspolitiken, Bielefeld 2011, 43–70, hier 51.

[6] Ebd., 50–53.

[7] *Münkler*, Strategien (wie Anm. 3), 17.

[8] Vgl. Art. „Sicherheit“, in: Deutsches Wörterbuch von Jacob und Wilhelm Grimm, Bd. 16, Leipzig 1905, 724–727.

[9] *Bonß*, (Un-)Sicherheit (wie Anm. 5), 45.

[10] Vgl. *Scott D. Watson*, ‘Framing’ the Copenhagen School: Integrating the Literature on Threat Construction Millennium, in: Journal of International Studies 40, 2012, 279–301; *Barry Buzan/Ole Wæver/Jaap De Wilde*, Security. A New Framework for Analysis, Boulder 1998.

Unabhängig davon, ob man Sicherheit nun als „elementares Grundbedürfnis"[11] des Menschen, als „Leerbegriff"[12], als „Ordnungssicherheit"[13] oder als „gesellschaftliche Konstruktion"[14] betrachtet, wird in den meisten Forschungszweigen der Gegenbegriff „Unsicherheit" etwa als das „Nicht-Wissen über zukünftige Ereignisse bei gleichzeitigem Wissen um die Möglichkeit zukünftiger Negativ-Ereignisse"[15] in der Regel mitgedacht. „Sicherheit" und „Unsicherheit" ist demzufolge neben dem Gefühl der Angst[16] insbesondere der Aspekt der Zukunftsbezogenheit gemein.[17] Die Untersuchungen zum wechselhaften Verlauf von Unsicherheitserfahrungen der letzten hundert Jahre ähneln sich in ihren Einschätzungen: Während „Sicherheit" beispielsweise im Sinne von Geborgenheit im gesellschaftlichen Diskurs einerseits zum „zentrale[n] Wertbegriff des modernen Menschen"[18] geworden sei, müsse man gleichzeitig konstatieren, dass „Unsicherheit [...] das kennzeichnende Erlebnis menschlichen Daseins im 20. Jahrhundert [ist]."[19] Dagegen ließe sich beispielsweise mit Andreas Anter anführen, dass das Leben im 20. und 21. Jahrhundert nicht unsicherer sei als zu früheren Zeiten; gestiegen sei hingegen das „Sicherheitsverlangen"[20]. Versteht man mit Bonß „Sicherheit" und „Unsicherheit" hingegen als Phänomene, die erst in der Kommunikation erzeugt werden, so sind sie weder einheitlich noch lassen sie sich eindeutig bestimmen, weil sie selektiv und je nach Individuum und Gesellschaft unterschiedlich wahrgenommen werden. Ob es sich etwa verantworten lasse, in einer seismisch besonders aktiven Region zu leben, hänge im Wesentlichen vom individuellen „Sicherheitsgefühl" ab.[21] Luhmann prägte dafür den Begriff der „Erwartungssicherheit".[22]

---

[11] *Udo Zelinka*, Sicherheit – ein Grundbedürfnis des Menschen?, in: Ekkehard Lippert/Andreas Prüfert/Günther Wachtler (Hrsg.), Sicherheit in der unsicheren Gesellschaft, Opladen 1997, 43–57, hier 43.

[12] *Niklas Luhmann*, Risiko und Gefahr, (Aulavorträge 48), St. Gallen 1990, 6, sowie *ders.*, Soziologie des Risikos, Berlin/New York 1991, 29.

[13] Vgl. *Andreas Anter*, Die Macht der Ordnung. Aspekte einer Grundkategorie des Politischen, 2. Aufl. Tübingen 2007, 103.

[14] Vgl. *Wolfgang Bonß*, Die gesellschaftliche Konstruktion von Sicherheit, in: Lippert/Prüfert/Wachtler (Hrsg.), Sicherheit (wie Anm. 11), 21–41, hier 21.

[15] *Bonß*, (Un-)Sicherheit (wie Anm. 5), 47.

[16] Vgl. *Zelinka*, Sicherheit (wie Anm. 11), 49–51.

[17] Vgl. *Michael Makropoulos*, Art. „Sicherheit", in: Joachim Ritter/Karlfried Gründer (Hrsg.), Historisches Wörterbuch der Philosophie, Bd. 9, Darmstadt 1995, 745–750, hier 746.

[18] *Andrea Schrimm-Heins*, Gewißheit und Sicherheit. Geschichte und Bedeutungswandel der Begriffe certitudo und securitas, Diss. Phil. Bayreuth 1990, 243.

[19] *Hans Möller*, Sicherheit und eigenverantwortliche Vorsorge, in: J. Schlemmer (Sendeleitung), Wo ist Sicherheit?, (Das Heidelberger Studio Nr. 19), Stuttgart 1960, 23–36, hier 25.

[20] *Anter*, Ordnung (wie Anm. 13), 117.

[21] *Bonß*, Konstruktion (wie Anm. 14), 21–24. Vgl. auch *Anter*, Ordnung (wie Anm. 13), 104 f.

[22] *Niklas Luhmann*, Soziale Systeme. Grundriß einer allgemeinen Theorie, (Suhrkamp-Taschenbuch Wissenschaft 666), 7. Aufl. Frankfurt am Main 1999, 417–421.

„Risiko" scheint auf den ersten Blick ein Gegenbegriff zu „Sicherheit" zu sein; den Begriffen ist aber ein gemeinsamer Ursprung zu eigen, nämlich „die Begrenzung oder Vermeidung von Gefahr und die Abwehr von Bedrohung, bei der sie konkurrierende, mitunter aber auch komplementäre Wege gehen"[23]. Ferner sind sowohl „Risiko" als auch „(Un-)Sicherheit" stets eine Folge unvollkommener Information über die Zukunft.[24] Darüber hinaus lässt sich der Risikobegriff beispielsweise um die Merkmale der Handlungs- und Entscheidungsbezogenheit oder Zurechenbarkeit sowie der Kalkulierbarkeit erweitern.[25]

Anders als Gefahren setzen Risiken stets „die subjektbezogene Entscheidung für eine Unsicherheit voraus."[26] Diese Entscheidung impliziert, dass Risiken nicht ausschließlich negativ konnotiert sein müssen, sondern vielmehr vom jeweiligen Akteur als Chance betrachtet werden können. So bedeutet es, Risiken einzugehen, „etwas qua Entscheidung auszuprobieren, das zwar auch schiefgehen kann, aber im Erfolgsfall u. U. erhebliche Vorteile bietet."[27] Ideengeschichtlich lässt sich der kalkulierende Umgang mit Gefahren in die von Max Weber als „Entzauberung der Welt"[28] bezeichnete gesamteuropäische Entwicklung der Neuzeit einreihen; denn Risiken „können nur eingegangen werden, wenn ein grundlegender Glaube an die *Berechenbarkeit* der Welt vorhanden ist"[29]. Die der Risikokalkulation zugrunde liegenden Multiplikatoren sind dabei „Schadens-

---

[23] *Münkler*, Strategien (wie Anm. 3), 11. Ähnlich heißt es bei Luhmann: „Von Risiken und von Gefahren spricht man im Hinblick auf *mögliche Schäden*. In bezug auf den Schadenseintritt besteht im gegenwärtigen Zeitpunkt, also im Zeitpunkt des Risikos bzw. der Gefahr, Unsicherheit." Vgl. *Luhmann*, Risiko (wie Anm. 12), 11.

[24] Luhmann differenziert hier allerdings stärker, wenn er annimmt, dass die „Schadensperspektive" gedoppelt sei, d. h. dass die Antizipation eines möglichen Schadens in der Zukunft bereits einen gegenwärtigen Schaden darstelle (ebd., 32).

[25] Vgl. *Bonß*, (Un-)Sicherheit (wie Anm. 5), 50–52.

[26] Ebd., 50. Ähnlich behauptet auch Luhmann: „Entweder wird der etwaige Schaden als Folge der Entscheidung gesehen, also auf die Entscheidung zugerechnet. Dann sprechen wir von Risiko, und zwar vom Risiko der Entscheidung. Oder der etwaige Schaden wird als extern veranlaßt gesehen, also auf die Umwelt zugerechnet. Dann sprechen wir von Gefahr." Vgl. *Luhmann*, Soziologie (wie Anm. 12), 30 f. In diesem Zusammenhang stellt sich jedoch die Frage, ob nicht jeder menschlichen Handlung eine Risikoentscheidung vorausgehe, da der Mensch im täglichen Lebensvollzug permanent vor Entscheidungen gestellt werde, welche lediglich in ihrer „Risikogröße" variierten. Vgl. *Elisabeth Gräb-Schmidt*, Art. „Risiko", in: Hans Dieter Betz u. a. (Hrsg.), Religion in Geschichte und Gegenwart. Handwörterbuch für Theologie und Religionswissenschaft, Bd. 7, 4. Aufl. Tübingen 2008, 526–528, hier 527.

[27] *Bonß*, (Un-)Sicherheit (wie Anm. 5), 51.

[28] *Max Weber*, Vom inneren Beruf zur Wissenschaft, in: ders., Soziologie. Universalgeschichtliche Analysen. Politik, hrsg. u. erl. v. Johannes Winckelmann, (Kröners Taschenausgabe 229), 5. Aufl. Stuttgart 1973, 311–339, hier 317.

[29] *Bonß*, (Un-)Sicherheit (wie Anm. 5), 52. Entsprechend stehen die ersten gesicherten Überlieferungen des Begriffs „Risiko" im Zusammenhang mit dem Fernhandel und dem Seeversicherungswesen der italienischen Stadtstaaten des 14. und 15. Jahrhunderts. Vgl. *Otthein Rammstedt*, Art. „Risiko", in: Ritter / Gründer (Hrsg.), Historisches Wörterbuch der Philosophie (wie Anm. 17), Bd. 8, 1045–1050, hier 1045.

ausmaß“ und „Eintrittswahrscheinlichkeit“.[30] Daneben gilt es, kulturelle, soziale und politische Rahmenbedingungen zu berücksichtigen, ferner die mediale Vermittlung sowie die individuelle Wahrnehmung und Interpretation dessen, was als Risiko erachtet wird.[31] Insbesondere der letztgenannte Aspekt stellt aus konstruktivistischer Perspektive das Hauptargument gegen eine (scheinbare) Objektivierbarkeit und Berechenbarkeit von Risiken dar. So ist Niklas Luhmann der Ansicht, dass Risikokalkulationen nach „individuellen Präferenzen“[32] durchgeführt würden, welche sich nicht verallgemeinern und übertragen ließen.[33]

Eng verbunden mit der Wahrnehmung ist die Frage, welche Bedeutung der Kommunikation im Zusammenhang mit Risikosituationen zukommt. Nach Ansicht der OECD bestehe das Hauptziel von Risikokommunikation darin,

> „[...] to assist stakeholders in understanding the rationale behind a risk-based decision, so that they may arrive at a balanced judgement, that reflects the factual evidence about the matter at hand, in relation to their own interests and values.“[34]

Demgegenüber stellen andere Ansätze das Schaffen von Vertrauen in den Vordergrund[35] oder gehen gar von der Wirkungslosigkeit von Risiken aus, sofern diese nicht kommuniziert würden.[36] Risikokommunikation wird „als ein offener Prozess des gegenseitigen Abgleichs von Informationen und Argumenten verstanden [...].“[37] Individuelle Sichtweisen sowie Unterschiede in der sozialen und kulturellen Prägung könnten zu Missverständnissen und Störungen führen. Die Bewertung von Risiken hinge beispielsweise entscheidend davon ab, ob diese von

---

[30] Vgl. *Wissenschaftlicher Beirat der Bundesregierung Globale Umweltveränderungen (WBGU)*, Welt im Wandel: Strategien zur Bewältigung globaler Umweltrisiken. Jahresgutachten 1998, Berlin u. a. 1999, 36–39.

[31] Vgl. ebd., 168–187.

[32] *Luhmann*, Risiko (wie Anm. 12), 9.

[33] Zu diesem Komplex gehört ferner die Beobachtung, dass die Grenze zwischen Gefahr und Risiko nicht immer eindeutig zu bestimmen ist. Dasselbe Ereignis kann etwa von unterschiedlichen Beobachtern unterschiedlich wahrgenommen und bewertet werden. Was für den einen ein Risiko ist, kann für den anderen als Gefahr angesehen werden. Vgl. ebd., 26 f.

[34] *Organisation for Economic Co-operation and Development (OECD)*, OECD Guidance Document on Risk Communication for Chemical Risk Management, (OECD Environment, Health and Safety Publications, Series on Risk Management No. 16), Paris 2002, 13 <http://search.oecd.org/officialdocuments/displaydocumentpdf/?cote=env/jm/mono(2002)18&doclanguage=en> (11.04.2013).

[35] *Norbert Baumgärtner*, Risiken kommunizieren – Grundlagen, Chancen und Grenzen, in: Tobias Nolting / Ansgar Thießen (Hrsg.), Krisenmanagement in der Mediengesellschaft. Potenziale und Perspektiven der Krisenkommunikation, Wiesbaden 2008, 41–62, hier 55–61.

[36] Vgl. *Britta Renner / Martina Panzer / Andries Oeberst*, Gesundheitsbezogene Risikokommunikation, in: Ulrike Six / Uli Gleich / Roland Gimmler (Hrsg.), Kommunikationspsychologie und Medienpsychologie. Lehrbuch, Weinheim / Basel 2007, 251–270, hier 257.

[37] *Rolf F. Hertel / Gernot Henseler* (Hrsg.), ERiK – Entwicklung eines mehrstufigen Verfahrens der Risikokommunikation, (BfR-Wissenschaft 02/2005), Berlin 2005, 11.

Experten oder Laien durchgeführt werde.[38] Eine Vermittlung könne möglicherweise über das Konzept der Risikomündigkeit hergestellt werden.[39]

Auf breiter Ebene machte der Soziologe Ulrich Beck das Feld der Risikoforschung mit seiner Analyse der *Risikogesellschaft* populär. Er vertritt die These, dass in der Moderne Risiken nicht nur zunähmen, sondern auch eine moderne Qualität besäßen. Sie kämen im Wesentlichen aus dem Inneren der Gesellschaft, kennten keine Klassengrenzen und entzögen sich der Wahrnehmung. Ferner zeichneten sie sich durch die „*Globalität* ihrer Bedrohung“ und ihre „*modernen* Ursachen“[40] aus, beispielsweise im Fall der Kernenergie. Im Umgang mit modernen Risiken fielen Kriterien wie Kalkulierbarkeit und Überprüfbarkeit zunehmend weg. Beck ergänzt dies um die Dimension der Individualisierung, die in diesem Sinne weniger Emanzipation als vielmehr einen „historisch widersprüchliche[n] *Prozeß der Vergesellschaftung*“[41] bezeichne. Kollektivschicksale wie etwa Massenarbeitslosigkeit würden demgemäß als persönliche Schicksale oder als persönliche Schuld interpretiert.[42]

Während somit die Subjekt- und Handlungsbezogenheit im persönlichen Lebensvollzug maximiert wird, fällt selbige im Umgang mit Hochrisikotechnologien fast vollständig weg. Hinzu kommt der Zweifel an der Kalkulierbarkeit und Objektivierbarkeit von Risiken. Es stellt sich die Frage, ob der Risikobegriff vor allem mit Blick auf die Moderne überhaupt noch aufrechterhalten werden kann. Luhmann spricht sich deshalb dafür aus, die gemeinhin als Risiken bezeichneten Erscheinungen mit dem Begriff „Gefahr“ zu belegen.[43] Man könne auch von einer „Mischform aus Gefahr und Risiko“[44] sprechen oder alternativ

---

[38] *Michael Ruddat*, Kognitive Kompetenz zur Risikobewertung als Vorbedingung der Risikomündigkeit und ihre Bedeutung für die Risikokommunikation, Diss. Stuttgart 2009, 44 f. <http://nbn-resolving.de/urn:nbn:de:bsz:93-opus-43418> (11.04.2013). Vgl. auch: *Ortwin Renn*, Risikokommunikation: Bedingungen und Probleme eines rationalen Diskurses über die Zumutbarkeit von Risiken, in: Claudia Reinke / Bruno Krieg (Hrsg.), Hochtechnologie und soziales Umfeld am Beispiel der bio- und gentechnologischen Herstellung von Arzneimitteln, (Schweizer Akademie der Technischen Wissenschaften, Schrift 20), Zürich 1994, 13–25, hier 18; *Renner / Panzer / Oeberst*, Risikokommunikation (wie Anm. 36), 254–256.

[39] Die Untersuchung der kognitiven Kompetenz als Vorbedingung von Risikomündigkeit bildet den Schwerpunkt der Dissertation von Michael Ruddat (vgl. *Ruddat*, Risikobewertung [wie Anm. 38]).

[40] *Ulrich Beck*, Risikogesellschaft. Auf dem Weg in eine andere Moderne, (Edition Suhrkamp 1365, Neue Folge 365), Frankfurt am Main 1986, 29.

[41] Ebd., 119.

[42] Ebd., 115–120, 157–160. Ergänzen könnte man diesen Komplex des gesellschaftlichen Umgangs mit Risiken und deren räumlich, zeitlich und individuell bedingten Unterschieden ferner durch die Differenzierung zwischen den „Welten der Sicherheit“ und den „Kulturen des Risikos“ nach Herfried Münkler. Während es bei Ersterem um die größtmögliche Beherrschung bzw. Beseitigung der Gefahr / Bedrohung geht, zeigen Angehörige der „Kulturen des Risikos“ die Bereitschaft, sich spielerisch auf Gefahren einzulassen. Den Normalfall bilden indes Mischformen beider Extreme. Vgl. *Münkler*, Strategien (wie Anm. 3), 18.

[43] *Luhmann*, Risiko (wie Anm. 12), 41.

[44] *Baumgärtner*, Risiken (wie Anm. 35), 42.

einen offenen und konstruktivistischen Risikobegriff verwenden, welchem die akteurszentrierte Interpretation entsprechender Phänomene zugrunde liegt.

Ähnlich wie bei dem Begriff der „(Un-)Sicherheit" verbinden sich mit „Krise" in der Alltagssprache divergierende Bedeutungen aus unterschiedlichen Sachbereichen. Bezeichnete der Krisenbegriff zunächst einen offenen Möglichkeitsraum mit einer Progression in kurzer Zeit, sei es zu einem wünschenswerten oder einem befürchteten Zustand hin, überwog schließlich die Konnotation der Gefährdung und des Verlustes. Seitdem er um die Mitte des 19. Jahrhunderts häufiger als politisches Schlagwort Verwendung fand, diffundierte er in die Alltagssprache, was sich an den vielfältigen Verwendungskontexten im 20. Jahrhundert zeigt.[45] Damit ist auch der Eindruck entstanden, dass der Begriff zu einer fast beliebigen und auswechselbaren Worthülse verkommen und lediglich als eine „allgemeine und verallgemeinernde, negativ befrachtete schlagworthafte Summierung aller Unruhe und Beängstigung hervorrufenden Entwicklungen und Wandlungen"[46] anzusehen sei.

Bei der Verwendung des Konzeptes „Krise" als sozialwissenschaftlicher Analysekategorie sind zwei Auffassungen streng voneinander zu unterscheiden. Zumeist wird ein „objektiver" Krisenbefund ex post vorgenommen. Dabei wird versucht, anhand wirtschaftlicher, sozialer und politischer Parameter auf der Sachebene eine zeitlich gedrängte Entscheidungssituation festzustellen, welche die gesamte Gesellschaft betrifft.[47] Davon ist die Auffassung von Krisen als „Wahrnehmungsphänomenen" zu trennen, die ein spezifisches Krisenbewusstsein als Teil einer zeitgenössischen gesellschaftlichen Selbstbeschreibung in den Blick nehmen.[48] Die Äußerung dieses Bewusstseins kann in vorgeprägten Narrativen erfolgen, wobei die Krise als Denkfigur und Deutungsmuster fungiert oder ihrerseits als Narrativ.[49]

---

[45] *Reinhart Koselleck*, Art. „Krise", in: Otto Brunner / Werner Conze / Reinhart Koselleck (Hrsg.), Geschichtliche Grundbegriffe. Historisches Lexikon zur politisch-sozialen Sprache in Deutschland, Bd. 3, Stuttgart 1982, 617–650; *Ernst Wolfgang Orth*, Art. „Krise", in: Christian Bermes / Ulrich Dierse (Hrsg.), Schlüsselbegriffe der Philosophie des 20. Jahrhunderts, (Archiv für Begriffsgeschichte, Sonderheft 6), Hamburg 2010, 149–172.

[46] *Renate Bebermeyer*, „Krise" in der Krise. Eine Vokabel im Sog ihrer Komposita und auf dem Weg zum leeren Schlagwort, in: Muttersprache 91, 1981, 345–359, hier 354; zudem *dies.*, „Krise" – Komposita – verbale Leitfossilien unserer Tage, in: Muttersprache 90, 1980, 189–210; *Manfred Prisching*, Gesellschaftliche Krisen. Eine soziologische Analyse ihrer Typen, Bedingungen und Folgen, (Studien zu Politik und Verwaltung 13), Wien / Köln 1986, 22.

[47] *Randolph Starn*, Historische Aspekte des Krisenbegriffs, in: Martin Jänicke (Hrsg.), Politische Systemkrisen, Köln 1973, 52–69.

[48] *Thomas Mergel*, Einleitung: Krisen als Wahrnehmungsphänomene, in: ders. (Hrsg.), Krisen verstehen. Historische und kulturwissenschaftliche Annäherungen, (Eigene und fremde Welten 21), Frankfurt am Main / New York 2010, 9–22, hier 13; *Helga Scholten* (Hrsg.), Die Wahrnehmung von Krisenphänomenen. Fallbeispiele von der Antike bis in die Neuzeit, Köln / Wien 2007.

[49] *Ansgar Nünning*, Grundzüge einer Narratologie der Krise: Wie aus einer Situation ein Plot und eine Krise (konstruiert) werden, in: Henning Grunwald / Manfred Pfister (Hrsg.), Krisis. Krisenszenarien, Diagnosen und Diskursstrategien, München 2007, 48–71; *Moritz Föllmer /*

Auf kommunikativer Ebene gelten Krisen mitunter als sehr eng mit Kommunikationsprozessen verflochten oder sogar als davon abhängig.[50] Sie können auch die Folge von Kommunikation sein, wenn man wie der Medienwissenschaftler Ansgar Thießen davon ausgeht, dass Krisen durch Massenmedien überhaupt erst als solche legitimiert werden.[51] Vor diesem Hintergrund lassen sich Krisen definieren als „deutungsabhängige Phänomene [...] kommunikativ ausgehandelte[r] Irritationen in einem gesellschaftlich-organisationalen Ordnungsrahmen."[52] Ein wesentlicher Unterschied zur Risikokommunikation besteht in der zeitlichen Abfolge, wobei jedoch bezüglich der Kommunikationsinhalte und des Kommunikationsprozesses unterschieden werden muss: Während bei der Risikokommunikation in der Zukunft liegende potenzielle Schäden betrachtet werden, bildet bei der Krisenkommunikation deren jeweils gegenwärtig erfolgter Eintritt den Diskussionsgegenstand.[53] Im Blick auf die Abfolge der Verständigungsprozesse geht die Risikokommunikation der Krisenkommunikation jedoch voraus[54], endet aber nicht mit dem Schadenseintritt, sondern durchläuft einen „qualitativen Wandel"[55]. Gemeinsamkeiten ergeben sich hingegen beim jeweils zugrunde liegenden Kommunikationsverständnis, wobei das klassische Sender-Empfänger-Modell zugunsten der Auffassung von Kommunikation als „einer Interpretationssteuerung für eine fragmentierte, fließende und multikulturelle Öffentlichkeit"[56] aufgegeben wird.

Rüdiger Graf/Per Leo, Einleitung: Die Kultur der Krise in der Weimarer Republik, in: Moritz Föllmer/Rüdiger Graf (Hrsg.), Die „Krise" der Weimarer Republik. Zur Kritik eines Deutungsmusters, Frankfurt am Main/New York 2005, 9–41, hier 12; *Uta Fenske/Walburga Hülk/Gregor Schuhen* (Hrsg.), Die Krise als Erzählung. Transdisziplinäre Perspektiven auf ein Narrativ der Moderne, (Edition Kulturwissenschaft 13), Bielefeld 2013.

[50] *Ansgar Thießen*, Organisationskommunikation in Krisen: Reputationsmanagement durch situative, integrierte und strategische Krisenkommunikation, Wiesbaden 2011, 64, 81.

[51] Ebd., 82 f.

[52] Ebd., 65.

[53] *Baumgärtner*, Risiken (wie Anm. 35), 44. Vgl. auch *Klaus Merten*, Krise und Krisenkommunikation: Von der Ausnahme zur Regel?, in: Nolting/Thießen (Hrsg.), Krisenmanagement (wie Anm. 35), 83–97, hier 87.

[54] Daran lässt sich die Einschätzung des Bundesministeriums des Innern anknüpfen, wonach „Prä-Krisenkommunikation" ihren Merkmalen und Inhalten gemäß im Wesentlichen Risikokommunikation darstellt. Vgl. *Bundesministerium des Innern (BMI)* (Hrsg.), Krisenkommunikation. Leitfaden für Behörden und Unternehmen, Berlin 2008, 17. <http://www.bmi.bund.de/SharedDocs/Downloads/DE/Broschueren/2008/Krisenkommunikation.pdf;jsessionid=C79F2337D366C58EEEBA2900EF2CC3D4.2_cid373?__blob=publicationFile> (11.04.2013).

[55] *Baumgärtner*, Risiken (wie Anm. 35), 44.

[56] *Thießen*, Organisationskommunikation (wie Anm. 50), 86.

2. Methodische Grundlegung

Ein Ansatz, der Bedrohungskommunikation als Indikator für bedrohte Ordnung versteht, erfordert grundlegende methodologische Vorüberlegungen. Sie betreffen den Kommunikationsbegriff, die Rolle von individueller und kollektiver Deutung und Wahrnehmung im Verständigungsprozess, den Ordnungsbegriff sowie die Unterscheidung von Akteurs- und Beobachterperspektive, mit der die Frage nach der Quellenauswahl und der Abstraktion der Kommunikationszeugnisse verknüpft ist.

Kommunikationstheoretische Verortung

Kommunikation ist insbesondere seit der letzten Hälfte des vergangenen Jahrhunderts zum Gegenstand vieler Theorien geworden, deren Anzahl sich bereits durch die unterschiedlichen Definitionen des Begriffes selbst erklärt.[57] Gemeinhin wird „Kommunikation" als ein Übertragungs- oder Verständigungsprozess gefasst, der auf einem den Teilnehmern gemeinsamen Code- und Symbolvorrat beruht. Vor allem in den Anfängen der Kommunikationswissenschaften finden sich vielfach Versuche, die genuin komplexen Kommunikationsakte in verschiedenen Modellen zu abstrahieren, welche zumeist die fünf Grundfaktoren Kommunikator, Aussage, Medium, Rezipient und Wirkungen in einer einseitig-linearen Abfolge abbilden. In diesen Kontext lassen sich die Lasswell-Formel[58] oder das der mathematischen Kommunikationstheorie entlehnte Modell von Claude E. Shannon und Warren Weaver[59] verorten. Ein zweites grundlegendes Verständnis betrachtet hingegen Kommunikation als einen „wechselseitige[n] Vermittlungsprozess", insofern als mindestens zwei Individuen „in einer zirkulären sozialen Beziehung bzw. Interaktion" stehen und „gemeinsame Bedeutungen (Sinn)" teilen.[60] So begreift etwa der auf George Herbert Mead zurückgehen-

[57] So führt etwa der Soziologe und Kommunikationswissenschaftler Klaus Merten in seiner bereits 1977 erschienenen Studie 160 verschiedene Definitionen an, die so unterschiedliche Auffassungen widerspiegeln wie etwa, dass es sich bei „Kommunikation" um einen bloßen Übertragungsprozess, um Macht oder um Interaktion handele. Vgl. *Klaus Merten*, Kommunikation. Eine Begriffs- und Prozeßanalyse, (Studien zur Sozialwissenschaft 35), Opladen 1977, 168–182.

[58] Die als grundlegendes Modell der Massenkommunikation berühmt gewordene Formel fragt: „Who says what in which channel to whom with what effect?" Sie ermöglicht es, mittels der Fragen die Teilbereiche der Kommunikationswissenschaft zu gliedern. Vgl. *Harold D. Lasswell*, The Structure and Function of Communication in Society, in: Lyman Bryson (Hrsg.), The Communication of Ideas. A series of addresses, (Religion and civilization series), New York 1964, 37–52.

[59] *Claude E. Shannon / Warren Weaver*, The Mathematical Theory of Communication, 11. Aufl. Urbana 1964.

[60] *Klaus Beck*, Art. „Kommunikation", in: Günther Bentele / Hans-Bernd Brosius / Otfried Jarren (Hrsg.), Lexikon Kommunikations- und Medienwissenschaft, (Studienbücher zur Kommunikations- und Medienwissenschaft), 2. Aufl. Wiesbaden 2013, 155 f., hier 155.

de Ansatz des „Symbolischen Interaktionismus"[61] Kommunikation als einen Prozess, in dem sich Menschen über die den Dingen zugeschriebenen Bedeutungen verständigen. Ausgangspunkt für Jürgen Habermas' Theorie des kommunikativen Handelns[62] ist wiederum die Beobachtung, dass Kommunikation grundsätzlich darauf ziele, Einverständnis herzustellen: Die Gültigkeit der vier Ansprüche an Kommunikation (Verständlichkeit, Wahrheit, Wahrhaftigkeit, Richtigkeit) erkenne jeder kommunikativ Handelnde an, auch wenn sie sich in der beanspruchten Idealität kaum in einem tatsächlichen Gespräch abbilden. Anders als ältere kritische Theorien erwägt Habermas die Möglichkeit eines idealen Dialogs, der sich vor allem durch Rationalität und somit Herrschaftsfreiheit auszeichne. Im Anschluss an den Handlungsbegriff Max Webers begreift Habermas Kommunikation als soziale Handlung, die eine strategische Komponente der Intentionalität und Planung besitzt. Insbesondere in diesem, an menschliche Individuen geknüpften Kommunikationsverständnis unterscheiden sich seine Überlegungen vom systemtheoretischen Ansatz Niklas Luhmanns, der zwischen Bewusstsein als einer Eigenschaft von Individuen und Kommunikation trennt. Letztere versteht er als Operationsweise sozialer Systeme, als Instanzen der Selektion und Sinngebung oder als gesellschaftliches Subsystem selbst. Luhmann betont die sich verselbstständigenden Möglichkeiten der Medien,[63] die sich dem Einflussbereich der am Prozess beteiligten Personen entziehen und als weiteres, unabhängiges Element in gesellschaftliche Wissenskonstruktionen eingreifen können.

Dem vorliegenden Beitrag ist nun nicht daran gelegen, das kaum überschaubare Feld der Kommunikationstheorien und -modelle um einen weiteren Vorschlag zu ergänzen; vielmehr wird angestrebt, soziale Ordnungen mit Hilfe spezifischer inhaltlicher Merkmale einer Kommunikation als bedroht zu beschreiben. Vor diesem Hintergrund gerät insbesondere das von dem Soziologen Werner Schirmer eingeführte, aus der Analyse politischer Reden entwickelte Konzept „Bedrohungskommunikation"[64] in den Blick. Unter Rückgriff auf die konstruktivistische Grundannahme, „dass Sicherheit und Bedrohtheit nicht einfach existieren, sondern beobachtet werden müssen, dann aber das Produkt jenes

---

[61] *George Herbert Mead*, Geist, Identität, Gesellschaft aus der Sicht des Sozialbehaviorismus, hrsg. v. Charles Morris, (Suhrkamp-Taschenbuch Wissenschaft 28), 10. Aufl. Frankfurt am Main 1995. Ergänzend dazu *Arnold M. Rose*, Systematische Zusammenfassung der Theorie der symbolischen Interaktion, in: Heinz Hartmann (Hrsg.), Moderne amerikanische Soziologie. Neuere Beiträge zur soziologischen Theorie, Stuttgart 1967, 266–282.

[62] *Jürgen Habermas*, Theorie des kommunikativen Handelns, 2 Bde., Frankfurt am Main 1981.

[63] Zum Medienbegriff bei Luhmann, der zwischen Kommunikations- und Verbreitungsmedien unterscheidet, vgl. *Niklas Luhmann*, Einführung in die Systemtheorie, hrsg. v. Dirk Baecker, 4. Aufl. Heidelberg 2008, 225–229; *Werner Schirmer*, Bedrohungskommunikation. Eine gesellschaftliche Studie zu Sicherheit und Unsicherheit, Wiesbaden 2008, 123–164.

[64] *Schirmer*, Bedrohungskommunikation (wie Anm. 63).

Beobachters sind“[65], definiert er „Bedrohungskommunikation“ als eigenen Kommunikationstyp. Er nimmt im Anschluss an Luhmanns Systemtheorie und deren Terminologie an, dass dabei mindestens zwei psychische Systeme interagieren: Das „Alter“ beobachtet die Bedrohung eines – von Schirmer bewusst nicht näher bestimmten – Objektes und teilt sie dem Adressaten „Ego“ mit, der die von seinem Gegenüber vorgenommene, nach einer Sachdimension, einer Zeitdimension und einer Sozialdimension unterscheidbare Sinnkonstruktion übernehmen soll. Bei „Bedrohtheit“ und „Sicherheit“ handelt es sich nach Schirmer lediglich um spezifische Kommunikations- oder Beobachtungsformen, die sich vor allem durch die persönliche Betroffenheit sowohl „Alters“ als auch „Egos“ von anderen Kommunikationstypen unterscheiden.[66]

Im Unterschied zu Schirmer beschränkt sich der im Folgenden vorgestellte Ansatz „Kommunikation“ nicht auf eine einzelne isolierte Redesituation, deren Sender und Empfänger sich unterscheiden lassen. Vielmehr werden verschiedene Quellen als dem Wissenschaftler zugängliche, materielle Residuen zwischenmenschlicher Verständigung im Habermasschen Sinne betrachtet, die es insbesondere im Hinblick auf ihre strategische Gestaltung zu untersuchen gilt. „Kommunikation“ soll zum einen als ein Prozess sozialen Handelns, als eine sich aus verschiedenen Verständigungsakten zusammensetzende, wahrnehmbare Aktivität, zum anderen aber auch – und darin liegt die Spezifik des Konzeptes – als der im Prozess geteilte Inhalt selbst verstanden werden. Es liegt auf der Hand, dass beide Ebenen sich zwar konzeptuell unterscheiden lassen, in der (historischen) Lebenswelt und somit auch in der wissenschaftlichen Auseinandersetzung mit ihr aber als unbedingt zusammengehörig gedacht werden müssen. Für eine so beschriebene Begriffsprägung ist die Bezeichnung „Kommunikation“ unter anderem deswegen wohlgewählt, weil die angesetzte Zweidimensionalität bereits in der Grundbedeutung von „Kommunikation“ greifbar ist, das auf lat. *communicare* („zur gemeinsamen Sache machen“) zurückgeht: Mit dem Substantiv „Kommunikation“ wird im Folgenden sowohl der Prozess, der etwas „zur gemeinsamen Sache macht“, als auch die, wenn man so will, „gemeinsame Sache“ selbst belegt. Das ebenfalls höchst ambivalente, zum Schlüsselbegriff verschiedener Denktraditionen gewordene Substantiv „Diskurs“[67] be-

---

[65] Ebd., 61.

[66] Ebd., 108 f.

[67] Vgl. *Horst Pöttker*, Art. „Diskurs“, in: Bentele / Brosius / Jarren (Hrsg.), Lexikon (wie Anm. 60), 62–64. So tendiert die Bedeutung des Begriffs „Diskurs“ (von lat. *discurrere*: „auseinanderlaufen“) in der foucaultschen Verwendung dazu, für den immer machtdurchdrungenen, sich in verschiedenen Zeugnissen materialisierenden Niederschlag sozialer Verhältnisse zu stehen. Im Gegensatz dazu definiert Habermas „Diskurs“ als ein Gespräch, in welchem die nach ihm an jeden kommunikativen Akt herangetragenen Geltungsansprüche selbst thematisiert würden und ein möglicherweise problematisch gewordenes Einverständnis wiederhergestellt würde. Ein idealer Diskurs sei herrschaftsfrei und erkenne dem nach rationalen Kriterien überzeugenden Argument Geltung zu.

nennt nach einem allgemeinsprachlichen Verständnis dasjenige, „worüber man in einer Gesellschaft oder einem Kommunikationsmilieu zu einer bestimmten Zeit spricht"[68], und böte sich zur Bezeichnung des vom Wissenschaftler zu abstrahierenden thematischen Konsenses an. Eine definitorische Berücksichtigung der gewissermaßen von den Akteuren ausgehenden Kommunikationsakte selbst legen jedoch weder die so unterschiedlichen wissenschaftlichen Verwendungsweisen der Bezeichnung „Diskurs" noch ihre Grundbedeutung nahe. Dass die Analyse einer Bedrohungskommunikation grundsätzlich auch auf Methoden der Diskursanalyse zurückgreifen könnte, ist durch die Wahl der Bezeichnung „Kommunikation" keinesfalls ausgeschlossen.

Deutung zwischen Individuum und Kollektiv: der framing-*Ansatz*

Modelle, welche die Entstehung und Anwendung von Wissensbeständen behandeln – so in der klassischen Hermeneutik und in den konstruktivistischen Ansätzen – sind vor allem auf das Individuum als Wahrnehmungsinstanz gerichtet. Um aber die Entstehung, Dynamiken und Auswirkungen organisierten kollektiven Handelns theoretisch zu beschreiben, bietet sich der *framing*-Ansatz aus der Soziologie an. Damit kann zugleich der Zusammenhang zwischen den spezifischen Inhalten von Bedrohungskommunikation und den ihnen zugrunde liegenden Selektions- und Deutungsprozessen aufgezeigt werden.

Zur Erklärung von Mobilisierungsprozessen wird innerhalb der sozialen Bewegungsforschung seit den 1980er-Jahren insbesondere strategisch eingesetzte Kommunikation mithilfe des *framing*-Ansatzes in den Blick genommen, und zwar unter der Annahme, dass sie Deutungsprozesse beeinflusst und dadurch auf das Handeln von Akteuren einwirkt. Komponenten der so verstandenen strategisch ausgerichteten Kommunikation sind nach David Snow und Robert Benford (a) eine Diagnose der problematischen sozialen Situation, in der sich die Akteure befinden (*diagnostic frame*); (b) die Prognose einer verbesserten Situation, die es anzustreben gilt (*prognostic frame*); und (c) ein motivierender Aufruf zum Handeln auf dieses Ziel hin (*motivational frame*).[69] Ausgangspunkt ihres Modells ist ein konstruktivistisch-interaktionistisches Grundverständnis menschlicher Deutungsprozesse im Sinne des amerikanischen Soziologen Erving Goffman.[70] Individuen erleben ihre Lebenswirklichkeit nicht unmittelbar,

---

[68] Ebd., 63.

[69] *David A. Snow/Robert D. Benford*, Frame Alignment Processes, Micromobilization and Movement Participation, in: American Sociological Review 51, 1986, 464–481; *dies.*, Framing Processes and Social Movements. An Overview and Assessment, in: Annual Review of Sociology 26, 2000, 611–639.

[70] *Erving Goffman*, Rahmen-Analyse. Ein Versuch über die Organisation von Alltagserfahrungen, Frankfurt am Main 1977. Goffman steht in der Tradition des von George Herbert Mead mitbegründeten Symbolischen Interaktionismus in der Soziologie. Zu Mead vgl. Anm. 61.

so Goffman, sondern stets vermittelt durch Prozesse der Deutung.[71] Durch eine angemessene Deutung einer jeden Situation soll sinnhaftes Handeln ermöglicht werden. Deutungsneubildungen erfolgen nicht ad hoc, sondern bauen auf früheren Erfahrungen und Deutungen auf[72], die wiederum durch Sozialisation erworben und zunächst unbewusst angewandt werden. Goffman belegt diese kollektiven Deutungsschemata mit dem Begriff „*frames*“[73], im Deutschen zumeist übersetzt mit „Rahmen“.[74]

Neben individuelle Deutungsprozesse treten zudem soziale Verständigungsprozesse über Deutungen sowie deren intentionale Beeinflussung durch strategisch handelnde Akteure (*framer*). Strategisches Handeln oder der Entwurf einer Strategie ist als Versuch zu verstehen, eine irrationale, komplexe und unvorhersehbare Zukunft zu rationalisieren.[75] Eine Strategie ist damit kein Mittel, um die grundlegenden Handlungsprobleme von Akteuren zu beseitigen, sondern eines, um sie abzumildern.[76] Es lassen sich drei Elemente dafür benennen, dass Strategien wirksam werden und in kommunikatives Handeln[77] münden: ein oder mehrere Ziele, der Faktor Zeit und ein darauf ausgerichteter Plan.[78] Strategien zu untersuchen bedeutet im Sinne des *framing*-Ansatzes, „musterhafte Zusammenhänge zwischen Intention, Handeln und Resultat zu erkennen.“[79]

---

[71] Goffman nimmt dabei Bezug auf das nach dem amerikanischen Soziologen William Isaac Thomas benannten Thomas-Theorem: „If men define situations as real, they are real in their consequences“ (*William I. Thomas/Dorothy Swaine Thomas*, The Child in America. Behavior Problems and Programs, New York 1928, 572).

[72] Zur Unterscheidung von *frames* und Diskursen siehe: *Britta Baumgarten/Peter Ullrich*, Discourse, Power and Governmentality. Social Movement Research with and beyond Foucault, Discussion Paper, Social Science Research Center Berlin (WZB), Berlin 2012.

[73] Goffman bezieht sich mit dem Begriff „*frame*“ auf den Sozialanthropologen Gregory Bateson, der ihn als psychologisches Konzept zur Interpretation von Kommunikationsinhalten etablierte (*Gregory Bateson*, A theory of play and fantasy, in: Psychiatric Research Reports 2, 1955, 39–51).

[74] Ein häufig angeführtes Beispiel dafür, wie *frames* Alltagssituationen deuten, verweist durch seine „Britishness“ zugleich auf ihre kulturspezifische Prägung: Für einen Passanten evoziert eine auf dem Bürgersteig aufgereihte Menschengruppe den *frame* „Buswarteschlange“. Er strukturiert die Wahrnehmung so, dass die Aufmerksamkeit vor allem auf die geordnete Aufstellung der Menschen in einer Reihe gelenkt wird.

[75] Siehe dazu die Ausführungen zum Risikobegriff unter (1).

[76] *Joachim Raschke/Ralf Tils*, Politische Strategie, 2. Aufl. Wiesbaden 2013, 24.

[77] Damit ist explizit nicht die Habermas'sche Dichotomie von strategischem und kommunikativem Handeln gemeint. „Strategisches Handeln“ meint dort eine Art Negativfolie des „kommunikative[n] Handelns“. Strategisch handeln Akteure insofern, als „sie sich ausschließlich mit egoistischen Nutzenkalkülen gegenübertreten, und Entscheidungen eines ‚rationalen Gegenspielers‘ in Rechnung gestellt werden müssen“, ebd., 20.

[78] *Joachim Knape/Nils Becker/Katie Böhme*, Art. „Strategie“, in: Gert Ueding (Hrsg.), Historisches Wörterbuch der Rhetorik, Bd. 9, Tübingen 2009, 152–172, hier 157.

[79] *Marshall Ganz*, Resources and Resourcefulness. Strategic Capacity in the Unionization of California Agriculture, 1959–1966, in: American Journal of Sociology 105, 2000, 1003–1062, hier 1010.

Gemäß dem *framing*-Ansatz ist Kommunikation ein Interaktionsprozess zwischen zwei Gruppen: jenen Akteuren, die sich bewusst darum bemühen, Einfluss auf *frames* zu nehmen oder sie zu erschaffen (*framer*), und einer größeren Zielgruppe, die diese annehmen soll. Obwohl beide Personenkreise an der Interaktion beteiligt sind, unterscheiden sie sich nach ihrer jeweiligen Intention sowie dem Grad strategischen Vorgehens, das sie an den Tag legen: Während die Zielgruppe vor allem daran interessiert ist, das Phänomen oder die Situation adäquat deuten zu können, zielen die *framer* durch den Einsatz ausgewählter (kommunikativer) Mittel darauf, diese Deutung ihren Vorstellungen entsprechend zu beeinflussen, um auf diese Weise die darauf aufbauenden Handlungen der Zielgruppe zu steuern. Dabei wird ein neuer *frame* situativ geprägt, wenn eine Situation mit den bestehenden *frames* nicht angemessen gedeutet werden kann. Daneben gibt es aber auch die Möglichkeit, dass unabhängig von einer empfundenen „Lücke" ein neuer *frame* geschaffen wird und so noch aktiver die Wahrnehmung und das Verhalten beeinflusst werden sollen. Ein Paradebeispiel dafür ist Propaganda, die zum Ziel hat, politische Situationsbeschreibungen und ihre Deutungen durch die jeweilige Bevölkerung zu lenken.[80]

Der *framing*-Ansatz kann für das in diesem Beitrag entwickelte Modell drei Aspekte näher beleuchten: erstens den Prozess der Konsensbildung innerhalb eines Kollektivs, zweitens die Vermittlung zwischen Individuum und Kollektiv bei Deutungsprozessen sowie drittens den Zusammenhang zwischen Persuasion und Strategie.

Soziale Ordnungen

Für die oben genannten soziologischen Kommunikationstheorien und insbesondere Schirmers Studie zur Bedrohungskommunikation ist die strukturelle Perspektive auf Kommunikation in Gruppen- und Systemzusammenhängen zentral. Nicht in den Blick kommen Individuen sowie ihre Handlungspraxis, die Aufschluss darüber gibt, wie Handeln auch in empirischer Perspektive organisiert wird. Es bietet sich daher ein heuristischer Zugang zur Bedrohungskommunikation an, der die strukturelle Blickweise um die Akteursperspektive ergänzt.[81]

[80] Im Hinblick auf die Beeinflussung von Deutungsprozessen wird wiederholt betont, dass es sich bei *frames* im Unterschied zu *persuasion* nicht um einen grundlegenden Wandel in der Wahrnehmung von Akteuren (*belief change*) handele, sondern vielmehr um die Aktivierung von Informationen, die dem Rezipienten in seiner Wahrnehmung bereits zur Verfügung stünden. Diese würden hervorgehoben, und ihnen werde eine größere Relevanz zugewiesen. Aus dieser Perspektive kann demnach nur aktiviert werden, was bereits vorhanden ist, so dass sich darauf auch der Aktionsraum der *framer* beschränkt. Vgl. *Thomas E. Nelson/Zoe M. Oxley/Rosalee A. Clawson*, Toward a Psychology of Framing Effects, in: Political Behavior 19, 1997, 221–246.

[81] In der Soziologie hat einen solchen Ansatz insbesondere Anthony Giddens vertreten. Er betont im Rahmen seiner Theorie der Strukturation die wechselseitige Konstitution von Akteur

Er eröffnet die Möglichkeit, sich der Deutungs- und Kommunikationsebene der Akteure zu nähern. Diese sind nicht nur Teilhaber und Multiplikatoren der Kommunikation, sondern können auch selbst insofern zum Gegenstand der Kommunikation werden, als sie die soziale Ordnung, über die sie sich verständigen, durch ihr Handeln hervorbringen:[82] Ordnungen werden entweder durch intentionales Verhalten oder im Zusammenhang mit anderen eingeübten, nicht eigens reflektierten Routinen reproduziert.[83] Damit ist der Rahmen für einen Ansatz abgesteckt, der Bedrohungskommunikation auf das Konzept der sozialen Ordnung bezieht und die in Schirmers Modell angesetzte Leerstelle „Objekt der Bedrohung" entsprechend spezifiziert. Grundsätzlich lässt sich das Konzept der sozialen Ordnung implizit (wissensgeschichtlich) oder explizit (begriffsgeschichtlich) fassen.

Der wissensgeschichtliche Ansatz richtet den Blick auf die Form und Verfasstheit einer Gemeinschaft, auf gesamtgesellschaftlich oder schichtspezifisch verbindliche Wert- und Orientierungssysteme.[84] Jüngere sozialwissenschaftliche und historische Forschungsansätze zielen weniger darauf, ontologische Definitionen solcher durch gesellschaftliche Übereinkunft entstehenden Grundmuster und Regelmäßigkeiten zu erreichen, sondern betonen folgende drei Aspekte: Zunächst werden das dynamische und das statische Element des Ordnungsbegriffs – Ordnung als „Handlung des Ordnens" oder als „Zustand des Geord-

---

und Struktur sowie den rekursiven Charakter von Handeln und Struktur. Vgl. *Anthony Giddens*, The Constitution of Society. Outline of the Theory of Structuration, Berkeley / Los Angeles 1984, 1–28.

[82] Dazu, dass Ordnung ein Produkt selbstgenerierter und zugleich fremdgesteuerter Vorgänge sein kann, s. *Anter*, Ordnung (wie Anm. 13), 35 f.

[83] Zu den Motiven sozialen Handelns (Brauch / Sitte, Konvention / Recht, Normen / Pflichten, Interesse / Nutzen) s. *Max Weber*, Soziologische Grundbegriffe, 2. Aufl. Tübingen 1966, 24 f. Zur Verschiedenheit der Motive dafür, das Handeln an einer Ordnung zu orientieren, ebd., 26; vgl. auch *Habermas*, Theorie (wie Anm. 62), hier Bd. 2, 115. Zum zumeist geringen Bewusstseins- und Reflexionsgrad des Verhaltens s. wiederum *Weber*, Grundbegriffe (wie diese Anm.), 18. – Vgl. dazu ausführlich *Wolfgang Schluchter*, Grundlegungen der Soziologie. Eine Theoriegeschichte in systematischer Absicht, 2 Bde., Tübingen 2006–2007, hier Bd. 1, 234–272; *ders.*, Handlung, Ordnung, Kultur. Studien zu einem Forschungsprogramm im Anschluss an Max Weber, Tübingen 2005, 1–36; *Richard Münch*, Soziologische Theorie, 3 Bde., Frankfurt am Main 2002–2005, hier Bd. 1, 144–151.

[84] Zu einem solchen Ansatz im Rahmen der historischen Werteforschung vgl. *Paul Münch*, Grundwerte der frühneuzeitlichen Ständegesellschaft? Aufriß einer vernachlässigten Thematik, in: Winfried Schulze (Hrsg.), Ständische Gesellschaft und soziale Mobilität, (Schriften des Historischen Kollegs, Kolloquien 12), München 1988, 53–72. Zum grundlegenden Problem, das Forschungsinteresse am selbstverständlichen kulturellen Fundament einer Epoche in einen Forschungsansatz zu transferieren, vgl. *Bernhard Jussen*, Ordo zwischen Ideengeschichte und Lexikometrie. Vorarbeiten an einem Hilfsmittel mediävistischer Begriffsgeschichte, in: Bernd Schneidmüller / Stefan Weinfurter (Hrsg.), Ordnungskonfigurationen im Hohen Mittelalter, (Vorträge und Forschungen, Konstanzer Arbeitskreis für Mittelalterliche Geschichte 64), Ostfildern 2006, 227–256, hier 228; grundlegend zum Wertbegriff *Rüdiger Lautmann*, Wert und Norm. Begriffsanalysen für die Soziologie, (Dortmunder Schriften zur Sozialforschung 37), Köln / Opladen 1969.

netseins“[85] – in den Mittelpunkt gerückt.[86] Die dynamische Auffassung kann dabei so weit akzentuiert werden, dass „Ordnung“ als stets von Individuen neu geschaffener Handlungs- und Deutungsrahmen gesehen wird.[87] Des Weiteren werden schriftlich fixierte Normen nicht zum Ordnungsmuster selbst erhoben, sondern als obrigkeitlich projektierte Ordnungsvorstellung gesehen, die sich im Spannungsverhältnis zum gesellschaftlichen Istzustand befindet.[88] Und schließlich wird das Augenmerk verstärkt auf eine konsequente Historisierung von Ordnungskonzeptionen gerichtet, die durch die stringente regionale, zeitliche und soziale Kontextualisierung punktueller Analysen erreicht wird.[89]

Die verschiedenen Konzeptionen sind eng mit einem begriffsgeschichtlichen Zugriff verbunden, bei dem in der jeweiligen historischen Einzelsprache ein Wortfeld semantisch verwandter Konzepte und Antonyme zum Oberbegriff „Ordnung“ erstellt wird. Im Deutschen beispielsweise dominieren bis ins 19. Jahrhundert konkretere Bedeutungen im Sinne von „Befehl“ oder „rechtliche Regelung“. Diese werden dann um die Wortauffassung als eines politischen und sozialen Schlüsselkonzeptes ergänzt, das auf mannigfaltige Weise semantisch aufgeladen sein kann.[90] In dieser Bedeutung wird „Ordnung“ zur „Chiffre, die besonders klar die unterschiedlichen Weltbilder transparent macht und dabei von denkbar gegensätzlichen Richtungen in Anspruch genommen wird“.[91] Der Metadiskurs über Herkunft und Legitimation von „Ordnung“ lässt Rückschlüsse auf

[85] *Hermann Paul*, Deutsches Wörterbuch, 10. Aufl. Tübingen 2002, 726.

[86] Vgl. *Bernd Schneidmüller/Stefan Weinfurter*, Ordnungskonfigurationen. Die Erprobung eines Forschungsdesigns, in: dies. (Hrsg.), Ordnungskonfigurationen (wie Anm. 84), 7–18, hier 7: „Unter ‚Ordnung‘ möchten wir dabei nicht nur bestimmte Formen gesellschaftlicher Geordnetheit verstehen, sondern auch die Ergebnisse und Wirkungen bestimmter Methoden des Kategorisierens und Abstrahierens im Rahmen umfassenderer Erkenntnis- und Organisationsprozesse.“

[87] So etwa bei *Jörg Baberowski*, Was sind Repräsentationen sozialer Ordnungen im Wandel? Anmerkungen zu einer Geschichte interkultureller Begegnungen, in: ders. (Hrsg.), Arbeit an der Geschichte. Wie viel Theorie braucht die Geschichtswissenschaft?, (Eigene und fremde Welten 18), Frankfurt am Main/New York 2009, 7–18, hier 9: „Menschen leben nicht in festen, abgeschlossenen Ordnungen, sondern sie stellen sie her, sie erschaffen ihre eigene Welt, indem sie die vorhandenen Ordnungen, in die sie hineingeworfen sind, herausfordern.“

[88] Zu den konkurrierenden Vorstellungen von Ordnung als einem „sich selbst herausbildende[n] Gefüge“ und als einer „normative[n] Durchsetzung“ vgl. *Anter*, Ordnung (wie Anm. 13), 269.

[89] *Anselm Doering-Manteuffel*, Konturen von „Ordnung“ in den Zeitschichten des 20. Jahrhunderts, in: Thomas Etzemüller (Hrsg.), Die Ordnung der Moderne. Social engineering im 20. Jahrhundert, Bielefeld 2009, 41–64, arbeitet für das 20. Jahrhundert drei Zeitschichten beim Verständnis von Ordnung heraus; zu philosophischen und naturwissenschaftlichen Ordnungsdispositiven im 18. Jahrhundert vgl. etwa *Tobias Cheung*, Die Ordnung des Organischen. Zur Begriffsgeschichte organismischer Einheit bei Charles Bonnet, Spinoza und Leibniz, in: Archiv für Begriffsgeschichte 46, 2004, 87–108.

[90] *Heino Speer*, Art. „Ordnung“, in: Deutsches Rechtswörterbuch. Wörterbuch der älteren deutschen Rechtssprache, Bd. 10, Weimar 2001, 375–385. Ähnlich polyvalente Schlüsselkonzepte wären beispielsweise „Demokratie“ und „Freiheit“.

[91] *Anter*, Ordnung (wie Anm. 13), 268.

die handlungsleitenden Idealvorstellungen in einer Gesellschaft zu. Der quasistatische und absolute Charakter, welcher der Ordnung in solchen Diskursen zukommt, soll aber nicht darüber hinwegtäuschen, dass es sich um einen relativen Begriff handelt, der vom Erkenntnisinteresse und vom Untersuchungsgegenstand abhängt. Allein indem der Fokus auf Phasen raschen sozialen Wandels in Umbruchzeiten gerichtet wird, kommt dem zeitlichen Umfeld fast automatisch der Status einer ruhigeren, auf einer stabileren Ordnung gründenden Phase zu.

Das Erkenntnisinteresse läge im Zusammenhang mit bedrohter sozialer Ordnung unweigerlich auf den ordnungskonstituierenden Geltungsmechanismen wie Zwang (Konvention, Recht), Interessenlage, Legalitätsvorstellung (Macht, Herrschaft) oder anderer, etwa ethischer oder religiöser, Legitimation.[92] Abhängig davon läge das Erkenntnisinteresse ferner auf den Parametern von Stabilität und Instabilität der Ordnung sowie auf den Prozessen, durch welche die Konstitutionsleistung der betreffenden Mechanismen abnimmt und sich die Ordnung nicht mehr aufrechterhalten lässt. Ordnung wird dabei unter Weiterführung des Vorschlags der Philosophin Regine Kather[93] verstanden als „ein Gefüge von Elementen, die in einem bestimmten Verhältnis zueinander stehen und soziale Gruppen oder ganze Gesellschaften strukturieren".[94] Die „Struktur" des Gefüges verweist auf die Art der Zusammenfügung seiner Elemente, d. h. auf den Modus, nach dem sie aufeinander bezogen sind, und auf die Gesetzmäßigkeit des Wechselverhältnisses, in das sie zueinander treten, etwa im Fall von Normen, Orientierungsmustern, Institutionen, Positionen, Rollen etc.[95] Der

[92] Vgl. dazu den Begriff der „legitimen Ordnung" bei *Weber*, Grundbegriffe (wie Anm. 83), 25–27, zu den „Garanten" der Legitimität einer Ordnung (affektuell, wertrational, interessebedingt) ebd., 27–29, zu den Legitimationsformen (Tradition, affektueller oder wertrationaler Glaube, Satzung mit geglaubter Legalität) ebd., 29–31. – Webers handlungstheoretisches Verständnis setzt bei Ordnung als einem „Sinngehalt einer sozialen Beziehung" (ebd., 25) an, bei dem „das Handeln an angebbaren ‚Maximen' […] orientiert wird" (ebd.). Die Geltung einer Ordnung ist „die Chance", dass Individuen soziales Handeln und soziale Beziehung „an der Vorstellung vom Bestehen einer legitimen Ordnung" (ebd.) orientieren. Entsprechend besitzt die legitime Ordnung dann Geltung, wenn die Maximen und Normen Orientierungsgrundlage für das Handeln sind, weil sie von den Beteiligten als „verbindlich oder vorbildlich" (ebd., 26) angesehen werden. In diesem Sinne ist Handeln nicht nur aus der Tradition oder zweckrationalen Erwägungen heraus, sondern auch wertrational motiviert.

[93] *Regine Kather*, Art. „Ordnung, philosophisch", in: Betz u. a. (Hrsg.), Religion in Geschichte und Gegenwart (wie Anm. 26), Bd. 6, 632 f.: „Als Ordnung wird ein Gefüge von Elementen bezeichnet, die in einem bestimmten Verhältnis zueinander stehen und einen größeren Bereich strukturieren."

[94] Der Wortlaut folgt der Arbeitsdefinition des SFB 923 „Bedrohte Ordnungen". Vgl. dazu *Ewald Frie*, ‚Bedrohte Ordnungen' zwischen Vormoderne und Moderne. Überlegungen zu einem Forschungsprojekt, in: Klaus Ridder/Steffen Patzold (Hrsg.): Die Aktualität der Vormoderne. Epochenentwürfe zwischen Alterität und Kontinuität, (Europa im Mittelalter 23), Berlin 2013, 99–109, hier 104.

[95] Vgl. *Karl-Heinz Hillmann*, Wörterbuch der Soziologie, begr. von Günter Hartfiel, 5. Aufl. Stuttgart 2007, 867 f.; *Rainer Greshoff*, Art. „Struktur", in: Sina Farzin/Stefan Jordan (Hrsg.), Lexikon Soziologie und Sozialtheorie. Hundert Grundbegriffe, Stuttgart 2008, 284–287.

Ordnungsbegriff impliziert, dass Interferenzen und partielle Überlagerungen verschiedener Ordnungen (z. B. Geschlechter- und Rechtsordnung, politische und religiöse Ordnung) gerade nicht ausgeschlossen sind. Dadurch unterscheiden sich Ordnungen von „Systemen", deren konstitutive Elemente aufgrund ihrer Beziehung zueinander von anderen Systemen, d. h. von der Systemumwelt, klar abgegrenzt sind.[96] Akteure oder Akteursgruppen bilden einen Teil des sozialen Ordnungsgefüges, das einerseits die Möglichkeiten von Interaktion und Handeln bestimmt, etwa indem es sich in sozialen Rollen manifestierende Identitäten schafft und dadurch parallel zur Grunderfahrung von Selbstdefinition und sozialer Zugehörigkeit zugleich Differenzerfahrung und Abgrenzung gegen das Fremde, mithin Alterität, hervorbringt.[97] Andererseits strukturieren die Akteure die Ordnung dadurch mit, dass sie beispielsweise Legitimationsmechanismen mittragen – oder dass sie einer Ordnung ihre Geltung gerade nicht zugestehen[98] und dadurch ihre Instabilität befördern.[99]

Definitionsversuche des abstrakten und mehrdimensionalen Begriffs „Ordnung" sind, wie auch die hier zitierte Arbeitsdefinition zeigt, zwangsläufig recht vage und entsprechend unbefriedigend, was den Politologen Andreas Anter sogar dazu bewegt, die Möglichkeit einer Ordnungsdefinition an sich zu bezweifeln.[100] Eine allgemeingültige begriffliche Festlegung von „Ordnung" strebt auch dieser Beitrag nicht an, wenngleich er die Möglichkeit einer solchen nicht grundsätzlich in Frage stellt. Vielmehr gilt es im Rahmen des heuristischen Instrumentariums, sich der Kategorie „Ordnung" auf einer sehr viel konkreteren Ebene zu nähern und den Begriff für eine bestimmte, hinsichtlich Raum und Zeit festgelegte Akteursgruppe zu füllen. Konstitutiv für eine derart funktionale Definition ist die, wie Anter herausstellt, sich durch alle Ordnungsdiskurse ziehende Unterscheidung zweier unbedingt zusammengehöriger Grundtypen von Ordnung: Es stehen sich abstrakte und konkrete, normative und empirische, natür-

[96] Vgl. *Hillmann*, Wörterbuch (wie Anm. 95), 880; *Dirk Baecker*, Art. „System", in: Farzin / Jordan (Hrsg.), Lexikon (wie Anm. 95), 297–300. – Dies schließt aber nicht aus, dass die Systeme selbst in eine Beziehung mit der Umwelt treten können; vgl. zu „geschlossenen" und „offenen" Systemen *Heinz Eskamp*, Art. „System", in: Werner Fuchs-Heinritz u. a. (Hrsg.), Lexikon zur Soziologie, 5. Aufl. Wiesbaden 2011, 671 f.

[97] Vgl. das umfangreiche Kapitel „Identität" in: *Friedrich Jaeger / Burkhard Liebsch* (Hrsg.), Handbuch der Kulturwissenschaften, 3 Bde., Stuttgart / Weimar 2004, hier Bd. 1, 277–363, und darin bes. *Claus Leggewie*, Zugehörigkeit und Mitgliedschaft. Die politische Kultur der Weltgesellschaft, 316–333, hier 317–319 (zu Inklusion / Exklusion).

[98] Vgl. dazu Anm. 92.

[99] Die Aspekte von individuellem Handeln einerseits und Gegebenheiten des soziales Gefüges andererseits sowie die rekursive Interdependenz beider (Strukturation) und die Frage nach der Vorrangstellung werden in der auf Anthony Giddens zurückgehenden (dazu Anm. 81) Debatte über *structure* und *agency* diskutiert. Vgl. *Eberhard Raithelhuber*, Von Akteuren und agency – eine sozialtheoretische Einordnung der structure / agency-Debatte, in: Hans Günther Homfeldt / Wolfgang Schröer / Cornelia Schweppe (Hrsg.), Vom Adressaten zum Akteur. Soziale Arbeit und Agency, Opladen 2008, 17–45.

[100] Vgl. *Anter*, Ordnung (wie Anm. 13), 5.

lich gewachsene, substanzhafte und relationale Ordnungen gegenüber.[101] Die so aufgezeigte Zweidimensionalität des Ordnungsbegriffs ist auch Ausgangspunkt der im Rahmen einer Bedrohungskommunikation festzulegenden Ordnung. In einem entsprechend abgesteckten Untersuchungsfeld ist es durchaus möglich, zum einen Gesetze, Praktiken und Regelmäßigkeiten im Handeln zu ermitteln, zum anderen die dahinterstehenden Denktraditionen und transzendentalen Rechtfertigungen des Geltenden ausfindig zu machen, die unter dem Begriff „Ordnung" zusammengefasst werden können.

Akteurs- und Beobachterperspektive

Im Zusammenhang mit einem kommunikationspragmatischen, akteursbezogenen Zugang zur Ordnungsbedrohung liegt das Erkenntnisinteresse des vorliegenden Beitrags wiederum auf den kommunikativen Mechanismen und Praktiken, welche die im oben beschriebenen Sinne ordnungsreproduzierenden, nun nicht mehr verlässlichen Routinen sowie alternative Handlungsoptionen in ihrer Geltung verhandeln. Ein heuristischer Zugang zur Bedrohungskommunikation, der die Akteursperspektive einbezieht, lässt sich dort fruchtbar machen, wo eine hinreichend aussagekräftige Quellenbasis die Möglichkeit eröffnet, die soziale Wirksamkeit der Kommunikation über ihre Inhalte, Teilnehmer, Medien, Zirkulationsformen, institutionelle Rahmenbedingungen und Organisationsmechanismen zu fassen. Entsprechend werden die Quellen, zu denen etwa Chroniken, Gesetze, (literarische) Texte und bildliche Darstellungen ebenso gehören wie Interviews und Filme, als Zeugnis und Produkt von Prozessen der Verständigung über Zeichen und Symbole innerhalb einer Akteursgruppe begriffen, denen als sozialen Handlungen Bedeutung zukommt. Zu berücksichtigen sind ferner die Formen kommunikativer Akte, die in den verschiedenen Quellengattungen zum Ausdruck kommen, etwa symbolhaft-materiale Akte wie die Überreichung eines Gegenstandes oder illokutionäre Sprechakte wie das Verbot in einer mittelalterlichen städtischen Satzung oder die Bitte in einem Brief an staatliche Behörden. Von besonderem Interesse ist in diesem Zusammenhang sicherlich die Drohrede als kommunikativer Akt mit großem Performanzpotenzial.[102] Bedrohung als Abstraktum lässt sich in diesem Sinne mittelbar über Kommunikationsprozesse plausibel machen.

---

[101] Ebd., 24: „Ob in der Soziologie oder in der Rechtsphilosophie, ob in der Ökonomie oder in der Ethnologie – die Unterscheidung von zwei Grundtypen ist für alle genannten Disziplinen konstitutiv. Eine scharfe Trennlinie zwischen den jeweiligen Typen wird sich allerdings nicht in allen Fällen ziehen lassen. So kann sich jede „gedachte" Ordnung zweifellos auf äußerst spürbare Weise bemerkbar machen, und jede empirische Ordnung ist immer auch eine *gedachte* Ordnung, da sie ja zugleich in der Vorstellungswelt der Handelnden existiert."

[102] Vgl. *Christian Meyer*, Art. „Drohrede", in: Ueding (Hrsg.), Historisches Wörterbuch der Rhetorik (wie Anm. 78), Bd. 10, 257–261.

Ausgehend vom jeweiligen Quellenkorpus gilt es daher, Bedrohungskommunikation zu abstrahieren. Da die Quellenkorpora, die eine bedrohte Ordnung anzeigen, hinsichtlich ihres Umfangs und der Eindeutigkeit ihrer Aussagen höchst unterschiedlich sind, lassen sich zwar nur wenige allgemeingültige Aussagen über die Methode sowohl bei der Auswahl der Quellen als auch bei deren Analyse treffen. Die beim heuristischen Instrumentarium der Bedrohungskommunikation vorausgesetzte Einheit des Gegenstandes legt aber nahe, dass die relevanten Kommunikationszeugnisse in bestimmten räumlichen und zeitlichen Grenzen entstanden sind. Innerhalb dieses Quellenkorpus gilt es, diejenigen Kommunikationszeugnisse auszuwählen, die Rückschlüsse auf die zu untersuchende Ordnung zulassen.

Dabei ist zwischen zwei Ordnungsebenen zu unterscheiden: zum einen der Ordnung, welche die Akteure im Rahmen ihrer Kommunikation primär affiziert und auf die sie sich selbst beziehen, sei es, dass sie die Ordnungsmechanismen eigens reflektieren oder dass sie diese unbewusst im Zusammenhang mit anderen bedeutsamen Kommunikationsthemen erörtern; zum anderen der Ordnung, die sich erst der übergreifenden, mitunter vergleichenden oder historisierenden Perspektive erschließt. Die Unterscheidung ist auch dann sinnvoll, wenn die akteursbezogene Bedrohungskommunikation bereits auf mehrere (konkurrierende) Ordnungen verweist. Beide Ordnungsebenen können ineinander eingebettet sein oder einander tangieren und lassen sich durch einen Zugang integrieren, der für die externe Betrachterkategorie die Perspektive der Beteiligten mitkonzeptionalisiert.

3. Inhaltskriterien der Bedrohungskommunikation

Im vorliegenden Beitrag werden soziale Ordnungen als „bedroht" klassifiziert, wenn die aus einer Quellenbasis zu abstrahierende Kommunikation spezifische *Inhalts-* und *Etablierungskriterien* erfüllt. Den Inhaltskriterien wird genügt, wenn sich – wie unten ausführlich dargelegt werden wird – drei Inhaltskomponenten festmachen lassen: erstens eine Verständigung über den Status quo; zweitens eine Beschreibung eines (erstrebenswerten oder abschreckenden) zukünftigen Szenarios; drittens Handlungsempfehlungen an die Akteure. Dabei rekurrieren die drei Kommunikationsinhalte stets auf dieselbe Ordnung oder dieselben Ordnungen. Den Etablierungskriterien wird genügt, wenn erstens eine hinreichend große, in die Ordnung essenziell eingebundene Akteursgruppe kommuniziert; wenn sich zweitens aus den Quellen ein hinreichender Konsens über bestimmte Kommunikationsinhalte beobachten lässt; wenn die Akteure drittens auf Handlungsempfehlungen reagieren und die mit der Inhaltsvermittlung verbundene Intention das Handeln der Akteure beeinflusst. Im Fall einer so zu bestimmenden Kommunikation handelt es sich im Sinne des hier dargelegten Konzeptes um

Bedrohungskommunikation. Von deren Existenz lässt sich nicht zwangsläufig auf eine bedrohte Ordnung schlussfolgern, weshalb es zuletzt gilt, gegebenenfalls auch Quellentypen zu berücksichtigen, die für die Abstraktion der Bedrohungskommunikation auf den ersten Blick nicht relevant sind. Das jeweilige Rahmenthema kann es darüber hinaus geboten erscheinen lassen, mehrere Bedrohungskommunikationen modellhaft zu untersuchen.

Im Folgenden werden die drei Inhaltskriterien Status quo, Szenario und Handlungsempfehlungen dargelegt sowie die gewählte Herangehensweise anhand von zwei Fallbeispielen illustriert. Diese exemplifizieren zwei Fälle bedrohter Ordnung, die sich zeitlich und räumlich erheblich voneinander unterscheiden. Das heuristische Modell der Bedrohungskommunikation ermöglicht es, die so divergierenden Beispiele miteinander zu vergleichen.

In Fallbeispiel 1[103] geht es um die Bedrohung einer städtischen Ordnung durch die Folgen einer Naturkatastrophe: Im Jahre 177 n. Chr.[104] war die kleinasiatische Metropole Smyrna von einem Erdbeben erschüttert worden. Die katastrophalen Ausmaße veranlassten den dort ansässigen griechischen Rhetor Aelius Aristides dazu, das Geschehen in vier Schriften festzuhalten: in einer Klage über die Zerstörung Smyrnas (Monodie), einem Brief an die Kaiser Mark Aurel und Commodus (Brief), einer Festrede an den Landtag Asiens (Palinodie) sowie einer Festrede zu Ehren des römischen Gouverneurs (Smyrnaikos).[105] Dabei zielte insbesondere sein Brief an die Kaiser darauf ab, Hilfe für die Stadt zu erhalten.

Fallbeispiel 2 betrifft eine Situation bedrohter Ordnung während des Kalten Krieges. Die liberaldemokratisch-kapitalistisch organisierte Gesellschaft der USA sah sich wenige Jahre nach dem Zweiten Weltkrieg vom konkurrierenden Gesellschaftsentwurf der sozialistischen Staatenwelt und ihrem universellen Geltungsanspruch bedroht. Diese Konkurrenz spitzte sich durch stetige militärische Aufrüstung, insbesondere mithilfe von Nuklearwaffen, im Laufe der fünfziger Jahre des 20. Jahrhunderts immer mehr zu. Seit Ende der fünfziger Jahre verbreitete der amerikanische Senator John F. Kennedy als Anwärter auf das Präsidentenamt die Behauptung, die Sowjetunion sei den USA bei der Produktion nuklearer Interkontinentalraketen weit voraus. Die Sowjetunion könne schon bald in der Lage sein, mit einem atomaren Angriff die Verteidigungsfähigkeit der USA auszuschalten. Für die Existenz einer solchen „Raketenlücke" (*missile gap*) hatte

[103] Für diese und alle weiteren Hinweise zu diesem Beispiel sowie für seine Interpretation danken wir Laura Carrara (Tübingen).

[104] Zu dieser Datierung, neben der sich bisweilen die Datierung auf 178 n. Chr. findet, s. *Charles A. Behr*, Aelius Aristides and the Sacred Tales, Amsterdam 1968, 112, Anm. 68.

[105] Ἐπὶ Σμύρνῃ Μονῳδία („Monodie", *Oratio* 18 in der für diese Schriften immer noch maßgeblichen Ausgabe von *Bruno Keil*, Aelii Aristidi Smyrnaei quae supersunt omnia, Bd. 2, Berlin 1898); Ἐπιστολὴ περὶ Σμύρνης πρὸς τοὺς Βασιλέας („Brief", Or. 19 *Keil*); Παλινῳδία ἐπὶ Σμύρνῃ („Palinodie", Or. 20 *Keil*); Σμυρναικός („Smyrnaikos", Or. 21 *Keil*). Vgl. auch die englische kommentierte Übersetzung: *P. Aelius Aristides*, The Complete Works, translated by Charles A. Behr, 2 Bde., Leiden 1981–1986.

Kennedy außer einigen Indizien jedoch keinerlei Beweise. Präsident Eisenhower gewährte ihm sogar Einsicht in Dokumente, die das Gegenteil nahelegten.[106] Dennoch hielt Kennedy den Vorwurf aufrecht, dass Eisenhower die nationale Sicherheit gefährde, um seinen Gegenkandidaten Richard Nixon, Eisenhowers Vizepräsident, für die Existenz der „Raketenlücke" und die daraus resultierende Bedrohung der nationalen Sicherheit mitverantwortlich zu machen.[107]

Verständigung über den Status quo

In Situationen bedrohter Ordnung verständigen sich Akteure über den momentanen Zustand, d. h. sie versuchen eine Diagnose des Status quo zu stellen. Im Rahmen dieses Kommunikationsprozesses benennen sie Phänomene, die nicht als Abbild einer Realität zu interpretieren sind, jedoch Rückschlüsse auf die Erfahrungswelt der Akteure zulassen. Da ihr Befund stark von der sozialen Ordnung geprägt ist, in der die Akteure handeln, gibt die Analyse der Verständigung über den Status quo zugleich Auskunft über diese Ordnung. Die kollektive Deutung des Status quo muss innerhalb des gesellschaftlichen und kulturellen Rahmens glaubhaft sein und an bereits existierende Deutungsmuster (*frames*) oder Narrative anknüpfen, was auch für strategisch verbreitete Deutungen gilt.[108] Selbst wenn eine wissenschaftliche Analyse zeigt, dass ihr Realitätsstatus inszeniert ist, sind sie, sofern sie glaubhaft vermittelt werden, handlungsleitend.

Eine Beschreibung des momentanen Status enthält immer Indizien darüber, wie er sich weiterentwickelt. Mitunter wird bereits auf bestehende Missstände verwiesen, die Anzeichen für seine Negativentwicklung sein könnten. Die Ordnung – die es als solche vom Wissenschaftler zu abstrahieren gilt und die nicht identisch mit dem Status quo ist – kann als besonders erhaltenswert dargestellt werden. Deutungen des Status quo wirken identitätsstiftend und tragen zur Herausbildung einer Interessengemeinschaft bei, wodurch es zu Inklusions- und Exklusionsprozessen kommt.

In Situationen bedrohter Ordnungen zeigen die verschiedenen Quellen Übereinstimmungen hinsichtlich der gedeuteten Phänomene, die Aufschluss über

---

[106] Vgl. *Christopher A. Preble*, John F. Kennedy and the Missile Gap, DeKalb 2004, 108–110; *ders.*, ‚Who Ever Believed in the "Missile Gap"?': John F. Kennedy and the Politics of National Security, in: Presidential Studies Quarterly 33, 2003, 801–826; *Campbell Craig/Fredrik Logevall*, America's Cold War. The Politics of Insecurity, Cambridge/London 2009, 175 f.; *Richard Rhodes*, Arsenals of Folly. The Making of the Nuclear Arms Race, New York 2007, 85 f.

[107] Für dieses Fallbeispiel werden einerseits öffentliche Kommunikationszeugnisse wie Reden, Fernsehdebatten oder zeitgenössische Zeitungsartikel berücksichtigt, mit denen vor allem Elemente einer zu abstrahierenden Bedrohungskommunikation ausgemacht werden sollen. Andererseits berücksichtigt das Fallbeispiel Protokolle interner Debatten und Geheimdienstanalysen, die wiederum Hinweise auf die Ordnungsvorstellungen der Akteure liefern sollen.

[108] Hier existieren wiederum Parallelen zu den Kriterien nach *Snow/Benford*, Frame Alignment (wie Anm. 69).

den Konsens geben, der innerhalb der Akteursgruppe herrscht. Er ist das Produkt einer kollektiven Verständigung über die Existenz und Relevanz bestimmter Phänomene, die ihrerseits wiederum unterschiedlich bewertet werden.[109] Der Konsens soll nicht als absolute Übereinstimmung verstanden werden, sondern vielmehr als hinreichende Einigkeit.

In Fallbeispiel 1 lässt sich aus den Schriften des Aristides der Status quo Smyrnas ablesen, nachdem die Katastrophe eingetreten war: Obwohl die Vision einer politischen Unabhängigkeit von Rom seit Jahrhunderten aufgegeben war, hatte die Stadt dennoch politische und kulturelle Machtansprüche, die unter anderem in einer prächtigen urbanen Baulandschaft ihren Ausdruck fanden. Das Phänomen „Erdbeben von 177" kollidierte im Bewusstsein der Smyrnäer mit dem *frame* der Exzellenz und des ewigen Fortbestandes ihrer Polis, die ihren Gründungssagen zufolge nach Zerstörungen stets neu aufgebaut worden war. Zudem befand sich Smyrna bereits seit fast zwei Jahrhunderten mit anderen Großstädten der Region wie Ephesos und Pergamon in einem Rangstreit um den Ehrentitel „die erste Stadt Asiens".[110]

An Fallbeispiel 2 lässt sich zeigen, dass die Glaubwürdigkeit eines Akteurs in einen engen Zusammenhang mit gesellschaftlichen Erfahrungswerten zu stellen ist: Die globale Ordnungskonkurrenz vermochte es, tief in das alltägliche Leben der Amerikaner vorzudringen. Ein Indiz dafür sind etwa die Jahre der „Roten Angst" (*Red Scare*). In öffentlichkeitswirksamen Schauprozessen warfen Hardliner des Repräsentantenhauses Bürgern vor, sie seien Kommunisten oder Spione der Sowjetunion.[111] So homogenisierte[112] sich ein kollektives Deutungsmuster, wonach das politisch-gesellschaftliche Leben durch den universellen Geltungsanspruch der sozialistischen Sowjetunion essenziell bedroht gewesen sei. Der Start des ersten erdnahen Satelliten Sputnik 1957 festigte den gesellschaftlichen Konsens über diese Frage, denn damit hatte die Sowjetunion ihre Fähigkeit unter

[109] Mitunter verändert sich der Konsens so schnell, dass er nur in einer Momentaufnahme festgehalten werden kann.

[110] Zur Geschichte und zum (Selbst-)Bild der Stadt Smyrna sowie zum Verhältnis zwischen der kleinasiatischen Metropole und Aristides s. die Monographie von *Carlo Franco*, Elio Aristide e Smirne, (Atti della Accademia Nazionale dei Lincei, Classe di Scienze morali, storiche e filologiche. Memorie serie IX-volume XIX-fascicolo 3), Rom 2005, zum Erdbeben von 177 n. Chr. insb. 470–511.

[111] Besonders häufig traf dies Mitarbeiter der Roosevelt-Administration, die während der dreißiger Jahre des 20. Jahrhunderts mit einem groß angelegten Reformprogramm ein staatsorientiertes Wirtschaftsmodell durchgesetzt hatten (*New-Deal*-Ordnung). Dessen zentrale Bestandteile behielten auch in den fünfziger und sechziger Jahren Gültigkeit. In diesem Ordnungsmodell sahen zahlreiche konservative Politiker, wie etwa Senator Joseph McCarthy, eine Form von „amerikanischem Kommunismus", den es öffentlich zu diskreditieren galt. Vgl. *Richard Fried*, Nightmare in Red. The McCarthy Era in Perspective, New York 1990, insb. 78–80.

[112] *Anselm Doering-Manteuffel*, Im Kampf um „Frieden" und „Freiheit". Über den Zusammenhang von Ideologie und Sozialkultur im Ost-West-Konflikt, in: Hans Günter Hockerts (Hrsg.), Koordinaten deutscher Geschichte in der Epoche des Ost-West-Konflikts, München 2004, 29–48, hier 32–34.

Beweis gestellt, Raketen zu bauen, die jeden Punkt in den USA binnen Minuten erreichen konnten. In die zeitgenössische Kollektivdeutung ging dieser Moment durch seine Schockwirkung daher auch als „Sputnik-Schock“[113] ein. Diese zentralen Bedrohungsnarrative seiner Zeit griff Kennedy im Wahlkampf immer wieder auf, weshalb er in der Fernsehdebatte mit seinem Widersacher Nixon gefragt wurde, wie sehr er die nationale Sicherheit durch subversive Aktivitäten von Kommunisten bedroht sehe. Kennedy verband beide hier dargelegten gesellschaftlichen Deutungsmuster in seiner Antwort und wies ihnen Prioritäten zu:

> „Well, I think they're serious. [...] We should support – the laws, which the United States has passed in order to protect us from – those who would destroy us from within. [...] [W]e should be continually alert. [...] I think that we can meet any internal threat. The major threat is external and will continue.“[114]

Seine Gegenwartsdiagnose war derart unumstritten, dass ihm sein Kontrahent Nixon vor laufender Kamera ohne Einschränkungen zustimmte.[115]

Szenario

Die einzelnen Quellen gilt es auch in Bezug auf die in ihnen aufscheinenden Entwürfe einer immer unsicheren Zukunft[116] zu interpretieren. In bedrohten Ordnungen lassen sich in den verschiedenen Quellen Zukunftsbeschreibungen etwa in Form von Prognosen, Prophezeiungen, Warnungen oder Ankündigungen ausfindig machen, die darauf verweisen, dass die gegenwärtige soziale Ordnung künftig nicht mehr gilt. Dies kann sich etwa darin äußern, dass ein Zusammenleben der Akteure unter anderen sozialen Strukturen, der Untergang des Gemeinwesens, mit dem der Verlust der Ordnung einhergeht, oder ein, nur im fiktiven Entwurf denkbarer, ordnungsfreier Zustand geschildert wird. Derartige Zukunftsbeschreibungen werden im Folgenden mit der Bezeichnung „Szenario“ belegt.[117]

---

[113] Vgl. auch *Paul Dickson*, Sputnik – The shock of the century, New York 2001.

[114] Transkript der Fernsehdebatte zwischen John F. Kennedy und Richard Nixon in Chicago am 26. September 1960, <http://millercenter.org/scripps/archive/speeches/detail/5728> (02.05.2013).

[115] Ebd.

[116] Zum Begriff „Unsicherheit“ vgl. oben unter (1).

[117] Der Begriff „Szenario“ wird in der Soziologie zum einen zur Bezeichnung eines Modells wiederkehrender Handlungen, zum anderen zur Bezeichnung einer durch bestimmte Parameter festgelegten Ausgangssituation einer Testsituation und nicht zuletzt zur Bezeichnung einer nicht wahrscheinlichkeitsbasierten und dennoch plausiblen Zukunftsbeschreibung verwendet. Vgl. *Ute Tellmann*, Art. „Szenario“, in: Werner Fuchs-Heinritz u. a. (Hrsg.), Lexikon (wie Anm. 96), 675. Insbesondere an das letztgenannte Verständnis knüpft die hier vorgestellte, ebenfalls zukunftsbezogene Begriffsprägung an, wenngleich sie wahrscheinlichkeitsbasierte Überlegungen beim Entwurf eines Szenarios gerade nicht ausschließt.

Ein Szenario ist immer von existenzieller Bedeutung, weil die in der Prognose außer Kraft gesetzte und somit gegenwärtig bedrohte Ordnung das Leben der Akteure prägt. Sozialer Wandel kann drastische Veränderungen insbesondere in materieller Hinsicht zur Folge haben. Im Gegensatz zu einem allgemeinsprachlichen Verständnis des Attributs „bedroht", das suggeriert, dass das mit „bedroht" belegte Objekt schützenswert sei, ist der Begriff im Blick auf Ordnungen als wertneutral aufzufassen. Abhängig von der Haltung, welche die Akteure gegenüber der Ordnung einnehmen, kann das Szenario positive oder negative Emotionen hervorrufen.

In Fallbeispiel 1 schildert Aristides die konkrete Möglichkeit, dass Smyrna nicht mehr aus den Ruinen auferstehen werde, oder genauer: dass Smyrna nicht mehr in derjenigen Form weiterexistiere, die für ihre Bewohner einzig Sinn hat. Der durch das Erdbeben bewirkte, gegenwärtig wahrnehmbare Niedergang der monumentalen Pracht wird hypothetisch mit einem zukünftigen Identitätsverlust und einem sozialen Defizit der Stadt in Verbindung gebracht. Darüber hinaus deutet der griechische Rhetor an, die Rivalen könnten die geschwächte Position Smyrnas ausnutzen und sich als Wohltäter allzu eifrig am Wiederaufbau nach dem Beben beteiligen, nur um die Smyrnäer zu künftiger, unangenehmer Dankbarkeit zu verpflichten.[118] Dieses in einer postkatastrophalen Situation entworfene Bedrohungsszenario weist Merkmale einer existenziellen Bedeutung und eines hohen Verlustpotenzials auf: Für Smyrna steht alles auf dem Spiel, vom nackten Überleben seiner Bewohner bis zum Fortbestand seiner prächtigen Baulandschaft und insgesamt der Wahrung seines politischen und kulturellen Prestiges im Rahmen des skizzierten Rangstreites mit den Nachbarstädten.[119]

Die mitunter ambivalente, starke Affektivität äußert sich in der gehäuften Verwendung rhetorischer Mittel, etwa der Hyperbel, der Klimax oder der Metapher, welche die Darstellungen zur Überzeichnung tendieren lassen können. Den Sprach- und Bildgebrauch bestimmt zudem ein semantisch entsprechend aufgeladenes Vokabular inklusive Signal- und Schlüsselwörtern oder -attributen. Auch historische Analogien spielen dabei eine wichtige Rolle.

Beim Entwurf eines Szenarios kommt bei Fallbeispiel 2 einigen Akteursgruppen eine gesonderte Rolle zu: Ganze Wirtschaftszweige waren während der fünfziger Jahre des 20. Jahrhunderts zu Profiteuren der anhaltenden Bedrohungsspirale geworden, heizten selbige mit vagen Zustandsbeschreibungen an und nährten die Bedrohungsdeutung der Amerikaner mit Aussagen, die

[118] In Or. 20.17 *Keil* (wie Anm. 105) stellt Aristides so deutlich heraus, dass das zerstörte Smyrna imstande war, ungewünschte Hilfen abzulehnen: „καὶ οὐ τούτου γε ἕνεκα ἡ πόλις ἠξίωσε πάντα ἐφεξῆς δέχεσθαι, οὐδ' ὡς οἱ διδόντες ἐβούλοντο, ἀλλ' ὡς αὐτῇ καλὸν ἦν λαβεῖν" („Doch nicht deswegen wollte die Stadt die Freundlichkeiten aller annehmen, noch auf jene Weise, wie die Spender es sich wünschten, sondern wie es sich für sie geziemte"; *Anton Schwarz*, Die Smyrna-Reden des Aelius Aristides, Horn 1885, 14).

[119] Vgl. dazu *Franco*, Elio Aristide (wie Anm. 110), 490–496 und 506–511.

eine unmittelbar bevorstehende nukleare Apokalypse durch einen Erstschlag der Sowjets immer wieder ins Gedächtnis riefen. Das von Kennedy entworfene Bedrohungsszenario einer baldigen Überlegenheit der Sowjets beim Bau von Raketen basierte ursprünglich auf Aussagen einer solchen Interessengruppe, dem so genannten *Gaither Committee*.[120] Eine seiner Studien besagte, die UdSSR werde in kürzester Zeit in der Lage sein, „einen Angriff mit Interkontinentalraketen und Sprengköpfen im Megatonnenbereich zu starten, gegen den die US-Luftstreitkräfte mit den aktuellen Programmen nahezu vollständig verwundbar“ seien. Das Committee erwartete, die Sowjets könnten binnen zwei Jahren in der Lage sein, „die amerikanische strategische Schlagkraft vollständig auszulöschen“.[121] Die Studie basierte allerdings auf deutlich überhöhten Annahmen für die sowjetische Produktionskapazität. Präsident Eisenhower vertraute den Einschätzungen des *Gaither Committees* nicht. Kennedy ließ empirische Detailfragen bewusst außer Acht und machte daraus auch keinen Hehl. Kurz vor den Wahlen sagte er in einer äußerst figuren- und tropenreichen Rede[122]:

> „Whether the missile gap – that everyone agrees now exists – will become critical in 1961, 1962, or 1963 [...] whether the gap can be brought to a close [...] in 1964 or in 1965 or ever – on all these questions experts may sincerely differ [...]. [T]he point is that we are facing a gap on which we are gambling with our survival.“[123]

Im besonders engen Rennen um das Weiße Haus genügte die Glaubwürdigkeit dieses Bedrohungsszenarios, dem *Kampf ums Überleben*, im Rahmen der zeitgenössischen Kollektivdeutung. Mit Hilfe eines Parallelismus akzentuierte Kennedy, dass an der Existenz der „Raketenlücke“ kein Zweifel bestehen könne:

> „Every objective committee of knowledgeable and unbiased observers [...]; every private or public study; every objective inquiry by independent military analysts; [...] every book and article by scholars in the field, stated candidly and bluntly that our defense budget is not adequate to give us the protection for our security [and] support for our diplomatic objectives.“[124]

Kennedy betonte die Objektivität seiner Quellen. Dadurch gewann das Szenario an Glaubwürdigkeit und verstärkte durch seinen alarmierenden Charakter gleichzeitig die Angst, das Szenario könne eintreten.

---

[120] Vgl. *Fred Kaplan*, The Wizards of Armageddon, New York 1983, 125–154; *Preble*, National Security (wie Anm. 106), 803; dazu auch: *David L. Snead*, The Gaither Committee, Eisenhower, and the Cold War, Columbus 1999.

[121] *Security Resources Panel of the Science Advisory Committee*, Deterrence & Survival in the Nuclear Age, 7.11.1957, 13 f. <http://www.gwu.edu/~nsarchiv/NSAEBB/NSAEBB139/nitze02.pdf> (27.05.2013).

[122] Allein in den im Folgenden angeführten Zitaten finden sich Alliteration, Anapher, Hyperbel, Klimax, Parallelismus.

[123] „An Investment for Peace“, Rede von John F. Kennedy im U.S.-Senat am 29. Februar 1960, zit. nach *Preble*, National Security (wie Anm. 106), 812.

[124] Ebd.

Das Szenario wird als relativ kurzfristig bevorstehend geschildert, so dass der Zeitrahmen für die Umsetzung von Handlungsoptionen insoweit eingeschränkt ist, als die Akteure vom Eintreten des Szenarios unmittelbar betroffen wären. In den Quellen scheinen häufig alternative, mitunter sogar gegensätzliche Szenarien auf, denen jedoch immer erstens Indizien, die das Nichtgelten der Ordnung nahelegen, zweitens die beschriebene rhetorische Dichte und drittens die benannte Kurzfristigkeit gemein sind. Das der Bedrohungskommunikation inhärente Konfliktpotenzial steht damit in Zusammenhang.

Handlungsoptionen und Handlungsempfehlungen

In der Bedrohungskommunikation eröffnet die Verständigung über den Status quo und über das Szenario die Möglichkeit, die Frage nach Ursachen zu erörtern und bei verschiedenen Akteursgruppen jeweils ein einheitliches Verständnis und weitgehend übereinstimmende Interpretationsweisen zu schaffen. (Neue) bedeutsame Themen werden durch *framing* bereits bestehenden Themenfeldern inkorporiert oder von ihnen abgegrenzt und hervorgehoben.

Darüber hinaus dient die kommunikative Verständigung dazu, aus dem Pool zur Verfügung stehender Handlungsoptionen diejenigen abzuwägen und auszuwählen, die potenziell als besonders geeignet erscheinen, entweder das negativ besetzte Szenario abzuwenden oder seine Folgen abzuschwächen oder aber den Eintritt eines positiv besetzten Szenarios zu befördern. Die Handlungsoptionen zielen mittelbar auf den Erhalt, die Modifizierung oder die Abschaffung der Ordnung – etwa durch partielle (Modifizierung) oder vollständige Ersetzung (Abschaffung) der ordnungskonstituierenden Mechanismen durch andere. Akteure bewerten die denkbaren Konsequenzen der Handlungsoptionen im Blick auf die Nutzen- und Nachteilserwartungen im Fall ihrer Realisierung. Als Grundlage dienen Expertenmeinung, Erfahrungswissen und Imaginationen. Nicht zuletzt sind im kommunikativen Bewertungsprozess Warngemeinschaften von Bedeutung.

Wenn in Ausnahmesituationen Akteure aus einem Bedürfnis nach Sicherheit[125] heraus zunächst auf die etablierten, ihnen verlässlich erscheinenden Routinen zurückgreifen, werden diese häufig überhaupt sichtbar, weil sie in einem gewissen Maß explizit gemacht und hinterfragt werden. Vielfach besteht die Notwendigkeit, neue Verhaltensweisen zu entwerfen und umzusetzen. Unter dem Eindruck sich verknappender Zeit kann es zu Entscheidungen für oder gegen die Wahl von Handlungsoptionen kommen, ohne dass die Nutzen- und Schadensaspekte ausreichend berücksichtigt sind, weil sich ihre Auswirkungen in der zur Verfügung stehenden Zeit nicht erschöpfend prognostizieren lassen. Infolge dieses – bezogen auf das Ergebnis der realisierten Handlungsoption –

[125] Zum Konzept der Sicherheit/Unsicherheit s. oben unter (1).

hohen Unsicherheitsfaktors sind die Konsequenzen mitunter nicht hinreichend kalkulierbar und die Akteure in besonderem Maße zu Handlungen unter unbekannten Parametern veranlasst.

In Fallbeispiel 2 wurde Kennedy von einigen Experten davon abgeraten, die Imagination des betreffenden Bedrohungsszenarios aufrechtzuerhalten. Andere wiederum erkannten eine Handlungsoption darin, die „Raketenlücke" durch nukleare Aufrüstung zu schließen und so in eine für seinen Wahlkampf zweckentfremdete konkrete Handlungsempfehlung zu transferieren: „[T]hose who oppose these expenditures, are taking a chance on our very survival as a nation."[126] Die Handlungsempfehlungen inmitten von Wahlkämpfen, insbesondere bei knappen Rennen wie im Jahr 1960, zeichnen sich durch eine gewisse Simplizität aus, verlieren deshalb aber nicht an Attraktivität oder an ihrem Verheißungscharakter: Kennedy versprach ein massives Aufrüstungsprogramm und implizierte in seiner Bedrohungskommunikation, man möge ihn wählen, er werde Amerika schützen:

> „If we move now, if we are willing to gamble with our money instead of our survival, we have, I am sure, the wit and resource to maintain the minimum conditions for our survival, for our alliances, and for the active pursuit of peace."[127]

Richard Nixon, der dies schon als Vizepräsident nicht vermocht habe, sprach er diese Fähigkeit ab. Kennedys Wahlkampagne zielte auf einige umkämpfte Bundesstaaten. Dort waren durch das von der Vorgängerregierung gekürzte Militärbudget mehrere tausend Arbeiter der Militärindustrie und ihrer Zulieferer arbeitslos geworden. Infolge der etablierten Bedrohungskommunikation und der Deutungshoheit Kennedys hatte sein Wahlgegner Nixon kaum Argumente, die Enttäuschten auf seine Seite zu ziehen.

Die für die Handlungsoptionen genannten Bewertungskomponenten, ihre Inhalte und sozialen Steuerungsmechanismen können selbst Gegenstand der Kommunikation in Situationen bedrohter Ordnung sein. Aufschlussreich für die Inhaltskriterien der Bedrohungskommunikation ist aber vor allem, wenn das Ergebnis der Bewertung in Form konkreter Handlungsempfehlungen kommunikativ vermittelt wird. Sie leisten einen wichtigen Beitrag zur Realisierung der Handlungsoptionen. Handlungsempfehlungen finden im Modus der sprachlichen Vorschrift, Anweisung oder Frage ihren Ausdruck sowie in demjenigen zeichenhafter Repräsentation (Symbole, Gesten), insbesondere in Form eines Vorbildhandelns, das zur Nachahmung aufruft. Demgemäß lassen sich dem Quellenkorpus bisweilen nur implizit gegebene Handlungsempfehlungen entnehmen, und es ist denkbar, dass das Szenario selbst nur mittelbar aus Handlungsempfehlungen abzulesen ist. Diese entsprechen einander nicht zwingend;

[126] „An Investment for Peace", zit. nach *Preble*, National Security (wie Anm. 106), 812.
[127] Ebd.

vielmehr kann gerade ihre Vielstimmigkeit signifikant für Bedrohungskommunikation sein.

Situationen der völligen Ohnmacht und Handlungsunfähigkeit sind einer Analyse auf Basis des im vorliegenden Beitrag entworfenen Konzeptes nicht zugänglich, da bereits in Prozessen wie etwa dem des Briefschreibens in Fallbeispiel 1 und allgemeiner des schriftstellerischen oder literarischen Schreibens eine Reaktion erkennbar ist:

Einen Ansprechpartner dafür, die Notlage nach dem Erdbeben von Smyrna zu bewältigen, fand Aristides außerhalb der städtischen Grenzen im fernen Rom. Er schrieb einen Brief an die gemeinsam regierenden Kaiser Mark Aurel und Commodus, hinter dessen erhabenem und hochelaboriertem Stil sich die recht einfache Botschaft verbarg, Smyrna zu helfen. Diese bis vor kurzem so glänzende Stadt verdiene es nicht, in Trümmern zu liegen[128], sondern sei wegen ihrer vergangenen Treue zur römischen Macht der großzügigen und raschen (finanziellen) Unterstützung der Kaiser würdig.[129] Seine implizite Bitte um Finanzmittel verband Aristides mit einem moralischen Appell an die Herrscherethik. Es gelang ihm, bei den Kaisern Gehör zu finden und ihnen das Anliegen Smyrnas zu übermitteln. In der weiteren Folge entwickelte sich zwischen der Stadt und den Kaisern ein intensiver Austausch, dessen Ergebnis die kaiserliche monetäre Hilfe und steuerliche Vorteile waren, darunter ein verlängerter Steuernachlass.[130]

Von Interesse für die Untersuchung bedrohter Ordnungen ist nun zum einen, inwieweit den Handlungsempfehlungen tatsächlich Folge geleistet wird, inwieweit die Bedrohungskommunikation also insofern etabliert ist, als die Vermittlung neu geprägter Handlungsempfehlungen das Handeln der Akteure beeinflusst. Akteure kommunizieren über den Erfolg oder Misserfolg erprobter Handlungsoptionen und die Güte der Wirksamkeit zugehöriger Empfehlungen und entwerfen nach Möglichkeit entsprechend neue. Ein solcher Zugang gibt Aufschluss darüber, ob das Verhalten der Akteure im Sinne der Handlungsempfehlungen ausfällt. Zum anderen interessiert, ob und inwieweit eine etablierte Bedrohungskommunikation auch längerfristig Auswirkungen zeigt und diejenigen Kommunikationsprozesse beeinflusst, die für andere Ordnungszusammenhänge relevant sind. Informationen zu den beiden übergreifenden Fragestellungen sind der Bedrohungskommunikation selbst zu entnehmen. Darüber hinaus müssen zusätzliche, die Kommunikation nicht primär betreffende Quellen sowie Forschungsergebnisse herangezogen werden.

In Fallbeispiel 1 stellt sich die Frage, ob und inwieweit die in Aristides' Brief und seinen weiteren Schriften greifbare Bedrohungskommunikation den Wie-

[128] Vgl. insb. Or. 19.1–3 *Keil* (wie Anm. 105).

[129] Vgl. insb. Or. 19.11 *Keil* (wie Anm. 105).

[130] *Eusebios*, Die Chronik des Hieronymus, hrsg. u. in 2. Aufl. bearb. von Rudolf Helm, Berlin 1956, 208: „Smyrna urbs in Asiae terrae motu ruit. Ad cuius instaurationem decennalis tributorum immunitas data est".

deraufbau Smyrnas tatsächlich beeinflusste. Eine Einschätzung der Wirksamkeit der aristideischen Handlungsempfehlungen, die bereits der Aristides-Biograf Flavius Philostrat versuchte[131], fällt aufgrund der Quellenlage nicht leicht. Zu klären wäre, ob das Eingreifen Aristides' mit seinem Brief z. B. eine raschere und intensivere Reaktion der persönlich angesprochenen Kaiser veranlasste, als sie vermutlich ohnehin zu erwarten gewesen wäre. Denn dass das Zentrum der Macht (Rom) bei verheerenden Naturkatastrophen die ihm unterstehenden betroffenen Gemeinden mit finanziellen und administrativen Maßnahmen unterstützte, war eine (zumindest seit Augustus) etablierte Praxis[132], die sich auch im Fall Smyrnas zweifelsohne über die gewohnten Kommunikationswege unweigerlich in Gang gesetzt hätte, d. h. durch die von der Stadt öffentlich bestimmte Einsendung einer offiziellen Botschaft nach Rom. Den Einfluss der privaten Initiative eines Aristides wird man nur nach eingehenden, fachspezifischen Untersuchungen beantworten können.

Im Hinblick auf Fallbeispiel 2 könnten besonders Kontinuitäten und Brüche der erwähnten Etablierungskriterien einer Bedrohungskommunikation über den gesamten Verlauf des 20. Jahrhunderts von Erkenntnisinteresse sein. Gleichzeitig stellt sich auch immer die Frage, welche Bedeutung die Etablierung einer Bedrohungskommunikation für andere soziale Ordnungen einnahm. Kann von einer Vorbildwirkung für die Herausbildung neuer Routinen im Rahmen bedrohter Ordnungen gesprochen werden? Rekurrierte etwa die *Missile Defense Gap*, von der in den siebziger und achtziger Jahren des 20. Jahrhunderts die Rede war, auf die in Fallbeispiel 2 skizzierten Geschehnisse? Lassen sich Elemente jener Bedrohungskommunikation in gegenwärtigen, sich im Kampf gegen den globalen Terrorismus verstehenden sozialen Ordnungen wiederfinden?

4. Fazit

Der vorliegende Beitrag hat sich zum Ziel gesetzt, ein analytisches Hilfsmittel zur Beschreibung einer Bedrohungskommunikation im Rahmen sozialer Ordnung

[131] *Vitae Sophistarum* 2.9.2 (ed. *Carl Ludwig Kayser*, Flavii Philostrati opera, Bd. 2, Leipzig 1871 [Nachdr. Hildesheim 1964], 1–127): „καὶ οὐ φημὶ ταῦτα, ὡς οὐχὶ καὶ τοῦ βασιλέως ἀνοικίσαντος ἂν ἀπολωλυῖαν πόλιν, ἣν οὖσαν ἐθαύμασεν, ἀλλ' ὅτι αἱ βασίλειοί τε καὶ θεσπέσιοι φύσεις, ἢν προσεγείρῃ αὐτὰς ξυμβουλία καὶ λόγος, ἀναλάμπουσι μᾶλλον καὶ πρὸς τὸ ποιεῖν εὖ ξὺν ὁρμῇ φέρονται" („Dieß sage ich nicht [*scil.* dass Aristides die Wiederherstellung Smyrnas geleistet habe], als ob nicht der Kaiser die zerstörte Stadt wieder hergestellt hätte, welche er, solange sie stand, bewunderte, sondern weil fürstliche und edle Naturen, wenn Rath und Zuspruch sie noch ermuntert, mehr auflodern und zum Wohlthun mit einem gewissen Eifer getrieben werden"; Lebensbeschreibungen der Sophisten, übers. von *Adolph Heinrich Christian*, in: Flavius Philostratus, des Aeltern, Werke, Siebtes Bändchen, Stuttgart 1855, 1270). Zur Philostratosstelle s. auch *Holger Sonnabend*, Naturkatastrophen in der Antike. Wahrnehmung – Deutung – Management, Stuttgart 1999, 228; *Franco*, Elio Aristide (wie Anm. 110), 473 und 498.

[132] Siehe dazu z. B. *Sonnabend*, Naturkatastrophen (wie Anm. 131), 209–235.

zu geben. Methodisch setzt er bei Kommunikationszeugnissen an und fokussiert die Identifikation dreier Inhaltskomponenten: Status quo, Szenario und Handlungsempfehlungen. Einer sozialen Ordnung kommt das Merkmal „bedroht" zu, wenn eine konkrete, auf die Ordnung bezogene Bedrohungskommunikation etabliert ist. Dieses Verständnis sucht nicht, einen allgemeingültigen, auf Entitäten oder Ereignisse bezogenen Bedrohungsbegriff zu definieren. Vielmehr macht es den Verständigungsprozess zur zentralen heuristischen Kategorie, die es ermöglicht, aus sozialen Zusammenhängen Fälle bedrohter Ordnung auszuwählen und auf inhaltliche Kriterien hin zu befragen.

Das dargebotene heuristische Instrumentarium ist ein erster grundlegender Schritt für die Analyse bedrohter Ordnungen, dem sich weitere, nicht ausschließlich die Kommunikation betreffende Untersuchungsschritte anschließen. Auf Basis der aus den Kommunikationsinhalten gewonnenen Befunde wäre in empirischer Perspektive insbesondere nach den Auswirkungen der Bedrohungskommunikation auf das Handeln der Akteure zu fragen: Das heißt im Fall bedrohter sozialer Ordnungen, welche Reaktionen durch Kontingenzerfahrung hervorgerufen werden, wie sich welche Ressourcen zur Bestätigung, Stärkung, Modifizierung oder gar zur Destruktion der Ordnung oder zur Herbeiführung einer neuen Ordnung einbringen lassen und wie sich der Eindruck von Zeitverknappung auf Bewältigungsprozesse auswirkt. Zu richten wäre der Blick außerdem auf die sozio-kulturellen, medial-materialen und performativen Dimensionen der Bedrohungskommunikation sowie auf die Rolle der emotionalen Vermittlung, von welcher der persuasive Erfolg einer Bedrohungskommunikation nicht zuletzt abhängt.[133] Ein innerlich bewegter Sprecher kann glaubhafter auf seine Adressaten wirken. Die als Beglaubigungsstrategie genutzte individuelle Emotion kann sich so zu einer kollektiv wirksamen Emotion ausweiten und eine Warngemeinschaft begründen. Dabei können Primäremotionen wie Angst oder Wut auch Exklusion bewirken und so zur Herausbildung konkurrierender Verständigungsprozesse führen. In methodologisch-theoretischer Perspektive wiederum wäre die Abstraktion einer bedrohten Ordnung aus den verschiedenen Kommunikationszeugnissen auszudifferenzieren, welche die Frage nach der Quellentypik einzubeziehen hätte. Von Interesse sind die Parameter, unter denen das Handeln der Akteure, die eine Kommunikation im beschriebenen Sinne etablieren, auf die ordnungskonstituierenden Mechanismen bezogen ist.

Durch das vorgeschlagene dreiteilige Analyseraster können Aufkommen und Verlauf der Kommunikation über Bedrohung in historischen Einzelfällen prin-

---

[133] Von den genannten Aspekten sei exemplarisch auf die performative Dimension der Generierung von Ordnung hingewiesen: Dazu, dass Ordnungsstrukturen an eine performative Dynamik und die Ordnungsbildung an eine Logik des Vollzugs gebunden sind, s. *Jörg Volbers*, Zur Performativität des Sozialen, in: Klaus W. Hempfer/Jörg Volbers (Hrsg.), Theorien des Performativen. Sprache – Wissen – Praxis. Eine kritische Bestandsaufnahme, (Edition Kulturwissenschaft 6), Bielefeld 2011, 141–160.

zipiell in Beziehung zueinander gesetzt werden. Die Analyse der Fallbeispiele zeigt, dass der vorgestellte Ansatz dort in hohem Maße zur Systematisierung der Verlaufsprozesse von Situationen und Phasen bedrohter Ordnung beiträgt, wo das Forschungsinteresse die Akteursperspektive in die Konzeptionalisierung einzubeziehen beabsichtigt. Bedrohungen werden insofern erst in der Kommunikation erzeugt, als unter „Bedrohung“ kein konkretes Ereignis und keine Entität verstanden, sondern vielmehr ein Selektions- und Deutungsprozess zur Voraussetzung einer Bedrohungskommunikation gemacht wird.

‚Bedrohte Ordnung' als Kategorie mediävistischer Literaturwissenschaft

Überlegungen zum Tristanroman Gottfrieds von Straßburg

Klaus Ridder

Transgression, Konkurrenz und Zerstörung von Ordnung im höfischen Roman

Das Gegenüber von idealer höfischer Ordnung und unhöfischer Gegenwelt hat die Forschung insbesondere im Blick auf die frühen Artusromane von Chrétien de Troyes und Hartmann von Aue reflektiert. Die dem höfischen Ordnungsentwurf entgegenstehenden Kräfte wurzeln im Bereich des Naturhaft-Unzivilisierten (wilde Bestien), des Kulturell-Ungeformten (wilde Natur) und Devianten (Zwerge, Riesen). Oft sind sie aber auch Folge fehlgeschlagener Zähmung und Disziplinierung menschlicher Triebe und Begierden. Bedrohung kommt also nicht nur von außen, sondern auch im Innenraum höfischer Kultur gibt es Bereiche, die sich rationaler Formung entziehen, die immer wieder neu geordnet werden müssen. Das Erzählmodell legt den Akzent auf die Spannung von Ordnung und Nicht-Ordnung. Situationen bedrohter Ordnung entstehen in den Interferenz- oder Konfliktbereichen beider Sphären. Wenn beispielsweise eine als deviant gekennzeichnete Figur Konventionen und Normen der höfischen Welt negiert (Zwergenschande im Erecroman), dann ist es einem einzelnen höfischen Ritter aufgegeben, als Ordnungsinstanz zu fungieren und die jeweilige Bedrohung zu neutralisieren.[1] Bedrohungssituationen dieser Art inszenieren die Texte vor dem Hintergrund einer als ideal gedachten Ordnung, die punktuell durch die Überschreitung von Grenzen gestört, aber nicht dauerhaft irritiert werden kann.

Veritable Ordnungskonkurrenzen lassen sich im *Erec* und *Iwein* kaum ausmachen, wohl aber im Perceval-/Parzivalroman Chrétiens bzw. Wolframs von

[1] „Die *aventure* bezeichnet die ständige Möglichkeit zur Wiederherstellung der Ordnung, aber auch deren unaufhörliche Gefährdung und damit die Notwendigkeit der Anstrengung, die einer weitgehend funktionsentleerten Ritterschaft eine über die politische Wirklichkeit hinausreichende Sinngebung verschafft." (*Erich Köhler*, Ideal und Wirklichkeit in der höfischen Epik. Studien zur Form der frühen Artus- und Graldichtung, 2., ergänzte Aufl. Tübingen 1970, 78, vgl. auch 90).

Eschenbach. In dem Moment, wo Chrétien der ritterlich-höfischen Artuswelt eine religiös fundierte Welt des Grals gegenüberstellt, geraten die Ordnungsentwürfe (auch) in Opposition. In welchem Verhältnis religiöse und höfische Ordnung zueinander stehen, ob sich die Herabstufung oder Höherbewertung einer Seite plausibel machen lässt, hat die Forschung unter verschiedenen Gesichtspunkten diskutiert. Doch allein die Existenz zweier deutlich abgegrenzter Ordnungen relativiert deren Geltungsansprüche. In einem Werk wie der *Queste del Saint Graal* (*Suche nach dem Gral*) als Teil des Prosalancelot-Zyklus intensiviert und verschiebt sich die Problematik zur Überlagerung von Ordnungsentwürfen. Christlich-spirituelle Denkweisen überformen hier die ritterlich-höfische Welt. Weltliche und religiöse Ordnung werden nicht mehr – wenn auch spannungsvoll – harmonisiert, sondern sehr viel deutlicher hierarchisiert. Die religiöse Ordnung wird aufgeboten, um die höfische zu transformieren, auch abzudrängen und sogar teilweise zu ersetzen.

Der Artus-Gral-Roman ist somit von zwei unterschiedlichen Typen von Ordnungen her gedacht: Ordnung als ideales Ganzes (höfische Gesellschaftsordnung) und Ordnung als Ausrichtung auf ein Ziel (christliche Heilsordnung).[2] Um die Unvereinbarkeit beider Konzeptionen zu demonstrieren, ist in der *Suche nach dem Gral* die zentrale Schwellensituation der höfischen Idealwelt, der Eintritt des Protagonisten in die Ritterschaft, als Beginn eines Sündenweges und damit als Bedrohung des Seelenheils aufgefasst.[3]

In der *Mort du roi Arthur* (*Tod des Königs Artus*) ist die Zerstörung des Artusreiches dann das zentrale Thema. Die starke Orientierung an der religiösen Ordnung ist in diesem Teil des Zyklus aufgegeben; stattdessen geraten zunehmend Varianten der Ordnungszerstörung und der Konflikteskalation in den Blick. Nicht eine Ereignislinie, nicht nur Lancelots ehebrecherische Liebe zur

---

[2] *Bernhard Waldenfels*, Das Ordentliche und das Außer-ordentliche, in: Bernhard Greiner/Maria Moog-Grünewald (Hrsg.), Kontingenz und Ordo. Selbstbegründung des Erzählens in der Neuzeit, (Neues Forum für allgemeine und vergleichende Literaturwissenschaft 7), Heidelberg 2000, 1–13, unterscheidet drei „Ordnungsformationen […], die in der Geschichte immer wieder mit verschiedenen Gewichtungen auftreten": a. „Ordnung als Ganzes, als Kosmos […]. Harmonie bedeutet hier das Zusammenstimmen des Einzelnen im Chor des Ganzen. Alles wird einem Ganzen eingeordnet" (diese Ordnungsvariante habe einen besonderen Bezug zur Ästhetik); b. „Ordnung in bezug auf ein Erstes, auf eine Arché, was zugleich Anfang und Herrschaft bedeutet. In diesem Falle wird eines dem anderen über- und untergeordnet. Diese härtere Ordnungsvariante, die Zwang und Notwendigkeit, also Nichtanderskönnen und Nichtandersdürfen einschließt, hat eine besondere Nähe zur Politik."; c. „Ordnung als Entwicklung auf ein Ziel hin. Hier tritt eine neue Leitdifferenz auf, es ist nicht mehr die zwischen Teil und Ganzem bzw. zwischen Niederem und Höherem, sondern die zwischen Früherem und Späterem. Beides wird derart unterschieden, daß das der Zeit nach Spätere zugleich das an sich Frühere ist: Werde, der du bist, und wer du bist, zeigt sich erst am Ende" (2).

[3] Die Suche nach dem Gral. Der Tod des Königs Artus. Prosalancelot V. Nach der Heidelberger Handschrift Cod. Pal. Germ. 147, hrsg. von Reinhold Kluge. Übersetzt, kommentiert und hrsg. von Hans-Hugo Steinhoff, (Bibliothek deutscher Klassiker 190; Bibliothek des Mittelalters 18), Frankfurt am Main 2004, 244, 28–34.

Königin, untergräbt die Ordnung. Vielmehr entfaltet der Roman mehrere Entwicklungslinien der die Ordnung zersetzenden Kräfte und entwirft ganze Folgen von Bedrohungsszenarien, bevor das politisch-gesellschaftliche Idealkonstrukt endgültig untergeht.[4]

Das ist anders im Tristanroman. Tristans außergewöhnliche Fähigkeiten, die besondere Protektion vonseiten des Königs und die illegitime Liebe zur Königin bedrohen hier die höfische Ordnung. Der Protagonist agiert nicht mehr als Garant der höfischen Ordnung wie im Artusroman: Tristan und Isolde erfahren ihr Schicksal als gegenläufig zu den höfischen Prinzipien.[5] Elemente höfischer Ordnung werden dadurch zwar infrage gestellt, doch nicht die Ordnung als Ganzes. Die Unmöglichkeit, aus der normativ geltenden Ordnung auszubrechen, führt zu einem permanenten Empfinden von Bedrohtsein. Am Schluss scheitern die Protagonisten an dieser latenten Spannung.

Transgression, aber auch Konkurrenz und Zerstörung von Ordnungen sind in der mediävistischen Literaturwissenschaft häufig diskutierte Kategorien.[6] Die Forschung hat insbesondere das Verhältnis von normativer Ordnung und situativer Grenzüberschreitung im höfischen Roman untersucht.[7] Unter dem

---

[4] Wie im *Nibelungenlied* und im *Ring* Heinrich Wittenwilers, die ebenfalls die vollständige Zerstörung von sozialen und politischen Ordnungen darstellen, gibt es im *Tod des Königs Artus* nicht nur eine Ursache des Untergangs. Zahlreiche Arbeiten setzen sich daher mit den Motiven der Konflikteskalation auseinander, die die höfische Ordnung des Artusreiches untergraben und zerstören. *Cornelia Reil*, Liebe und Herrschaft. Studien zum altfranzösischen und mittelhochdeutschen Prosa-Lancelot, (Hermaea 78), Tübingen 1996, führt beispielsweise König Artus' innenpolitische Schwäche als herrschaftsbedrohendes Moment und als eine der Hauptursachen für den Untergang des Reiches an (vgl. 113).

[5] „Tristan und Isolde nehmen ihr Schicksal von der durch Marcs Hof repräsentierten Gesellschaft nicht mehr widerspruchslos hin, sondern erfahren es als ihrer wahren Natur zuwider. Folgerichtig erscheinen die höfischen Ordnungsprinzipien als widernatürlich, und das Recht der leidenschaftlichen Triebwelt, in deren Domestizierung das Geheimnis der höfischen Gesittung bestand, als die wahre Natur. Eine natürliche Wahrheit besteht nur – für das Individuum – außerhalb und unabhängig von der mit finalem Anspruch auftretenden positiven Ordnung [...]" (*Köhler*, Ideal [wie Anm. 1], 159).

[6] „Die Mediävistik hat sich lange so eifrig für Ordnung und Ordnungen interessiert, daß es scheint, es habe im Mittelalter nur zuviel davon gegeben [...]. Unregelmäßigkeiten, Devianzen, Rebellionen und andere Unordnungen haben lange zu den Randgebieten der Disziplin gehört, auch wenn sie in jüngster Zeit von der Peripherie allmählich doch ins Zentrum drängen" (*Peter von Moos*, Krise und Kritik der Institutionalität. Die mittelalterliche Kirche als „Anstalt" und „Himmelreich auf Erden", in: Gert Melville (Hrsg.), Institutionalität und Symbolisierung, (Akten der interdisziplinären Tagung des Sonderforschungsbereichs 537, Dresden 9.–12.12.1998), Köln/Weimar/Wien 2001, 293–340, hier 299).

[7] Die Forschungsdiskussion über Ordnung und Unordnung, über Verletzung, Restituierung und Zersetzung von Ordnung im Blick auf mittelalterliche Literatur kann hier nicht referiert werden. Hingewiesen sei nur auf folgende Werke: *Wolfgang Harms/C. Stephen Jaeger/Horst Wenzel* (Hrsg.), Ordnung und Unordnung in der Literatur des Mittelalters, Stuttgart 2003; *Udo Friedrich*, Konkurrenz der symbolischen Ordnungen, in: Mitteilungen des Deutschen Germanistenverbandes 46, 1999, (Themenheft Germanistik als Kulturwissenschaft), 562–572; *Udo Friedrich*, Die ‚symbolische Ordnung' des Zweikampfs im Mittelalter, in: Manuel Braun/Cornelia Herberichs (Hrsg.), Gewalt im Mittelalter. Realitäten – Imaginationen, München

Gesichtspunkt der gefährdeten Ordnung sind unterschiedliche Konfliktkonstellationen und emotionale Szenarien von Bedrohung analysiert worden. Man hat sich darüber hinaus mit der Problematik konkurrierender Leitordnungen oder mit der vollkommenen Zerstörung einer Gesellschaftsordnung beschäftigt. Nur vereinzelt sind bisher Verflechtungszusammenhänge und Überlagerungen von mehreren (Teil-)Ordnungen in einer sozialen Gemeinschaft in den Blick gekommen. Ebenso haben soziale Ordnungen in höfischen Romanen in den letzten beiden Jahrzehnten nur noch wenig Beachtung gefunden. Ein großer Teil der Forschungsarbeiten argumentiert zudem mit einem normativen Ordnungsbegriff. Ordnung als sozialer Prozess (*costumes*) oder als Resultat von rituellem Handeln[8] wird nur selten thematisiert.

‚Bedrohte Ordnung' als Kategorie mediävistischer Literaturwissenschaft

Der Tübinger Sonderforschungsbereich 923 „Bedrohte Ordnungen" nimmt ausschließlich soziale Ordnungen in den Blick.[9] Objekt der Forschungen sind bedrohte Ordnungen, deren Wahrnehmung und Kommunikation sowie deren Verlaufs- und Bewältigungsformen. Soziale Ordnungen entstehen im Handeln der Akteure und treten gerade dann sehr klar hervor, so die zentrale These, wenn sie als bedroht gelten, in Konkurrenz zu anderen Ordnungen geraten oder in Auflösung übergehen. Ob eine Ordnung als bedroht empfunden wird, ist eine Frage der Bewertung, d. h. ist abhängig von Wahrnehmung und Beobachtungsstandpunkt.

Folgende heuristische Annahmen strukturieren die Analysen in den Einzelprojekten: Ordnungen sind bedroht, wenn Akteure zu der Überzeugung kommen, dass eingespielte Handlungsroutinen nicht mehr greifen, wenn eine intensivierte Kommunikation über die Bedrohung und ein hohes Emotionsaufkommen der Akteure zu beobachten sind. Weitere Merkmale bedrohter Ordnung sind das Empfinden sich verknappender Zeit, Inklusions- und Exklusionshandeln im Moment der Bedrohung sowie Bewältigungshandeln nach erkannter Bedrohung. Längerfristiges Ziel des Verbundprojekts ist die Erarbeitung einer Typologie

---

2005, 123–158; *Klaus Grubmüller*, Die Ordnung, der Witz und das Chaos. Eine Geschichte der europäischen Novellistik im Mittelalter. Fabliau – Märe – Novelle, Tübingen 2006; *Jan-Dirk Müller*, Imaginäre Ordnungen und literarische Imaginationen um 1200, in: Jahrbuch des Historischen Kollegs 2003, München 2004, 41–68.

[8] Dazu *Armin Schulz*, Erzähltheorie in mediävistischer Perspektive. Hrsg. von Manuel Braun, Alexandra Dunkel, Jan-Dirk Müller, Berlin / Boston 2012, 66–72.

[9] Vgl. *Ewald Frie*, ‚Bedrohte Ordnungen' zwischen Vormoderne und Moderne. Überlegungen zu einem Forschungsprojekt, in: Klaus Ridder / Steffen Patzold (Hrsg.), Die Aktualität der Vormoderne. Epochenentwürfe zwischen Alterität und Kontinuität, (Europa im Mittelalter 23), Berlin 2013, 99–110.

bedrohter Ordnungen als einer neuen Form der Beschreibung sozialen Wandels – ungeachtet der etablierten Epochenmodelle und in Distanz zu teleologisch argumentierenden Modernisierungstheorien.

Ich möchte hier der Frage nachgehen, inwieweit diese insbesondere im Rekurs auf geschichts-, sozial- und politikwissenschaftliche Forschung entwickelten Analysekategorien auch im Bereich der mediävistischen Literaturwissenschaft fruchtbar zu machen sind. Welche Situation bedrohter Ordnung man nun in einem höfischen Roman mit den genannten Kriterien auch interpretieren möchte, in jedem Fall ist die literarische Darstellung nicht das Abbild einer realen Ordnungsbedrohung, sondern Ergebnis narrativer Strategien.[10] Die in literarischen Werken dargestellten Bedrohungen sozialer Ordnung lassen sich nicht direkt auf identifizierbare historische Ereignisse rückbeziehen. Geschichtswissenschaftlichen Fragestellungen, die sich auf die Spezifik des historischen Ereignisses „hinter" den in den Quellen eingenommenen Darstellungsperspektiven ausrichten, sind damit enge Grenzen gesetzt. Relative Einigkeit besteht in der Literaturwissenschaft darin, dass literarische Inszenierungen nicht nur Gegen- oder Zerrbilder sozial-realer Praktiken und Ordnungen sind. Man hat daher eine mentalitätsgeschichtliche Ebene zwischen Realität und Fiktion postuliert und von einer imaginären oder symbolischen Ordnung gesprochen, die „vermittelnde Sinnschemata für soziales Verhalten"[11] in der historischen Realität und für die Konstruktion literarischer Fiktion liefere. Damit ist zwar eine gemeinsame mentale Bezugsebene von sozialem Handeln und literarischer Fiktion gewonnen, doch die Frage nach dem Verhältnis von abstrakten kulturellen Sinnschemata und historisch-realem bzw. literarisch-ästhetischem Handeln stellt sich weiterhin. Versteht man literarische Werke jedoch als ästhetisiert-distanzierte Ausdrucksform eines Beobachterblicks auf historische Phänomene, so ergeben sich weiterführende Untersuchungsperspektiven. Literarische Werke sind in dieser Sicht einerseits Reaktionen auf Schwierigkeiten im Sozialen und Auseinandersetzung mit kulturellen Ordnungsentwürfen; sie geben aber auch spezifische Antworten auf gesellschaftliche Problemkonstellationen und reagieren auf Spannungen im System der verinnerlichten kulturellen Denkmuster.[12]

Als leitende Annahme der folgenden Überlegungen lässt sich formulieren: Was als identifizierendes Merkmal von bedrohter Ordnung in historischer Kom-

[10] Damit öffnet sich das Spannungsfeld von Text und Kontext, dem man sich bekanntlich über ganz unterschiedliche Modelle nähern kann. Dazu *Schulz*, Erzähltheorie (wie Anm. 8), 19–29.

[11] *Friedrich*, Symbolische Ordnung (wie Anm. 7), 128. „Die symbolische Ordnung stellt also ganz unterschiedliche Muster zur Verfügung – ideologische Asymmetrie, biblische Typologie, soziale Konstellationen und politische Phantasmen –, die je nach Bedarf kombiniert und hierarchisiert werden können" (140); vgl. auch *Müller*, Imaginäre Ordnungen (wie Anm. 7).

[12] Vgl. dazu *Klaus Ridder*, Literaturwissenschaftliche Ideen- und Problemgeschichte. Der Sündenfall im höfischen Roman am Beginn des 13. Jahrhunderts, in: Zeitschrift für deutsches Altertum und deutsche Literatur 140, 2011, 442–463.

munikation gilt, ist im literarisch-ästhetischen Feld ein wichtiges Element des romanhaften Erzählens. Das Bedrohungssituationen ohnehin eigene dramatische Potential wird im ästhetisierten Erzählen erst entfaltet und ausgearbeitet. Einen erweiterten Blick auf bedrohte Ordnungen erlauben literarische Texte gerade deshalb, weil in ihnen ein besonderes Augenmerk liegt auf dem Zusammenhang von Wahrnehmung und Deutung, von Beschleunigung und Kommunikation, von Emotionen und Bewertung sowie von Prozess und Gestimmtheit. In diesen als Charakteristika von Bedrohungssituationen erachteten Elementen kann man vielleicht sogar bevorzugte Felder literarischer Gestaltung sehen. Daher lassen sich Spezifika von Bedrohungssituationen in literarischen Texten in bestimmten Fällen eventuell noch besser erkennen als in vor- und außerliterarischen (natürlich gibt es zahlreiche Abstufungen und Übergangsformen). Dies könnte beispielsweise dann der Fall sein, wenn in historischen Quellen die zum Darstellungsobjekt eingenommene Distanz zu gering ist und somit symptomatische Indizien für Bedrohungssituationen nicht ausreichend identifizierbar sind. Die genannten Kategorien möchte ich kurz umreißen.

Wahrnehmung und Deutung: In der Spezifik der narrativen Konstitution von Bedrohungssituationen sind bestimmte Deutungsschemata sozialer Realität bereits vorgegeben.[13] Zudem ist den höfischen Romanen eine Kommentarstimme eingeschrieben, die die dargestellten Ereignisfolgen reflektiert. Die Erzählinstanz kann man daher als eine konstruierte Beobachterposition auffassen[14], über die der Autor Situationen und Prozesse bedrohter Ordnung auf der Ereignisebene aus einer auktorialen Perspektive identifiziert und unterschiedliche Elemente

[13] Bereits die Wahrnehmung von Realität kann beispielsweise von einer vorausgehenden Stimmung geprägt sein: „Noch bevor also die Sinnesdaten zu Informationen kognitiv weiterverarbeitet werden und sich als Bewusstseinsinhalte darstellen und schließlich dargestellt *werden* können, sind sie *primär* das Material einer affektiven (Erst-)Reaktion. In dieser geht die permanent anschwellende Sinnesdatenmenge mit Elementen der emotionalen Struktur eine instabile Verbindung ein, welche ihrerseits libidinösen, memorialen und assoziativen Impulsen ausgesetzt ist und dadurch transformiert wird. Stimmung ist eine protoästhetische Konnotationsmatrix und als solche Vorstellungen, Gefühlen und Gedanken vorgeschaltet." (*Stefan Hajduk*, Vom Reden über Stimmungen. Ihre Geschichte in der Literaturwissenschaft, ihre aktuelle Erforschung und ihre Medialität, in: KulturPoetik – Zeitschrift für kulturgeschichtliche Literaturwissenschaft 1, 2001, 76–96, hier 95).

[14] Zu Interferenzen der Wahrnehmung und Deutung durch Erzähler und Figuren vgl. *Schulz*, Erzähltheorie (wie Anm. 8), 383–386 („Fokalisierung / Point of view / Perspektive in Gottfrieds ‚Tristan'"); vgl. auch *Matías Martínez* (Hrsg.), Handbuch Erzählliteratur. Theorie, Analyse, Geschichte, Stuttgart / Weimar 2011, hier 202: „Im Unterschied zum modernen ‚personalen Erzählen' dominiert interne Fokalisierung in höfischen Romanen nie die gesamte Erzählung, sondern bleibt stets auf einzelne Episoden und Episodensequenzen begrenzt, die die Rezeptionslenkung in besonderer Weise erforderlich machen. Auch schließt die Konfiguration die gleichzeitige Profilierung einer kommentierenden Erzählerstimme nicht aus, sondern steuert die Rezeption zusammen mit ihr. Im *Tristan* Gottfrieds von Straßburg sind Erzählerkommentare wiederholt so mit Figurenstandpunkten in Übereinstimmung gebracht, dass die Parteinahme der Erzählerstimme verdeckt bleibt und eine Art Fokalisierung ihrer Bewertungsfunktion zustande kommt."

solcher Szenarien fokalisiert.[15] Die Analyse der erzählerischen Vermittlung, der Figurenrede und der Handlungsabläufe liefert – aus unterschiedlichen Blickwinkeln – Aufschlüsse über Spezifik, Bewertung und Konsequenzen von Situationen bedrohter Ordnung.[16]

Beschleunigung und Kommunikation: Beschleunigte Handlungsverläufe inszenieren die Erzählungen durch Verfahren der Selektion und Verdichtung von Ereignissen. Aber auch entsprechende Kommentare der Erzählinstanz und Gespräche der Figuren in Bedrohungssituationen intensivieren den Eindruck von Informationsvermittlung, Handlungsempfehlung und Aktionsweise unter Zeitdruck.[17] Die Autoren nutzen solche Erzähltechniken, um soziale Ordnung als bedroht darzustellen.

---

[15] Zum Verhältnis von Perspektive („Standpunkt der Wahrnehmung und Darstellung", 8) und Fokalisation („Fixierung auf einen Punkt oder einen Bereich, der in aller Klarheit und Deutlichkeit erscheint, während andere Bereiche nur verschwommen oder gar nicht sichtbar sind", 8) vgl. *Burkhard Niederhoff*, Fokalisation und Perspektive. Ein Plädoyer für friedliche Koexistenz, Poetica 33, 2001, 1–21. Die Gemeinsamkeit der beiden Begriffe sieht Niederhoff darin, „daß sie eine Subjektivierung und Begrenzung der Wahrnehmung bezeichnen. [...] Der Unterschied [...] liegt in dem Faktor, der die Begrenzung der Wahrnehmung verursacht. Bei der Perspektive ist dies der Standpunkt des Beobachters, bei der Fokalisierung die Auswahl eines bestimmten Wirklichkeitsausschnitts. Diese beiden Faktoren sind bis zu einem gewissen Grad voneinander unabhängig" (9).

[16] Zu den Kategorien „Wahrnehmung und Deutung" vgl. die Beiträge in den Bänden: *John Greenfield* (Hrsg.), Wahrnehmung im *Parzival* Wolframs von Eschenbach. Actas do Colóquio Internacional 15 e 16 de Novembro de 2002, Porto 2004 (insbesondere *Ingrid Kasten*, Wahrnehmung als Kategorie der Kultur- und Literaturwissenschaft, 13–36); *Hartmut Bleumer* u. a. (Hrsg.), Zwischen Wort und Bild. Wahrnehmungen und Deutungen im Mittelalter, Köln/Weimar/Wien 2010.

[17] Der Zusammenhang zwischen Beschleunigung bzw. Stillstellung der Handlung und Figurenkommunikation ist insbesondere bei der Analyse von Stichomythien in den Blick gekommen; dazu *Maria E. Müller*, Vers gegen Vers. Stichomythien und verwandte Formen des schnellen Sprecherwechsels in der mittelhochdeutschen Epik, in: *Nine Miedema/Franz Hundsnurscher* (Hrsg.), Formen und Funktionen von Redeszenen in der mittelhochdeutschen Großepik, (Beiträge zur Dialogforschung 36), Tübingen 2007, 117–137; *Nine Miedema*, Stichomythische Dialoge in der mittelhochdeutschen höfischen Epik, in: Frühmittelalterliche Studien 40, Berlin/New York 2006, 263–281; *Anja Becker*, Poetik der *wehselrede*. Dialogszenen in der mittelhochdeutschen Epik um 1200, (Mikrokosmos 79), Frankfurt am Main 2009, 125 f. Narrative Funktion und formale Gestaltung von „Bedrohungsgesprächen", in denen Dialogpartner akute Bedrohungen identifizieren und Bewältigungsmöglichkeiten reflektieren, sind bisher nicht explizit Gegenstand der aktuellen Forschung über Redeszenen in der mittelhochdeutschen Literatur; zuletzt *Monika Unzeitig/Nine Miedema/Franz Hundsnurscher* (Hrsg.), Redeszenen in der mittelalterlichen Großepik. Komparatistische Perspektiven, (Historische Dialogforschung 1), Berlin 2011. – Zu Darstellungstechniken beschleunigter Handlungsverläufe vgl. *Paul Ricœur*, Zeit und Erzählung, Bd. 2: Zeit und literarische Erzählung, (Übergänge 18), München 1989, insbes. 129 ff., der auf *Gérard Genette*, Discours du récit, in: Gérard Genette (Hrsg.), Figures III, Paris 1972, 65–278, rekurriert; zur neueren Forschung zum Thema „Narrative Geschwindigkeit/Schnelligkeit" vgl. *Kathryn Hume*, Narrative Speed in Contemporary Fiction, in: Narrative 13.2, 2005, 105–124; *Jan Baetens/Kathryn Hume*, Speed, Rhythm, Movement. A Dialogue on K. Hume's Article 'Narrative Speed', in: Narrative 14.3, 2006, 349–355; *Stephan Packard*, Two-dimensional narrative velocity, in: Journal of Literary Semantics 37.1, 2008, 55–67.

Emotionen und Bewertung: Die Thematisierung negativer Emotionen bringt das den Bedrohungssituationen inhärente Gefährdungspotential situativ zur Geltung. Zwar werden Handlungsfiguren Emotionen zugeschrieben, doch es geht häufig weniger um die komplexe innere Befindlichkeit einer Figur. Effekt dieser narrativen Strategie ist vielmehr die Negativbewertung eines Objekts, einer Handlung oder einer Situation.[18] Emotionen fungieren somit in diesem Zusammenhang als Akte des Bewertens.

Prozess und Gestimmtheit: Durch Verfahren der erzählerischen Verflechtung von Bedrohungssituationen gelingt es höfischen Romanen, die Bedrohung von Ordnung nicht nur als punktuelles Ereignis, sondern auch als länger währenden dynamischen Prozess in den Blick zu nehmen. Auf diese Weise geraten wiederkehrende Bedrohungsszenarien und deren Auswirkungen auf menschliches Handeln (auch in Generationszusammenhängen) in die Reflexion, sodass man von einem Latenzphänomen sprechen kann.[19] Darüber hinaus wird gezielt eine negative Gestimmtheit (z. B. durch Vorausdeutungen) evoziert, die sich von einer Bedrohungssituation zur nächsten fortträgt und als eine Art emotionale Tiefenstruktur fungiert. Diese unterläuft permanent den Wunsch nach einem guten Ausgang und prägt auf diese Weise den Charakter eines Werkes.[20]

---

[18] Zur Korrelation von Emotionen und Bewertungen in mittelalterlicher theologisch-philosophischer Reflexion vgl. *Dominik Perler*, Transformationen der Gefühle. Philosophische Emotionstheorien 1270–1670, Frankfurt am Main 2011, insbes. 15, 20, 71, 74, 336. Zur aktuellen Diskussion dieses Zusammenhangs in der Emotionspsychologie vgl. die Beiträge in *Jochen Musch/Karl Christoph Klauer* (Hrsg.), The Psychology of Evaluation. Affective Processes in Cognition and Emotion, Mahwah, New Jersey 2003 (insbes. *Piotr Winkielman* u. a., The Hedonic Marking of Processing Fluency. Implications for Evaluative Judgments, 189–217, hier 190: „To form evaluative judgments, people can draw on a range of different processes. These processes vary in complexity and automaticity and use different sources of information as their primary input. In a nutshell, we can distinguish between evaluative judgments that are primarily based on declarative information, such as features of the target, and evaluative judgments that are primarily based on experiential information, such as the person's feelings or phenomenal experiences.“).

[19] Zum textbezogenen Latenzbegriff vgl. *Andrea Sieber*, Latenz und weibliche Gewalt im ‚Nibelungenlied', in: Johannes Keller/Florian Kragl (Hrsg.), 10. Pöchlarner Heldenliedgespräch. Heldinnen, (Philologica Germanica 31), Wien 2010, 165–184; vgl. auch die Beiträge in dem Band *Hans Ulrich Gumbrecht/Florian Klinger* (Hrsg.), Latenz. Blinde Passagiere in den Geisteswissenschaften, Göttingen/Oakville, Connecticut 2011 (insbes. *David E. Wellbery*, Latenz und Stimmung. Skizze einer historischen Ontologie, 265–276). Die Begriffe „Latenz“ und „Stimmung“ wählt Gumbrecht als Kategorien seiner Darstellung der Nachkriegszeit: *Hans Ulrich Gumbrecht*, Nach 1945. Latenz als Ursprung der Gegenwart, Berlin 2012; zur Latenz als „rationalitätsresistenter“ Komponente von Ordnung vgl. *Bernhard Giesen*, Latenz und Ordnung. Eine konstruktivistische Skizze, in: Rudolf Schlögl/Bernhard Giesen/Jürgen Osterhammel (Hrsg.), Die Wirklichkeit der Symbole. Grundlagen der Kommunikation in historischen und gegenwärtigen Gesellschaften, (Historische Kulturwissenschaften 1), Konstanz 2004, 73–100.

[20] Der hier verwendete Begriff der Gestimmtheit soll die prozesshafte Komponente von Stimmungen verdeutlichen, nicht auf Heideggers tendenziöse Form der Begriffsverwendung rekurrieren. – Negative Emotionen, die sich auf ein Bedrohungsobjekt beziehen, lassen sich von negativen Stimmungen dadurch absetzen, dass hier das Objekt jeweils konkret und anwesend

Situationen bedrohter Ordnung im Tristanroman Gottfrieds

Die Vorgeschichte im Tristanroman Gottfrieds von Straßburg[21], die Erzählung von Blanscheflur und Riwalin, stellt dem Hörer drei Bedrohungssituationen vor Augen, die aus der Spannung zwischen Profilierungsstreben und Friedenswahrung, zwischen individueller Passionsliebe und sozialer Eheliebe sowie zwischen Herrschaftssicherung und Herrschaftsverzicht entstehen.[22] Einerseits geben die-

ist. Auch in der Emotionspsychologie werden Stimmungen von Emotionen, wenn auch nicht kategorial, unterschieden: „Stimmungen werden hinsichtlich ihrer *Intensität* und *Objektbezogenheit* von geringerer und bezüglich ihrer *Dauer* von größerer Ausprägung als Emotionen angesehen [...]. Das vorgeschlagene Unterscheidungskriterium ‚Ausmaß der Objektbezogenheit' scheint am wenigsten kontrovers zu sein. Es eröffnet mehr noch als die anderen Kriterien die Möglichkeit, Stimmungen und Emotionen nicht als unterschiedlich, sondern als *Abstufungen auf einem grundlegenden Kontinuum emotionaler Prozesse* zu betrachten", *Jürgen H. Otto/Harald A. Euler/Heinz Mandl*, Begriffsbestimmungen, in: Jürgen H. Otto/Harald A. Euler/Heinz Mandl (Hrsg.), Emotionspsychologie. Ein Handbuch, Weinheim 2000, 11–18, hier 13; vgl. dazu auch den Artikel „Stimmung", in: Gert Ueding (Hrsg.), Historisches Wörterbuch der Rhetorik, Bd. 9, Tübingen 2009, 109–118: „Aufgrund ihres unspezifischen und nicht handlungsunterbrechenden Charakters können S. vielfältige und zum Teil tiefgreifende Auswirkungen auf Prozesse wie Wahrnehmung, Verhalten und Denken haben. Sie bilden einen diffusen Hintergrund, von dem sich Erlebnisse gleichsam als Figur abheben, und sorgen so für eine Dauertönung des Erlebnisfeldes" (110). Gerald Clore und Stanley Colcombe heben zudem den Einfluss von Stimmungen auf Werturteile und Entscheidungen hervor (*Gerald Clore/Stanley Colcombe*, Parallel Worlds of Affective Concepts and Feelings, in: Musch/Klauer [Hrsg.], Psychology [wie Anm. 18], 335–369, hier 335 f.). Auf die Diskussion über Stimmungen in der anthropologischen Philosophie sei nur hingewiesen.

In der Literaturwissenschaft hat das Thema, angestoßen durch den Artikel von *David E. Wellbery*, „Stimmung", in: Karlheinz Barck u. a. (Hrsg.), Historisches Wörterbuch ästhetischer Grundbegriffe, Bd. 5: Postmoderne bis Synästhesie, Stuttgart/Weimar 2003, 703–733, große Beachtung erfahren: Verwiesen sei etwa auf die Arbeiten von Stefan Hajduk (z. B. *Hajduk*, Stimmungen [wie Anm. 13]), Hans Ulrich Gumbrecht (z. B. *Hans Ulrich Gumbrecht*, Stimmungen lesen. Über eine verdeckte Wirklichkeit der Literatur, München 2011) und Hans-Georg von Arburg (z. B. *Hans-Georg von Arburg/Sergej Rickenbacher*, Concordia discors. Ästhetiken der Stimmung zwischen Literaturen, Künsten und Wissenschaften, [Philologie der Kultur 5], Würzburg 2012). In der mediävistischen Literaturwissenschaft spielt der Stimmungsbegriff als Kategorie analytischer Textinterpretation derzeit keine Rolle.

[21] Ausgabe: *Gottfried von Straßburg*, Tristan und Isold, hrsg. von Walter Haug und Manfred Günter Scholz. Mit dem Text des Thomas, hrsg., übersetzt und kommentiert von Walter Haug, zwei Bände, (Bibliothek deutscher Klassiker 192; Bibliothek des Mittelalters 10–11), Berlin 2011.

[22] Für die hier vorgeschlagene Interpretation der Vorgeschichte im Roman Gottfrieds waren vor allem folgende Arbeiten wichtig: *Magda Heimerle*, Gottfried und Thomas. Ein Vergleich, (Frankfurter Quellen und Forschungen zur germanischen und romanischen Philologie 31), Hildesheim 1974 (Nachdruck der Ausgabe Frankfurt am Main 1942); *Susan L. Clark/Julian Wasserman*, Riwalin and Blanscheflur. The Iconography of Untamed Fancy, in: Rice University Studies 62.2, 1976, 29–46; *James F. Poag*, Entzauberte Heilsmuster. Zur Vorgeschichte von Gottfrieds Tristan, in: James F. Poag/Thomas C. Fox (Hrsg.), Entzauberung der Welt. Deutsche Literatur 1200–1500, Tübingen 1989, 19–33; *Danielle Buschinger*, Gottfried's Adaptation of the Story of Riwalin and Blanscheflur, in: Will Hasty (Hrsg.), A companion to Gottfried von Strassburg's Tristan, Rochester/New York 2003, 73–86; *Martin Przybilski*, Ichbezogene Affekte im ‚Tristan' Gottfrieds von Straßburg, in: Beiträge zur Geschichte der deutschen Sprache und

se initialen Bedrohungssituationen in der Elternvorgeschichte die Spezifik und den Ausgang der Haupthandlung vor: In der Konsequenz der Unvereinbarkeit von passionierter Liebe und sozialer Bindung gestaltet der Roman eine Folge sich steigernder Bedrohungssituationen, die von Anfang an auf eine Peripetie, auf den Tod Tristans und Isoldes, zusteuert. Andererseits begegnen die Konfliktkonstellationen, aus denen in Schnittpunkten der anthropologischen, sozialen und herrschaftlichen Ordnung Bedrohungssituationen erwachsen, auch in anderen mittelalterlichen Romanen und in historischen Quellen. Weitergreifende Annahme ist daher, dass die Erzählmuster aus spezifischen historischen Erfahrungen erwachsen.[23] Im Folgenden soll überprüft werden, inwieweit sich die vorgestellten Merkmale bedrohter Ordnung textanalytisch fassen lassen.

a) Profilierung versus Friedenswahrung

Riwalin ist jung und reich an Gütern, die dem Herrn eines Landes Ehre machen. Einen problematischen Zug seiner Persönlichkeit sieht der Erzähler jedoch darin, dass er nur nach seinem Willen leben will (v. 264). Die Fähigkeit, Frustrationen ohne sofortige Gewaltreaktion hinzunehmen, das eigene Gewalthandeln auf einen sozialen Kontext auszurichten, fehlt Riwalin aufgrund seiner „spilend[en] kintheit" (v. 298). Vorsicht und Sorge, die Abwägung eigener und sozialer Interessen, sind keine Leitkategorien seines Handelns (v. 303 f.). Die Kombination von reichem Besitz, geringer Erfahrung und unreflektierter Überheblichkeit (*übermuot*)[24] führt – daran lässt der Erzähler keinen Zweifel – ins Verderben.

Literatur 126, 2004, 377–397; *Niklaus Largier*, Liebe als Medium der Transgression. Überlegungen zu Affektgemeinschaft und Habitusformung in Gottfrieds *Tristan* (mit einer Anm. zur *Hohelied*-Mystik), in: Alois Hahn / Gert Melville / Werner Röcke (Hrsg.), Norm und Krise von Kommunikation. Inszenierungen literarischer und sozialer Interaktion im Mittelalter, (Geschichte. Forschung und Wissenschaft 24), Berlin 2006, 209–224; *Jan-Dirk Müller*, The Light of Courtly Society. Blanscheflur and Riwalin, in: Jutta Eming / Ann Marie Rasmussen / Kathryn Starkey (Hrsg.), Visuality and Materiality in the Story of Tristan and Isolde, Notre Dame, Indiana 2012, 19–40; *Christoph Huber*, Gottfried von Straßburg: Tristan, (Klassiker-Lektüren 3), 3. Aufl. Berlin 2013, insbes. 49–80.

[23] „Erzählmuster werden nicht im luftleeren Raum und freihändig erfunden, sondern nehmen Bezug auf zeitgenössisch relevante Kulturmuster", *Müller*, Imaginäre Ordnungen (wie Anm. 7), 51. „Mit ‚Modell' oder ‚Muster' ist also eine Struktur gemeint, in der alltäglicherweise Welt erfahren und angeeignet wird, die aber auch Entwürfe fiktiver Welten prägt und den Verlauf fiktionaler Erzählungen steuert. Vielleicht sind die Begriffe ‚Modell' und ‚Muster' zu eng, denn der Grad an struktureller Verfestigung ist sehr unterschiedlich. Eher handelt es sich, zumal in der Alltagswelt, um Punkte der Faszination oder Beunruhigung, die Geschichten generieren, und um vage Vorstellungen, nach denen man sich den Ablauf solcher Geschichten denkt" (46).

[24] Riwalins *übermuot* löst nicht nur die erste Bedrohungssituation aus. Vielmehr scheint dieser Charakterzug der Ursprung auch der nachfolgenden Probleme zu sein; darauf deutet der Erzählerkommentar: „daz aber er ie ze schaden kam, / [...] kam von dem geleite / sîner kintheite. / [...] daz geschuof sîn spilendiu kintheit, / diu mit ir übermuote / in sînem herzen bluote" (vv. 290–300); zum *übermuot* Riwalins vgl. *Gottfried von Straßburg*, Tristan und Isold, Bd. II, Komm. zu v. 342, 279. Zur speziellen Verbindung zwischen Eltern- und Tristangeschichte

Es ist bereits zu Beginn deutlich, dass der Aufstieg Riwalins im Tod ein rasches Ende findet.[25] Kontrastiv zu den optimistischen Zukunftserwartungen, die die Ereignisse auf der Handlungsebene wecken, evoziert der Erzähler von Anfang an eine starke negative Gestimmtheit.

Zwar individualisiert die Zuschreibung von problematischen Zügen die Riwalin-Figur; diese bleibt aber als Typus erkennbar: der höfische Ritter zwischen einer sich entwickelnden und einer gereiften Handlungs- und Reflexionsfähigkeit, zwischen einem Begehren nach und einem Verfügen über soziale Anerkennung und Reputation. Der Artusroman widmet diesem Figurenkonzept besondere Aufmerksamkeit. Häufig ist mit dem Übergang vom Jugend- zum Erwachsenenalter ein bestimmter Typus von Bedrohungssituation verbunden. Das unbedingte Ringen um soziale Integration und gesellschaftliche Anerkennung evoziert ein Handeln, das auf endgültige Etablierung in der sozialen Ordnung zielt. Die Unsicherheit einer Schwellensituation kann jedoch auch Handlungsweisen in Gang setzen, die die soziale Ordnung gefährden.[26] Im Tristanroman findet dieses Moment darin Ausdruck, dass Riwalin Kampfhandlungen gegen seinen Lehnsherrn Morgan beginnt, diesen zwar als Schuldigen darstellt, den Konflikt aber wohl ohne zwingenden Grund provoziert. Unterschwellig wird Riwalins Handeln zwar kritisiert, doch der Erzähler ist eher als unentschiedener Beobachter stilisiert. Er lässt offen, ob Riwalin sich bedroht sieht oder leichtfertig handelt (v. 342 f.). Folge ist in jedem Fall ein langwieriger, für beide Seiten verlustreicher, das Land verwüstender Krieg. Der Erzähler schildert die Kriegshandlungen sehr distanziert und betont das nicht kalkulierbare Risiko eines solchen Unternehmens:

> wan z'urliuge und ze ritterschaft
> hœret verlust unde gewin:
> hie mite sô gânt urliuge hin;
> verliesen unde gewinnen
> daz treit die criege hinnen. (vv. 366–370)

Morgan ist schließlich derjenige, der sich als Unterlegener gezwungen sieht, die akute Bedrohung durch Verhandlungen zu bewältigen. Er erreicht einen einjährigen Waffenstillstand; Riwalin kehrt siegestrunken nach Hause zurück, kann

---

vgl. auch *Susanne Flecken-Büttner*, Wiederholung und Variation als poetisches Prinzip. Exemplarität, Identität und Exzeptionalität in Gottfrieds ‚Tristan', Berlin / New York 2011.

[25] „daz ime ouch sît ze leide ergie" (v. 265); „ich wæne, ouch ime alsam geschach, / wan er sich alse vil gerach, / biz er den schaden dar an genam" (vv. 287–289); „nein, sînes lebenes begin / der gie mit kurzem lebene hin; / diu morgenlîche sunne sîner werltwunne, / dô diu von êrste spilen began, / dô viel sîn gæher âbent an, / der ime vor was verborgen, / und laschte im sînen morgen" (vv. 311–318).

[26] „An Kalogrenant [im Iweinroman Hartmanns von Aue] zeigt sich auch die Gefährlichkeit des Profilierungszwangs: Der Artusritter wird selbst zum Provokateur, der fremde Länder angreift", *Ulrich Barton*, Iweins Lob der Nacht. Tageszeiten-, Jahreszeiten- und Lebensalter-Metaphorik als Deutungsperspektive für Hartmanns *Iwein*, in: Literaturwissenschaftliches Jahrbuch 53, 2012, 147–174, hier 160 f.

reiche Beute an die Vasallen verteilen und sein Ansehen beträchtlich mehren (vv. 402–408).

Der vom Erzähler als „êrengire" (v. 415) bezeichnete Riwalin reist danach zum Königshof, zu Marke von Cornwall und England, um an dessen wachsendem Ansehen zu partizipieren (vv. 420–426). Er reüssiert dort, zeichnet sich im Krieg aus, wird aber schwer verwundet. Wider jede Erwartung erholt er sich und gewinnt schließlich sogar die Liebe Blanscheflurs, der Schwester des Königs. Doch jetzt kommt der in seinem Land begonnene Krieg zurück. Morgan verheert nun seinerseits das Land Riwalins. Dieser sieht sich gezwungen, unter Zeitdruck nach Parmenien zurückzureisen (vv. 1380–1384). Zunächst scheinen sich die Dinge zum Guten zu wenden. Gerade noch rechtzeitig kehrt er zurück (v. 1601 f.), sein Marschall Rual leitet daraus Zuversicht auf eine positive Entwicklung in der Zukunft ab:

> sô sol sîn alles werden rât
> und mugen vil harte wol genesen;
> wir suln nu hôhes muotes wesen,
> unser angest sol nu cleine sîn. (vv. 1604–1607)

Doch in den Kämpfen zur Verteidigung seines Landes findet Riwalin den Tod. Der Tod des Herrn hat gravierende Folgen für das Land und die Gefolgsleute, deren Besitz und Ansehen an diesen gebunden sind (vv. 1755–1758). Die negativen Emotionen der Landsleute bringen dies zum Ausdruck: „der leit was leider alze grôz / und alles leides übergenôz" (v. 1759 f.). So wie die Parmenier von seinen Erfolgen sozial und materiell profitiert haben, so nimmt ihnen der Tod Riwalins das Erreichte unwiederbringlich: „sîn tôt was aber wol lobelîch, / der ir ze sêre erbermeclîch" (v. 1765 f.).

b) Passionsliebe versus Eheliebe

Die Erzählung formt einen zweiten Typus von Bedrohungssituation aus, der aus der Spannung zwischen individuellen und sozialen Auswirkungen des Liebesaffekts erwächst. Liebe als Leidenschaft und als soziale Praxis[27] konstituiert eine Gemeinschaft zweier Menschen, die sich in ein produktives, aber auch in ein destruktives Verhältnis zur Gesellschaft setzen kann. Passionierte Liebe kann in die Form der sozialen, die Gesellschaft stabilisierenden Eheliebe überführt werden, sie kann aber auch in den Bereich der Heimlichkeit abgedrängt werden, wenn bestehende Hindernisse ihrer sozialen Einbindung nicht auszuräumen sind. Der Zwang zur permanenten Exklusion von Öffentlichkeit bindet diese Liebe dann dauerhaft an Situationen der Bedrohung durch Aufdeckung, Trennung und Be-

---

[27] Dazu *Largier*, Transgression (wie Anm. 22).

strafung.[28] Die Spannung von Ordnungs- / Normstabilisierung und Ordnungs- / Normtransgression ist hier besonders virulent, und zwar sowohl im Blick auf die Liebenden als auch im Blick auf die Gemeinschaft: Der Liebesaffekt trägt das Potential der Vervollkommnung sowie das der Bedrohung für Individuum und Gemeinschaft in sich. Wertend kann man sich dabei auf die Seite der Gemeinschaft, aber auch auf die der Liebenden stellen.

Die Entstehung leidenschaftlicher Liebe in der sozialen Gemeinschaft des Hofes evoziert einen besonderen Bereich der Heimlichkeit, in dem die Liebenden intensiv kommunizieren. Über einen längeren Zeitraum lässt sich die Öffentlichkeit jedoch nicht ausschließen. Neugierige und Neider beginnen ihrerseits die Zeichen der Heimlichkeit zu entziffern und versuchen die Liebenden in den öffentlichen Raum zu zwingen. In dieser Weise wird auch das Entstehen der Liebe zwischen Blanscheflur und Riwalin an Markes Hof geschildert: Auf erste visuelle Wahrnehmung folgt eine heimliche Kommunikation über Blicke und Zeichen, die einhergeht mit intensiver Reflexion und starken Emotionsschwankungen, bis zur vollen Entfaltung des Liebesaffekts: „ein niuwe leben wart ime gegeben" (v. 938). Doch dann gerät die Liebe unter Zeitdruck. Riwalin wird in einem Krieg Markes so schwer verwundet, dass man mit seinem Tode rechnet. Blanscheflur sucht ihn auf – nach intensiver Kommunikation und verdeckten Arrangements der Eingeweihten – und gibt sich dem Todwunden hin, der jedoch überlebt.[29]

---

[28] Zur Spannung zwischen Öffentlichkeit und Privatem vgl. *Schulz*, Erzähltheorie (wie Anm. 8), 42 f.: „Eine Kultur, die derart auf das öffentlich Wahrnehmbare baut wie die des Mittelalters, kann [...] dasjenige, was sich gerade der Öffentlichkeit entzieht, auf keinen Fall privilegieren. Alles, was dem Blick aller verborgen bleibt, ist zwar faszinierend, aber immer auch gefährlich. Alles, was ursprünglich in der Heimlichkeit entsteht, muß letztlich von der Öffentlichkeit abgesegnet werden, um Geltung zu haben." – „Den intimen Beziehungen wird gerade nicht per se größere Aufrichtigkeit unterstellt, denn dasjenige, was sich als Heimlichkeit und als menschliches Innenleben dem öffentlichen Blick entzieht, erscheint zunächst ebenso faszinierend wie bedrohlich: Das Nicht-Öffentliche ist etwa Ort heimlicher Liebe – womöglich beglückend für die einzelnen, aber bedrohlich für Familie und Gesellschaft, deren Stabilität sich arrangierten Ehen verdankt; das Nicht-Öffentliche ist bei denen, die tief religiös sind, Schauplatz einer Individualisierung, die aber wiederum prekär ist, weil sie den einzelnen von der Gesellschaft entfernt und ihn den öffentlichen Blicken entzieht; und überhaupt ist es der potentielle Ort von Intrige, Verrat und Falschheit" (77).

[29] Die lebensbedrohliche Verwundung Riwalins zwingt Blanscheflur zu raschem Handeln: Sie vertraut sich in einem Gespräch unter vier Augen ihrer Erzieherin an und bittet in einem Zustand höchster emotionaler Betroffenheit („ir ougen über wielen, / die heizen trehene vielen / gedîhteclîche und ange / über ir vil liehtiu wange", vv. 1209–1212) um Hilfe. Es ist die Erzieherin, die die Bedrohungssituation zu bewältigen weiß und eine Handlungsoption ersinnt. Sie gibt vor, Riwalin am Sterbebett besuchen zu wollen, und informiert ihn „tougenlîche" (v. 1260) über den Wunsch ihrer Herrin, ihn noch einmal zu sehen. Bedingung für ein Treffen sei, dass Riwalin „ez lieze geschehen / nâch vuogen und nâch êren" (v. 1262 f.). Daraufhin verkleidet die Erzieherin Blanscheflur („ir antlützes schônheit / mit dicken rîsen si verbant", v. 1268 f.) und gibt sie als Ärztin aus, weshalb die Prinzessin zu dem Todkranken vorgelassen wird. Gerade Ordnungsüberschreitung und Listhandeln machen hier die soziale Ordnung und die geltenden Normen bewusst.

Blanscheflur erwartet ein Kind. Die Hoffnung auf eine jetzt beginnende Zeit des Glücks unterläuft der Erzähler allerdings auf drastische Weise: Mit dem Kind habe Blanscheflur zugleich ihr Todesurteil empfangen (v. 1340). Über die Leitidee einer unauflöslichen Verschränkung von Liebe und Tod, von Leid und Freude intensiviert die Erzählinstanz von nun an eine Gestimmtheit zum Negativen, die nicht mehr einzuholen ist.[30] Riwalin versucht zunächst nicht, die leidenschaftliche Liebe in soziale Eheliebe zu überführen. „Als Hauptgrund wird die soziale Differenz gesehen, der höhere Rang Blanscheflurs".[31] Doch dann schlägt die kurze Zeit der vollkommenen Liebe im Verborgenen in eine massive Bedrohungssituation um: Das erneute Aufflammen des Krieges gegen Morgan erfordert Riwalins sofortige Rückkehr. Diese unvorhergesehene Entwicklung löst starke negative Emotionen bei den Liebenden aus.[32] Blanscheflur fürchtet die Geburt des Kindes nicht zu überleben oder den Tod durch die Hand des Bruders des unehelichen Kindes wegen. Noch gravierender erscheint ihr eine dritte mögliche Konsequenz: Enterbung und Schande für ihr hochadliges Geschlecht (vv. 1475–1492). Sie sieht hier keinerlei Möglichkeit mehr, die akute Bedrohung zu bewältigen. Riwalin wägt pragmatisch die ihnen verbliebenen Handlungsoptionen ab. In dieser Situation entschließt sich das Paar zur Flucht vom Königshof. Im Land Riwalins verspricht dieser Blanscheflur die Ehe, doch sein Tod bei der Verteidigung des Landes verhindert eine öffentliche Eheschlie-

[30] Die Handlungsfiguren bleiben im Ungewissen über ihr drohendes Schicksal: „weder kint noch tôdes ungeschiht / enwiste si an ir lîbe niht" (v. 1347 f.). Nichtsahnend schwelgt das Paar in seinem Glück („werltwunne", v. 1369).

[31] *Gottfried von Straßburg*, Tristan und Isold, Bd. II, Komm. zu v. 1362, 297. *Rosemary Norah Combridge*, Das Recht im ‚Tristan' Gottfrieds von Strassburg, (Philologische Studien und Quellen 15), 2. Aufl. Berlin 1964, begründet das Verhalten Riwalins nicht mit seiner ständischen Inferiorität, sondern mit seiner Unbedachtheit (vgl. 39); zum Rang Riwalins führt sie Folgendes an: „Daß er nach deutschen Begriffen kein König mehr sein kann, wenn er ein Lehen von einem Herzog hält und diesem Mannschaft geleistet hat, ist klar; Gottfried aber sagt nichts, was Riwalin niedriger als unbedingt nötig gestellt hätte, so daß man annehmen darf, er habe ihn stillschweigend als von königlichem Blute darstellen wollen" (21). Dagegen lassen sich, so Combridge, einige Hinweise darauf finden, dass Rivalen bei Thomas sehr wohl ein König gewesen sei (vgl. 24).

[32] Als Blanscheflur die Nachricht erhält, „alrêrste gienc ir kumber an: / von herzeleide ir aber geschach, / daz si'n gehôrte noch gesach" (vv. 1388–1390). Sie fürchtet die Trennung, ihr Schmerz nimmt ihr die Sinne und sie verflucht die Liebe und den Geliebten (v. 1397). „vröude" verkehrt sich in „tôtlîch herzesêre" (v. 1414; 1416) und auch Riwalin „nam sich ir senede leit / vil inneclîche mit ir an" (v. 1434 f.). Als er sich „mit weinendem herzen" (v. 1420) verabschieden will, „viel si von der herzenôt / vor ime in unmaht" (v. 1427 f.). Nachdem sie sich erholt hat, kommt es zu einem intensiven Gespräch zwischen den beiden. Die Prinzessin beklagt ihr Leid und schildert ihre prekäre Situation, für die sie den Geliebten verantwortlich macht: „ich hân von iu / manc leit und vor den allen driu, / diu tœdic unde unwendic sint" (vv. 1463–1465). In ihrer eindringlichen Rede, die sich über 56 Verse erstreckt, offenbart sie ihre Schwangerschaft und ihre Ängste.

ßung.[33] Blanscheflur zerbricht darauf innerlich, bringt einen Sohn zur Welt und stirbt. So wie Riwalins Ehre ihre Ehre war, so ist sein Untergang auch der ihre.

c) Herrschaftssicherung versus Herrschaftsverzicht

Der Tod des Herrscherpaares stellt für das Land eine gravierende Bedrohung dar (vv. 1767–1769), insbesondere jedoch für den unmündigen Sohn Riwalins. Der Erzähler hebt auch hier die unheilvolle zukünftige Entwicklung hervor, die aus diesem tragischen Ereignis resultieren wird:

> Owê der ougenweide,
> dâ man nâch leidem leide
> mit leiderem leide
> siht leider ougenweide! (vv. 1751–1754).

Um dem Land den legitimen Nachfolger in der Herrschaft zu retten, schließt Rual mit Morgan Frieden und seine Frau Floräte täuscht eine Schwangerschaft vor. Man verschleiert Tristans Herkunft, verschafft ihm eine erste fiktive Identität und gibt ihm einen Namen, in dem sowohl die Ereignisse der Vorgeschichte als auch das weitere Geschehen symbolisch aufgehoben sind. Auch hier hebt sich das fiktive Handlungsgeschehen deutlich von einer risikobehafteten Realität ab, in der Herrschaft in Stellvertretung eines unmündigen Kindes interimsweise ausgeübt wird. Eine Bedrohungssituation entsteht dadurch, dass der legitime

---

[33] Die Frage, ob es kurz vor Riwalins Tod auf Anraten Ruals nicht doch „offenlîche vor mâgen und vor mannen" (v. 1628f.) zur Eheschließung (vv. 1638–1640) kommt, wurde in der Forschung intensiv diskutiert. Dazu *Combridge*, Recht (wie Anm. 31), 37: „Das Erste, was uns auffallen muß, ist die Betonung des Geschehenen, des Vollbringens [...]. Eine gewisse Öffentlichkeit ist auch schon erreicht, denn es sind Zeugen zugegen; die staatlich-öffentliche Feierlichkeit aber wird aufgeschoben" (37). „[A]ls Riwalin eine öffentliche Eheerklärung abgibt, steht die Ehe für alle Instanzen fest, und es kann ja keiner kontrollieren, ob in dem Gespräch 1522–57 schon ein bewußter Ehewille vorlag oder nicht. So wie die Welt die Sache sieht, liegt ein klarer Fall von heimlicher, nachträglich bekannter oder wiederholter Eheschließung vor" (40). Combridge spricht zudem von einer Eheschließung, „die im Gegensatz zu den meisten Eheschließungen in der Dichtung der Zeit dem Minimum statt des Maximums der Formerfordernisse entspricht, ohne darum minder gültig zu sein" (44). *Buschinger*, Adaptation (wie Anm. 22), sieht in Tristans Anerkennung durch Marke einen weiteren Hinweis auf die Rechtmäßigkeit der Eheschließung: „In Parmenie they [Riwalin and Blanscheflur] are married in a church, and if Riwalin did not die in the feud with Morgan, the two presumably would lead a normal, socially acceptable life with their child. Support for this view is provided by Marke, who sanctions the marriage later on when he accepts Tristan as his nephew and makes him his heir" (84). *Müller*, Courtly Society (wie Anm. 22), bringt folgenden Einwand an: Die Ehe sei lediglich vor unbedeutenden Gefolgsleuten geschlossen worden, weshalb die Vereinigung der beiden Sphären von Privatheit und Öffentlichkeit misslingt („For the time being he has to content himself with taking her in front of his followers [...], that is, before witnesses, even if not yet the most noble ones [...]. Nevertheless, it was at least intended to transform *leal amur* into a feudal marriage, and only an unexpected accident prevented it", 31).

Nachfolger in die Sphäre der Vasallen abgedrängt wird, um sein Überleben im Verborgenen und die Kontinuität der Landesherrschaft zu sichern.[34]

Am Markehof kann Tristan durch seine besonderen Fähigkeiten, die dort sehr schnell als Bedrohung empfunden werden, die uneingeschränkte Zuneigung des Königs gewinnen. Nachdem Rual dann seinen Ziehsohn wiedergefunden hat, entdeckt er ihm seine wahre Identität. Dieses Wissen setzt Tristan unter inneren Handlungsdruck (vv. 5103–5109) und treibt ihn nach Parmenien zurück. Von dort bricht er mit Bewaffneten in die Bretagne auf, um von Morgan sein Lehen zurückzufordern.[35] Morgan weigert sich, verweist auf Tristans nichteheliche Geburt und bestreitet jeden Rechtsanspruch. Daraufhin bringt Tristan ihn auf eine nahezu heimtückische Weise um, und erneut muss Rual ihn aus einer kritischen Situation befreien.

Die Herrschaft über das Land ist nun ungefährdet, die Ordnung wiederhergestellt:

> sus hæte er sich verrihtet
> und al sîn dinc beslihtet:
> verrihtet an dem guote,
> beslihtet an dem muote;
> sîn unreht daz was allez reht,
> sîn swærer muot lîht unde sleht. (vv. 5623–5628)[36]

Doch Tristan entscheidet sich jetzt gegen Land und Gefolgsleute, um an den Königshof zurückzukehren. Er regelt zwar seine Nachfolge durch die Designation von Rual bzw. dessen Söhnen (vv. 5728–5737) und bewältigt damit die akute Bedrohung[37], doch der Herrschaftsverzicht ist letztlich Zeichen einer sozialen Entwurzelung. Er wird jetzt der „lantlôse Tristan" genannt (v. 5868)

---

[34] Später erfindet auch Tristan selbst, von Kaufleuten entführt und ausgesetzt, auf dem Weg nach Tintagel weitere Versionen seiner Herkunft, um sich zu schützen. Dazu *Gottfried von Straßburg*, Tristan und Isold, Bd. II, Komm. zu vv. 2695–2721, 323–325 und Komm. zu vv. 3097–3123, 331 (jeweils weitere Literatur).

[35] Zur Rechtmäßigkeit von Tristans Handeln vgl. *Combridge*, Recht (wie Anm. 31): „Nach alledem können wir zweierlei behaupten: 1. Tristan verschweigt sein Vorhaben, seinen Vater zu rächen, weil er dadurch seine Rache umso leichter wird ausführen können, vielleicht auch, weil er vorher sein Lehen erringen will; 2. diese Rache ist aber keine rechtlich zulässige, obgleich Tristan sie ausführt, als wenn sie eine solche wäre, sondern sie ist das Ergebnis eines empörten, ungebändigten Gefühls, das an den Charakter seines Vaters erinnert" (27 f.).

[36] Zur Ironie des Erzählerkommentars vgl. *Gottfried von Straßburg*, Tristan und Isold, Bd. II, Komm. zu vv. 5623 f., 410.

[37] *Combridge*, Recht (wie Anm. 31), weist darauf hin, dass die Einsetzung Ruals bzw. seiner Söhne einen gewissen Status des designierten Thronfolgers voraussetzt: „Rual ist ihm [Tristan] landrechtlich ebenbürtig. Rual ist also ein freigeborener Ritter, gleichzeitig aber ein Hofbeamter Riwalins" (19). – „Es ist noch zu beachten, daß Tristan Rual sein Land nicht sofort abtritt, sondern dessen Nachfolge in die Würde seines Herrn bis zum eigenen Tode hinausschiebt. Rual konnte nämlich sein Erbe erst antreten, wenn Tristan starb; bis dahin konnte ihn Tristan nur belehnen, und das tut er auch" (22).

und führt von nun an eine „defiziente Existenz"[38] ohne rechtlichen und machtpolitischen Rückhalt in einem Land. Die Entscheidung gegen das Land erfährt deutliche Kritik durch die negativen Gefühlsäußerungen der Betroffenen.[39] Die Kommentarstimme scheint Tristans Entschluss zu befürworten (vv. 5670–5677, 5681–5683)[40], hebt aber die schwerwiegenden Konsequenzen eines Verlusts der Einheit von Person und Besitz hervor: Trennt man einen Menschen von seinem Besitz,

> sô wirt daz guot ein armuot:
> der lîp, dem nieman rehte tuot,
> der kumt von sînem namen dervan,
> und wirt der man ein halber man
> und doch mit ganzem lîbe. (vv. 5701–5705)

Nach seiner Entscheidung gegen die Herrschaft in Parmenien wird Tristan zu einer Bedrohung für den Markehof, die sich im Neid der Barone manifestiert. Als er dann gegen Morold kämpft, erlöst er zwar Cornwall, verdrängt jedoch zugleich Marke als König und Repräsentanten des Reiches. Dementsprechend wird Marke, als er Tristan für den Morold-Kampf rüstet, als „wîp" (v. 6524) und als Tristans „dienestman" (v. 6549) bezeichnet.[41]

---

[38] *Jan-Dirk Müller*, Identitätskrisen im Höfischen Roman um 1200, in: Peter von Moos (Hrsg.), Unverwechselbarkeit. Persönliche Identität und Identifikation in der vormodernen Gesellschaft, (Norm und Struktur. Studien zum sozialen Wandel in Mittelalter und Früher Neuzeit 23), Köln 2004, 297–323, hier 305; vgl. auch *Jan-Dirk Müller*, Höfische Kompromisse. Acht Kapitel zur höfischen Epik, Tübingen 2007, 257–262; *Gottfried von Straßburg*, Tristan und Isold, Bd. II, Komm. zu vv. 5845–5849, 415.

[39] Die Bevölkerung von Parmenien beklagt lautstark den Verlust des rechtmäßigen Thronfolgers (vv. 5858–5860; 5816–5832), der für sie „trôst" und „wân" (v. 5821) symbolisiert hat. Statt Glück und Leben hat Tristan seinen Untergebenen Leid und Enttäuschung beschert.

[40] Der Erzähler illustriert das Dilemma, in dem sich der Held aufgrund seiner Zuneigung zu König Marke einerseits und seinem Ziehvater Rual andererseits befindet (vv. 5643–5646). Zunächst versucht er sich einer Bewertung zu enthalten und fordert den Rezipienten auf, Partei zu ergreifen: „lât hœren, wie sol ez ergân?" (v. 5656). Schließlich scheint er jedoch Tristans Ambitionen zu befürworten und seine Rückkehr zu Marke zu billigen (vv. 5670–5677), bezeichnet diese Wahl gar als „vil sinneclîche" (v. 5682). Berücksichtigt man die nachfolgenden Äußerungen des Erzählers, lassen sich diese Worte auch als Ironie deuten (vgl. *Gottfried von Straßburg*, Tristan und Isold, Bd. II, Komm. zu vv. 5681–5686, 412).

[41] Dazu insbesondere *C. Stephen Jaeger*, The Barons' Intrigue in Gottfried's *Tristan*. Notes Toward a Sociology of Fear in Court Society, in: Journal of English and Germanic Philology 83.1, 1984, 46–66; *C. Stephen Jaeger*, Gottfried's *Tristan* as Courtier Romance, in: Ernst Ralf Hintz (Hrsg.), Nu lôn' ich iu der gâbe. Festschrift für Francis G. Gentry, (Göppinger Arbeiten zur Germanistik 693), Göppingen 2003, 133–158. Vgl. auch *Schulz*, Erzähltheorie (wie Anm. 8), 92: „'Konformität' bildet hier – auch wenn soziale Abweichung innerhalb eines gewissen Toleranzbereichs nicht notwendig negativ sanktioniert wird – einen ganz anderen Wert als in modernen Gesellschaften. Wenigstens in den literarischen Inszenierungen wird nun dasjenige, was im Sinne sozialer Exklusion darüber hinausschießt, dasjenige also, was als 'Einzelmenschlichkeit' (Clemens Lugowski), 'Exorbitanz' (Klaus von See) oder 'Unverwechselbarkeit' (Peter von Moos) in die Richtung dessen geht, was wir heute als Individualität bezeichnen, keinesfalls als uneingeschränkt positiv erfahren, sondern zumindest als prekär, wenn nicht gar als negativ. […] Indivi-

Folgerungen

Was lässt sich durch die Orientierung der Textanalyse an den gewählten Kriterien für das Verständnis des Tristanromans und der Darstellungsprinzipien bedrohter Ordnung gewinnen? Ich möchte Ergebnisse und Folgerungen unter den genannten Gesichtspunkten bündeln.

Wahrnehmung und Deutung: Wahrnehmungs- und Deutungsmuster bedrohter sozialer Ordnung sind Bestandteil sowohl pragmatischer als auch ästhetischer Texte. Literarische Werke nehmen, indem sie konstruierten Bedrohungsszenarien Sinnschemata für soziales Verhalten unterlegen und diese über den Erzählprozess kommentieren, vielfach eine reflektierende Perspektive auf die soziale Wirklichkeit von Bedrohung ein. Der Tristanroman gestaltet zunächst die Transformation einer anthropologischen Schwellensituation, die grundsätzlich Aspekte einer Bedrohung von Ordnung einschließt, zu einer Situation bedrohter Herrschaft. Als ein wichtiges Element, das den Umschlag der Initiation des jungen Herrschers zu einer Situation der Bedrohung für das Land befördert, nennt der Erzähler den *übermuot* Riwalins. Ehrstreben ist als Ausgleich eines noch bestehenden Mangels an gesellschaftlicher Reputation sozial produktiv. Verselbstständigt es sich aber zur Profilierungssucht, dann kann der prinzipiell akzeptierte Gewalteinsatz eskalieren und Kriegshandlungen auslösen, die eine Sozial- und Rechtsgemeinschaft in ihrer Existenz bedrohen. Der Gier nach gesellschaftlicher Anerkennung wird damit für das Entstehen der Bedrohungssituation eine entscheidende Bedeutung zuerkannt.

Darüber hinaus entwirft der Roman eine Liebespassion, deren Überführung aus dem Bereich der Heimlichkeit in den der repräsentativen Öffentlichkeit unter dem existierenden Zeitdruck nicht gelingt. Die Verschränkung von negativen Konsequenzen aufeinanderfolgender Bedrohungssituationen verschließt diesen Weg. Es lässt sich nicht erkennen, dass der Ausschluss der Öffentlichkeit und der Widerspruch zur höfischen Gesellschaft als ideale Existenzform der Liebe gedacht sind. Tendenziell, so könnte man folgern, ist Liebe als Passion in der Sphäre der Heimlichkeit als anthropologische Übergangsphase akzeptabel. Verbleibt sie in diesem Raum, wird sie zur Bedrohung – für die Liebenden sowie für die Gemeinschaft.

Tristans Herrschaftsverzicht schließlich bewertet der Text nicht als Bestimmung zu Höherem. Als Folge einer Kette von erfahrenen und implizit „weiter wirkenden" Bedrohungssituationen aus der Vorgeschichte ist ihm die Bindung an die tradierte Ordnung und an den von ihr vermittelten Sinn verloren gegangen: Er selbst empfindet seine Entscheidung nicht als problematisch, doch die

dualität im heutigen Sinn bleibt für die Vormoderne eine Bedrohung, eine Abweichung, die zu sozialer Exklusion und damit zur Gefährdung der Identität führt. [...] Identität hingegen – das Bei-sich-Sein – kann für das Mittelalter als partizipative verstanden werden, im Sinne einer nicht-rollenhaften Teilhabe an einem sozialen Bezugssystem."

Reaktionen der Landsleute sind eindeutig negativ. Die Kommentarstimme relativiert diese Sicht nur bedingt. Tristans Identitätsverlust ist nicht Folge, sondern Ursache des Herrschaftsverzichts; der im Roman dargestellte Prozess des Selbstverlusts beginnt bereits mit Riwalins unüberlegtem Handeln, mit seinem durch *übermuot* bewirkten Herrschaftsverlust. Tristan wächst nicht als Repräsentant Parmeniens auf, sondern schafft sich selbst eine Heimat am Hof Markes. Als er dann die Wahl zwischen Parmenien und Markehof hat, entscheidet er sich gegen eine selbstständige Identität als Landesherr und für den Neffen-, quasi Sohn-Status bei Marke, d. h. für Unselbstständigkeit und Abhängigkeit von einer Vaterfigur.

Beschleunigung und Kommunikation: Instrumentelles Gewalthandeln, motiviert durch die Gier nach gesellschaftlicher Anerkennung, kann – so verstehe ich die initiale Konstruktion des Tristanromans – nicht kalkulierbare Kriegshandlungen auslösen. Konsequenzen sind beschleunigtes reaktives Gewalthandeln, Gewaltinfizierung, Scheitern des Bewältigungshandelns infolge von Zeitknappheit sowie Bedrohungsempfinden: Die von Morgan ausgehende reaktive Gewalt nötigt Riwalin zur eiligen Rückkehr vom Markehof und setzt die Liebe des Paares so unter Zeitdruck, dass sie nicht in der sozialen Ordnung etabliert werden kann. Der Tod des Herrscherpaares zwingt zur Verschleierung der Identität des unmündigen Nachfolgers. Die Notwendigkeit, sich zu maskieren, verfestigt sich dann zu einem Spezifikum Tristans. Der Herrschaftsverzicht in Parmenien ist daher Ausdruck erodierender sozialer Einbindung als Folge wiederkehrender Bedrohungssituationen.

Ein literarischer Modus zur wirksamen Darstellung von Kulminationspunkten beschleunigter Handlungsabläufe in Bedrohungssituationen ist die Inszenierung von intensivierter Kommunikation durch Gespräche: Figuren verständigen sich über das, was sie als bedrohlich empfinden, sowie über ihre Möglichkeiten, die akute Bedrohung zu bewältigen. Auf narrativer Ebene haben solche Bedrohungsgespräche eine vorantreibende Funktion; sie werden zur Gestaltung von dramatischen Höhepunkten der Handlung eingesetzt. Ihre argumentative Auffälligkeit kann zudem einer Bedrohungssituation eine bestimmte Zeichnung einprägen: Blanscheflurs Darlegung ihrer Befürchtungen im Gespräch mit Riwalin unmittelbar vor ihrer Flucht ist nur in Teilen rational nachvollziehbar – ihre Angst vor der Ermordung durch ihren Bruder scheint unbegründet. Doch eine Funktion dieser Artikulation des Sich-Bedroht-Fühlens kann man darin sehen, dass sie beim Rezipienten Reflexionen über die Gegenstände der Kommunikation in Gang setzen soll. Diese Perspektive ist in der Rhetorik vorgeprägt.

Emotionen und Bewertung: Die Struktur von Bedrohungssituationen ist stark durch die Art der narrativen Funktionalisierung von Emotionen geprägt. Auf der einen Seite ordnet man den Emotionen selbst einen Komplex von Motiven zu, die insgesamt den Ausnahme- oder Bedrohungszustand verdeutlichen: Riwalins *übermuot* bringt der Erzähler dementsprechend mit Selbstüberschätzung und

Gewalthandeln in Verbindung, wenngleich er den Angriffskrieg gegen Morgan nur unterschwellig kritisiert.

Andererseits werden Emotionen, vor allem die negativen, aber auch als Produkte oder Resultate von Konfliktsituationen und Bedrohungssituationen inszeniert, die vielfach zerstörerische Kraft gewinnen; so löst Blanscheflurs Schwangerschaft bei ihr existentielle Furcht aus.

Emotionen werden drittens als Form der Bewertung eines Objektes eingesetzt: Die negativen Emotionen der Landherren bewerten, ohne dass diese als individualisierte Figuren in Erscheinung treten, Tristans Herrschaftsverzicht. Kurz: Die Autoren dramatisieren über die Funktionalisierung von Emotionen die Darstellung von Bedrohungssituationen. Dieser komplexe Umgang mit Emotionen im Erzählprozess ist in der langen Reflexion über Affekte in philosophisch-theologischen Traditionen[42] vorgeformt.

Prozess und Gestimmtheit: Man übersieht eine wichtige Dimension von Bedrohung, fasst man diese nur als einen situativen Zustand auf. Die analysierten Bedrohungsszenarien schließen sich im Tristanroman zu einer narrativen Struktur zusammen. Auch der Erzählerkommentar betont das Prozesshafte von Bedrohungssituationen, wenn beispielsweise der Zusammenhang von Krieg und Ritterschaft als Bewegung in wechselnde Richtungen, als ein Auf und Ab, letztlich jedoch als Umschlag von Gewinnen zu Verlieren aufgefasst wird (vv. 366–370).[43] Die Vorgeschichte gestaltet einen Weg von Herrschaftsgefährdung zu Herrschaftsverlust und von Herrschaftsrestituierung zu endgültigem Herrschaftsverzicht. Daher muss man eine Abfolge von Bedrohungssituationen und die Verknüpfung der einzelnen Sequenzen in den Blick nehmen, um bedrohte Ordnung als Prozess zu analysieren.

Eine längerfristige Ausrichtung auf Bedrohung stellen die Autoren insbesondere über die Evozierung einer negativen Gestimmtheit dar. Im Tristanroman des Thomas von Bretagne manifestiert sich diese in der ständigen Furcht der Handelnden vor Entdeckung, Trennung und Bestrafung[44]; im Roman Gottfrieds hält der Erzähler die Liebe-Leid-Tod-Thematik allgegenwärtig. Schon beim ersten Auftreten Riwalins ist eine starke Tendenz zum Negativen durch die Kom-

---

[42] Dazu der Artikel „Affektenlehre“ in: Ueding (Hrsg.), Rhetorik (wie Anm. 20), Bd. 1, Tübingen 1992, 218–253.

[43] Zur Bedeutung des Zufalls und zum Zeitkonzept (des Boetius) im *Tristan* Gottfrieds vgl. *Huber*, Tristan (wie Anm. 22), 50 f., und *Jan-Dirk Müller*, Die Zeit im „Tristan“, in: Christoph Huber / Victor Millet (Hrsg.), Der „Tristan“ Gottfrieds von Straßburg. Symposion Santiago de Compostela 5. bis 8. April 2000, Tübingen 2002, 379–397, insbes. 381–384.

[44] Dazu *Jean Larmat*, La souffrance dans le *Tristan* de Thomas, in: Mélanges de langue et littérature françaises du Moyen-Age offerts à Pièrre Jonin, Sénéfiance 7, 1979, 371–385. Dass die literarische Evozierung einer „Stimmung der Bedrohtheit und der Unheilserwartung“ auf eine lange Tradition zurückblicken kann, lässt sich der Homer-Deutung von *Arbogast Schmitt*, Epimetheus und Prometheus, oder: Wie man auf verschiedene Weise Latenz präsent machen kann, in: *Gumbrecht / Klinger*, Latenz (wie Anm. 19), 95–105, hier 102, entnehmen.

mentarstimme präsent (vv. 275–289), die die Leitidee einer unauflöslichen Verschränkung von Liebe und Tod, von Leid und Freude intensiviert. Doch dieses Moment ist nicht Ausdruck schicksalhafter Determination. Mehr und mehr erscheint es als Folgewirkung von Bedrohungserfahrung und scheiterndem Bewältigungshandeln.

Die männliche Kultur der Herausforderung provoziert in der Vorgeschichte des Tristanromans eine gravierende Schädigung des Landes. Das Streben nach individueller Profilierung ufert zu einer veritablen Bedrohung der sozialen und herrschaftlichen Ordnung aus. Die daraus entstehende Dynamik von Bedrohungskonstituierung und Bewältigungshandeln setzt sich in anderer Weise dann in der Geschichte von Tristan und Isolde fort, und zwar so lange, bis auch die Protagonisten der zweiten Generation untergehen. Von der Vorgeschichte aus wird die Erzählung der Passionsliebe von Tristan und Isolde in die Bahn einer übermächtigen Negativentwicklung gebracht. Diese konzentriert sich im Weiteren insbesondere auf die Beziehung zur Gesellschaft, spart die Liebesbeziehung aber weitgehend aus. Die außergewöhnlichen Fähigkeiten des Protagonisten heben nur die Unabwendbarkeit eines Scheiterns hervor, das in einer nicht restituierbaren sozialen Entwurzelung gründet. Initiales Moment dieser Negativentwicklung ist nicht erst die versehentliche Einnahme des Liebestrankes[45], sondern ein aus Verschränkung und Überlagerung von Bedrohungssituationen erwachsender Identitätsverlust, anders formuliert, ein Herausfallen aus der alternativlosen Ordnung.[46]

---

[45] Die gesamte Isolde-Tristan-Liebeshandlung ist Folge des Morold-Kampfes und damit letztlich des Herrschaftsverzichts und der diesen motivierenden Identitätslosigkeit, die wiederum durch die Riwalin-Handlung begründet ist. Sie ist nicht Folge des Minnetranks. Der Minnetrank vollzieht lediglich die längst überfällige Loslösung Tristans von seinem quasi-Vater Marke, aber so, dass die Bedrohung bleibt und noch forciert wird. Und damit beginnt das, was *Köhler*, Ideal (wie Anm. 1), so formuliert hat: „Für das Individuum setzt sich das Erlebnis der Feindlichkeit der Gesellschaft in den Eindruck der Fatalität des Daseins um. Der Liebestrank ist das überzeugendste und dichterischste Symbol, das dieser Befund erzeugen konnte" (157 f.).

[46] Ulrich Barton (Tübingen) hat in der Diskussion des Artikels darauf hingewiesen, dass der auf der Handlungsebene dominierenden Bedrohungsperspektive auf der Kommentarebene eine Perspektive der Wertschätzung der absoluten Liebe im Roman Gottfrieds gegenübersteht. Der Negativentwicklung, die bei Riwalin beginnt, läuft eine Positiventwicklung entgegen, die von der Hochschätzung der Liebe im Prolog gedacht ist, demzufolge man Identität, *tugent* und *êre* nur durch die Liebe gewinnen kann. Hier ist auch die alte Streitfrage anzuschließen, ob das Liebes-Ideal als tatsächlich zu verwirklichen konzipiert ist oder nicht. Zumindest der Prolog und die Exkurse plädieren für die Verwirklichbarkeit. *Rüdiger Schnell*, Suche nach Wahrheit. Gottfrieds „Tristan und Isold" als erkenntniskritischer Roman, (Hermaea 67), Tübingen 1992, spricht von der Konkurrenz zwischen Innen- und Außennormen, und Gottfrieds Ideal wäre, die Außennormen des Hofes in den Innennormen der *edelen herzen* zu fundieren; das ergäbe das ideale höfische Gesellschaftsmodell der *edelen herzen*, worin die Ordnungskonkurrenz aufgehoben wäre. Wenn die Tristanliebe aber von vornherein anti-sozial gedacht ist (was man aus dem Prolog ebenfalls herauslesen kann), dann bleibt mit ihrer Hochschätzung ihre Bedrohlichkeit für jegliche Ordnung. – Für die Gespräche im Tübinger Oberseminar über das Verhältnis dieser in einem gewissen Sinne gegenläufigen Wertungen im Roman Gottfrieds, die nur bedingt

Was ist aus der Textanalyse an Erkenntnis über Entstehungsbedingungen und Prozesscharakter von Situationen bedrohter sozialer Ordnung zu gewinnen? Der Tristanroman Gottfrieds macht deutlich,

– dass Bedrohungssituationen in der dargestellten Konstellation adliger Kultur in Schnittpunkten von anthropologischen, sozialen und politischen Ordnungen entstehen,

– dass sich Bedrohungssituationen dann ausformen, wenn die aus unterschiedlichen Prinzipien sozialer Ordnung abgeleiteten divergierenden Handlungs- und Deutungsmuster situativ nicht in Einklang zu bringen sind,

– dass den Handlungsmustern individuelle Profilierung, heimliche Passionsliebe und Herrschaftssicherung ein hohes Potential von Ordnungsbedrohung in einer Kultur der gewaltgestützten Rechtsordnung inhärent ist, und

– dass die Erfahrung von Bedrohung auch über eine Generationengrenze hinweg wiederkehrendes Bewältigungshandeln und vermutlich auch das Scheitern von Bewältigungshandeln evoziert, obwohl dies den Akteuren nicht bewusst ist.

Dass Bedrohung auch als ein Prozess aufzufassen ist, scheint mir eine Erkenntnis zu sein, die der Tristanroman Gottfrieds nicht ohne Blick auf historische Realität imaginiert. Ob auch die Analyse von Bedrohungssituationen in historischen Quellen über einen längeren Zeitraum eine vergleichbare innere Struktur der einzelnen Szenarien zu Tage bringen könnte, wäre daher eine interessante Frage.

---

diskursiv erörtert, aber prononciert vor Augen gestellt werden, sei den Teilnehmern herzlich gedankt. Weiterer Dank für konstruktive Hinweise und Korrekturen gebührt Sarah Steffan, Rebekka Nöcker und Beatrice von Lübke (Tübingen). – Eine gekürzte Fassung des Artikels in französischer Sprache findet sich in dem Band: *Danielle Buschinger/Florent Gabaude/Jürgen Kühnel* et *Mattheieu Olivier* (Hrsg.), Tristan et Yseut, ou l'Eternel Retour. Actes du Colloque international des 6, 7 et 8 mars 2013 à la Maison de la Culture d'Amiens, Amiens 2013, 240–246.

„Maycomb was itself again“: Wandel und Resilienz einer ungerechten Ordnung

Astrid Franke und *Nicole Hirschfelder*

> „[...] these problems and phases have passed through a great evolutionary circle and that to-day especially one may clearly see a repetition, vaster but similar, of the great cycle of the past. [...] Here then is the new slavery of black men in America – a new attempt to make degradation of social condition correspond with certain physical characteristics – [...]
>
> But right here, as in the past, stands in the path of this idea the figure of this same thinking black man – this new freedman.“
>
> W. E. B. Du Bois, „The Evolution of the Race Problem“ (1909)

> „Any real change implies the breakup of the world as one has always known it, the loss of all that gave one an identity, the end of safety [...].“
>
> James Baldwin, „Faulkner and Desegregation“ (1961)

I. Einführung

Die afroamerikanische Geschichte als die einer erstaunlich widerständigen Rasseordnung (*racial order*) zu begreifen, stellt eine ganz eigene intellektuelle Herausforderung dar, wenn man sie mit Begriffen wie „Ordnung“, „Bedrohung“ und „bedrohte Ordnung“, Wandel und Resilienz zu fassen bekommen will. Dass der in Harvard und Berlin geschulte Sozialhistoriker W. E. B. Du Bois zugleich den Begriff der Evolution und ein zyklisches Geschichtsmodell bemühte, um Stabilität und Wandel der Rasseordnung nach dem Bürgerkrieg zu beschreiben, mag ein erster Hinweis auf das provozierende Potential des Gegenstands sein: So wird, wer sozialen Wandel untersucht, irgendwann auch verstehen müssen, warum sich bestimmte Ordnungen *nicht* oder nur wenig verändern. Gerade bei Machtordnungen, die heute als ungerecht empfunden werden – Sklaverei, Geschlechterordnung, Unterdrückung ethnischer oder religiöser Minderheiten – mag man fragen, warum trotz Widerstand, Kritik und Protest, trotz einer möglichen schrittweisen Verringerung des Machtunterschiedes die Machtordnung an sich erstaunlich stabil bleibt. So schreibt etwa Pierre Bourdieu in Hinblick auf männliche Herrschaft in seinem gleichnamigen Buch: „Denn nötigen nicht die

Invarianten, die trotz aller erkennbaren Veränderungen der Situation der Frauen an den Herrschaftsverhältnissen zwischen den Geschlechtern zu beobachten sind, dazu, die geschichtlichen Mechanismen und Institutionen zum vorrangigen Gegenstand zu machen, die diese Invarianten im Laufe der Geschichte beständig der Geschichte entrissen haben?"[1]

Der Blick auf die Invarianten ist nicht populär, und allzu leicht kann einem vorgeworfen werden, einfach nicht sehen zu wollen, dass doch vieles besser geworden ist. In solchen Auseinandersetzungen wird plötzlich deutlich, dass der scheinbar neutrale „Wandel" eben doch oft wertend verstanden wird, nämlich als Fortschritt. Es soll hier aber nicht darum gehen, Stabilität und Wandel gegeneinander auszuspielen: Vielmehr geht es darum, den Begriff der „bedrohten Ordnung" so einzusetzen, dass er erlaubt, die Opposition zwischen Struktur und Wandel, zwischen Stagnation und Transformation zu überwinden – letztlich reproduziert sich Ordnung auch durch ständige Veränderungen oder gar Wandel, und wer Momente untersucht, in denen Ordnungen akut bedroht zu sein scheinen, sich dann aber als beständig erweisen, wird Erkenntnisse über solche Faktoren erwarten dürfen, die Ordnungen stabilisieren, sie widerständig machen oder aber ihnen eine solche Geschmeidigkeit verleihen, dass sie in neuem Gewand weiter bestehen.[2]

Zu dem eben beschriebenen intellektuellen Rahmen, in dem Veränderungen fast unmerklich positiv besetzt sind, gibt es ein komplementäres Äquivalent, bei dem die Stabilität, Widerständigkeit oder auch Geschmeidigkeit sozialer Systeme angesichts wiederholter Herausforderungen fast immer positiv bewertet werden: die Resilienzforschung. Es werden zum Beispiel unterprivilegierte Individuen oder Gruppen daraufhin untersucht, wie sie individueller oder struktureller Diskriminierung erfolgreich begegnen – im hier relevanten Kontext könnte man auch sagen: Es wird untersucht, wie Ordnungen einer Bedrohung widerstehen.[3] Wer nun eine Machtordnung als Beziehung von Gruppen zueinander versteht

---

[1] *Pierre Bourdieu*, Die männliche Herrschaft, Frankfurt am Main 2005, 12.

[2] Mit Wandel (engl.: *social change*) meint man in der Regel eine Reihe von Veränderungen (engl.: *changes*), die aufeinander bezogen einer gewissen Logik folgen und bei denen man möglicherweise eine Richtung erkennen kann. Was wir im Folgenden beschreiben, sind Veränderungen, etwa in der Gesetzgebung, die man als Bestandteil eines sozialen Wandels betrachten kann – etwa im Kontext einer schrittweise erfolgenden Ausweitung von Bürgerrechten. Solche Ordnungen nun, die über einen langen Zeitraum hinweg essentialisiert wurden und den Menschen als natürlich gelten, können über Veränderungen hinweg und sogar durch sozialen Wandel hindurch bestehen bleiben. Vgl.: Art. „Change (*social change*)", in: John Scott / Gordon Marshall, A Dictionary of Sociology, 3. Aufl. Oxford 2009.

[3] Hierzu paradigmatisch: *Michèle Lamont / Jessica S. Welburn / Crystal M. Fleming*, Responses to Discrimination and Social Resilience under Neoliberalism. The United States Compared, in: Peter A. Hall / Michèle Lamont (Hrsg.), Social Resilience in the Neoliberal Era, Cambridge 2013, 129–157, für Diskriminierung durch individuelles Handeln, etwa eine rassistische Bemerkung im Fahrstuhl. Strukturelle Diskriminierung untersuchen Katastrophenforscher etwa am Beispiel des *Hurricane Katrina* in: *Chester Hartman / Gregory D. Squires* (Hrsg.), There is No Such Thing as a Natural Disaster: Race, Class, and Hurricane Katrina, New York 2006.

und über deren Beständigkeit nachdenkt, dem wird die positive Wertung von Resilienz nicht einleuchten: Geht es um verallgemeinerbare Erkenntnisse über Gruppen und ihre Stabilität, so sollte die Frage, ob die Stabilität nun wünschenswert ist oder nicht, keine Rolle spielen. Man sollte also auch nach der Resilienz von Diktaturen angesichts von Putschversuchen oder eben dem Rasseverhältnis angesichts der juristischen Abschaffung der Sklaverei fragen dürfen. Bei diesen Beispielen wird deutlich, dass die Bewertung von Stabilität und Wandel durch die Betroffenen ebenfalls nie völlig eindeutig sein wird, vor allem, wenn man dies über einen Zeitraum hinweg betrachtet: Was bedeutet die Beständigkeit einer Gruppe – und eventuell eine positive Bewertung dieser Eigenschaft – für eine andere? Finden Quellen der Resilienz wie etwa der religiöse Glaube und entsprechende *coping strategies* wie gemeinsame Gebete angesichts der Zerstörung der Lebensgrundlage durch einen *hurricane* die Anerkennung der lokalen Autoritäten? Warum (nicht)?[4] Was folgt daraus für die Betroffenen, sagen wir, ein, zwei oder fünf Jahre nach der Katastrophe?

Im Folgenden möchten wir argumentieren, dass die afroamerikanische Geschichte als Geschichte einer Rasseordnung nicht nur eine bestimmte Perspektive auf die o. g. Begriffe eröffnet, sondern die Notwendigkeit und Präsenz von Perspektivierung überhaupt demonstriert: Wenn es um ein Machtverhältnis zwischen zwei Gruppen geht, ist die Identifizierung einer Bedrohung bereits eine Perspektivierung. So wie man danach fragen muss, was die Resilienz der einen Gruppe für eine andere Gruppe bedeutet, so muss man auch fragen, ob das, was den einen als Bedrohung erscheint, auch für andere eine solche darstellt. Oftmals kann man dies, und darauf soll ein zweiter Fokus liegen, nur dann erkennen, wenn man nicht einen Zustand untersucht, sondern die Beziehung über die Zeit hinweg betrachtet, also keine Momentaufnahme, sondern einen Prozess untersucht. Drittens legt der Blick auf eine sehr ungleiche Machtbeziehung zwischen zwei Gruppen nahe, sensibel auf all solche Begriffe zu reagieren, in denen Beschreibung und Wertung eine Verbindung eingehen, die nicht offen reflektiert wird.

Unsere Vorgehensweise ist, zunächst anhand der Rasseordnung in den USA unser Verständnis von Ordnung und „Rasse“ darzulegen. Diesem Verständnis liegt eine „starke“ Machttheorie zugrunde, die sich an Norbert Elias und Pierre Bourdieu orientiert, und diese Machttheorie ermöglicht es, eben die „Invarianten“ der Geschichte freizulegen. Wichtig ist hier vor allem, wie man den Bezug zu verschiedenen gesellschaftlichen Bereichen beschreiben kann, in denen diese Ordnung auch präsent ist, in denen sie aber in verschiedenen Ausprägungen vorkommen kann. Dieses Phänomen nämlich, was man terminologisch und

---

[4] Siehe hierzu die Studie über ein Dorf im Süden Belizes in *Sara E. Alexander*, The Resilience of Vulnerable Households. Adjusting to Neoliberal Capitalism in the Aftermath of Hurricane Iris, in: Nandini Gunewardena / Mark Schuller (Hrsg.), Capitalizing on Catastophe. Neoliberal Strategies in Disaster Reconstruction, Lanham 2008, 93–116.

konzeptuell fassen muss, kann eine Erklärung dafür bieten, warum Veränderungen in einem Bereich möglicherweise eben nur auf diesen beschränkt bleiben können, die Ordnung an sich jedoch bestehen bleiben kann. Damit ist bereits deutlich, dass wir den Begriff der Resilienz in ungewöhnlicher Weise verwenden; wir werden erläutern, warum wir dies für sinnvoll erachten, bevor wir dies dann an Beispielen der afroamerikanischen Geschichte anwenden und diskutieren. Unsere Beispiele betreffen die Anwendung physischer Gewalt zur Aufrechterhaltung der Ordnung und die Erinnerung an die Bürgerrechtsbewegung – wenn man so will, ein „hartes" Mittel, das auch durch statistische Methoden zugänglich gemacht werden kann, und ein „weiches", das man eher kulturwissenschaftlich verstehen wird – beide aber gehören durchaus zusammen.

II. Race und Racial Order

Unser Gegenstand ist eine ungerechte Ordnung, nämlich das Verhältnis zwischen weißen und schwarzen Amerikanern, das sich über „Rasse" rechtfertigt.[5] Wie auch Geschlecht oder sexuelle Orientierung handelt es sich um eine Kategorie, die sich scheinbar auf Unterschiede in der Biologie des menschlichen Körpers bezieht, dann aber über eine Vielzahl an Zuschreibungen Menschengruppen diskriminiert und so zu systematischem gesellschaftlichen Unrecht beiträgt. Mit systematischem Unrecht meinen wir ein Unterdrückungsverhältnis, das über lange historische Zeiträume besteht, weil es nämlich immer wieder durch die verschiedensten Mechanismen gefestigt und reproduziert wird, und zwar in allen Bereichen menschlichen Handelns: in der Wirtschaft, Politik, Religion, Philosophie, dem Recht, der Kunst und auch der Geschichtswissenschaft.

Die Periode, auf die wir schauen, reicht von der Mitte der 1950er Jahre bis 1970 und umspannt damit einen Zeitraum, der nicht nur in Bezug auf die Rasseordnung, sondern überhaupt in Europa wie auch in den USA als einer raschen sozialen Wandels gilt. Was wir zeigen möchten ist, in welcher Weise das letztlich soziologische Instrumentarium der bedrohten Ordnungen dazu dienen kann, politische und kulturelle Veränderungen detailliert zu beschreiben und in ihrer Wirkungsmächtigkeit einzuschätzen. Umgekehrt lassen die Beobachtungen Rückschlüsse auf soziale Strukturen und Ordnungen zu, und zwar insbesondere auf solche Aspekte, die um Ungleichheit und Ungerechtigkeit kreisen und mit

[5] Sie ist sowohl deshalb ungerecht, weil sie ihren Mitgliedern extrem unterschiedliche Freiräume zur Selbstverwirklichung gewährt, als auch, weil sie die Ungleichheit systematisch in fast alle Sozialbeziehungen einschreibt. Zu gegenwärtigen Gerechtigkeitsvorstellungen siehe den konzisen Beitrag von *Axel Honneth*, Gerechtigkeit und kommunikative Freiheit: Überlegungen im Anschluss an Hegel, in: Barbara Merker / Georg Mohr / Michael Quante (Hrsg.), Subjektivität und Anerkennung, Paderborn 2004, 213–227. Siehe auch Eurozine. http://www.eurozine.com/articles/2007-01-17-honneth-de.html.

Macht- und Privilegienerhalt zu tun haben. Was also bedeutet es, Rassebeziehungen als eine Ordnung zu beschreiben?

Eine alte soziologische Debatte beschäftigt sich mit der Frage, ob Rassebeziehungen letztlich Formen von Klassen- und Statusbeziehungen sind. Eine Zeit lang waren sich hier marxistisch denkende Soziologen und dezidiert nicht-marxistische amerikanische Soziologen einig, dass dem so sei. Inzwischen ist man von dieser Position weitestgehend abgerückt; v.a. in den Kulturwissenschaften gelten zwar *race, class and gender* als wichtige Analysekategorien, aber sie werden in der Regel getrennt, ohne gemeinsame theoretische Basis behandelt, so dass sie, etwa über den ursprünglich feministisch geprägten Begriff der *intersectionality* wieder mühsam zueinander geführt werden müssen, wenn man etwa die Situation homosexueller schwarzer Männer oder Frauen der Arbeiterklasse beschreiben möchte. Ein Begriff, der auf eine bestimmte Form des interdependenten Verhältnisses von Menschen oder Menschengruppen eingeht, der aber nicht auf das problematische Distinktionsmerkmal Rasse beschränkt ist, sondern dem Gemeinplatz, dass es sich um eine Konstruktion handelt, Rechnung trägt, vermag hier zu vermitteln. Um zu zeigen, wie dies funktionieren könnte, sei kurz auf eine ältere soziologische Studie verwiesen:

Sie erschien 1965 und schildert das Verhältnis zweier Gruppen in einem Gemeinwesen zueinander. Die Gruppe A besetzt alle wichtigen sozialen und politischen Positionen und schafft es, Mitglieder der Gruppe B davon fernzuhalten. Gruppe A hält sich für solche Positionen auch besser geeignet – sie ist der Ansicht, sie seien Menschen von höherem Wert. Die Angehörigen der Gruppe B gelten ihnen als roh und ungehobelt, ja als faul, schmutzig und unehrlich, ihre Küchen würden nie geputzt, dort wimmle es von Ungeziefer, sie hätten eine Neigung zur Kriminalität – den Kindern der Gruppe A wird verboten, mit den Kindern der anderen zu spielen, und jenseits des absolut Notwendigen vermeiden auch die Erwachsenen jeden Kontakt mit den anderen. Die zweite Gruppe scheint mit einer Art verwirrter Resignation hinzunehmen, dass sie irgendwie minderwertig ist; tatsächlich gibt es unter ihnen Faule, Schmutzige und Kriminelle. Dabei ist für die beobachtenden Soziologen sehr deutlich, wie dieses idealisierende Selbstbild und das diffamierende Fremdbild zustande kommen: Um das gute Selbstbild zu begründen, schaut man auf die besten, beispielhaftesten Mitglieder der eigenen Gemeinschaft und behauptet, diese seien repräsentativ für alle Mitglieder. Für das diffamierende Fremdbild hingegen blickt man auf die jeweils schlechtesten, anomischsten Mitglieder der anderen und erklärt sie für typisch. Diese Pars-pro-toto-Verzerrung erlaubt es der Gruppe A, immer einen Beweis für ihre Zuschreibungen bereit zu haben, sie würden doch stimmen. Es gibt noch einen weiteren Grund, warum diese Stereotypen „stimmen": Viele der Zuschreibungen beziehen sich auf Eigenschaften und Phänomene, die eben Folge des Unterdrückungsverhältnisses waren. So sind die Faulheit und eine gewisse Widerspenstigkeit eine Art des passiven Widerstands, mit denen die Unterdrückten auf die ständigen Diffamierungen reagieren, wobei die Mächtigen die Reaktion sofort wieder als Bestätigung ihrer eigenen Erwartungen interpretieren.

Eine besonders perfide Konsequenz einer solchen Stereotypisierung, eine Art seelische Deformierung, ist, dass sie von den so Stereotypisierten in gewissem Grad angenommen wird. Sie reagieren mit verwirrter Resignation, die Diffamierung „stimmt" ja, und sie empfinden nicht etwa Wut über die anderen, sondern Scham über sich selbst. Aber auch für die Mächtigen bleibt das verzerrte Bild nicht ohne Folgen: Weil sie darin ja ihre eigenen menschlichen Schwächen leugnen, müssen sie besonders rigoros dagegen vorgehen, etwa durch gegenseitige Kontrolle in der eigenen Gemeinschaft sowie durch Selbstkontrolle. So verkennen die Mächtigen nicht nur die anderen, sondern auch sich selbst, sie müssen an sich selbst das leugnen, was sie den anderen zuschreiben, bzw. sie schreiben den anderen zu, was sie an sich nicht sehen möchten.

Viele dieser Mechanismen der Unterdrückung sind umfassend bekannt und werden mit Rassismus, Antisemitismus, Kolonialismus, vielleicht mit Homophobie, aber auch mit Ausländerfeindlichkeit, Apartheid, mit einem Kastenwesen oder auch mit der Feindseligkeit zwischen Klassen, etwa dem Kleinbürgertum und der Unterschicht, assoziiert. Das Besondere an dieser Studie ist nun, dass sich die beiden Gruppen in keinem der üblichen Merkmale unterscheiden: Angehörige beider Gruppen besitzen die gleiche Hautfarbe, die gleiche Physiognomie – überhaupt die gleichen körperlichen Merkmale. Sie unterscheiden sich nicht in Religion, Sprache, Einkommen, Bildungsniveau, nationaler oder ethnischer Herkunft, sie feiern die gleichen Feste, kennen die gleichen Lieder, unterscheiden sich so nicht kulturell im umgangssprachlichen Sinne. Es handelt sich allesamt um die Bewohner einer Kleinstadt im Norden Englands, und der einzige Unterschied zwischen ihnen besteht darin, dass Gruppe A seit Jahrzehnten dort lebt und also auf vielerlei Weise vernetzt ist – sie ist etabliert – die Gruppe B sich jedoch aus Menschen zusammensetzt, die aus den verschiedensten Orten in ein Neubaugebiet am Rande der Stadt zugezogen sind, sich zuvor also gar nicht als Gruppe verstanden haben können: Außenseiter.

Die Studie stammt von den Soziologen Norbert Elias und John Scotson, veröffentlicht 1965 unter dem Titel *Established and Outsiders*.[6] Elias schließt aus seiner Studie der beiden Gruppen, die ein so vertrautes Muster von eigener Idealisierung und Stigmatisierung der anderen zeigen, ohne dass sie sich äußerlich voneinander unterscheiden, dass das, was man „Rassebeziehung" oder ethnische Beziehungen nennt, im Grunde Etablierten-Außenseiter-Beziehungen mit starkem Machtdifferential sind. Der Verweis auf körperliche Unterschiede, aber auch auf Ethnie, Kultur, Sprache oder Religion dient nur als verstärkender Vorwand, um die Dominanzbeziehung zu erhalten und zu rechtfertigen:

[6] *Norbert Elias/John L. Scotson*, The Established and the Outsiders. A Sociological Enquiry into Community Problems, London 1965.

„Es scheint, dass Begriffe wie ‚rassisch‘ oder ‚ethnisch‘, die in diesem Zusammenhang sowohl in der Soziologie als auch in der breiteren Gesellschaft weithin gebraucht werden, Symptome einer ideologischen Abwehr sind. Durch ihre Verwendung lenkt man die Aufmerksamkeit auf Nebenaspekte dieser Figuration (z. B. Unterschiede der Hautfarbe) und zieht sie ab von dem zentralen Aspekt (den Machtunterschieden).“[7]

Tatsächlich kennt man aus der Geschichte zahlreiche Beispiele, in denen sich die angeblich so anderen so wenig von den Etablierten unterschieden, dass letztere ihnen vorschreiben mussten, entsprechende Zeichen an ihre Kleidung zu nähen. Elias nennt hier das Beispiel der japanischen Burakumin. Es liegt also nahe anzunehmen, dass wir nicht etwa Menschen systematisch diffamieren, weil sie anders sind, sondern umgekehrt: Wir nennen sie anders, weil wir sie von Machtpositionen ausschließen. Vorgängig ist das Machtdifferential, der angebliche Unterschied ist *nur* nachträgliche Rechtfertigung. Das Wörtchen „nur“ ist allerdings irreführend: Es handelt sich um eine symbolische Kategorie, die, zusammen mit entsprechenden Handlungen, eine Gruppe kreiert, welche über einen Zeitraum hinweg die Erfahrung der Kategorisierung und Diskriminierung teilt und dadurch tatsächlich zu einer Gruppe wird, d. h. sich auch selber als Gruppe versteht:

„So können wir Rasse als *eine wohl-begründete Fiktion* verstehen. Es ist eine Fiktion, weil sie keine natürliche Grundlage hat, aber sie ist dennoch wohl begründet, weil die meisten Menschen Rasse eine reale Grundlage verleihen und die Welt durch diese Linse aufspalten.“[8]

Dies gilt allerdings nicht nur für Rasse, sondern auch für andere Kategorien der Rechtfertigung. Damit ist das, was Elias eine Etablierten-Außenseiter-Figuration nennt, eben eine besondere Form der Machtordnung. Es handelt sich um ein Gefüge oder eine Figuration von Menschen und Menschengruppen, die in einem wechselseitigen Abhängigkeitsverhältnis zueinander stehen. Die Versuchung ist groß, Gefüge oder Figuration räumlich und damit statisch zu denken. Das wäre aber irreführend: Die Beziehung zwischen Etablierten und Außenseitern entsteht durch ihre Handlungen, die einer bestimmten Logik folgen und damit in bestimmten Mustern erfolgen. Ihre Regelhaftigkeit ermöglicht Vorhersagbarkeit und damit auch Sicherheit, den beobachtenden Wissenschaftlern erlaubt sie eine Modellbildung. Beschreibt man Unterdrückungsverhältnisse als eine solche Ordnung oder Figuration, so kann man nicht bei statischen Unterschieden zwischen Statuspositionen stehen bleiben, sondern muss so scheinbar weiche Faktoren wie Fremdbild und Eigenbild, Diffamierung und Idealisierung, Werte und Ideale

---

[7] *Norbert Elias/John L. Scotson*, Etablierte und Außenseiter, Frankfurt am Main 2002, 27.

[8] Unsere Übersetzung von: „Thus, we can regard race as a well-founded fiction. It is a fiction because it has no natural bearing, but it is nonetheless well founded since most people in society provide race with a real existence and divide the world through this lens.“ *Matthew Desmond/Mustafa Emirbayer*, What is Racial Domination? in: Du Bois Review 6:2, 2009, 335–355, hier 339.

mit einbeziehen und zueinander in Beziehung setzen.[9] Deutlich ist auch, dass die Frage, welche Ordnung welchen Grades und wie viele Ordnungen man betrachten möchte, vom Erkenntnisinteresse abhängt.

Eine so beschriebene Machtordnung mit Elementen, die auf verschiedenste Beispiele anwendbar sind, ist also ein theoretisches Instrument, um Beobachtungen zu interpretieren. Wie Elias an verschiedenen Stellen betont, handelt es sich nicht um ein Modell im naturwissenschaftlichen Sinne: Es geht nicht um die Illustration universaler Gesetzmäßigkeiten.[10] Vielmehr kann man die aus Fallstudien entstehenden, mehr oder weniger standardisierten empirischen Modelle als Muster über andere Ordnungen ähnlicher Art legen und untersuchen, wie und warum sie gleiche oder verschiedene Struktureigentümlichkeiten und Funktionsweisen besitzen. In der deutschen Erstausgabe von *Etablierte und Außenseiter* illustriert Elias dies in einer lange geplanten Ergänzung zu seiner Studie mit dem Titel „Weitere Facetten der Etablierten-Außenseiter Beziehung: Das Maycomb Modell" an einem zweiten, nun fiktionalen Beispiel, Harper Lees Roman *To Kill a Mockingbird* (1960).[11] Wie in vielen anderen Südstaatenromanen auch wird die Handlung weitestgehend aus der Perspektive eines Kindes erzählt, der sechsjährigen Tochter des Rechtsanwaltes Atticus Finch. Durch diesen Blickwinkel behandelt der Roman eine Initiation in die Rasseordnung der USA, und diese quasi soziologische Perspektive wird durch Elias expliziert, indem er zeigt, dass es sich hierbei um eine besondere Art von Etablierten-Außenseiter-Figuration handelt.

Der Roman mit den Einblicken, die er in die Rasseordnung gewährt, ist hier aber noch aus einem anderen Grund relevant, er evoziert nämlich in mehrerlei Hinsicht Momente bedrohter Ordnung. Zum einen erscheint er 1960 zu einem Zeitpunkt, zu dem die Rasseordnung der USA durch die Kampagnen der Bürgerrechtsbewegung unter Druck geraten ist. Zum anderen beschreibt er eine besondere Art bedrohter Ordnung, in der die Bedrohung der Rasseordnung „von oben" durch die angesehensten Mitglieder der Etablierten geschieht. In der literaturwissenschaftlichen Diskussion um die Bewertung der ethischen und politischen Haltung der Hauptfigur des Romans, Atticus Finch, geht dabei leicht verloren, was hier im Vordergrund stehen soll: die Tatsache nämlich, dass Atticus scheitert und sich die Ordnung als erstaunlich widerständig erweist. Dies führt uns zurück zum Anfang des Textes und zu dem dritten hier wichtigen Begriff: Resilienz.

---

[9] *Stephen Mennell*, Norbert Elias. An Introduction, Dublin 1998, 131.

[10] *Elias*, Etablierte und Außenseiter (wie Anm. 7), 288, und *ders.*, Wissenschaft oder Wissenschaften? Beitrag zu einer Diskussion mit wirklichkeitsblinden Philosophen, in: Zeitschrift für Soziologie 14, 1985, 168–281.

[11] *Harper Lee*, To Kill a Mockingbird, Philadelphia / New York 1960.

III. Resilienz

Der Begriff Resilienz hat im Moment in den verschiedenen Feldern der Wissenschaft und der Politik wie auch im dazwischenliegenden Bereich anwendungsbezogener Forschung Hochkonjunktur. Wie nicht anders zu erwarten, ist er entsprechend unscharf: Je nach Kontext sind Beständigkeit, Belastbarkeit, Widerstandsfähigkeit, Elastizität, Anpassungsfähigkeit oder auch Robustheit mögliche Synonyme.[12] Ob in der Entwicklungspsychologie, der Sozialpädagogik, der Soziologie, der Politologie, der Humangeographie, der Entwicklungshilfe oder der Katastrophenforschung – dort, wo es um eine Eigenschaft oder Fähigkeit von Individuen, Gruppen oder Systemen geht, ist es eine, die man denjenigen zuschreibt, die Widrigkeiten besser überstehen als von den Wissenschaftlern erwartet: sie können Schädigungen entweder kompensieren oder sogar abwehren.[13] Im innenpolitischen Bereich der Sicherheitspolitik ist Resilienz zu einem Schlüsselbegriff der Mobilisierung von Bürgern geworden, die angesichts von Bedrohungen unterschiedlichster Art (Terrorakten, Tornados, Industrieunfällen) Eigenverantwortung übernehmen sollen.[14]

Wenn hier dennoch der Versuch gemacht werden soll, den Begriff im Zusammenhang mit bedrohter Ordnung nutzbar zu machen, dann aus zwei Gründen: Erstens liegt er im semantischen Umfeld von Bedrohung, Ordnung oder System, Vulnerabilität, Sicherheit und Risiko, daher ist eine kritische Beschäftigung und auch Abgrenzung eigentlich unvermeidlich. All diese Begriffe sind eingebettet in den Eindruck des Verlustes von Stabilität und die Suche nach Möglichkeiten damit umzugehen. Dies erlaubt, Stürme, Lawinen, Terrorakte, Armut oder weitflächige Stromausfälle gleichermaßen und z. T. gemeinsam zu diskutieren.[15] Zweitens aber, so soll hier kurz gezeigt werden, kann die kritische Beschäftigung mit Resilienz zur Stärkung eines Bedeutungsaspektes führen, der für uns sehr

---

[12] Kritisch dazu *Hans-Joachim Bürkner*, Vulnerabilität und Resilienz – Forschungsstand und sozialwissenschaftliche Untersuchungsperspektiven, in: Working Paper, Erkner, Leibniz-Institut für Regionalentwicklung und Strukturplanung, 2010 (http://www.irs-net.de/download/wp_vr.pdf), und *Wolf R. Dombrowsky*, Resilience from a Sociological Viewpoint, in: Hans-Helmuth Gander u. a. (Hrsg.), Resilienz in der offenen Gesellschaft. Symposium des Centre for Security and Society, Baden-Baden 2012, 281–289.

[13] Vgl.: „One suggestion is to consider ‚positive adaptation' as that outcome which is substantially better than what would be expected given exposure to the risk circumstance being studied." *Suniya S. Luthar/Laurel Bidwell Zelazo*, Research on Resilience: An Integrative Review, in: Suniya S. Luthar (Hrsg.), Resilience and Vulnerability. Adaptation in the Context of Childhood Adversities, Cambridge 2003, 510–550, hier 515. Vgl. auch *Bürkner*, Vulnerabilität (wie Anm. 12), in der Zusammenfassung des kleinsten gemeinsamen Nenners verschiedenster Ansätze.

[14] Siehe dazu etwa die Kampagne „If you see something say something" des *US Department for Homeland Security*: http://www.dhs.gov/if-you-see-something-say-something-campaign.

[15] Dazu kritisch: „Die Allgegenwart der latenten oder potentiellen Gefährdung, die gleichsam im Verborgenen lauert, um durch Unachtsamkeit, widrige Umstände, Steuerungsdefizite usw. in reale Gefahr und Schädigung überführt zu werden, ist zentrale essentialistische Denkfigur und politische Relevanzbehauptung in einem." (*Bürkner*, Vulnerabilität [wie Anm. 12], 28).

fruchtbar ist: die Fähigkeit einer Ordnung, die Formen oder Manifestationen sozialer Beziehungen so zu verändern, dass die unterliegenden Machtbeziehungen erhalten bleiben – etwa wenn physische Gewalt anders ausgeübt wird. Hier soll der Begriff daher kurz diskutiert werden, und zwar in Hinblick auf das oben skizzierte Modell einer Machtordnung.

In den verschiedenen Feldern, in denen der Begriff Resilienz verwendet wird, ist der Weg zur Anwendung der Erkenntnisse über sie nie weit: von der Entwicklungspsychologie zur Sozialpädagogik in Schulen und anderen Erziehungseinrichtungen wie auch zur Jugend-, Familien- und Sozialhilfe, von der Humangeographie und Ökosystemforschung zur Stadtplanung, Entwicklungshilfe oder in die Umweltpolitik, von der Katastrophenforschung zum Katastrophenmanagement, von der Politologie zu Maßnahmen zur inneren Sicherheit. Umso wichtiger ist es, sich das Problem der Wertung vor Augen zu führen. Resilienz ist ein normativer Begriff: Er beruht auf der Bewertung von Widrigkeiten und Bedrohungen als negativ und auf folgende Reaktionen und Handlungen als positiv, und zwar im Vergleich zu weniger wünschenswerten Reaktionen.[16] Eine solche Bewertung im Sinne von Widerstandsfähigkeit mag auf den ersten Blick in der Entwicklungspsychologie und Psychatrie noch einleuchten: Wenn Menschen nach Folter und Misshandlung oder dem wiederholten Verlust von nahestehenden Menschen weiterhin autonom leben und sich gar weiter entwickeln und verschiedene menschliche Beziehungen eingehen können, dann mag man dies für gut befinden – jedenfalls für besser, als wenn sie sich hilflos mit Verhaltensauffälligkeiten selbst isolieren und keinerlei Erwartungen an die Zukunft haben.

Dennoch lässt sich sogar hier differenzierter argumentieren, etwa wenn Nancy Scheper-Hughes in ihrer Beobachtung von Müttern und ihren Reaktionen auf den Tod ihrer Kinder darauf hinweist, dass relative Stärke und Unverletzbarkeit möglicherweise auf Kosten von innigen Beziehungen, Sorge und vielleicht sogar Liebe gehen. Wer liebt, macht sich verletzbar, wer nicht liebt, ist gegenüber dem Verlust eines Menschen relativ geschützt – was man hier bevorzugt, ist philosophisch eingebettet in Ideen eines guten und richtigen Lebens.[17] Das Problem

---

[16] Vgl.: „Since resilience is based on judgments about threats, disturbances, or adversities, as well as outcomes, it is a normative concept." *Brigit Obrist/Constanze Pfeiffer/Robert Henley*, Multi-layered Social Resilience. A New Approach in Mitigation Reserarch, in: Urs Wiesmann/Hans Hurni (Hrsg.), Research for Sustainable Development. Foundations, Experiences, and Perspectives, (Perspectives of the Swiss National Centre of Competence in Research, North-South, University of Bern, Vol. 6), Bern 2011, 273–288, hier 278. First published in: Progress in Development Studies 10, 2010, 283–293.

Ein Beispiel: „Resilience refers to the positive ways in which people respond to adversity and stressful life events." *Christopher Sonn/Adrian Fisher*, Sense of Community. Community resilient responses to oppression and change, in: Journal of Community Psychology, 26.5, 1998, 457–472, hier 457.

[17] *Nancy Scheper-Hughes* unterscheidet zwischen der Stoischen und der Aristotelischen Idee eines guten Lebens in: A Talent for Life. Reflections on Human Vulnerability and Resilience, in: Ethnos. Journal of Anthropology 73:1, 2008, 25–56, hier 43.

liegt hier nicht nur in der Wertung – eine stoische Haltung oder auch realistische Erwartungen sind „gut", nämlich letztlich psychisch gesünder, für Menschen in extremer Armut, aber würden wir sie auch uns selber empfehlen? – sondern auch im eingeschränkten Blick:

„Die Resilienzforschung ist ressourcen- und nicht defizitorientiert ausgerichtet [...]. Es geht dabei nicht darum, die Schwierigkeiten und Probleme zu ignorieren, sondern die Kompetenzen und Ressourcen eines Kindes zu nutzen, damit es besser mit Risikosituationen umzugehen lernt."[18]

Hier werden offenkundig Forschung und Anwendung vertauscht und vermischt: Die *Anwendung* mag ressourcen- und nicht defizitorientiert sein; wenn man Schwierigkeiten nicht ignorieren will, muss die *Forschung* diese jedoch auch in den Blick nehmen. Andernfalls setzt sie sich dem Verdacht aus, die Möglichkeit, dass Resilienz einen Preis hat, einfach nicht sehen zu wollen.

Politisch verdächtig wird dies besonders dort, wo es um Gruppen und komplexe soziale Zusammenhänge – etwa bei Armut – geht: Aus wessen Sicht ist die Widerstandsfähigkeit wogegen positiv und warum? So warnt eine führende Expertin der Familientherapie, Resilienz, verstanden als individuelle Eigenschaft, könne letztlich dazu dienen, den Rückzug des Staates aus Wohlfahrt und Sozialhilfe zu rechtfertigen.[19] Während dies die Vorstellung des Missbrauchs von Konzepten der Wissenschaft durch die Politik suggeriert, verweisen etwa Bürkner und Dombrowsky auf die Notwendigkeit einer kritischen Reflexion der Wissenschaftler selber über die Funktion von Resilienzdebatten im jeweiligen Kontext: Ausgehend von der Beobachtung, dass die ärmsten Bevölkerungsgruppen durch Katastrophen wie etwa den *Hurricane Katrina* am nachhaltigsten geschädigt werden – was bedeutet es, in dieser Situation den Blick auf die Selbstorganisationsfähigkeit und die Selbsthilfeaktivitäten dieser Menschen zu fokussieren? Dass Menschen ohne materielle Ressourcen letztlich auf sich selbst und gegenseitige Hilfe angewiesen sind, überrascht ja nicht wirklich. Kann diese Form des sozialen Kapitals in andere Kapitalformen umgewandelt werden, wenn es die Anerkennung von Wissenschaftlern findet? Und was bedeutet es, wenn, ausgehend von der Beobachtung, dass Menschen, die einen Statusverlust befürchten, zur verstärkten Stigmatisierung von Außenseitern neigen, die Fähigkeit von Afroamerikanern, sich individuell gegen rassistische Bemerkungen zu wappnen, untersucht wird? Wiederum überraschen die Befunde, jedenfalls aus kulturwissenschaftlicher Perspektive, eigentlich nicht: Es handelt sich auch

---

[18] *Klaus Fröhlich-Gildhoff/Maike Rönnau-Böse*, Resilienz, München 2009, 12.

[19] „We must be cautious that the concept of resilience is not used in public policy to withhold social supports or maintain inequities, based on the rationale that success or failure is determined by strengths or deficits within individuals and their families." *Froma Walsh*, Strengthening Family Resilience, 2. Aufl. New York 2006, 13. Auf die Nähe des Konzeptes zu neoliberalen Ideen verweisen *Jeremy Walker/Melinda Cooper*, Genealogies of resilience. From systems ecology to the political economy of crisis adaptation, in: Security Dialogue 42:2, 2011, 143–160.

hier um gewissermaßen „weiche" kulturelle Ressourcen, die aufgedeckt werden: Skripte, also Formen kollektiver Erinnerung, ein positives, auch idealisierendes Selbstbild mit komplementärem Fremdbild, Mythen und Symbole wie der *American Dream* oder *Self-Reliance*. Zu konstatieren ist, dass die Begriffe Resilienz und Vulnerabilität den Fokus von tatsächlichen Schädigungen der Menschen in den Bereich des Möglichen verschieben – die Begriffe etablieren quasi eine Zwischenebene zwischen Aspekten der Armut oder des Rassismus und ihren Folgen.[20]

Nun ist dieses „Latenzproblem" (Bürkner) epistemologisch wie auch politisch problematisch besonders dort, wo es um anwendungsbezogene, auf die Zukunft gerichtete Erkenntnisse geht. In soziologisch-historischen Analysen hingegen erlaubt diese Zwischenebene den Blick auf all jene Mechanismen zurück zu richten, die trotz aller Veränderungen bestimmte soziale Beziehungen invariant (in Bourdieus Worten) halten und damit quasi der Geschichte entreißen. In dieser Perspektive untersucht jemand, der wissen will, was eine Assoziation von Menschen auf Dauer zusammenhält, nicht die ruhigen, relativ stabilen Phasen ihrer Existenz, sondern solche, in denen sich Veränderungen andeuten und der Zusammenhalt eine Herausforderung erhält. Zeitlich betrachtet handelt es sich um turbulente Kippmomente, in denen eine erwartete Veränderung – nicht: Schädigung – (noch) nicht eingetreten ist. In dieser Phase ist es sinnvoll, von bedrohter Ordnung zu sprechen, und zwar aufgrund ihrer möglichen Resilienz. Gäbe es sie nicht und wäre klar, dass alle Befürchtungen auch eintreten würden, dann wäre die Ordnung nicht bedroht, sondern bereits am Ende. Nicht nur die Kippmomente, sondern auch die Idee der Resilienz etwa einer Machtordnung unterlaufen die Dichotomie von Stabilität und Wandel: Wie auch in der Ökosystemforschung kann eine bestimmte Konfiguration von Beziehungen offenbar in mehreren Manifestationen auftreten, die auf den ersten Blick verschieden aussehen:[21] Sie könnten sich etwa in der Sichtbarkeit physischer Gewalt zur Aufrechterhaltung der Ordnung unterscheiden, oder in dem Verhältnis der Anzahl von Männern und Frauen in bestimmten Institutionen. Bei genauerem Hinsehen jedoch mag sich zeigen, dass die verdeckte Anwendung von Gewalt genauso effizient ist und der Wandel auch gar nicht auf ein verändertes Gerechtigkeitsempfinden der Herrschenden zurückgeht, oder dass die Aufgabenverteilung innerhalb der Institution alte Herrschaftsverhältnisse, z. B. zwischen den Geschlechtern oder auch Hautfarben, fortschreibt.

Resilienz im Zusammenhang mit bedrohter Ordnung und der Untersuchung sozialen Wandels ist wichtig, weil auch durch diesen Begriff markiert werden kann, dass es nicht um die alte Frage geht, was eine Gesellschaft stabil zusam-

[20] *Bürkner*, Vulnerabilität (wie Anm. 12), 29.

[21] *Crawford S. Holling*, Resilience and stability of ecological systems, in: Annual Review of Ecology and Systematics 4, 1973, 1–23.

menhält – was also eine „gute Ordnung“ ist. Die Frage, welcher Zustand der Ordnung denn nun besser sei und ob es nicht doch einen Fortschritt gegeben habe, ist deplaziert – jedenfalls für die Analyse ihrer Resilienz. Hingegen sind folgende Fragen, die eine offene Perspektivierung enthalten, wichtig: Wie und warum verteidigen die Mitglieder einer dominanten Gruppe ihre Vormachtstellung gegenüber anderen? Inwiefern sind ihre Strategien abhängig von ihrer jeweils eigenen Statusposition innerhalb der Herrschenden? Wie wird dieses Handeln gerechtfertigt? Welche Strategien erhalten erfolgreich die Machtordnung und welche tun es – vielleicht wider Erwarten – nicht? Inwieweit tragen auch die Unterdrückten, vielleicht ungewollt, zum Erhalt der Ordnung bei? Die Fragen bedürfen einer genauen Beschreibung der Ordnung in Hinblick auf mindestens zwei Gruppen sowie ihrer internen Differenzierung, und sie bedürfen der Beobachtung über einen gewissen Zeitraum hinweg, um die Wirksamkeit der Strategien beider Seiten beurteilen zu können. Es mag verwundern, hier nun ein fiktionales Beispiel als Material einer solchen Analyse anzubieten; was der Roman *To Kill a Mockingbird* leistet, ist u. a., dass er uns einen Einblick in gleich zwei Momente bedrohter Ordnung gewährt: die Bedrohung der Rasseordnung in der erzählten Zeit der 30er Jahre und zur Zeit seiner Veröffentlichung Anfang der 60er Jahre des 20. Jahrhunderts.

IV. To Kill a Mockingbird

Der Roman spielt Anfang der 1930er Jahre in Maycomb, einer fiktionalen Kleinstadt in Alabama. Erzählt wird die Geschichte eines angesehenen weißen Rechtsanwaltes, Atticus Finch, der sich bereit erklärt, einen schwarzen Mann, Tom Robinson, vor Gericht zu verteidigen. Robinson wird beschuldigt, eine weiße Frau, Mayella Ewell, vergewaltigt zu haben. Allein dieser Verdacht bedeutet für einen schwarzen Mann gewöhnlich, dass er nicht mehr lange zu leben hat: „Tom was a dead man the minute Mayella opened her mouth and screamed.“[22] Es gibt nun gute Gründe anzunehmen, dass die Anklage fingiert ist, ja dass Mayella selber Tom Avancen gemacht hat, und da Robinson gut verteidigt werden würde, ist die Ordnung in Gefahr. Der Roman zeigt nun „die normale soziale Strategie“ der Etablierten zum Erhalt der Ordnung. Eine Gruppe weißer Männer greift zu Waffen und versucht, Robinson aus dem Gefängnis zu entführen und zu töten. Aber Atticus ist darauf vorbereitet, der Versuch schlägt fehl. So kommt es zum Prozess, in dem Atticus zeigt, dass Robinson die Tat nicht begangen haben kann. Drei Stunden berät die rein weiße und männliche Jury, dann entscheidet sie allen Indizien zum Trotz: schuldig. Robinson kommt an einem anderen Ort ins

[22] *Harper Lee*, To Kill a Mockingbird, 40th Anniversary Edition, New York 1999, 276.

Gefängnis, Atticus kündigt an, Berufung einzulegen, kurz darauf erfährt man, dass Robinson bei einem Fluchtversuch erschossen worden sei.

Elias zeigt in seiner Explizierung der soziologischen Perspektive des Romans, auf die hier aufgebaut wird, zunächst die Parallelen zu Winston Parva auf. Tatsächlich kennzeichnet beide Städte eben die charakteristische Etablierten-Außenseiter-Beziehung: In beiden Fällen hat man eine größere Etabliertengruppe, aus der wiederum eine kleinere Führungsschicht hervorgegangen ist. Atticus Finch gehört zu einer dieser angesehenen Familien, die seit Generationen in Maycomb ansässig ist – Reichtum spielt für die interne weiße Ordnung eine bemerkenswert geringe Rolle. In der Etabliertengruppe rangieren die Ewells ganz unten, aber als Weiße stehen sie immer noch höher als die Robinsons, die zur obersten Schicht der Afroamerikaner gehören.

Es ist noch einmal wichtig zu betonen, dass es hier um ein Modell einer Machtordnung geht: In den Augen der Stadtbewohner leben die schwarzen Robinsons und die weißen Ewells in getrennten Welten – es ist der soziologische Blick, der beide zueinander in Beziehung setzen und somit bestimmte Verhaltensmuster erklären kann. Es gibt offenkundig höherrangige Ordnungen und niederrangige, und je nachdem, auf welche Ebene man schaut, sieht man eine oder mehrere Ordnungen. Für manche Fragestellungen mag es sinnvoll sein, zwei Gruppen innerhalb einer Ordnung zu sehen, für andere wiederum liegt es nahe, den Blick auf die Ordnung innerhalb der Weißen zu fokussieren, etwa wenn es um die Bereitschaft geht, die Rasseordnung in Frage zu stellen.

Dies ist seit den 60er Jahren des vergangenen Jahrhunderts bis heute ein Thema, das kaum wertfrei diskutiert werden kann: Der erfolgreiche Widerstand gegenüber eigener Unterdrückung und der Kampf um mehr Gerechtigkeit gehören zweifellos zu den Erfahrungen, deren Tradierung eine unterdrückte Gruppe in ihrem Selbstwertgefühl und ihrem Zusammenhalt stärken kann – es stärkt Resilienz gegenüber den Zumutungen des Rassismus. Wer also nach den Quellen des Widerstands gegen die Ordnung unter den Herrschenden sucht, setzt sich leicht dem Vorwurf aus, die Unterdrückten einmal mehr zu übergehen und ihnen die Handlungsfähigkeit abzusprechen. Dies ist dann auch eine Kritik am Roman und hier schließt sich die Feststellung an, dass der männliche weiße Protagonist Atticus Finch noch nicht einmal besondern radikal ist, sondern die gemäßigten Hoffnungen des sog. *liberal consensus* der 50er Jahre widerspiegelt: „Here is where the criticism of Finch begins, because the hearts-and-minds approach is about accommodation, not reform."[23]

Eine Kritik, die die politische Position des Protagonisten wie auch der Verfasserin des Romans moralisch feiert oder kritisiert, übersieht aber leicht die

---

[23] *Malcolm Gladwell*, The Courthouse Ring. Atticus Finch and the Limits of Southern Liberalism, in: Michael J. Meyer (Hrsg.), Harper Lee's To Kill a Mockingbird. New Essays, Lanham 2010, 57–65, hier 59. Vgl. auch *Joseph Crespino*, The Strange Career of Atticus Finch, in: Southern Cultures 6:2, 2000, 9–29.

ganz andere politische Brisanz der soziologischen Analyse eines faszinierenden Phänomens: das Scheitern einer Elite in ihrem Versuch, eine herrschende Machtordnung zu verändern und ein Unrecht zu verhindern. Denn am Ende wird Tom doch erschossen – die 17 Kugeln, die ihn durchlöchern, stehen für einen Exzess der Gewalt, der zeigt, dass der Lynchmob am Ende doch sein Ziel erreicht hat, wenn auch in anderer Form: Eine, die es erlaubt über die Kontinuität der Gewalt, vom Lynching zum Tod im Gefängnis, hinwegzusehen. Das genau ist es auch, was die Bewohner Maycombs und zum Teil auch die Kritiker des Romans tun. Dabei ist das Scheitern bemerkenswert, weil es eben nicht um die Niederschlagung eines Aufstandes „von unten" geht und, wichtiger noch, auch nicht allein um das Scheitern eines noblen Individuums; vielmehr führt das moralische, vielleicht auch das schlechte Gewissen eine ganze Reihe respektabler Stadtbewohner dazu, sich mehr oder weniger offen mit Finch zu solidarisieren: Wie Miss Maudie herausstellt, hat er die Unterstützung der „people with background" (*Mockingbird*, 271); dazu gehören Mr. Underwood, der Herausgeber der Stadtzeitung, Mr. Dolphus Raymond, einer der reichsten Landbesitzer der Stadt, der Sheriff Heck Tate, Miss Maudie selber wie auch Aunt Alexandra und nicht zuletzt Judge Taylor, der Finch ernannt und damit zu erkennen gegeben hat, dass Tom gut verteidigt werden soll. Die Bereitschaft, die Rasseordnung in Frage zu stellen ist, zumindest in Maycomb, bei denen am höchsten, die zu der eng vernetzten Elite der Stadt gehören und überdies eine ziemlich stabile Selbstachtung besitzen. Sie erlaubt ihnen, sich vom Urteil der anderen relativ unabhängig zu machen. Dies gilt vorrangig natürlich für Atticus selbst, aber ein ebenso eindrückliches Beispiel in der oben genannten Gruppe ist Raymond, der offen mit einer schwarzen Frau zusammenlebt und mit ihr eine Familie hat. Er gibt vor, Alkoholiker zu sein, um es seinen Mitbürgern einfacher zu machen, mit ihm zurechtzukommen – er kann es sich leisten, sich in mehrfacher Hinsicht zum Außenseiter innerhalb der Etablierten zu machen. Am anderen Ende der Skala befindet sich Aunt Alexandra, die als Frau nicht nur geringere Handlungsmöglichkeiten hat, sondern die sich auch in der Pflicht sieht, den Ruf und den Status der Familie ihres Bruders zu schützen und zu verteidigen – dies zwängt sie wortwörtlich und auch metaphorisch in ein Korsett mit wenig Handlungsspielraum (*Mockingbird*, 271).

Umgekehrt neigen diejenigen, die sich ihres Selbstwertes am unsichersten sind, „zur schärfsten Feindseligkeit in der Stigmatisierung von Außenseitergruppen und zur größten Unerbittlichkeit im Kampf um den Status quo und gegen eine Senkung oder gar Abschaffung der Schranken zwischen Etablierten und Außenseitern."[24] Anders formuliert: Die Ewells am unteren Ende der sozialen Ordnung der Weißen haben durch eine Aufwertung der Schwarzen und damit eine Veränderung der Rasseordnung am meisten zu verlieren – sie fühlen sich, zu Recht, von einer solchen Veränderung bedroht, und sie greifen zu drastischen

[24] *Elias*, Etablierte und Außenseiter (wie Anm. 7), 307.

Mitteln, nämlich zu physischer Gewalt, um die Machtordnung aufrechtzuerhalten.[25] So klarsichtig die Erzählung in dieser Hinsicht ist, so blind ist sie allerdings auch gegen sich selbst: In der stereotypen Darstellung der Ewells als *white trash* tauscht der Roman gewissermaßen eine anomische Gruppe gegen eine andere aus. Dennoch: es ist nicht Bob Ewell, an dem die Führungsschicht der Stadt in ihrem Versuch, einem schwarzen Mann Gerechtigkeit widerfahren zu lassen, scheitert. Sie scheitert, und auch hierin zeigt sich die soziologische Hellsichtigkeit des Romans, an Beschränkungen der Elite, verbunden mit vielschichtigem Widerstand in verschiedensten Bereichen gesellschaftlichen Handelns.

Hier ist signifikant, dass an ganz entscheidenden Stellen des Romans die Handelnden als Institutionen oder quasi-anonyme Gruppen gezeigt werden: der Lynchmob, die Jury, das Gefängnis und die Damen des *missionary circle.* Letzterer zeigt in fast satirisch anmutender Manier die Rolle der Frauen für die Aufrechterhaltung sowohl der Rasse- als auch der Geschlechterordnung. Die Verknüpfung der beiden Ordnungen ist komplex und kann hier nur kurz angerissen werden:[26] Als Herrinnen über schwarze Köchinnen, Kindermädchen und andere Hausangestellte haben auch sie einiges zu verlieren, wenn sich die Rasseordnung verändert. Mindestens genauso wichtig jedoch ist der mögliche Verlust der symbolischen Überhöhung der weißen Frau, die als besonders tugendhaft gilt und keinesfalls sexuelle Bedürfnisse hat – geschweige denn zeigt. Die Sozialisierung in die Geschlechterrolle ist Einschränkung und Zumutung, das wird am Beispiel der Erzählerin deutlich, aber sie schafft auch begrenzte Macht – etwa wenn Mrs. Merriweather ihren Mann deshalb dominieren darf (er ist „under duress“ heißt es), weil die Stadtgesellschaft der Ansicht ist, sie als fromme Frau halte ihn auf dem rechten Weg. Daher übertreiben sie die Bedrohung der Ordnung („there is no lady safe in her bed these nights“, *Mockingbird*, 266) und weisen in ihrem Rahmen selbst die geringsten Anzeichen von Aufmüpfigkeit zurück. Schließlich unterstützt der missionarisch aktive Zirkel die Rasseord-

[25] Bestätigt werden diese Annahmen in sozialpsychologischen Studien: So führt offenbar das Gefühl der Bedrohung der Gruppenidentität zu verstärkten Vorurteilen gegenüber anderen, um das eigene Selbstwertgefühl zu stärken, und Menschen vergleichen und grenzen sich nach unten gegenüber Außenseitern ab, um den Status und das Selbstbild ihrer eigenen Gruppe zu stärken und zu verbessern. *Nyla Branscombe/Daniel Wann*, Collective self-esteem consequences of outgroup derogation when a valued social identity is on trial, in: European Journal of Social Psychology 24, 1994, 641–657. Vergleiche auch *H. Traifel/J. C. Turner*, The Social Identity Theory of Intergroup Behaviours, Chicago 1986.

[26] In seiner breit angelegten Studie fragte Gunnar Myrdal in den 1940er Jahren weiße Südstaatler, was sie glaubten, was Afroamerikaner wohl mit ihrer Insistenz auf Bürgerrechte erreichen wollten. An erster Stelle stand die Antwort „intermarriage and sex intercourse with whites.“ *Gunnar Myrdal*, An American Dilemma. The Negro Problem and Modern Democracy, New York 1947, 58. Zur spezifischen Bedrohung der Geschlechterordnung durch den Roman siehe *Gary Richards*, Harper Lee and the Destabilization of Heterosexuality, in: Harold Bloom (Hrsg.), Harper Lee's To Kill a Mockinbird, (Bloom's Modern Critical Interpretations), New York 2007, 149–188.

nung eben auch anderswo, nämlich unter dem Deckmantel der Sorge um das spirituelle Wohlergehen der in Armut lebenden nicht-christlichen Afrikaner. Mit der in ähnlich ärmlichen Verhältnissen lebenden Mayella, die von ihrem Vater möglicherweise auch sexuell misshandelt wurde, wollen sie nichts zu tun haben. Scheinheiligkeit ist denn auch ein Vorwurf, den sowohl die Erzählerin als auch die Autorin den Damen machen, aber an der entsprechenden Stelle, an der die Erzählerin darüber nachdenkt, warum sie sich eigentlich in Gegenwart von Männern wohler fühlt (*Mockingbird*, 268), kommt noch eine andere Eigenschaft zum Vorschein, nämlich das Indirekte der Handlungen und Ausdrucksformen der Frauen. Ohne öffentliche Ämter und von der Mitgliedschaft in der Jury ausgeschlossen, wirken sie quasi im Hintergrund, dort aber umso effizienter. Über Klatsch und Tratsch tragen sie entscheidend dazu bei, nach der Gerichtsverhandlung und dann nach dem Tode Robinsons jedweden Aufruhr („all they did was to stir them up“ wird an einer Stelle gesagt, *Mockingbird*, 266) zu unterdrücken, zum Tagesgeschäft überzugehen, als wäre nichts geschehen, und gleichzeitig auch Atticus mitzuteilen, dass er zu weit gegangen sei und möglicherweise dafür büßen müsse.

Die weißen Kirchen, die Verflechtung mit der Geschlechterordnung und vor allem Klatsch und Tratsch tragen also zur Aufrechterhaltung und zur Widerstandsfähigkeit der Rasseordnung bei. Der wichtigste gesellschaftliche Bereich, dessen Bezug zur Rasseordnung beleuchtet wird, ist aber der der (Selbst-)Justiz: Es ist ein kleiner Erfolg der Elite, dass es überhaupt zu einem Prozess kommt – hier unterstützt Underwood Atticus mit Waffengewalt, die er aber nicht einsetzen muss. Wie kommt es, dass Atticus den Prozess verliert und Robinson dennoch getötet werden kann? Die Frage ist umso bedeutsamer, als der Roman quasi im Zeitraffer eine Entwicklung nachvollzieht, die etwa der Historiker Manfred Berg beschrieben hat, nämlich den Rückgang der offenen Gewalt des Lynchmordes hin zu verdeckteren Formen der Gewalt in der Todesstrafe. Einen Übergang bilden die 20er und 30er Jahre des 20. Jahrhunderts, in denen Vertreter des Gesetzes das Gewaltmonopol des Staates nachdrücklicher durchsetzen und Lynchmorde zunehmend verhindert werden. Quasi abgelöst werden sie zunächst durch kurze Schauprozesse und öffentliche Exekutionen, die zum Teil Aspekte des Lynchmordes weiterführen (etwa die Verstümmelung des Opfers).[27] Die Tatsache, dass über einen Zeitraum von etwa 50 Jahren nun die Anzahl der Lynchmorde ziemlich exakt proportional zum Anstieg von legalen Exekutionen sank, und zwar sowohl auf gesamt- als auch auf einzelstaatlicher Ebene, kombiniert mit Übergangsphänomenen, bilden die Grundpfeiler für die Plausibilität der These, dass die Todesstrafe in den USA im Grunde die Fortsetzung des Lynchmordes mit legalen Mitteln bildet. Insofern, als hier vornehmlich dieselbe

[27] *Manfred Berg*, Popular Justice. A History of Lynching in America, Chicago 2011, insbesondere Kapitel 7 und 8.

demographische Gruppe in derselben Lokalität, nämlich junge schwarze Männer in den Südstaaten, betroffen ist, trägt die Gerichtsbarkeit letztlich zur Aufrechterhaltung einer Ordnung bei, obwohl sich doch scheinbar so vieles geändert hat.

Eine konzeptuelle Frage, die hier aufscheint, ist die nach der Bezeichnung der Gerichtsbarkeit, oder auch des religiösen Systems, und ihrem Verhältnis zu Machtordnungen wie der Rasse- oder auch der Geschlechterordnung. Ganz offenkundig spielen diese Bereiche für die Resilienz der Machtordnungen eine Rolle, und zwar nicht nur als Austragungsort eines Machtkampfes, sondern eher als spezifische Spielregeln der Austragung, die aber selber wiederum als Manifestation der Ordnung gesehen werden können. Die Ordnung reicht in diese Bereiche hinein, obwohl (oder vielleicht gerade weil) sie im Selbstverständnis der professionell Beteiligten dort eigentlich nichts zu suchen hat: Justitia, so sagt man, sei blind.

Pierre Bourdieu hat für gesellschaftliche Bereiche wie die Gerichtsbarkeit, das Bildungswesen, die Wissenschaft oder den Sport den Begriff des (Spiel-)Feldes verwendet. Zusammen mit Konzepten verschiedener Kapitalsorten und dem Habitus kann er damit die Eigengesetzlichkeiten und die relative Autonomie der Felder beschreiben. Hier allerdings, wo es um die erstaunliche Resilienz der Rasseordnung geht, liegt der Fokus eher darauf, wie diese Ordnung in verschiedene Felder hineinragt: Sie strukturiert nicht allgemein „die Gesellschaft“ oder wird umgekehrt durch „die Gesellschaft“ erhalten, sondern obwohl es verschiedene Bereiche mit jeweils eigener Logik und eigenen Gesetzmäßigkeiten gibt und obwohl sie unterschiedlich stark durch die Machtordnung geprägt sind, weisen sie doch alle ihre Spuren auf und tragen ihrerseits wiederum zu ihrer Aufrechterhaltung bei.

Das juristische Feld ist für eine Machtordnung wie die unsrige deshalb von spezieller Bedeutung, weil die Rasseordnung im Selbstverständnis eines modernen demokratischen Rechtsstaates eigentlich dort keine Rolle spielen sollte. In Winston Parva, so Elias, war dies auch der Fall: Die Etablierten-Außenseiter Figuration ragte dort nicht in die Gerichtsbarkeit hinein, und beide Gruppen unterlagen gleichermaßen der staatlichen Kontrolle, was den Gebrauch physischer Gewalt angeht. So schafft der Staat im Rechtssystem einen unparteiischen Raum, in dem die Bürger zumindest symbolisch gleichgestellt sind. In Maycomb hingegen ist, wie in den USA insgesamt, das Gewaltmonopol des Staates sehr viel schwächer ausgeprägt, denn die Etablierten haben Zugang zu Schusswaffen.[28] Der Roman macht überdeutlich, dass das Rechtssystem keine symbolische

[28] Siehe hierzu die These von Pieter Spierenburg, dass die Demokratie in den USA „zu früh“ kam: Während die Entwaffnung weiter Teile der Bevölkerung in Europa zumeist unter nicht-demokratischen Bedingungen vorgenommen wird, bevor das Gewaltmonopol dann demokratisch verwaltet wird, bemühen sich die USA, eine Entwaffnung unter demokratischen Bedingungen vorzunehmen – es sollte kaum überraschen, dass dies schwierig ist. *Pieter Spierenburg*, Demo-

Gleichheit bietet, ja dass es sogar maßgeblich zur Aufrechterhaltung der Rasseordnung beiträgt.

Dies kann mit der Logik des Spielfeldes erklärt werden, und hier bieten sich verschiedene Thesen an: Zunächst behandelt der Roman die Vermutung, dass es die rein weiße Jury ist, die ihre Vorurteile unzulässigerweise ins Spiel bringt, weil sie das Spiel als Laien eben nur unzureichend versteht und nicht professionell handelt.[29] Aber diese scheinbar einfache Antwort wird dann explizit zurückgewiesen (*Mockingbird*, 252–255): Zwar ist die Jury nicht repräsentativ, da hier weder Frauen noch Minderheiten und schon gar keine Afroamerikaner zugelassen sind – das Rechtssystem ist sichtbar durch die Rasse- und Geschlechterordnung geprägt, wie auch der Gerichtssaal selbst segregiert ist. Die Jury ist aber auch insofern sozial einseitig aufgebaut, als dass die Stadtbevölkerung sich vom Jurydienst weitgehend fernhält: In der kleinen, eng vernetzten Stadt befürchten sie ihre Mitbürger vor den Kopf zu stoßen und Kunden, Freunde oder Bekannte zu verlieren – sie stellen ihre eigenen, auch ökonomischen Interessen über das Interesse an Gerechtigkeit. So ist die Elite, die bereit ist, ein wenig ihrer Macht aufzugeben, zwar im Gerichtssaal an prominenten Stellen vertreten, nicht aber in der Jury, und dieser Umstand ist nicht leicht politisch zu beheben. Leichter ist es, den offenkundigen Mangel an Repräsentativität in Hinblick auf Frauen und Minderheiten zu erkennen. Allerdings erst 1986 entscheidet der Oberste Gerichtshof, dass es nicht verfassungsgemäß ist, eine identifizierbare Menschengruppe systematisch von der Jury auszuschließen; bis dahin waren Schwarze häufig von rein weißen Juries verurteilt bzw. Weiße vom Mord an Schwarzen von rein weißen Juries freigesprochen worden.

Und dennoch verkennt dies immer noch die Logik des Spielfeldes: Auch Richter können zum Tode verurteilen, und gerade in den Südstaaten sind die Richter, die ja letztlich über das Strafmaß zu entscheiden haben, oft diejenigen, die sich auch gegen die Empfehlung der Jury für die Todesstrafe aussprechen.[30] Auch Richter sind nicht frei von Vorurteilen bzw. werden möglicherweise in Institutionen ausgebildet, die ebenfalls zur Aufrechterhaltung der Rasseordnung beigetragen haben. Anders aber als die Mitglieder der Jury, die als Laien durchaus kritisiert werden können, steht und fällt das Spiel im juristischen Feld mit der Annahme der Überparteilichkeit der Richter. Daher gibt es eher wenige wirklich nachdrückliche Forderungen aus dem juristischen Feld nach einer proportionalen Repräsentation schwarzer Richter im Rechtssystem der USA – dies

---

cracy Came Too Early. A Tentative Explanation for the Problem of American Homicide, in: The American Historical Review 111:1, 2006, 104–114.

[29] „The one place where a man ought to get a square deal is in a courtroom, be he any color of the rainbow, but people have a way of carrying their resentments right into a jury box." (*Mockingbird*, 253).

[30] *Carol S. Steiker*, Things Fall Apart, But the Center Holds: The Supreme Court and the Death Penalty, in: New York University Law Review 77:2, 2002, 1475–1490.

würde die Logik des eigenen Feldes sabotieren. Und so trägt dieses Feld in veränderter Form seit langem zur Aufrechterhaltung der Rasseordnung bei, und zwar mit einem fast anachronistisch erscheinenden groben Mittel, nämlich mit der physischen Gewalt der Todesstrafe.

Der inkrementelle Wandel, den der Roman beschreibt, verändert nicht die Machtordnung, sondern nur die Instrumente, mit denen sie aufrechterhalten wird: Es kommt nicht zum Lynchmord, und die Jury braucht Stunden, um zu ihrem Urteil zu kommen. Im Gespräch mit seinen Kindern überlegt Atticus einen Moment, ob nicht dieser Zeitraum letztlich ein Zeichen für einen Neuanfang sein könnte (*Mockingbird*, 254), aber dies geschieht, bevor er erfährt, dass Tom getötet worden ist. Toms Tod im Gefängnis resultiert aus einer Form von Gewalt, die nicht leicht als solche erkennbar ist, was es den Bewohnern Maycombs daher erlaubt, zur Tagesordnung zurückzukehren. „Maycomb was itself again" heißt es (*Mockingbird*, 288). Manfred Berg führt aus, warum dies auch auf die USA insgesamt bezogen eine treffende Beschreibung ist:

„[…] the decline in lynching should not be mistaken for a radical change in race relations. White supremacists had not surrendered their goal of maintaining racial control over the black population but had merely renounced the extreme and increasingly embarrassing instrument of lynching."[31]

Es hat eben keine moralische Läuterung eingesetzt, und es ist nur eine unerwartete Wendung des Romans in Hinblick auf ein Element des Schauerromans, den guten Geist Boo Radley, die den Roman nicht mit dem Tod der Erzählerin enden lässt. Auch die offene Gewalt ist nämlich nicht völlig verschwunden – für Menschen wie Bob Ewell ist sie das letzte Mittel, seinen Gesichtsverlust, der mit der Bedrohung der Machtordnung einherging, zu rächen. Und umgekehrt sieht ausgerechnet der Sheriff in der offenen Gewalt die einzige Möglichkeit, Menschen wie Ewell zu begegnen: Er schlägt vor, sie präventiv zu erschießen, wie einen tollwütigen Hund an früherer Stelle im Roman.[32] Das Buch endet mit den umsorgenden Gesten des Vaters für seine Kinder, zu denen auch das vorsichtige Vertrauen in Menschen gehört. Die soziologische Perspektive des Romans endet jedoch mit einem Ausblick auf Gewalt in offener und verdeckter Form als Symptom der Rasseordnung.

So fokussiert der Roman einen Moment bedrohter Ordnung, in dem die Möglichkeit zu Veränderungen in der Rasseordnung aufscheint. Allein die Möglichkeit fungiert als ein Moment der Enthüllung, indem die Mechanismen und Regeln der Felder, durch die die Rasseordnung aufrechterhalten wird, sichtbar gemacht wird. Die analytische Leistung des Romans liegt gewiss in der Scharfsichtigkeit, mit der die Widerständigkeit der Ordnung und die Modi der Gewalt

[31] *Berg*, Popular Justice (wie Anm. 27), 158.

[32] „Mr. Finch, there's just some kind of men you have to shoot before you can say hidy to 'em." (*Mockingbird*, 309).

zu ihrer Aufrechterhaltung beobachtet werden, und zwar zu einem Zeitpunkt, zu dem sie wiederum bedroht ist, nun durch eine vergleichsweise breite Solidarisierung einer weißen Bildungselite und ihrer Kinder mit Afroamerikanern, ihrerseits organisiert etwa durch die Kirchen.

In einer ihrer Aktionen führt die Bürgerrechtsbewegung, in Analogie zum Roman, die Bereitschaft zur gewalttätigen Verteidigung der Rasseordnung einer breiten Öffentlichkeit besonders deutlich vor Augen: In der sogenannten Birmingham Kampagne wählten die Organisatoren der *Southern Christian Leadership Conference* bewusst eine Stadt, von der bekannt war, dass ihre Sicherheitskräfte von einem radikalen Anhänger der bestehenden Rasseordnung angeführt wurden, von Eugene Connor. Weil hier jemand an entscheidender Position im politischen Feld die Ordnung starr und mit Gewalt erhalten wollte, wurde diese am meisten bedroht: zum einen durch die landesweite öffentliche Meinung, die durch Bilder der offenen Gewalt gegen Jugendliche und Kinder den Boden bereiteten für den Eingriff föderaler Kräfte in der Stadt; zum anderen durch moderatere Kräfte innerhalb der Stadtregierung, die erfolgreich auf Connors Absetzung hinwirkten. Diese Menschen mussten nicht Gegner der Rassetrennung gewesen sein, erkannten aber, dass es zur Aufrechterhaltung der städtischen Ordnung nötig war, etwas geschmeidiger auf die Forderungen der Afroamerikaner zu reagieren. Der Verzicht auf das Privileg, in Geschäften „unter sich“ einzukaufen, fiel sicher auch deshalb nicht schwer, weil dies leicht und sehr viel eleganter über ökonomische Stratifizierung zu erreichen ist. Man sieht hier, dass man nicht pauschal von Gewalt als einem Faktor zum Erhalt der Ordnung sprechen kann: Die Gewalt, die routinemäßig eingesetzt wird, um die Ordnung aufrechtzuerhalten, mag unter bestimmten Umständen nicht mehr legitim oder vielleicht auch nur unangemessen oder „peinlich“ erscheinen und daher unintendiert destabilisierend wirken. Umgekehrt mag der rückblickende Eindruck, die Ordnung hätte sich zum Besseren verändert, die Ordnung stabilisieren, unabhängig davon, wie fundamental die Korrektur war.

Beobachtet man auf diese Weise die Resilienz der Rasseordnung doppelt, nämlich innerhalb und außerhalb des Romans, kommt man zu der Frage, inwieweit die personalisierende Lesart des Romans eigentlich zur Verkennung der Machtordnung beiträgt. Wie auch in anderen amerikanischen Werken, etwa dem Film *Mr. Smith Goes to Washington*, verdeckt ja das völlig kontingente Happy End die kritische oder gar pessimistische Einschätzung der Mechanismen der Machterhaltung, die das Werk eigentlich aufdeckt. Verdeckt werden sie auch durch den Fokus der Interpretation auf einzelne Charaktere, ohne zu zeigen, wie sehr diese in Abhängigkeiten verstrickt sind, die ihre Handlungsfähigkeit beschränken, ohne sie zu determinieren (was wohl einfacher zu erkennen wäre), und die sie eigentlich scheitern lassen würden, gäbe es nicht jeweils eine Art *deus ex machina*. So stützen diese Werke das Vertrauen, dass die moralische Integrität eines Individuums tatsächlich ein systemisch bedingtes Unrecht verhindern kann. Dieses Vertrauen ist vielleicht ein wichtiger Faktor, um Menschen für tiefgreifende gesellschaftliche Veränderungen zu mobilisieren, aber es verkennt doch die Macht des Individuums angesichts der Resilienz der Machtordnung insgesamt.[33] Es liegt nahe, dass dies nicht nur für die Interpretation einer Geschichte, sondern auch für die Interpretation von Geschichte eine Rolle spielt.

V. Bayard Rustin

In ihrem Artikel „Responses to Discrimination and Social Resilience under Neoliberalism: The United States Compared" untersuchen Michèle Lamont, Jessica Welburn und Crystal Fleming über Interviews die Art und Weise, wie Individuen in verschiedenen Ländern auf Akte der Diskriminierung reagieren. Dabei geht es den Autoren insbesondere um *repertoires*, nämlich um kollektive Narrative, Mythen, Vorstellungen von Identität und Zugehörigkeit, auf die sich die Interviewten beziehen und die ihnen möglicherweise Resilienz angesichts von Diskriminierung verleihen. Bei der vergleichend angelegten Studie stellt sich heraus, dass Afroamerikaner signifikant häufiger als Afrobrasilianer in Rio de Janeiro oder äthiopische Juden oder Araber in Israel die individuelle Konfrontation für die beste und angemessenste und daher auch bevorzugte Reaktion halten. Dabei beziehen sie sich, so die Autoren, auf eine Geschichte rechtlich legitimierter Exklusion und auf die Erfolge der Bürgerrechtsbewegung:

> „We found that the most popular response among African Americans we talked to is confronting racism, which is motivated by a national history of *de jure* racial exclusion and fed by the lasting legacy of the civil rights movement."[34]

Dieser Befund ist insofern bemerkenswert, als die *repertoires*, die die Autoren herausarbeiten, eigentlich primär auf institutionellen Rassismus verweisen, demgegenüber gerade die individuelle Reaktion eigentlich unangemessen, weil irrelevant ist. Man könnte einwenden, dass das Forschungsdesign ein solches Verständnis von Rassismus suggeriert und unterstützt. Dennoch bleibt die Frage, warum die Erinnerung an institutionellen, durch das Rechtssystem gestützten Rassismus und den kollektiven Protest dagegen ausgerechnet die individuelle Konfrontation nahelegen soll. Wäre es nicht plausibel anzunehmen, eine solche Erinnerung führte zu Ausweichstrategien auf individueller Ebene in dem historischen Wissen, dass diese Ebene relativ insignifikant ist?[35] Möglicherweise versteht man die Ergebnisse der Studie – und die Schlüsse, die Menschen aus der

---

[33] Unter den 5000 Teilnehmern einer Studie zu Lesegewohnheiten in den USA wird der Roman nach der Bibel am zweithäufigsten genannt, wenn es um Bücher geht, die das Leben der Leser verändert haben. *Claudia Durst Johnson,* To Kill a Mockingbird: Threatening boundaries, New York 1994, 14.

[34] *Lamont/Welburn/Fleming*, Responses (wie Anm. 3), 133.

[35] Hier spielt eine Rolle, dass die Autoren bewusst nicht politisch aktive Menschen befragten.

Geschichte ziehen – tatsächlich auch dann besser, wenn man Genaueres darüber weiß, *wie* Sklaverei oder die Bürgerrechtsbewegung erinnert werden.

Eine vermeintlich rein zufällige und individuelle Biographie dient im Folgenden als Beispiel, um diese sozialen Erinnerungsmechanismen in Bezug auf die Resilienz bedrohter Ordnungen offenzulegen. Die Geschichte des gemeinhin noch wenig bekannten Bürgerrechtlers Bayard Rustin ermöglicht es zu zeigen, dass sich selbst eine „erfolgsorientierte“ Erinnerung an die Bürgerrechtsbewegung doch nie ganz von Rassismus und den damit verbundenen Denk- und Bewertungsschemata befreien kann. Dies bedeutet *nicht*, dass Schwarze lediglich als Reagierende betrachtet werden und ihnen somit die Handlungsfähigkeit abgesprochen wird. Vielmehr weist die Beobachtung, dass sich Rassismus sogar in gemeinhin als positiv bewerteten Vorgängen, Praktiken oder Aussagen feststellen lässt, darauf hin, wie sehr vor*herrschende* Bewertungsmuster dazu dienen können, die Privilegien der mächtigeren Gruppe (in diesem Fall der Weißen) zu schützen. Dies gilt sowohl für die Erinnerung an einen Bürgerrechtler als auch etwa für die Beurteilung eines Gerichtsprozesses in der jüngsten Vergangenheit: Wer etwa im Jahre 2013 den Freispruch von George Zimmermann nach der Tötung des schwarzen Teenagers Trayvon Martin als Beispiel für eine endlich nicht mehr rassistische Rechtsordnung begrüßt, dem bleibt die Empörung vieler Afroamerikaner über das Urteil unverständlich. Verständlich wird die Empörung nur dann, wenn man den Fall vor dem historischen Hintergrund der Rasse- und Rechtsordnung betrachtet und das Augenmerk nicht allein auf individuelle Handlungsoptionen innerhalb einer Gruppe legt. Das Ausblenden der historischen Perspektive und seiner Folgen für scheinbar individuelles Handeln verschleiert das Hineinwirken der Rasseordnung in die Rechtsordnung und trägt somit zur Resilienz der Machtordnung bei – auf diesen Punkt kommen wir noch einmal zurück.[36]

Im Hinblick auf Resilienz wird Rustins Fall aber nicht nur durch die Frage verkompliziert, weshalb sich eine durch „Rasse“ legitimierte Machtordnung als derartig widerstandsfähig erweist. Darüber hinaus wirft seine Geschichte offenkundig auch die Frage nach „individueller“ Resilienz auf. Interessant ist in dieser Hinsicht vor allem, dass sein Fall von zwei Widersprüchen gekennzeichnet wird. Der Erste ist, dass, obwohl dieser afroamerikanische Pazifist und Quäker bereits seit seiner Jugend offen schwul war und sich in der extrem homophoben McCarthy-Ära auch noch eine kurze Mitgliedschaft in der kommunistischen Partei Anfang der 1940er Jahre vorhalten lassen musste, das Establishment der Bürger-

[36] Der Einfluss der Vergangenheit auf Akteure der Gegenwart und der theoretische Hintergrund der historischen Perspektive kann an dieser Stelle nicht weiter ausgeführt werden. Die Werke des französischen Soziologen Pierre Bourdieu, in denen er mit den Begriffen *Habitus*, *Strategie* oder *Doxa* operiert und somit die genaue Analyse von individuellen Handlungen innerhalb sozialer Beziehungen ermöglicht, verdeutlichen die Relevanz der historischen Perspektive.

rechtsbewegung nicht auf seine Expertise verzichten konnte. Trotz der Vielzahl der Angriffsflächen, die Rustin also nicht nur für sich selbst, sondern vor allem auch für die Bürgerrechtsbewegung bot, avancierte er zum Hauptorganisator des *March on Washington for Jobs and Freedom*. Das große Risiko, einen Mann wie Rustin mit einer derart zentralen Rolle zu betrauen, lohnte sich: Diese Massendemonstration ging vor allem Dank Rustins jahrelanger Erfahrung als Pazifist, Aktivist, Stratege und Organisator als bahnbrechender Erfolg in die Geschichte ein, was ihm großes Ansehen einbrachte.[37]

Der zweite Widerspruch betrifft nun Rustins Rolle im kollektiven Gedächtnis der Amerikaner. Denn obwohl Rustin zu Lebzeiten durchaus eine gewisse Prominenz erlangte, geriet er in der Dekade nach seinem Tod im Jahr 1987 nahezu vollständig in Vergessenheit, da er entweder erst gar keine Erwähnung in Geschichtsbüchern fand oder hinter Namen wie Malcolm X oder Dr. Martin Luther King, Jr. bestenfalls eine Randnotiz darstellte. Rustin ist hier gewiss kein Einzelfall. Er teilt ein ähnliches Schicksal des Vergessenwerdens mit Aktivisten wie etwa Medgar Evers, John Lewis, Septima Clark oder Fannie Lou Hamer. Rustins Fallbeispiel legt also eine symbolische Struktur offen, aus der sich gesamtgesellschaftliche Schlüsse ziehen lassen.

Interessanterweise wird die Tatsache, dass *nach* seinem Tod kaum an Rustin erinnert wurde, häufig mit genau den Tatsachen erklärt, die ihn *während* seines Lebens zu einer Bedrohung verschiedener Ordnungen werden ließen. Ein Beispiel wäre hier, dass Rustin als afroamerikanischer Bürgerrechtler nicht nur die Rasseordnung durch seine Äußerungen in Frage stellte, sondern auch aufgrund seiner bloßen Existenz innerhalb der sog. *black community* als Bedrohung betrachtet wurde, weil er nicht nur schwarz, sondern auch schwul war. Dass der homosexuelle Rustin nicht nur von Weißen, sondern auch innerhalb der *black community* als Bedrohung gesehen wurde, ist vor allem damit zu erklären, dass sowohl Sexualität als auch Männlichkeit aufgrund der Erfahrung von Sklaverei problematisch besetzt waren und somit die gerade erstarkende Lobby der *black community* zu schwächen drohten.

Männlichkeit wurde schwarzen Sklaven von ihren weißen Besitzern zum einen verbal aberkannt, indem sie von ihnen lediglich als „boys“[38] bezeichnet wurden. Zum anderen wurden den Sklaven jedoch auch andere Rechte und Handlungsoptionen systematisch entzogen oder vorenthalten, die bis dahin gemeinhin mit „Männlichkeit“ assoziiert wurden: Zum Beispiel war es Sklaven aufgrund ihres Status, nämlich als Besitz der Weißen, nicht oder kaum möglich, für ihre eigenen Familien zu sorgen oder diese zu beschützen. Oftmals wurden ihre Frauen und Kinder sogar verkauft, was den Sklaven nur einmal mehr ihre

[37] Für eine detaillierte Biographie Rustins und eine Beschreibung der geschichtlichen Hintergründe, siehe *John D'Emilio*, Lost Prophet. The Life and Times of Bayard Rustin, New York 2003.

[38] *Henry Williams Brands*, Andrew Jackson. His Life and Times, New York 2005, 148.

Ohnmacht – und damit das genaue Gegenteil von der sonst mit Männlichkeit verbundenen Macht – vor Augen führte.[39]

Ihre Männlichkeit durch Sexualität zu konstituieren und sich auf diese Weise von Weiblichkeit abzugrenzen, stellte für weiße Männer keine Schwierigkeit dar. Bei Sklaven jedoch kam zu dem Diktat von Heterosexualität, um Männlichkeit beanspruchen zu können, auch noch hinzu, dass ihre Sexualität immer der Bewertung und den willkürlichen – und letztendlich stets negativen – Zuschreibungen von Weißen unterlag. Vor diesem Hintergrund wird deutlich, dass jegliche Abweichung von der von Weißen gesetzten Norm in Bezug auf Männlichkeit und Sexualität, wie z. B. Rustins Homosexualität, auch noch knapp hundert Jahre nach dem offiziellen Ende der Sklaverei[40] eng im Zusammenhang mit der Erfahrung der Sklaverei zu sehen ist. Die Ablehnung von Außenseitern war bzw. ist aufgrund dieses etablierten Standards so profund, dass es selbst innerhalb der Gruppe der Außenseiter zu Ausgrenzungsmechanismen kommt, was wiederum Zeit im eigentlich angestrebten Emanzipationsbemühen dieser Außenseiter kostet.

Kehren wir zu der Frage zurück, in welchem Zusammenhang Erinnerung und Resilienz zu sehen sind. Hier erweist sich zunächst die Begrifflichkeit der „Bedrohten Ordnung" als hilfreich, da mit ihr unmittelbar deutlich wird, dass eine Ordnung – in unserem Fall eine durch die Fiktion „Rasse" legitimierte Machtordnung – zur Disposition steht. Allerdings, so zeigt die nähere Betrachtung von Rustins Fall, ist gerade die Tatsache, dass Akteure immer wieder an sog. „Kippmomenten" zu stehen scheinen, in denen z. B. eine Gesetzesänderung bestimmte Formen von Rassismus oder Homophobie verbietet und sogar bestraft, d. h. gewohnte Verhaltensweisen modifiziert werden *müssen*, ein entscheidender Grund dafür, dass eben das Machtdifferenzial zwischen Weißen und Schwarzen bestehen bleibt. In der Tat ist die Ordnung (lediglich) bedroht. Das bedeutet: Sie ist zwar gefährdet, aber sie bleibt letztlich *intakt*. Tatsächlich scheint die Bedrohung der Rasseordnung ihr so etwas wie einen kurzfristigen Schock zu verleihen. Sie bringt damit all jene, die ein Interesse daran haben, sie aufrechtzuerhalten, dazu, sich kurzzeitig besonders intensiv für ihre Erhaltung einzusetzen. Diese Anstrengung verleiht der Ordnung einen *notwendigen* Energiestoß, um weiterhin funktionieren zu können, denn eine träge oder allzu statische Ordnung ist am meisten von einer dynamischen, sich verändernden Umwelt bedroht.

Was die Bedrohung im Fall der sog. Rasseordnung auszeichnet, ist, dass sie oftmals genau die richtige Dosis an Schock zu sein scheint, die die Ordnung *braucht*, um in einer sich ständig verändernden Welt funktionstüchtig zu bleiben. Von einem konservativen, die Ordnung bewahren wollenden Standpunkt aus

---

[39] Ebd.

[40] „[S]lavery officially ended in the U.S. between 1864 and 1865[.]" (*James Clark*, Historical Past, Questionable Present, and Uncertain Future Eeo, Bloomington 2005, 251).

betrachtet, bedeutet der bloße Umstand der Bedrohung somit also nicht nur Gefahr, sondern impliziert durchaus auch revitalisierende und affirmierende Aspekte. Wesentlich bedrohlicher wird die Lage erst, wenn mehrere miteinander verflochtene Ordnungen (nahezu) gleichzeitig in Frage gestellt werden oder ins Wanken geraten. Da die Rasseordnung eben nicht nur durch die offenkundige Diskriminierung von Schwarzen, sondern auch durch ein ganzes Geflecht weiterer Vorstellungen, Standards oder Normen, welche zunächst nicht mit Rassismus zusammenzuhängen scheinen, fest in den Köpfen und Handlungen vieler Menschen verankert bleibt, entsteht die Möglichkeit, dass andere Ordnungen kompensierend wirken. Erst wenn sie dies nicht mehr tun, entsteht eine Chance für tiefgreifenden Wandel. Rustin stellt demnach vermutlich deshalb eine Bedrohung dar, weil er genau die Möglichkeit der Synchronisierung bedrohter Ordnungen verkörpert: Er fordert als schwarzer, schwuler Quäker mit sozialistischen Überzeugungen gleichzeitig mehrere Ordnungen heraus. Er überschreitet durch seine sexuelle Orientierung, seine religiöse Zugehörigkeit und seine politischen Überzeugungen all jene Grenzen, die aufgrund der Rasseordnung für Schwarze praktisch als unüberwindbar gelten.

Der Erklärungsansatz, dass nicht an Rustin erinnert wurde, weil er zu Lebzeiten so viele „problematische" Facetten besaß, mag also zunächst plausibel erscheinen. Nicht umsonst muss diese Begründung so gut wie nie gerechtfertigt werden. Die Kausalität scheint auf der Hand zu liegen und ist – auch heute noch – sofort verständlich. Dieser Erklärungsansatz erweist sich jedoch als unzulänglich, wenn man bedenkt, dass schon beginnend zu Rustins Lebzeiten angeblich eine stetige „Verbesserung" im Hinblick auf all diese für seine Diskriminierung angeführten Gründe einsetzte: Rassismus und Homophobie gelten heutzutage als inakzeptabel oder zumindest als „nicht-salonfähig". Die Zeiten, so möchte man glauben, haben sich geändert. Der Grund dafür ist, dass sowohl die Bürgerrechte als auch die Rechte Homosexueller seit den 60er Jahren eine Entwicklung erfuhren, die man als eine „stetige Stärkung" bezeichnen könnte. Als Beispiele können hier der viel beachtete und zumindest nicht ausschließlich Ächtung hervorrufende Widerstand Homosexueller gegen eine Polizeirazzia im Stonewall Inn 1969 in New York oder die Tatsache, dass die *American Psychiatric Foundation* im Jahr 1973 „Homosexualität" von ihrer Liste von Geisteskrankheiten nahm, genannt werden.[41]

Das Gleiche galt für die Rechte von Afro-Amerikanern, die z. B. durch die *Civil Rights Acts* von 1960, '64 und '68 bereits zu Rustins Lebzeiten in noch größerem Umfang gestärkt wurden.[42] Würde man also der Logik glauben, Rustin habe *nach seinem Tod* keinen Platz in den Geschichtsbüchern erhalten, weil er zu Lebzeiten

[41] *Byrne Fone*, Homophobia. A History, New York 2001, 414.

[42] *Michael Ezra*, Civil Rights Movement. People and Perspectives, Santa Barbara 2009, 68, 72, 79, 147.

Diskriminierungen ausgesetzt war, unterminiert dies die Fortschrittserzählung, die vor allem in Bezug auf die Rasseordnung sowohl von Weißen als auch von Schwarzen oftmals vertreten wird. Denn die Tatsache, dass Rustin während seines Lebens sogar erfolgreicher und bekannter war als nach seinem Tod, stellt die Nachhaltigkeit des Effektes von ordnungsverändernden Mitteln wie Gesetzesänderungen in Frage.

Da es uns Rustins Beispiel erlaubt, seinen Fall nicht nur synchron, sondern über einen mittlerweile 100-jährigen Zeitraum zu betrachten (d. h., sein Leben und die Zeit nach seinem Tod bis heute), wird an seinem vermeintlichen Einzelschicksal deutlich, wie *wenig* sich insgesamt an der Rasseordnung gewandelt hat. Was sich jedoch geändert zu haben scheint, ist die Art und Weise, wie mit der Bedrohung, die Rustins Geschichte nach wie vor darstellt, umgegangen wird. Es ist allerdings gerade diese Veränderung, also die Anpassung an die veränderten Gegebenheiten, die letztlich die Ordnung wiederum stabil hält. Dabei geht es nicht um eine zielgerichtete und wohlbedachte Modifikation der Reaktion, sondern eher um Reaktionsmuster, die fast einer Choreographie zu folgen scheinen. Erst bei genauerer Analyse der *Bedrohung* tritt also die tatsächlich bedrohte Ordnung – die Rasseordnung – zum Vorschein.

Das Muster, in dem sich die eigentlich bedrohte Ordnung nicht sofort erschließt, findet sich sowohl in der Vergangenheit als auch in der Gegenwart. Als Rustin noch lebte, wurde er z. B. vom FBI vor allem für sogenannte „morals charges", also für sexuelle Delikte wie etwa Treffen mit Männern auf Parkplätzen oder wegen angeblicher Affären, ins Visier genommen. Im Gegensatz dazu wurde Rustin jedoch – oft auch *gegen* seinen Willen – in manchen Fällen *nicht* wegen Hausfriedensbruch bei *sit-ins* oder Demonstrationen verhaftet. Dass der Bürgerrechtler stattdessen vor allem wegen sexueller Vergehen oder sogenannter „lewd vagrancy", also „unzüchtiger Landstreicherei", verfolgt wurde, mag zunächst umständlich erscheinen.[43] Schließlich lieferte Rustin genug aktivistische Tätigkeiten, um direkt als Bürgerrechtler attackiert zu werden.

Paradoxerweise ist aber gerade die Tatsache, dass Rustin nicht als Bürgerrechtsaktivist, sondern als Homosexueller kriminalisiert werden sollte, ein erster Verweis darauf, dass es die *Rasseordnung* war, die zu dieser Zeit extrem bedroht war. Diese Behauptung ist erklärungsbedürftig. Warum wurde Rustins Homosexualität gewählt, um der Bürgerrechtsbewegung durch diese Skandalisierung Schaden zuzufügen? Hier kommt eine weitere Ordnung ins Spiel, die aber nicht völlig isoliert von der Rasseordnung zu betrachten ist, und das ist die Ordnung „Heteronormativität". Die heteronormative Ordnung geht davon aus, dass Männer Frauen begehren und Frauen Männer und dass das jeweilige biologische Geschlecht automatisch mit der passenden Geschlechterrolle zusammenfällt.[44]

[43] *D'Emilio*, Lost Prophet (wie Anm. 37), 191, 193, 232, 348.

[44] *Fone*, Homophobia (wie Anm. 41), 5, 11, 383, 400.

Homosexualität, das heißt, ein Mann, der einen Mann begehrt und dennoch recht konventionelle Vorstellungen von Männlichkeit (wie Durchsetzungsfähigkeit, Entscheidungsgewalt oder Unabhängigkeit) für sich beansprucht, hat somit keinen Platz in dieser Ordnung. In den 1950er Jahren war der gesellschaftliche Konsens über die Verwerflichkeit von Homosexualität noch weit verbreitet und somit ein verlässlicher Garant für eine die heteronormative Ordnung affimierende Reaktion über Rassegrenzen hinweg. Schwarze *und* Weiße hatten also plötzlich ein gemeinsames Anliegen, nämlich die Bedrohung durch „sexuelle Perversion" zu bekämpfen. Da sich Rassismus allerdings auch, wie bereits erwähnt, in Vorstellungen von Männlichkeit und Sexualität widerspiegelt, da er diese unbemerkt durchdrungen hat, kam der ordnungsaffimierende Effekt der Rasseordnung auf diesem Umweg zustande. Die vermeintliche Bedrohung durch Homosexualität lenkte also von der eigentlich viel dringlicher zur Disposition stehenden Ordnung ab: der Rasseordnung.[45]

Die genaue Analyse von Bedrohung und des jeweiligen Kontexts kann also durchaus Aufschluss über eine *viel massiver* bedrohte Ordnung geben. Dafür ist es allerdings notwendig in Erwägung zu ziehen, dass eine existente Bedrohungskommunikation unter Umständen von der eigentlich zur Disposition stehenden Ordnung ablenkt. Es ist daher notwendig, den Blickwinkel zu verändern und zu prüfen, ob eventuell Zusammenhänge mit anderen Ordnungen bestehen.

Neben dem o.g. Beispiel zu Rustins Lebzeiten gibt jedoch auch die Art und Weise, wie an Rustin erinnert wird, bei genauerem Hinsehen Aufschluss darüber, dass nach wie vor eine Machtordnung bedroht ist. Wie bereits erwähnt, erfuhr Rustin nach seinem Tod für ca. zehn Jahre kaum Würdigung. Dann schließlich waren es einzelne *communities* wie die *Quaker* oder *Queer Community*, die Rustins Geschichte wieder ins Gedächtnis riefen und mit Biographien oder einem Dokumentarfilm Aufmerksamkeit auf ihn lenkten.[46] Bedrohte aber die Erinnerung an Rustin nun ebenfalls eine Ordnung? Nein, möchte man meinen, denn der Umstand, *dass* ein Außenseiter wie Rustin ab dem Jahr 2000 mehr und mehr ins Zentrum des Interesses rückte, erscheint zunächst als Erfolg oder gar als Beweis dafür, dass sich die Zeiten geändert haben und es nun möglich ist, sich an einen Menschen wie ihn zu erinnern. Dies scheint auch viel über den Status der *communities*, denen er angehörte, auszusagen, die nun weniger unterdrückt zu sein scheinen als damals. Von Bedrohung kann also keine Rede mehr sein.

---

[45] Es gibt zahlreiche weitere Beispiele, die wir hier anführen könnten. Zum Beispiel wurden weiße Bürgerrechtler von *white supremacists* dezidiert nicht als *anti-segregationists*, sondern primär als Katholiken, Kommunisten oder Wehrdienstverweigerer diffamiert. *Thomas Borstelmann*, The Cold War and the Color Line. American Race Relations in the Global Arena, Cambridge 2003, 163, und *Ellen Schrecker*, The Age of McCarthyism. A Brief History With Documents, New York 2002, 16, 65. Auch an Rustins Fall lassen sich noch weitere derartige Stigmatisierungen feststellen.

[46] *Peter Dreier*, „The Man Behind the March: Remembering Bayard Rustin", Huffington Post, June 8, 2012: http://www.huffingtonpost.com/peter-dreier/bayard-rustin_b_1580355.html.

Man kann dies aber auch anders sehen: Betrachtet man nämlich die Art und Weise, *wie* an Rustin erinnert wird, so weist dies darauf hin, dass es nach wie vor die Rasseordnung ist, die bedroht zu sein scheint. Allerdings wird auch dies nicht sofort deutlich, da zunächst gar keine Bedrohung auszumachen ist. Im Gegenteil: Die bloße Tatsache, dass die Erinnerung an eine vormals vergessene Persönlichkeit nun möglich ist, erscheint zunächst sogar als klarer Beweis dafür, dass sich die Dinge tatsächlich zum Positiven geändert haben. Selbst die Annahme, Rustin weise als Person über seinen Tod hinaus eine besonders hohe Resilienz auf, die es ihm ermöglicht, Unterdrückung und Diskriminierung hinter sich zu lassen, mag naheliegend erscheinen. Allerdings fällt beim genaueren Betrachten der Art, *wie* an Rustin erinnert wird, auf, dass offenbar noch immer bestimmte Machtinteressen geschützt werden sollen, was in einem zweiten Schritt fragen lässt, ob dieses „Schützen-Wollen" nicht auch auf die Bedrohung einer ganzen Machtordnung hinweist. Denn die einzelnen *communities* entwerfen jeweils ihre eigenen Narrative zu Rustin und priorisieren oder eliminieren sogar bestimmte Facetten seiner Persönlichkeit. So bewahrte etwa die *African-American Community* verhältnismäßig lange Stillschweigen über Rustin. Als sie seiner dann öffentlich gedachte, ließ sie z. B. seine Homosexualität oder auch sein Engagement für Arbeiterrechte entweder komplett unerwähnt oder ging nicht weiter auf sie ein. In diesem Fall ist es also zunächst keine vorhandene „Bedrohungskommunikation", sondern vielmehr eine „Nicht-Kommunikation", ein Stillschweigen, das auf die eigentlich bedrohte Ordnung hinweist.[47]

Natürlich ließe sich an dieser Stelle einwenden, dass es eigentlich bei keiner Person möglich ist, all ihren Facetten die gleiche Aufmerksamkeit zukommen zu lassen. Bestimmte Aspekte finden mehr Beachtung, während andere eben unter den Tisch fallen. Allerdings ist es nicht unerheblich, dass bei einer Person wie Rustin eben jene Aspekte systematisch von bestimmten *communities* ausgeklammert oder nur verkürzt wiedergegeben werden, die für sie auch in der Vergangenheit problematisch waren. Die Erinnerung sollte somit nicht sofort als zufällig, sondern eher als Teil einer sich *mit* den sich verändernden Gegebenheiten wandelnden Ordnung betrachtet werden. Der Resilienzbegriff wird in diesem Zusammenhang meist nur im Hinblick auf die Tatsache angewendet, dass bestimmte unterdrückte oder marginalisierte Gruppen Resilienz aufweisen, indem sie zum Beispiel *recovery work* leisten, das heißt, an vergessene Persönlichkeiten aus ihrer *community* erinnern oder sich für revisionistische Geschichtsschreibung einsetzen. Dass genau diese Resilienz aber auch der Resilienz der „größeren Machtordnung" wie z. B. der Rasseordnung zuträglich ist, da sie, um

[47] Natürlich ist Paul Watzlawicks „man kann nicht nicht kommunizieren" im Hinblick auf menschliche Interaktion bekannt und akzeptiert. In Bezug auf schriftliche Quellen erweist es sich jedoch oftmals als schwer, Auslassungen, Leerstellen oder Stillschweigen mit in die Analyse einzubeziehen, obwohl sie ebenfalls von Bedeutung sind. *Paul Watzlawick/Janet Beavin Bavelas/Don D. Jackson*, Menschliche Kommunikation. Formen, Störungen, Paradoxien, Bern 2000.

die eigene Position zu stärken, mit ihr arbeitet und sie nur selten in Frage stellt, gerät schnell aus dem Blick.

Rustin wird z. B. in einem *College Textbook* über die Bürgerrechtsbewegung des Jahres 2008 als „urbane, chain-smoking Quaker"[48] eingeführt. In dem gleichen Buch finden sich zwar noch einige kurze Erwähnungen zu Rustins wichtiger Rolle innerhalb der Bürgerrechtsbewegung,[49] in Anbetracht der Tatsache, mit welchen Wertungen das Rauchen seit einigen Jahren in der amerikanischen Gesellschaft verbunden ist, kommt dieser recht eigentümlichen Beschreibung Rustins allerdings unterschwellig sofort auch eine negative Bedeutung zu. Zudem scheint die kurze Beschreibung Rustins auf eine interessante Weise „korrekt", denn die Worte „kettenrauchend", „weltgewandt" und „Quäker" weichen eindeutig von typischen Beschreibungen anderer schwarzer Bürgerrechtler ab. Dass Rustin also „anders" war, wird durchaus mit einer gewissen Nonchalance übermittelt. Die eigentlich wirklich tragenden und vor allem nach wie vor *problematischen* Aspekte seines „Anders-Seins" werden jedoch nicht explizit genannt.

Ein weiteres Beispiel ist in diesem Zusammenhang die Benennung einer High School nach Rustin. Die Namensgebung von Institutionen oder Straßen stellt eine gängige Praxis dar, um eine Persönlichkeit tagtäglich in Erinnerung zu rufen.[50] Wiederum scheint es höchsterfreulich zu sein, dass nun eine Schule in West Chester, PA, nach dem vormals marginalisierten Bürgerrechtler benannt wurde. Rustin wird in bestimmten Kontexten also durchaus ins Gedächtnis gerufen – auch, weil es mittlerweile viel symbolisches Kapital mit sich bringt, vergessene oder marginalisierte Personen zu entdecken und sich an sie zu erinnern. Auf der Website der Schule findet sich jedoch zu Beginn des Jahres 2013 kein Wort zu Rustins Homosexualität.[51] Dies ist verwunderlich, denn seine Homosexualität spielte nicht nur in den letzten beiden Dekaden von Rustins Leben, in denen er sich stark für das *Gay Liberation Movement* einsetzte, eine große Rolle.[52] Sie war auch für seine Wahrnehmung und seinen Handlungsspielraum als Bürgerrechtsaktivist maßgeblich. Die Radikalität, die Rustin als Pazifist, Bürgerrechtler und Person tatsächlich ausmachte, wird bei seinem Gedenken jedoch durch Auslassungen oder Anmerkungen so modelliert, dass sie zum Zeitgeist passt oder, anders ausgedrückt, die herrschende Ordnung nicht bedroht, sondern bestärkt. Die Radikalität nämlich liegt in der durch Rustin verkörperten Einsicht, dass tiefgreifender Wandel im Sinne unseres Baldwin-Zitats nur möglich ist, wenn mehrere miteinander verwobene und sich verstärkende Ordnungen in ihrer Verflechtung erkannt und verändert werden. Reduziert man jemanden wie Rustin

[48] *Bruce J. Dierenfield*, The Civil Rights Movement, Harlow 2008, 52.

[49] Ebd., XXVI, 52, 57, 87, 88, 110, 111.

[50] *Owen J. Dwyer/Derek H. Alderman*, Civil Rights Memorials and the Geography of Memory, Athens 2008, 12–14.

[51] http://www.edline.net/pages/Rustin_High_School/About_School/History_(30.01.2013).

[52] *D'Emilio*, Lost Prophet (wie Anm. 37), 489–491.

auf seine Rolle als Bürgerrechtler und Herausforderer der Rasseordnung, so stellt er keine Bedrohung dar – im Gegenteil: er wird sogar gebraucht, dient er doch quasi als Beweis für einen wünschenswerten Wandel – für einen Fortschritt:

Es ist heute daher sprichwörtlich „in Ordnung“ sich an Rustin zu erinnern. Seine Radikalität erscheint durch die Art und Weise, wie an ihn erinnert wird, fast nur noch als charmant schillernde Worthülse, und auch die Frage nach dem Zusammenhang von Erinnerung und Resilienz beantwortet sein Fall behaglich eindeutig: Ist das Aufbegehren eines Individuums ausdauernd und stark genug, d.h. erweist sich das Individuum als resilient gegenüber massiver Unterdrückung, so ist ein „Sieg“ in Form eines Platzes im kollektiven Gedächtnis auf lange Sicht durchaus im Bereich des Möglichen. Somit kommt es zu einer Überbetonung individueller Handlungschancen, ohne dass die strukturellen Hindernisse und Diskriminierungen ausgeblendet werden müssen. Sie werden allerdings nur als Hürden begriffen, die genommen werden müssen und – so scheint es – auch können. Die Resilienz der strukturellen Diskriminierung und der Raum, den ihre Denk- und Handlungsfiguren entsprechend nach wie vor einnehmen, bleiben jedoch ein blinder Fleck und damit unbedroht.

VI. Treyvon Martin

150 Jahre nach der Emanzipation der Sklaven durch Abraham Lincolns *Emancipation Proclamation* und 50 Jahre nach dem von Rustin organisierten *March on Washington* und Martin L. Kings viel gerühmter Rede „I have a Dream“ hat sich im Juli 2013 der amerikanische Präsident dezidiert als „Schwarzer“ an die Öffentlichkeit gewandt, um auf ein kontroverses Gerichtsurteil zu reagieren: Im Februar 2012 hatte George Zimmermann, Mitglied einer Nachbarschaftsbürgerwehr, einen jungen schwarzen Mann verfolgt. Dieser Teenager, Trayvon Martin, fühlte sich bedroht und attackierte, so Zimmermann, ihn schließlich. Daraufhin kam es zum Kampf, in dem Martin erschossen wurde. Im Prozess gegen Zimmermann, einen Mann mit Latinohintergrund, entschied am 12. Juli 2013 eine Jury aus fünf weißen Männern und einer schwarzen Frau auf nicht schuldig: Zimmermann habe aus Notwehr gehandelt. In der kurzen Stellungnahme Barack Obamas nun wird anfangs betont, dass das Gerichtsverfahren formal völlig korrekt verlaufen sei. Dennoch verleugnete es sowohl die Geschichte der Rasseordnung als auch ihre nach wie vor bestehenden Folgen, wenn man den Vorfall selbst und das Gerichtsurteil so betrachtet, als spiele die Rasseordnung keine Rolle: Dass ein junger schwarzer Mann leicht als Bedrohung gesehen wird, ist eben auch die Folge einer Jahrhunderte langen und bis in die Gegenwart hinein fortgesetzten Propaganda mit der Funktion, die Kontrolle und Gewalt gegenüber dieser Bevölkerungsgruppe zu legitimieren. Dass die „Angst vorm schwarzen Mann“ somit leichter nachvollziehbar wird als die Angst vorm weißen

Mann, ist ein Aspekt der Rasseordnung, der in das juristische Feld hineinreicht, auch oder gerade wenn dort „Rasse" keine Rolle spielen soll. Oder umgekehrt formuliert: Die Bemühungen um größere Gerechtigkeit im juristischen Feld sind begrenzt, wenn es um die Konsequenzen einer so weitreichenden Ordnung wie der Rasseordnung geht. In einer solchen Situation kann dann leicht der Stolz auf einen idealisierten Nationalhelden wie Martin L. King und die in ein nationalisiertes Narrativ der fortgesetzten Demokratisierung eingeschriebene Bürgerrechtsbewegung wie auch die Wiederentdeckung eines marginalisierten Bürgerrechtlers dazu dienen, die andauernde Präsenz und die Resilienz der Rasseordnung zu verdecken.

„Und jetzt ist Meer, wo vorher Land war“

Wahrnehmungen von Beschleunigung und Verdichtung in unruhigen Zeiten[1]

Jonas Borsch und *Sara Sophie Stern*

I.

Nachdem sich im Zuge des *spatial turn* auch die Geschichtswissenschaft intensiv mit räumlichen Phänomenen beschäftigt hat, scheinen sich in den letzten Jahren viele Historiker wieder verstärkt für das Thema „Zeit“ zu interessieren. So setzten sich Vertreter der Globalgeschichte jüngst im Rahmen einer Erfurter Tagung dezidiert zum Ziel, die ihrer Disziplin inhärente Auseinandersetzung mit räumlichen Phänomenen um die Frage nach Zeitkategorisierungen zu erweitern. Gefragt wurde etwa, ob eurozentrische Weltbilder nicht gerade auch auf der Annahme fußen, die Geschichte entwickle sich in unterschiedlichen Räumen unterschiedlich schnell.[2]

Spezifische Vorstellungen von „Zeit“ sollen auch Gegenstand dieses Beitrages sein. Sie spielen nicht nur bei der vergleichenden Behandlung mehrerer kultureller Räume eine Rolle, sondern dürfen selbst dann – um nicht zu sagen gerade dann – nicht vernachlässigt werden, wenn vornehmlich ein einzelner, als kulturell kohärent verstandener Raum Gegenstand der Untersuchung ist. Das Bild, das wir uns von der Geschichte machen – der fremden wie unserer eigenen – wurde durch diese Vorstellungen in wesentlichem Maße mitbestimmt, weswegen sie von Seiten des Historikers immer wieder hinterfragt werden müssen. Dies gilt insbesondere für jene Zeitvorstellungen, die in den europäischen

---

[1] Die Idee zu diesem Beitrag ist im Rahmen eines Arbeitskreises des SFB 923 „Bedrohte Ordnungen“ entstanden. Für Anregungen, Hinweise und viele fruchtbare Diskussionen danken wir Matthias Becker, Arne Hordt und Johannes Stollhof.

[2] *Robert Fischer*, Tagungsbericht zu: Historische Zeitforschung und globale Geschichtsschreibung – Krisen, Ordnungen, (Un)Gleichzeitigkeiten. 30.11.2012–01.12.2012, Erfurt, in: H-Soz-u-Kult, 05.03.2013, <http://hsozkult.geschichte.hu-berlin.de/tagungsberichte/id=4681>. Auch die Zeitgeschichte hat sich dem Thema zuletzt verstärkt zugewandt: *Steffen Henne*, Tagungsbericht zu: „Tales about time.“ Temporality, modernity and the order of time. 29.11.2012–30.11.2012, London, in: <H-Soz-u-Kult, 23.03.2012, http://hsozkult.geschichte.hu-berlin.de/tagungsberichte/id=4731>, und *Lisa Dittrich*, Tagungsbericht zu: Historikertag 2012. Zeitpolitik und Zeitgeschichte. 25.09.2012–28.09.2012, Mainz, in: H-Soz-u-Kult, 03.12.2012, <http://hsozkult.geschichte.hu-berlin.de/tagungsberichte/id=4517>.

Epochenmodellen wirken. Dazu gehört unter anderem die verbreitete Annahme, dass sich verschiedene Entwicklungsstufen anhand der Geschwindigkeit des sich in ihnen vollziehenden Wandels unterscheiden ließen. Die höchste Entwicklungsgeschwindigkeit wird in solchen Modellen zweifelsohne der Epoche zugeschrieben, die wir heute gemeinhin als „Moderne" kennen. Es verwundert insofern wenig, wenn gerade diese Epoche mit Blick auf den Faktor „Zeit" bereits häufiger in den Fokus der Forschung geraten ist. Dabei hat beispielsweise die Frage eine Rolle gespielt, ob und auf welche Weise sich für diese Zeit eine „Beschleunigung" feststellen lässt. Die einschlägigen Arbeiten kommen dabei zu ähnlichen Ergebnissen, obwohl die Parameter, auf deren Basis sie argumentieren, sich durchaus unterscheiden.

Grundlegend für die Beschäftigung mit der Frage nach historischen Verlaufsgeschwindigkeiten sind immer noch die Arbeiten Reinhart Kosellecks. Der Neuzeithistoriker konstatiert für die Phase zwischen 1750 und 1850 die Herausbildung einer spezifischen Form von Beschleunigung, „die sich aus den technisch-industriellen Fortschritten ergeben hat und die sich [...] als Erfahrung einer neuen Zeit registrieren lässt."[3] Diese für ihn also typisch moderne Form der Beschleunigung unterscheidet er grundlegend von einer zweiten Form, die seit der Antike in Krisenzeiten immer wieder greifbar werde – und zwar, wie er unter anderem am Beispiel der Französischen Revolution schildert, als eine Erfahrung, die von „Altbekanntem" zehre, „das sich lediglich in kürzerer Zeit ereignet".[4] Indem Koselleck die Erfahrung grundsätzlicher, „neuartiger" Veränderungen zum Merkmal der Neuzeit macht, konstruiert er eine Dichotomie zwischen den rasant verlaufenden Entwicklungen der Moderne und dem langsamen, nur in unwesentlichem Maße sich beschleunigenden Geschichtsverlauf der Vormoderne, die in dieser Form nicht völlig unproblematisch ist. Faktischer, gravierender Wandel wird bei ihm zur Voraussetzung von Beschleunigungserleben. Ob auch die Vormoderne gravierende Veränderungen binnen vergleichsweise kurzer Zeiträume gesehen haben könnte, gerät hier zur Nebensache.

In einer jüngeren soziologischen Untersuchung hat auch Hartmut Rosa das Phänomen der Beschleunigung behandelt und dezidiert als eine „Veränderung von Zeitstrukturen in der Moderne" beschrieben.[5] In Anlehnung an Koselleck konstatiert er, dass die „Veränderungsgeschwindigkeit [...] im Prozess der Entfaltung der Moderne stetig zunimmt."[6] Von Koselleck hebt er sich allerdings insofern ab, als dass er die Bedeutung der perzeptiven und kommunikativen Ebene explizit hervorhebt: Rosa unterscheidet zwischen der Wahrnehmung von Veränderungen durch die Akteure und dem durch den Wissenschaftler beobacht-

[3] *Reinhart Koselleck*, Zeitschichten. Studien zur Historik, Frankfurt am Main 2003, 167.

[4] Ebd., 167.

[5] *Hartmut Rosa*, Beschleunigung. Die Veränderung der Zeitstrukturen in der Moderne, Frankfurt am Main 2005.

[6] Ebd., 429.

baren technischen und sozialen Wandel, sowie, in Analogie dazu, zwischen einer wahrgenommenen und einer „tatsächlichen" Beschleunigung. Dabei stellt er ein Paradoxon fest: Die Zeitknappheit der Moderne entstehe, so meint er, nicht *weil*, sondern *obwohl* Zeitgewinne durch Beschleunigung auf „nahezu allen Gebieten des sozialen Lebens" verzeichnet würden.[7] Wahrgenommene Beschleunigung, so Rosa, kann demnach von technischen und sozialen Fortschritten entkoppelt auftreten. Wenn man allerdings bedenkt, dass derartige Fortschritte unser Bild von der Moderne in nicht unerheblichem Maße mitbestimmen, so wirft diese Entkopplung die Frage auf, ob die von Rosa beschriebene Form der Beschleunigung nicht auch ganz unabhängig von modernetypischen Entwicklungen denkbar ist.

Solche Entwicklungen hat in einem kürzlich erschienenen Beitrag auch Wolfgang Kruse thematisiert. Im Mittelpunkt seiner Untersuchung stehen „beschleunigte Zeiterfahrungen" in den sozialen Revolutionen seit dem späten 18. Jahrhundert. Die Erfahrung einschneidender politischer und gesellschaftlicher Veränderungen, die mit „modernen Revolutionen" einhergegangen sei, habe, so meint er, bisher als utopisch erscheinende Neuordnungsvorstellungen in konkrete Gestaltungsperspektiven umgewandelt und dadurch die Veränderungsprozesse wiederum beschleunigt.[8] Dieses Phänomen einer sich selbst antreibenden Beschleunigung ist laut Kruse zum ersten Mal in der Französischen Revolution zu beobachten. Auch er postuliert also eine durch ein völlig neuartiges Zeitempfinden gekennzeichnete Moderne.

Alle genannten Beiträge beschäftigen sich nicht nur mit der Frage nach der Beschleunigung von Entwicklungen an sich, sondern vielmehr – teils explizit, teils implizit – mit der Frage nach der Kommunikation über Entwicklungen, die als beschleunigt wahrgenommen werden, in verschiedenen historischen Konstellationen. Insbesondere von Rosa wird dabei die Ansicht vertreten, dass diese diskursive Ebene von sozialen „Realitäten" entkoppelt sein kann. Dennoch betonen alle drei Autoren in ihren Untersuchungen, dass die beobachtbaren Diskussionen nur vor dem Hintergrund der tiefgreifenden Veränderungen erklärbar sind, die sich durch Aufklärung, soziale Revolutionen und Industrialisierung ergeben haben und somit als spezifisch modern gelten können. Ungeachtet der Tatsache, dass die verschiedenen Ansätze zum gleichen Ergebnis führen, fallen die gewählten Schwerpunkte jedoch sehr unterschiedlich aus: Während Koselleck die seit der Vormoderne wirksame, auf „Altbekanntes" rekurrierende Beschleunigungserfahrung von der durch den Faktor der Industrialisierung erst evident werdenden, rein modernen Erfahrung trennt, rückt Kruse die politischen und gesellschaftlichen Entwicklungen in den Vordergrund und betrachtet die Beschleunigungserfahrung deshalb bereits mit der Französischen Revolution als

[7] Ebd., 117.

[8] *Wolfgang Kruse*, Der historische Ort konkreter Utopie. Beschleunigte Zeiterfahrungen, neuartige Zukunftsperspektiven und experimentelle Gestaltungsformen als Strukturmerkmale moderner Revolutionen, in: Zeitschrift für Geschichtswissenschaft 61, 2013, 101–122.

grundsätzlich verändert. Diese unterschiedlichen Erklärungsansätze für dasselbe Phänomen ergeben sich letztlich aus dessen unterschiedlicher Bewertung: Kruse macht politische und ideengeschichtliche Umwälzungen für das Evidentwerden von Beschleunigungserfahrung verantwortlich. Koselleck hingegen verortet den entscheidenden Faktor in der Industrialisierung – auch wenn er in einem geistesgeschichtlichen Rückgriff auf vormoderne Beschleunigungsdiskurse zu sprechen kommt. Diese erklärt er jedoch für noch nicht „gesättigt" und daher wenig evident.[9] Ausgangspunkt bleibt insofern bei Koselleck, Kruse wie auch bei Rosa die Beobachtung beschleunigter historischer Entwicklungen in der Moderne durch den Wissenschaftler selbst.

Wenn aus der Perspektive des Nachlebenden ein rasanter Wandel beobachtbar scheint, wird dieser von den Akteuren selbst allerdings nicht notwendigerweise auch als solcher wahrgenommen. Umgekehrt kann es passieren, dass Menschen die Welt als grundsätzlich verändert erleben, ohne dass im Nachhinein ein aus der Perspektive des Wissenschaftlers bedeutend erscheinender Wandel festgestellt werden könnte. Selbst wenn man mit Rosa davon ausgehen möchte, dass die Veränderungsgeschwindigkeit in der Moderne so drastisch zugenommen hat wie nie zuvor, ist damit also noch nicht gesagt, dass ein gravierender und ungekannter Wandel nicht auch zu anderen Zeiten erfahren werden konnte.

Hat es also bereits vor den großen Umwälzungen des 18. oder 19. Jahrhunderts Zeitphasen gegeben – mögen sie nur wenige Tage oder mehrere Jahrzehnte angedauert haben – in denen Menschen die Erfahrung machten, dass sich ihre Welt mit einer bisher nicht gekannten Geschwindigkeit veränderte? Dass eine solche Frage ihre Berechtigung hat, konnte unlängst bereits Andreas Mehl zeigen. Im Rahmen einer Auseinandersetzung mit antiken Formen der Zeitwahrnehmung und -messung unternimmt er einen Versuch, der Kategorie der Koselleck'schen Beschleunigung ihre moderne Spezifik zu nehmen, indem er das Phänomen auch in antiken Schriften nachweist.[10] Dabei wird er vornehmlich bei christlichen Autoren fündig, etwa beim im 3. Jahrhundert n. Chr. schreibenden Cyprian von Karthago. Dessen akute, auf eschatologischen Vorstellungen gegründete und in Katastrophenrhetorik vorgetragene Endzeiterwartungen erklärt Mehl zum Ausdruck extremer Beschleunigungswahrnehmung. Mehls Vorgehensweise besteht damit in der Übertragung eines bisher dezidiert auf die Moderne bezogenen Modells auf das antike Christentum. Die modernetypischen Variablen wie Aufklärung oder Industrialisierung werden dabei durch eine vormoderne Variable ersetzt, nämlich die der christlichen Eschatologie. Gerade besagte Variablen – also die den Zeitwahrnehmungen der Akteure zugrundeliegenden gesellschaftlichen Veränderungen – sind es aber, die das von Koselleck, Kruse oder

[9] *Koselleck*, Zeitschichten (wie Anm. 3), 153.

[10] *Andreas Mehl*, Gefühlte, gedeutete und gemessene Zeit bei Griechen und Römern, in: Hartmut Heller (Hrsg.), Gemessene Zeit – gefühlte Zeit. Tendenzen der Beschleunigung, Verlangsamung und subjektiven Zeitempfindens, Münster / Wien 2006, 139–177, bes. 154–160.

Rosa getragene Bild der Beschleunigung wesentlich bestimmen. Beschleunigung in ihrem Sinne ist per se modern. So ist entweder die von Mehl vorgenommene Begriffsübertragung problematisch, oder aber die Einzigartigkeit moderner Beschleunigungserfahrung steht grundsätzlich in Frage.

In jedem Fall offenbaren die von Mehl herangezogenen antiken Quellen Muster, die in vielerlei Hinsicht an die für die Moderne beschriebenen Beschleunigungsdiskurse erinnern – insbesondere in Hinblick auf die Beschreibung einer „Veränderung zwischen dem Vorher und dem Jetzt", die den „Eindruck einer [...] erheblich [...] verdichteten und beschleunigten Folge von Ereignissen und Entwicklungen" entstehen lässt.[11] Die Ähnlichkeiten bestehen im Kern also darin, dass für die Gegenwart oder nahe Zukunft eine massive Veränderung diagnostiziert und vor allem als hochevident dargestellt wird. Diese Veränderung kann von den Akteuren als bedrohlich empfunden werden. Sie kann aber gleichzeitig auch – wie es sich etwa bei Cyprian andeutet – mit Heilserwartungen verknüpft werden. Nicht entscheidend ist in diesem Zusammenhang die Frage, ob der Historiker die Veränderungsdiagnose im Nachhinein bestätigen kann.

Der vorliegende Beitrag verfolgt das Ziel, verschiedene historische Situationen miteinander zu vergleichen, in denen Akteure die Erfahrung zum Ausdruck gebracht haben, dass sich in ihrer Gegenwart die Ereignisse überschlugen und sich womöglich sogar ein gravierender Umbruch ereignete. Dabei steht die Frage im Vordergrund, in welcher Form derartige Erfahrungen in den Quellen greifbar werden und inwieweit die Beschreibungen sich ähneln. Zu fragen wäre zudem, ob Debatten über Beschleunigung der einzige Indikator für solcherlei Erfahrungen sind, oder ob man nicht gerade mit Blick auf ältere Zeiten darüber nachdenken müsste, andere, vielleicht passendere Begriffe zu verwenden. So scheint der von Mehl bereits beiläufig im zeitlichen Sinne verwendete Begriff der „Verdichtung" gegenüber dem der Beschleunigung eine hilfreiche Erweiterung zu implizieren: Er beinhaltet nicht ausschließlich den spezifischen Aspekt einer mit immer höherer Taktung ablaufenden, gerichteten Entwicklung, sondern beschreibt allgemeiner das Kumulieren mehrerer – ähnlicher oder auch verschiedenartiger – Ereignisse innerhalb einer als kurz verstandenen Zeitspanne.

Die zu analysierenden Fälle entstammen zwei sehr unterschiedlichen zeitlichen und räumlichen Kontexten. Es handelt sich zum einen um das Griechenland der zweiten Hälfte des 5. Jahrhunderts v. Chr. und zum anderen um das Ruhrgebiet des beginnenden 20. Jahrhunderts. Gefragt werden soll jedoch nach spezifischen – und deswegen vergleichbaren – Situationen, nämlich nach den mehr oder weniger knappen Zeitphasen, in denen historische Akteure ihre Umwelt als in grundsätzlicher und weitreichender Veränderung begriffen erlebten. Ausgelöst wurden diese Situationen in den herangezogenen Fällen durch extreme bzw. als extrem erlebte Ereignisse und Entwicklungen – Naturkatastro-

[11] Ebd., 158 f.

phen, Kriege, Revolutionen. Zwar mögen diese Auslöser im Einzelnen ganz unterschiedlicher Natur sein; doch scheint die Art und Weise, in der die Akteure in all diesen Fällen die von ihnen erlebte Zeit beschreiben, in vielerlei Hinsicht ähnlich. Dies gilt insbesondere für die extrem hohe Evidenz, die dem Beschriebenen in allen Fällen beigemessen wird und die in jeweils vergleichbaren Gegenwartsdiagnosen zum Ausdruck gebracht wird. Für die erste, das 5. Jahrhundert v. Chr. betreffende Teilanalyse ist in diesem Zusammenhang das Auftreten von Naturkatastrophen, speziell von Erdbeben, von Bedeutung.

II.

Griechenland und die Ägäis, die Kerngebiete der antiken griechischsprachigen Welt, gehören aufgrund ihrer Lage in der Grenzzone zwischen afrikanischer, eurasischer und anatolischer Platte zu den seismisch aktivsten Gebieten im Mittelmeerraum. Insbesondere die Südwestküste des griechischen Festlandes, der korinthische Golf, der Golf von Malia, die nördlichen und südlichen Ränder des ägäischen Meeres sowie nicht zuletzt die ionische Küste in der heutigen West-Türkei wurden und werden regelmäßig von Beben heimgesucht.[12] Für die in den genannten Regionen Lebenden bedeutete dieser Umstand eine permanente Bedrohung, die sich spätestens ab der frühklassischen Zeit auch intensiv im zeitgenössischen Schrifttum niedergeschlagen hat. Man wusste um die Anfälligkeit der eigenen Heimat und versuchte, dem Phänomen durch Erklärungsmodelle verschiedensten Zuschnitts einen Teil seines Schreckens zu nehmen. Dies geschah etwa in Form von Traktaten über die Wirkung und Entstehung von Erdbeben, aber auch anhand von Katalogen, in denen die geschehenen Beben in gesammelter und geordneter Form tradiert wurden.[13]

Erhalten hat sich daneben aber auch eine Vielzahl von Notizen und Berichten über einzelne Erdbeben, deren Folgen besonders katastrophal erschienen.[14] Derartige Ereignisse lösten Situationen aus, in denen die verschiedenartigen Bedrohungen plötzlich und unerwartet manifest wurden. Sie führten nicht nur zu einer enormen Zeitverknappung in Bezug auf materielle Fragen – von der akuten

---

[12] *Kostas Makropoulos / Paul Burton*, Greek Tectonics and Seismicity, in: Tectonophysics 106, 1984, 275–281.

[13] In den Zusammenhang des Bewältigungshandelns gehören aber auch die verbreiteten religiösen Deutungen. Vgl. allgemein *Gerhard Waldherr*, Erdbeben. Das außergewöhnliche Normale. Zur Rezeption seismischer Aktivitäten in literarischen Quellen vom 4. Jahrhundert v. Chr. bis zum 4. Jahrhundert n. Chr., Stuttgart 1997.

[14] Der Begriff der „(Natur-)Katastrophe“ bietet in der Forschung weiterhin Anlass zu regen Diskussionen, die in diesem Rahmen nicht eingehender thematisiert werden können. Einen Überblick über die jüngere Forschung liefert *Uwe Luebken*, Undiszipliniert. Ein Forschungsbericht zur Umweltgeschichte, in: H-Soz-u-Kult, 14.07.2010, <http://hsozkult.geschichte.hu-berlin.de/forum/2010-07-001>.

Lebensgefahr bis hin zu langfristigen strukturellen Problemen durch die angerichteten Zerstörungen –, sondern sie machten darüber hinaus auch die Frage nach der Deutung von Beben in besonderer Weise virulent und wirkten auf das entsprechende Schrifttum insofern geradezu wie ein Katalysator. Die Wahrnehmung massiver Veränderungen muss in solchen Situationen deutlich greifbar geworden sein. Eine dieser Situationen – die gleichzeitig in eine längere Phase gesamtgesellschaftlicher Unsicherheit fällt – soll hier deswegen exemplarisch ins Zentrum der Betrachtungen rücken.

Im Jahr 426 v. Chr., dem sechsten Jahr des sogenannten Peloponnesischen Krieges zwischen Sparta und Athen, überschritt das Heer der Spartaner und ihrer Verbündeten den Isthmos von Korinth zwischen der Peloponnes und Mittelgriechenland, um Attika und dessen Hauptstadt Athen anzugreifen. Kurz vor dem Einfall jedoch – so berichten die antiken Historiographen Thukydides († ca. 399 v. Chr.) und Diodor (1. Jahrhundert v. Chr.) übereinstimmend – ereigneten sich mehrere Erdbeben, die die Peloponnesier dazu bewogen, sich wieder in ihre Heimat zurückzuziehen.[15]

Die Naturereignisse, die diesen ungewöhnlichen Entschluss auslösten, sind in einer ganzen Reihe von antiken Schriften beschrieben worden.[16] Sie trafen vornehmlich den malischen Golf in Mittelgriechenland und die umliegenden Landschaften Lokris, Böotien sowie die Insel Euböa. Dort richteten sie in zahlreichen Städten erhebliche Schäden an. Gravierend wirkte sich dabei vor allen Dingen ein Sekundärphänomen aus, das nur die direkt am Meer gelegenen Gegenden betraf, dort aber umso stärker wirkte: Im Golf von Malia verursachte eines der Beben eine massive Flutwelle, die ganze Küstenstreifen verwüstete und offenbar auch zu langfristigen naturräumlichen Veränderungen führte.[17]

Die Konsequenzen des Geschehenen für die Gemeinwesen entlang der Küste des malischen Golfes waren offenbar gravierend, um nicht zu sagen katastrophal. Dies lässt sich nicht nur bei Thukydides und Diodor, sondern beispielsweise auch in den Schriften des frühkaiserzeitlichen Geographen Strabon greifen, der unter Berufung auf Demetrios von Kallatis (3. Jahrhundert v. Chr.) von der teilweisen oder völligen Zerstörung von nicht weniger als 15 Orten berichtet.[18] Die prekäre Situation, die durch derlei Zerstörungen auch über den unmittelbaren Moment des Geschehens hinaus ausgelöst worden sein muss, lässt sich alleine schon aus diesen Dimensionen erschließen: In Analogie zu Katastrophenfällen des 20. oder 21. Jahrhunderts mag man dabei etwa an Versorgungsprobleme, Einsturzgefähr-

[15] *Thukydides*, Historíai, 3,89,1; *Diodoros*, Bibliothéke historiké, 12,59,1.

[16] Zur Überlieferung *Emanuela Guidoboni*, Catalogue of Ancient Earthquakes in the Mediterranean Area up to the 10th Century, Rom 1994, 119–122.

[17] In den historisch-seismologischen Katalogen findet man diese Flutwelle meist mit dem japanischen Begriff „Tsunami" bezeichnet. Vgl. *Nicolas Ambraseys*, Earthquakes in the Mediterranean and Middle East. A Multidisciplinary Study of Seismicity, Cambridge 2009, 83.

[18] *Strabon*, Geographika, 1,3,20.

dung oder Unterkunftsmangel denken. Dass in den Ortschaften am malischen Golf 426 v.Chr. derlei Missstände bestanden, ist anzunehmen; in den Quellen beschrieben werden sie nicht.

Neben materielle Bedrohungen dürften allerdings auch für die vor Ort Lebenden alsbald weitere offene Fragen getreten sein. In den teilweise aus weitem zeitlichen und räumlichen Abstand verfassten Schriftquellen werden solche Fragen sehr viel deutlicher greifbar als die materiellen; beschäftigten sie doch in nicht geringem Maße auch jene, die sich von dem Geschehen nur indirekt betroffen fühlten. Eine besonders starke Wirkung erzeugte beispielsweise der Umstand, dass gleich mehrere Naturereignisse nacheinander aufgetreten waren und dass es sogar zu Veränderungen in der Natur gekommen war. Der Zeitgenosse Thukydides stilisiert diese Veränderungen geradezu zur Umkehrung der gegebenen Verhältnisse: „[...] und jetzt ist Meer, wo vorher Land war", kommentiert er seine Beschreibung.[19] Noch in den Jahrhunderte später verfassten Berichten Diodors oder Strabons hat dieses ungewöhnliche Phänomen für Aufsehen gesorgt.[20]

Dass hier nicht von einer reinen Gelehrtendiskussion die Rede ist, zeigt sich besonders gut an der bereits erwähnten Reaktion der Spartaner und ihrer Verbündeten. Obwohl diese selbst – der Isthmos von Korinth liegt mindestens 80 Kilometer vom mutmaßlichen Schüttergebiet entfernt – wohl kaum größere Schäden durch die Beben davongetragen haben können[21], und obwohl sie von den andernorts angerichteten Schäden möglicherweise nicht einmal wussten, sahen sie sich doch zu einer drastischen Handlung veranlasst – nämlich zum Abbruch des gerade in Angriff genommenen Feldzuges. Dieser Abbruch stand offenbar nicht mit den materiellen Folgen der Erdbeben in Zusammenhang. Er erfolgte vielmehr, wie Diodor auch explizit erklärt, aus *deisidaimonía* (Gottesfurcht, Aberglaube)[22], also aufgrund einer Ausdeutung des Geschehens als übles Vorzeichen. Die mehrfache Wiederholung der Beben dürfte der göttlichen Warnung dabei zusätzlichen Nachdruck verliehen haben.[23] Die hohe Bebenfrequenz um den Jahreswechsel 427/426 v.Chr. jedenfalls blieb, wie aus einer weiteren Thukydides-Stelle hervorgeht, offenbar noch jahrzehntelang im kollektiven Gedächtnis der Griechen verankert.[24]

---

[19] *Thukydides*, Historíai, 3,89,2.

[20] *Diodoros*, Bibliothéke, 12,59,2; *Strabon*, Geographika, 1,3,20.

[21] Vgl. *Ambraseys*, Earthquakes, 83, der einige Schäden am ähnlich weit entfernt gelegenen Parthenon im Zusammenhang mit der Bebenserie diskutiert: Er schließt einen Zusammenhang aus, da ein Beben mit Epizentrum im malischen Golf eine Stärke von mehr als 7,5 auf der Richterskala hätte erreichen müssen, um diese Schäden zu verursachen. Ein solches Beben, so fügt er hinzu, „would have obliterated the whole of central Greece".

[22] *Diodoros*, Bibliothéke, 12,59,1.

[23] Die für einen vergleichbaren Fall überlieferte Umdeutung des Bebens als *positives* Vorzeichen, geschehen im Zusammenhang mit einem Feldzug der Spartaner gegen Argos im Jahr 388 v.Chr. (zur Überlieferung *Guidoboni*, Catalogue, [wie Anm. 16], 126–128), wäre so vielleicht nicht möglich gewesen, wenn auf das erste Beben bald noch weitere gefolgt wären.

[24] *Thukydides*, Historíai, 3,87,4. Dazu *Arnold Gomme*, A Historical Commentary on Thu-

Für den geschilderten Fall lässt sich also eine Zeitphase rekonstruieren, in der sonst eher seltene Ereignisse gehäuft auftraten. Deren Konsequenzen waren wie erwähnt erheblich. Dass die direkt Betroffenen, also die Überlebenden der Katastrophe, die Zeit in besonderem Maße als knapp empfunden hätten, dass die Ereignisse sich in ihren Augen überstürzten, oder dass sie gar die Welt als grundsätzlich verändert erlebt hätten, darüber lässt sich jedoch allenfalls spekulieren. Ihre Äußerungen sind nicht erhalten und können auch nicht rekonstruiert werden. Gerade der Zeichencharakter, den man Erdbeben im Griechenland des 5. Jahrhunderts v. Chr. zuschrieb, machte deren Häufung aber auch für nur indirekt betroffene Zeitgenossen und sogar für Nachlebende in besonderem Maße relevant. Wer, wie die Spartaner, derartige Vorkommnisse als göttliche Hinweise auffasste, konnte ihr Auftreten nicht einfach dem Zufall zuschreiben und es schon gar nicht ignorieren. Außergewöhnliche Naturphänomene wie Erdbeben stellten per se etwas zu Deutendes dar: Sie waren mit den Ereignissen innerhalb der menschlichen Sphäre unbedingt in Verbindung zu bringen. So geschah es offenbar auch im Lager der Spartaner und ihrer Verbündeten. Dabei wurden die Ereignisse allerdings ausschließlich auf das eigene Handeln in der gerade gegebenen Situation bezogen. Damit konnten sie in einen bekannten Rahmen eingeordnet werden, der es erlaubte, ihnen adäquat zu begegnen. Die Bebenserie war somit für die Spartaner trotz ihrer religiösen Ausdeutung offenbar von vorübergehender Natur; ihre Einordnung in einen größeren Deutungsrahmen blieb aus.

In einen übergeordneten Zusammenhang gebracht wurden die Ereignisse – gemeinsam mit weiteren Naturphänomenen – allerdings durch Thukydides, der ja nicht nur Zeitgenosse, sondern auch Historiker war, und dem es somit auch verstärkt um Zusammenfassung und Bewertung gehen musste. In Thukydides' Werk spielen außergewöhnliche Naturerscheinungen eine herausragende Rolle: Erdbeben, aber auch Seuchen, Dürren, anhaltende Regenfälle, Stürme, Vulkanausbrüche, Sonnen- und Mondfinsternisse werden allenthalben erwähnt und teils ausführlich geschildert.[25] All diese Ereignisse erschienen ihm offenbar eng verknüpft mit den Kriegshandlungen. Besonders deutlich zeigt das eine berühmte Passage am Beginn seines Werkes, in der die Zeit des Peloponnesischen Krieges zusammenfassend skizziert wird:

„[...] und es brachen damals so vielerlei Leiden über Hellas herein wie sonst nie in gleicher Zeit. Nie wurden so viele Städte erobert und entvölkert, teils durch Barbaren, teils in gegenseitigen Kämpfen, manche bekamen sogar nach der Einnahme eine ganz

cydides, Bd. 1, Oxford 1956, 389, der aus Thukydides' Wortwahl schließt, dass der betreffende Zeitraum als eine Art „Erdbebenwinter" allgemein bekannt war.

[25] Das prominenteste Beispiel bildet die „Pest" in Athen, von der der Autor auch selbst betroffen war. *Thukydides*, Historíai, 2,47–54. Dazu *Mischa Meier*, „Die größte Erschütterung für die Griechen" – Krieg und Naturkatastrophen im Geschichtswerk des Thukydides, in: Klio 87, 2005, 329–345, der 331, Anm. 11 zahlreiche Belegstellen liefert.

neue Bevölkerung; nie gab es so viele Flüchtlinge, so viele Tote, durch den Krieg selbst und in den Parteikämpfen. Was man früher immer sagen hörte, aber die Wirklichkeit so selten bestätigte, wurde glaubhaft: Erdbeben, die weiteste Länderstrecken zugleich mit ungewohnter Wucht heimsuchten, Sonnenfinsternisse, die dichter eintrafen, als je aus früherer Zeit überliefert, dazu mancherorts Hitze und darauf folgend Hungersnot, und schließlich, nicht die geringste Plage, ja zum Teil Vernichterin, die Seuche: all dies fiel zugleich mit diesem Krieg über die Hellenen her."[26]

Die Jahre 431–404 v. Chr., von ihm selbst erstmals als ein einzelner, großer und kausal verknüpfter Krieg zusammengefasst, präsentiert Thukydides hier als eine Zeit, in der Griechenland eine bisher ungekannte Verdichtung von Leiden (*pathémata*) durchmachte. Neben die Kriegsfolgen, die seiner Meinung nach alles bisher Gekannte überstiegen, treten – und Thukydides betont, dass man das niemals für möglich gehalten habe – als zusätzliches Unglück zahlreiche Naturkatastrophen, die ihrerseits eine weite Verbreitung und hohe Intensität aufweisen und teils auch als besonders folgenreich erscheinen. Der durch den Krieg herbeigeführte Ausnahmezustand wird hier gleichermaßen parallelisiert wie verstärkt durch etwas, das man als „Aufruhr in der Natur" bezeichnen könnte. Dabei ist nicht zu klären, inwiefern es sich bei der geschilderten Ereigniszunahme um „tatsächliches" Erleben oder um literarische Konstruktion handelt. Auch bleibt in dieser Passage unklar, ob der Autor die Gleichzeitigkeit des Geschehens selbst als zeichenhaft auffasst oder ob er den Krieg im Gegenteil als irrational – weil von keiner göttlichen Macht steuerbar – darstellen will.[27] Deutlich sichtbar ist jedoch, dass die Bedrohlichkeit der Lage durch den Verweis auf die Naturkatastrophen und die damit einhergehende Verdichtung der Schicksalsschläge als hochevident vor Augen geführt werden soll. In der Sicht des Thukydides stellte diese Zeitphase offenbar einen Tiefpunkt der griechischen Geschichte dar – und dies möglicherweise gar in nur vorläufiger Form.[28] Bedenkt man, welch hohe Aufmerksamkeit schon einzelnen Naturereignissen wie der Bebenserie von 427/426 v. Chr. in dieser Zeit zukam und welchen Deutungsgehalt man ihnen zuwies, so muss diese Einschätzung vielen zeitgenössischen Lesern in der von Thukydides präsentierten Form als überaus einleuchtend erschienen sein.

[26] *Thukydides*, Historíai, 1,23. Übersetzung nach *Georg Peter Landmann* (Hrsg.), Thukydides. Geschichte des Peloponnesischen Krieges. Eingeleitet und übertragen von Georg Peter Landmann, 2. Aufl. München 1976 (leicht modifiziert).

[27] So *Meier*, Erschütterung (wie Anm. 25), 342, für das Gesamtwerk.

[28] Vgl. zum von Thukydides diagnostizierten Niedergang Athens am Beispiel der Innenpolitik *Fabian Schulz*, Spaltung und Einigung Athens im Jahr 411. Die neue Dimension von Stasis und ihre Akzentuierung durch Thukydides, in: Ernst Baltrusch / Christian Wendt (Hrsg.), Ein Besitz für immer? Geschichte, Polis und Völkerrecht bei Thukydides, Baden-Baden 2011, 123–136.

III.

Eine ähnlich hohe Aufmerksamkeit, wie sie extremen Naturereignissen im Griechenland der zweiten Hälfte des 5. Jahrhunderts v. Chr. entgegengebracht wurde, erhielten im Ruhrgebiet des beginnenden 20. Jahrhunderts Streiks und soziale Konflikte.

Für die Zeit der Industrialisierung und danach gilt das Ruhrgebiet als eine Region[29], in der sich die „Erfahrung einer neuen Zeit registrieren lässt."[30] In seiner Ruhrprovinz-Reportage von 1928 beschreibt Erik Reger, wie „unter dem Einfluß einer beispiellosen Konjunktur auf dem Eisen- und Kohlemarkt [...] über Nacht aus Ackerdörfern große Städte geworden" seien, die durch ein dichtes Eisenbahnnetz miteinander verbunden wurden, sodass man innerhalb einer Stunde „fünf Viertel- und Halbmillionenstädte" und „fast ein Dutzend Mittelstädte" passieren könne.[31] Das Erscheinungsbild der Region hatte sich durch die Industrialisierung also in kurzer Zeit sehr deutlich verändert. Die infrastrukturelle Veränderung der Region prägte auch das Handeln ihrer Bewohner. Der „Bedarf an billigen und unterwürfigen Arbeitskräften [war] unerschöpflich"[32], was zu einer immer größeren Bevölkerungsdichte führte.[33] Die Montanindustrie bestimmte die räumliche und gesellschaftliche Ausgestaltung der Region und gewöhnte die Menschen an das Leben von und mit der monostrukturellen Umgebung. Das (Über-)Leben hing von konjunkturellen Schwankungen ab, wie anderswo die Ernte von gutem oder schlechtem Wetter. Spätestens seit 1889 begannen zudem die Arbeiter die Beziehungen zu ihren Brotherren zu hinterfragen und richteten Forderungen an sie.[34] Konflikte zwischen Arbeitgebern und Arbeitnehmern sowie Anerkennungskämpfe der Arbeiter für bessere Lebens- und Arbeitsbedingungen bestimmten den Alltag und äußerten sich in großen Streikwellen.[35] Wie sehr diese Veränderungen innerhalb der Region als Bedrohung wahrgenommen wurden, zeigt sich zum Beispiel daran, dass der Unternehmer Hugo Stinnes am Vorabend des Ersten Weltkrieges vor allem anderen den Ausbruch eines

---

[29] Vgl. *Karl Rohe*, Regionalkultur, regionale Identität und Regionalismus im Ruhrgebiet. Empirische Sachverhalte und theoretische Überlegungen, in: Wolfgang Lipp (Hrsg.), Industriegesellschaft und Regionalkultur. Untersuchungen für Europa, Köln u. a. 1984, 123–151.

[30] *Koselleck*, Zeitschichten (wie Anm. 3), 167.

[31] *Erik Reger*, Ruhrprovinz, in: Die Weltbühne 24 II/51, 1928, 918–924, Zitate 918 und 919.

[32] Ebd., 918.

[33] Anselm Doering-Manteuffel beschreibt, wie Montanregionen in den Jahrzehnten zwischen 1890 und 1930 einen „Wanderungs*sog*" erzeugten: *Anselm Doering-Manteuffel*, Mensch, Maschine, Zeit. Fortschrittsbewußtsein und Kulturkritik im ersten Drittel des 20. Jahrhunderts, in: Jahrbuch des historischen Kollegs, München 2003, 91–119, bes. 93.

[34] Zur Frage nach den Gründen für die Entstehung sozialen Protests in der Arbeiterschaft vgl. *Barrington Moore*, Ungerechtigkeit. Die sozialen Ursachen von Unterordnung und Widerstand, Frankfurt am Main 1987.

[35] Vgl. etwa *Franz-Josef Brüggemeier*, Leben vor Ort. Ruhrbergleute und Ruhrbergbau 1889–1919, München 1983.

internationalen Bergarbeiterstreiks fürchtete.[36] Doch nicht nur Arbeitgebern bereitete das explosive Potential der Ruhrarbeiterschaft in Verbindung mit einer angespannten wirtschaftlichen Lage Sorgen. Auch Sozialdemokraten, wie der zeitweise für die Region zuständige Staatskommissar Carl Severing, beschrieben die leicht reizbare Stimmung der Arbeiter und das damit zusammenhängende Konfliktpotenzial als Bedrohung regionaler und nationaler Ordnungen:

„Der schwere und gefahrvolle Beruf des Bergmanns und des Hochofenarbeiters sog immer schon gierig an dem Lebensmark seiner Hörigen, dämpfte ihren Lebensmut, machte sie frühzeitig zu Greisen. Wenn dann noch die Teuerung, der Hunger, in den Familien Einzug hielt, dann grollte es wie ferner Donner aus den Tiefen der Schächte, in den Hallen der Walzwerke, vor den Gluten der Hochöfen. So war auch schon vor dem Kriege das Revier der Wetterwinkel der deutschen Industrie."[37]

Daran hatte auch die sogenannte Novemberrevolution wenig ändern können, trotz Regierungswechsel und Sozialisierungsbemühungen. Gesellschaftliche und infrastrukturelle Ordnungen schienen weiter durch Aufruhr bedroht, dessen Folgen – Absaufen der Zechen und Zusammenbruch der Versorgungssicherheit – über die Grenzen des Ruhrgebiets hinaus als existenziell wahrgenommen wurden. Bereits während der revolutionären Phase am Ende des Ersten Weltkrieges wurde aufgrund solcher wahrgenommener Bedrohungsszenarien die Region unter besondere Beobachtung gestellt. In Münster wurde ein geheimes Nachrichtenbüro gegründet, um „auf illegalem Wege Nachrichten aus den Parteien des Ruhrbezirks [...] zu erhalten"[38] und im Zweifelsfall aufkommende Unruhen aufgrund dieser Informationen verhindern zu können. Solche Maßnahmen erfüllten allerdings nur bedingt ihren Zweck. Obwohl die Revolution im Ruhrgebiet zunächst verhältnismäßig ruhig verlief,[39] verdichteten sich die Streikwellen im Frühjahr 1919 und über die betreffenden Orte in den preußischen Provinzen Rheinland und Westfalen wurde der Belagerungszustand verhängt. Dies führte wiederum zu einer Verschärfung der Konflikte, da die streikenden Arbeiter sich nun bewaffneten Freikorps und dem Militär gegenüber sahen.[40] Die Situation eskalierte im März 1920.[41] Auf einen Militärputsch in Berlin, den sogenannten Kapp-Putsch,

[36] *Gerald D. Feldman*, Hugo Stinnes. Biographie eines Industriellen 1870–1924, München 1998, 373.

[37] *Carl Severing*, 1919–1920 im Wetter- und Watterwinkel. Aufzeichnungen und Erinnerungen des Staatsministers a. D. Carl Severing ehemaligen Reichs- und Staatskommissars im Befehlsbereiche des VII. Armeekorps, Bielefeld 1927, 6.

[38] Landesarchiv NRW, Abteilung Westfalen, Bestand Büro Kölpin, Nr. 154 Blatt 9.

[39] Rhein- und Ruhrzeitung, 9. November 1918, Morgenausgabe.

[40] Zu den (Ruhr-)Streiks von 1919 samt kommentierter Bibliographie vgl. *Holger Marcks*, Als die Gruben in Proletenhand. Die Streikbewegung 1919 im Ruhrgebiet, in: ders./Matthias Seiffert (Hrsg.), Die großen Streiks. Episoden aus dem Klassenkampf, Münster 2008, 34–38 und 45–46.

[41] Zu den Märzunruhen 1920 im Ruhrgebiet immer noch maßgeblich: *Erhard Lucas*, Märzrevolution im Ruhrgebiet, 3 Bde., Frankfurt am Main 1970–1978, und *George Eliasberg*, Der Ruhrkrieg von 1920, Bonn 1974. Siehe auch: *Lennart Lüpke/Nadine Kruppa*, Von der politi-

reagierte die Bevölkerung im Ruhrgebiet – wie in ganz Deutschland – mit dem Generalstreik. Da aufgrund des Streiks die reichsweite Kommunikation erheblich erschwert worden war, bildeten sich in den Städten des Ruhrgebiets Aktionsausschüsse unterschiedlicher parteipolitischer Konstellationen, die sich einem gewissen Handlungsdruck ausgesetzt sahen. Die Machtübernahme des Militärs sollte unbedingt verhindert werden. So entwickelte sich eine Bewegung, die Hans-Ulrich Wehler als „größte[...] proletarische[...] Erhebung der deutschen Geschichte, ja [...] größte[n] Aufstand seit dem Bauernkrieg von 1525“ beschrieben hat.[42] Bewaffnete Arbeiter besetzten die Städte und Rathäuser des Ruhrgebiets und vertrieben Freikorps und Reichswehr aus der Region.[43] In der Zwischenzeit scheiterte der Putsch in Berlin und es konnte der Eindruck entstehen, die Bedrohung durch gewaltsame Auseinandersetzungen im Ruhrgebiet manifestiere sich – auch über die Grenzen der Region hinaus. Es herrschte Bürgerkrieg. Das Gewaltmonopol der Regierung stand auf dem Spiel und zudem das Funktionieren des wichtigsten deutschen Industriegebiets, das durch die Herrschaft der Arbeiter zum – so Wehler – „gesellschafts- und verfassungspolitische[n] Experimentierfeld“ geworden war.[44] Doch diesmal konnten Streik und Aufruhr nicht mehr, wie noch im Vorjahr, einerseits durch Verhandlungen geschlichtet und andererseits durch die Ausrufung des Belagerungszustandes unterbunden werden. Verhandlungen scheiterten und das Militär rückte gegen die rund 50 000 bewaffneten und 330 000 streikenden Arbeiter zu Felde. Gewaltexzesse waren die Folge, in denen Reichswehr und Freikorps schließlich die Oberhand gewannen.[45]

Durch die Wucht seiner Erscheinung verbreitete der Ausbruch des Bürgerkriegs Angst und Schrecken in der ganzen Republik. Das zunächst vor allem regional empfundene Drohen gesellschaftlicher Konflikte wurde durch sein Manifestwerden auch außerhalb der Region als Beschleunigung möglicher revolutionärer Entwicklungen wahrgenommen. Der in Berlin lebende Historiker Gustav Mayer notierte in sein Tagebuch:

> „Die Agonie des deutschen Staates hat begonnen. Die ‚Weltrevolution‘ hat Zentraleuropa erreicht. Ich glaube nicht, dass sie noch aufzuhalten ist. Die spärlichen Nachrichten, die das Telefon herbeibringt, zeigen, dass in den verschiedenen Teilen des Reiches der Bürgerkrieg eine Tatsache geworden ist.“[46]

---

schen Revolution zur sozialen Protestbewegung. Die Revolution im Ruhrgebiet 1918–1920, in: Ulla Plener (Hrsg.), Die Novemberrevolution 1918/1919 in Deutschland, Berlin 2009, 104–130, bes. 121.

[42] *Hans-Ulrich Wehler*, Deutsche Gesellschaftsgeschichte, Bd. 4: 1914–1949, 2. Aufl. Bonn 2003, 403.

[43] Vgl. *Lüpke/Kruppa*, Revolution (wie Anm. 41).

[44] *Wehler*, Gesellschaftsgeschichte (wie Anm. 42), 404.

[45] Ebd., 403.

[46] *Gottfried Niedhart* (Hrsg.), Gustav Mayer. Als deutsch-jüdischer Historiker in Krieg und Revolution 1914–1920. Tagebücher, Aufzeichnungen, Briefe, München 2009, 222: Tagebucheintrag vom 22. März 1920.

In Aussagen wie diesen drückt sich die Befürchtung aus, dass sich im Moment des Bürgerkriegs eine aufgrund zeitnaher ähnlicher Ereignisse in anderen Regionen und Ländern denkbare Entwicklung der Geschichte beschleunigen würde – und zwar in Form einer Revolution, die Koselleck „das beschleunigte Konzentrat aller möglichen Geschichte" nennt.[47]

Das Gefühl, in einer Zeit zu leben, in der alles anders ist und alles möglich scheint, beschlich Mayer bereits im Januar 1919:

„Welche Jahreswende! [...] Dieser Zusammenbruch ist ja nicht nur der einer herrschenden Schicht, eines politischen Systems, er ist zugleich der moralische Zusammenbruch eines ganzen Volkes, ein Schwanken aller seiner Maasstäbe [sic!], eine Erschütterung aller seiner Werte, eine Infragestellung aller sittlicher Beziehungen, aller Pflichtenverküpfung [sic!]; wir leben am Tage nach einem beispiellosen Erdbeben, ungewiss, ob der letzte Stoss schon der schwerste war, ob es also einen Sinn hat, an den Wiederaufbau der Trümmer zu gehen, da sich jede Minute auch das, was heute noch aufrecht ist, in den Staub legen kann."[48]

Ein Jahr später schien der Bürgerkrieg im Ruhrgebiet solche Wahrnehmungen zu bestätigen. Die Revolution hatte hier alte Konflikte nicht gelöst, sondern derart verschärft, dass auch heute noch Historiker für das Jahr zwischen Frühjahr 1919 und Frühjahr 1920 von einer Phase sprechen, „in welcher der Vulkan der Revolution [...] unterirdisch aktiv war, ehe er sich im März 1920 in einem Ausbruch erneut entlud."[49]

Hatten also Krieg und Revolution die Wandlungsprozesse in den sozioökonomischen Beziehungen des Ruhrgebiets dermaßen beschleunigt, dass eine zweite Revolution zwangsläufig war? Wolfgang Kruse beschreibt Revolutionen als Phasen

„extremer Beschleunigung historischer Entwicklungen [...], in de[nen] die Grenzen zwischen Gegenwart und Zukunft sich auflösen und damit ganz neuartige historische Handlungs- und Gestaltungsmöglichkeiten entstehen, die Revolutionen schließlich zu gesellschaftspolitischen Experimentierfeldern der Zukunft werden lassen."[50]

Doch ist dies auch die Wahrnehmung der Zeitgenossen, oder vielmehr eine Schlussfolgerung aus der Retrospektive auf – vor allem erfolgreiche – Revolutionen? Die Wahrnehmung extrem verkürzter Zeitfristen lässt sich im beschriebenen Fall nicht nur auf eine tatsächliche Erhöhung bestimmter Entwicklungstempi zurückführen, sondern ebenso auf eine erlebte Verdichtung von Ereignissen. Das gleichzeitige Stattfinden unterschiedlicher Ereignisse wie beispielsweise des Militärputsches in Berlin und des Arbeitskampfes im Ruhrgebiet und die etwas

---

[47] *Koselleck*, Zeitschichten (wie Anm. 3), 166. Zu revolutionären Naherwartungen und der Verortung von Zukunftsvorstellungen während der Weimarer Republik siehe *Rüdiger Graf*, Die Zukunft der Weimarer Republik. Krisen und Zukunftsaneignungen in Deutschland 1918–1933, München 2008, 205–269.

[48] *Niedhart*, Gustav Mayer (wie Anm. 46), 207: Tagebucheintrag vom 1. Januar 1919.

[49] *Wehler*, Gesellschaftsgeschichte (wie Anm. 42), 401.

[50] *Kruse*, Utopie (wie Anm. 8), 102.

längerfristigen Erfahrungen von Industrialisierung, Krieg, Revolution und Inflation[51] wurden in einen interpretativen Zusammenhang gestellt und dann erst als eruptiv empfunden. Dies wird durch die – auch in gegenwärtigen historiographischen Texten – immer wieder verwendete Naturkatastrophen-Metaphorik in besonderer Weise deutlich, die zudem die Evidenz und Brisanz der erlebten oder gedeuteten Veränderungen unterstreicht.

Auch der seit dem Weltkrieg immer häufiger auftretende Topos der „Zeitenwende" lässt sich unter anderem mit dieser wahrgenommenen Verdichtung von Ereignissen erklären.[52] Er wird vor allem als eine zeitliche Verdichtung krisenhafter Ereignisse konstruiert, die zukünftige Unsicherheiten und radikale Veränderungen befürchten oder auf eine bessere Welt hoffen ließ – was auch handlungsleitend wirken konnte. So war der Kapp-Putsch allein sicher nicht Anlass genug für den brutalen Bürgerkrieg im Ruhrgebiet. Aufgrund von Kriegs- und Revolutionserfahrungen, Teuerung, Hunger, schlechten Arbeitsbedingungen und drohender militärischer Intervention wurden die Ereignisse in Berlin jedoch mit dem eigenen regionalen Handeln in Beziehung gesetzt und es entstand der Eindruck, „[d]as Einst und Jetzt [stünden] sich gegenüber wie zwei Dinge aus andern Welten."[53]

Die Wahrnehmung einer Zeitenwende im wörtlichen Sinne, also die Wahrnehmung einer *anderen* Zeit beziehungsweise einer Zeitspanne, in der alles anders war oder schien, wird in retrospektiven Schilderungen einmal mehr greifbar, wenn die Phase der Verdichtung von bedrohlich erscheinenden Ereignissen als Zwischenzeit zwischen dem Einst und dem Jetzt beschrieben wird:

> „Mord und Totschlag ist von heute auf morgen vergessen worden. Was einer an Schlechtigkeiten in der Zeit begangen hat, ist ausgewischt. Mörder und Diebe dieser Zeit werden geehrt, und viele davon sind in Amt und Würden. Es war ja gar keine Zeit, heißt es, die Zeit war aus den Fugen, da darf man keinem Schuft was nachrechnen […]."[54]

An diesem Zitat wird deutlich, dass die konstatierte Ereignisdichte auch wieder nachlassen kann. Die leidvollen Veränderungen, das Unglaubliche, das während einer „aus den Fugen geratenen Zeit" – für die der Bürgerkrieg im Ruhrgebiet hier beispielhaft stehen kann – passiert ist, bestimmt jedoch weiter das Bild einer andersartigen Gegenwart und kann so zur Wahrnehmung eines (beschleunigten) Wandels beitragen – unabhängig davon, ob dieser Wandel im Nachhinein positiv

---

[51] Zur Erfahrung der Jahrzehnte von den 1890er bis zu den 1930er Jahren vgl. *Doering-Manteuffel*, Fortschrittsbewußtsein (wie Anm. 33).

[52] Zum Begriff der Zeitenwende siehe ausführlicher *Martin H. Geyer*, Verkehrte Welt. Revolution, Inflation und Moderne, München 1914–1924, Göttingen 1998, 379–382.

[53] Im Revolutionsgebiet an der Ruhr, in: Kölnische Zeitung vom 26.3.1920.

[54] *Erik Reger*, Union der festen Hand. Roman einer Entwicklung, Kronberg im Taunus 1976 [Ersterscheinung 1931].

oder negativ bewertet wird und unabhängig davon, wo die (Leidens-)geschichte ihren vermeintlichen Anfang genommen hat.[55]

IV.

In den vorangegangenen beiden Abschnitten wurden zwei Fälle vorgestellt, die auf verschiedenen Ebenen Gemeinsamkeiten aufweisen:

Ausgangspunkt war *erstens* in beiden Fällen ein Raum, dessen Bevölkerung sich in hohem Maße spezifischen, strukturell bedingten Bedrohungen ausgesetzt sah. Diese latenten Bedrohungen bestanden im einen Fall im regelmäßigen Auftreten von Erdbeben, das von den Zeitgenossen anhand unterschiedlicher Deutungsmuster und Erklärungsmodelle verarbeitet wurde. Im anderen Fall bestand diese Bedrohung in der steten Möglichkeit, dass bestehende soziale Konflikte zur Eskalation kommen könnten. In beiden Fällen prägte der Umgang mit den spezifischen regionalen Bedrohungsszenarien zeitgenössisches Kommunizieren und Handeln.

Zweitens wurden jeweils Extremsituationen beschrieben, in denen die latenten Bedrohungen in besonderer Weise virulent wurden oder virulent zu werden schienen. Obwohl das Eintreten solcher Situationen einer bestimmten Erwartungshaltung entsprechen konnte, empfand man diese in den kurzen Phasen ihres Manifestwerdens als plötzlich und unerwartet. Gleichzeitig lässt sich für diese Phasen eine hohe Ereignisdichte beobachten: So führten im ersten Fall in kurzer Folge eintretende Erdbeben und Tsunamis zu flächendeckenden Zerstörungen, während sich im zweiten Fall regionale Streikwellen und überregionale Putschbewegungen zum Bürgerkrieg verdichteten. Diese Ereignisverdichtung ließ sich aus dem Quellenmaterial nicht nur deutlich rekonstruieren, sondern scheint von den Zeitgenossen durchaus auch als solche wahrgenommen worden zu sein. In Äußerungen, die uns aus der unmittelbaren Situation heraus überliefert sind, wurde die Wahrnehmung von Verdichtung jedoch allenfalls indirekt greifbar – so etwa am Beispiel des Rückzuges des spartanischen Heeres vom Isthmos von Korinth, den man möglicherweise gerade auch auf die Häufung der eingetretenen Naturereignisse zurückführen könnte.

Deutlich greifbar wurden Wahrnehmungen von Verdichtung aber *drittens* dort, wo Akteure über einzelne Situationen hinaus ganze Zeitspannen analysierten – also dann, wenn sie einzelne Ereignisse um weitere ergänzten und diese in längerfristige Entwicklungen einordneten. Dies ließ sich sowohl in aus der Situation heraus entstandenen Texten als auch in retrospektiven Be-

[55] Als Beispiel für die historiographische Bewertung der Jahre zwischen 1914 und 1924 im Ruhrgebiet als Unruhephase siehe etwa *Karin Hartewig*, Das unberechenbare Jahrzehnt. Bergarbeiter und ihre Familien im Ruhrgebiet 1914–1924, München 1993.

schreibungen feststellen. Für Thukydides, der als Betroffener und als Historiker zugleich schrieb, bildete der Peloponnesische Krieg den Bezugsrahmen, der mit den Naturereignissen sinnhaft verknüpft wurde. Erst beides zusammen ließ ihn eine Zeit der Leiden diagnostizieren. In der zweiten Teilanalyse konnten sogar gleich mehrere Autoren ausgemacht werden, die den Bürgerkrieg im Ruhrgebiet in einen Bezugsrahmen längerfristiger Entwicklungen einordneten; für sie waren das etwa die Revolutionsbewegung oder die Industrialisierungsfolgen. Dabei war für beide Fälle nicht immer klar zu trennen, ob die Beobachtung einer Ereigniszunahme erst den Ausgangspunkt für die Diagnose unruhiger Zeiten bildete, oder ob nicht vielmehr erst diese Diagnose selbst dazu führte, dass die passenden – weil sie bestätigenden – Ereignisse verstärkt wahrgenommen wurden.

Während sich die Antworten auf solche Fragen dem Zugriff des Wissenschaftlers häufig entziehen, lässt sich die Form, in der eine einmal diagnostizierte Ereigniszunahme zur Darstellung kommt, in den entsprechenden Quellen greifen und analysieren. Auch hier ergaben sich im untersuchten Material Gemeinsamkeiten. Das allen gemeinsame, zentrale Motiv, die Beschreibung einer durch hochevidente Ereignisse in ungekannter Weise verdichteten oder beschleunigten Zeitphase, wurde von den Akteuren immer wieder nach ähnlichen, toposhaften Mustern vorgebracht. Zwei von ihnen sollen hier noch einmal dezidiert herausgestellt werden.

Thukydides bedient sich in seiner Beschreibung des Peloponnesischen Krieges eines Topos, der bereits zu seinen Lebzeiten altbekannt war, nämlich des Aufruhrs in der Natur. Wie andere antike Autoren vor und nach ihm bleibt er dabei nicht nur auf einer bildlichen Ebene, sondern behauptet eine *faktische* Häufung von ungewöhnlichen Naturphänomenen – was aus heutiger Perspektive befremdlich, eben spezifisch vormodern, anmutet. Es konnte allerdings gezeigt werden, dass Beschreibungen von Unruhephasen insbesondere in historiographischen Schriften auch lange nach Thukydides immer wieder ähnliche Topoi aufweisen: Auch wenn in den betrachteten Passagen nicht die Rede von tatsächlichen Erdbeben und Vulkanausbrüchen ist, bedienen sich die zitierten Autoren auffällig oft der Naturkatastrophenthematik in einem *metaphorischen* Sinne. Obwohl sich der Funktionsrahmen der verschiedenen Schriften deutlich unterscheidet, war die zeichenhafte Bezugnahme auf Naturereignisse also offensichtlich in vielen Fällen ein naheliegendes Mittel, um die diagnostizierte Unruhephase abzubilden.

Toposhaft muten auch verschiedene Berichte an, in denen auf die Umkehrung der gegebenen Verhältnisse verwiesen wird. Bei Thukydides wird dieses Muster einmal mehr in der Naturdarstellung greifbar[56]: Infolge des Tsunamis

[56] Es ist in seinem Geschichtswerk jedoch nicht ohne Parallele: Vgl. etwa die „Pathologie des Krieges“ (*Thukydides*, Historíai, 3,81–83).

haben Wasser und Land die Plätze getauscht; es entsteht das Bild einer aus den Fugen geratenen Welt. Auch in den späteren Texten ließ sich dieser Topos finden, namentlich in Erik Regers Diagnose einer aus den Fugen geratenen Zeit. Hier erfolgt nun keine Bezugnahme auf natürliche Ereignisse, sondern es wird explizit eine Verkehrung der politischen Verhältnisse beschrieben. In beiden Beschreibungen bildet die Trennung eines Nachher von einem Vorher also das zentrale Motiv – wobei jedoch im einen Fall ein kurzer Moment ausreicht, um den Wandel herbeizuführen, während im zweiten eine ganze Phase des Aufruhrs zur Zeitenwende im wörtlichen Sinne stilisiert wird.

Die beschriebenen darstellerischen Muster sowie die hier an zwei Beispielen umrissenen Topoi können wie erwähnt unabhängig davon erfasst werden, ob die durch die Akteure für ihre Gegenwart diagnostizierten Veränderungen historiographisch verifizierbar sind. Nicht eindeutig beantworten ließ sich allerdings die Frage, was die Akteure aus ihren jeweiligen Gegenwartsdiagnosen für die Zukunft ableiteten. Solche Erwartungen hängen in starkem Maße vom Standpunkt des jeweiligen Sprechers ab. So kann eine von bedrohlichen Ereignissen wie Erdbeben oder Bürgerkriegen geprägte Gegenwart für die einen geradewegs in den Untergang weisen, während sie für andere zwar ebenfalls einen Umbruch anzeigt, der aber positiv gedeutet wird – etwa weil das Geschehen Hoffnungen auf eine kommende Revolution nährt[57], oder, wie im Fall der von Andreas Mehl zitierten frühchristlichen Autoren, auf das Herannahen des Gottesreiches.[58] Wieder andere mögen die „unruhigen Zeiten" auch als ein vorübergehendes Übel ohne nachhaltiges Veränderungspotenzial gedeutet haben. Gerade von ihnen sind aber weniger Äußerungen zum Geschehen zu erwarten. Damit lassen sich also drei Entwicklungsdiagnosen unterscheiden, von denen die ersten beiden den (negativ oder positiv konnotierten) Gegenwartszustand linear erweitern, während für die dritte an einen zyklischen Verlauf zu denken wäre.

In nicht minderem Maße standpunktabhängig als die in der konkreten Situation vorgenommenen Einschätzungen der Verdichtung von Ereignissen sind auch die Bewertungen derer, die das Geschehen mit einigem zeitlichen Abstand betrachten. Können doch auch diese im Hinblick darauf divergieren, ob die diagnostizierten Phasen der Verdichtung einen Wandel nach sich gezogen haben, oder ob sich in ihnen gar eine positive oder negative Entwicklung beschleunigt hat. Auf welchen Prägungen und Motivationen solche Bewertungen

[57] Zur Verschiedenartigkeit der Zukunftserwartungen in der Zwischenkriegszeit vgl. *Graf*, Zukunft (wie Anm. 47), und *Rüdiger Graf*, Optimismus und Pessimismus in der Krise. Der politisch-kulturelle Diskurs in der Weimarer Republik, in: Wolfgang Hardtwig (Hrsg.), Ordnungen in der Krise. Zur politischen Kulturgeschichte Deutschlands 1900–1933, München 2007, 115–140.

[58] *Mehl*, Zeit (wie Anm. 10), 153. Zur positiven Ausdeutung von Erdbeben während der Antike *Angelos Chaniotis*, Willkommene Erdbeben, in: Eckart Olshausen / Holger Sonnabend (Hrsg.), Stuttgarter Kolloquium zur historischen Geographie des Altertums 6, 1996: Naturkatastrophen in der antiken Welt, Stuttgart 1998, 404–416.

im Einzelnen beruhen, kann nur auf der Basis von Untersuchungen der spezifischen historischen Gegebenheiten erörtert werden. Allgemein bleibt jedoch festzuhalten, dass sich die Muster, anhand derer „unruhige Zeiten“ konstruiert und gedeutet werden, über die Epochengrenzen hinweg in vielfacher Hinsicht ähneln.

Western Interventions and Occupations as Threatened Orders

Roger Petersen

Introduction

I begin the chapter by simply quoting the key definitions from the Collaborative Research Center's summary of the project on "Threatened Orders:"

> "In line with the wider meaning of the German term 'Ordnungen,' 'Orders' are understood as arrangements of elements that are related to each other in a certain way and form the structure of social groups or whole societies. According to the Research Center, they are threatened when agents become convinced that the options for action are becoming uncertain, when behavior and routines are called into question, when agents feel they cannot rely on each other, and when they succeed in establishing a discourse of threat."

In Kosovo, Bosnia, Iraq, and Afghanistan, among others, Western powers have intervened to attempt to structure relations among social groups, to arrange the elements of society "in a certain way." As this chapter will illustrate, these interventions are well-suited for the study of "order" and "threats to order." In effect, Western powers try to create (or impose) an "order"— and this order is almost always threatened by local opponents. Using the words from the definition above, these opponents act to create uncertainty, disrupt routines, breed distrust, and establish a discourse of threat.

The focus of this chapter is to specify the role of emotions in the interplay of order and threat. While the intervener tries to structure financial and political "sticks and carrots" to influence cooperation with its program, local opponents often counter with strategies based on emotions. Populations enduring war and occupation will often experience violent victimization and reversals of the political / ethnic order. The conflict and its intensity may have been related to previous societal ethnic stigmas. Correspondingly, these mass experiences leave a residue in the form of anger, resentment, and contempt. As this chapter will argue, opponents of intervention, who usually lack other resources, may be able to use these emotion resources to disrupt the intervener's "order."

The chapter consists of three parts. The first section describes Western efforts to create an order during the reconstruction of states. I argue that the West tries to structure relations between groups in conflict as a type of "game" defined by rules and pay-offs. Correspondingly, I employ very basic game theory to outline that process.

The second section describes threat. In countering the superior military and economic resources of the intervener, opponents who wish to disrupt or change the intervener's game often employ emotions to alter the game and its basic elements. I have covered the strategic use of emotion against Western intervention in depth elsewhere.[1] Here, I will address the role of two specific emotions, anger and contempt. Opponents can wreck the intervener's game in at least two ways. First, they can simply refuse to play the game. I will argue that the emotion of contempt facilitates this strategy. Second, they can actively and violently wreck the game. I will show how the emotion of anger is an excellent resource for that option.

In the third section, I will illustrate the interaction between the intervener's game and the opponents' use of contempt and anger in a short case study of the "Standards before Status" policy in Kosovo.

Part 1: Order

When Western states or Western-dominated organizations intervene in broken or failed states, their efforts to develop, implement, and enforce peace and order resembles an effort to create a "game" between the groups in conflict. Accordingly, these games can be summarized and analyzed from the perspective of game theory. As James D. Morrow sums up in *Game Theory for Political Scientists*, "The game states what choices we believe the actors see in the situation, what they understand about their choices, what consequences they believe can follow from their decisions, and how they evaluate those consequences."[2] In interventions and occupations, the intervener tries to structure the interaction among opponents. The Western intervener will provide a circumscribed set of choices (those compatible with electoral democracy and free markets) and try to engineer the actor's strategies over those choices by arranging a system of rewards and penalties. Western interveners, along the lines of the rationality assumptions underlying game theory, believe that by creating a proper incentive structure, previously warring sides can be brought to a situation of mutual benefit.

Games consist of a few fundamental elements: 1) actors 2) strategies 3) preferences 4) equilibrium. The most basic of games can be represented in a 2 × 2 format. The figure below represents a game with two actors – Player 1 and Player 2. These actors possess two strategies – cooperate and defect. The outcomes of

[1] Much of this chapter is taken from *Roger D. Petersen*, Western Intervention in the Balkans. The Strategic Use of Emotion in Conflict, Cambridge 2011.

[2] *James D. Morrow*, Game Theory for Political Scientists, Princeton 1994, 57.

the game are represented by the letters within the cells with the first character in each pair representing the pay-off for player 1 (row) and the second character representing the pay-off for player 2 (column). In this figure, each letter has a meaning: when both players cooperate they receive the value of "reward" or R; when both defect, they receive the "penalty" or P; when one player cooperates while the other defects, the cooperating actor has been played for a "sucker" or S while the defector receives the "temptation" or T value.

		Player 2	
		Cooperate	Defect
Player 1	Cooperate	R1, R2	S1, T2
	Defect	T1, S2	P1, P2

The ordering of these preferences determines the nature and outcome of the game. The most well-known game, and also one highly relevant to intervention, is the prisoners' dilemma (PD). In this game, the preference ordering is:

T > R > P > S

Given the structure of the game and its envisioned pay-offs, there are four outcomes for each respective player. The best outcome for any single player is to defect while the other side bears the costs of cooperation. In this case, the side defecting receives the "temptation" value while the other side is played as a "sucker," the worst outcome in the game. The second best outcome for each player is mutual cooperation (reward) while the third best is mutual defection (penalty). Thus, the order of pay-offs is: temptation > reward > penalty > sucker.

What does this game predict about an outcome? In game theoretic terms, the key issue concerns the presence / absence and nature of equilibria. Most simply defined, "For an outcome to be an equilibrium, it must be the case that if one player had chosen differently, he would have done worse."[3] Since no player has an incentive to change his or her strategy, an equilibrium predicts stability for a combination of choices. For the prisoners' dilemma, the equilibrium will be mutual defection. If either player chooses to unilaterally move toward cooperation, they will receive the "sucker" pay-off, the worst possible outcome. In this case,

[3] *Henry Hamburger*, Games as Models of Social Phenomena, San Francisco 1979, 45.

defection is a dominant strategy for both players. A dominant strategy occurs when a player's choice does not depend on the choice of the opponent. In PD, if player one chooses cooperation, the best strategy for player two is to defect and thus receive the temptation value (T > R). If player one chooses defection, player two's best choice is still defection; in this case the choice is much better than being played for a sucker (P > S). The crucial insight of the prisoners' dilemma is that by choosing their dominant strategies, both players do worse than if they chose cooperation (R > P).

Given this dilemma, the intervener's goal is to change this game so that both sides of a conflict can confidently move to a mutual reward pay-off. In game theory terms, the intervener wishes to transform the prisoner's dilemma game into an assurance game. In the assurance game, as opposed to the Prisoners' Dilemma, the players value mutual reward above temptation so the ordering is:

R > T > P > S

As in PD, actors wish to avoid being suckered. However, in the assurance game there are two equilibria as opposed to the only one suboptimal equilibrium of the prisoners' dilemma. If the players end up in upper left cell, they are both receiving their highest pay-off. If they are in the bottom right cell, neither will wish to unilaterally move to cooperation as they would receive the sucker's pay-off. Thus the logic of the game is that one wishes to do what the other does. The name "assurance game" derives from a lesson of the game: an actor wishes to move from defection and the P pay-off to mutual reward and the R pay-off, but only if he or she can be assured that the other player will also do so.

When the incoming regime has gained control, the intervention often resembles the 2 × 2 prisoners' dilemma game above.[4] At this point, the formerly warring ethnic groups now face off against each other in a more controlled "game" to struggle over basic issues of political and demographic demarcation, distribution of funds, development of new domestic political and security institutions, and so on. In many interventions, the issues are of high stakes and often zero-sum. Each side would see the "sucker" pay-off as disastrous. The result is a situation represented by the prisoners' dilemma pay-off ordering (T > R > P > S). As the game predicts, the equilibrium is usually "mutual defection (P)." At this point, the intervener's goal is to use financial and political incentives to drive the benefits of mutual cooperation (the R value) above the value of defection (either the T or P values). If both players value cooperation, the game changes to an "assurance game" with a preference ordering of R > T > P > S. With this changed preference

[4] In *Petersen*, Western Intervention (see Note 1), I develop a three stage "Basic Intervention Game". Here, I will address only the second stage, at which, I argue, intervention politics resemble the prisoners' dilemma.

ordering, the intervener needs only to build trust among the players so that they can both move to the new optimal mutual cooperation equilibrium.

There are two ways that an intervener can transform the game. In one method, the intervener can work to increase the value of cooperation, thus raising R above T. The intervener can achieve this change through selective financial pay-offs, increased representation in government bodies, and other inducements. In a second method, the intervener can attach penalties for defection, thus lowering the value of T below R. Such penalties might be exclusion of the actor from certain government arenas, withholding of funds, threats to charge leaders with crimes, even war crimes in some cases. In fact, many analysts of intervention see the situation as a PD and make recommendations along the lines above. Doyle and Sambanis write, "Multilateral peace operations can help shape the parties' incentives to cooperate in peace implementation by increasing the costs of defection from agreement through selective enforcement and by providing financial and other inducements to those who cooperate."[5]

Part 2: Threats

As just outlined, the interveners have a plan to structure pay-offs, usually through a strategy based on a set of material and political incentives. They wish to transform the game so that players value mutual reward above defection. On the other hand, opponents often prefer to remain at the mutual defection equilibrium in order to maintain the positions of power they hold in that situation. Even if perpetual defection is not desired, opponents will almost always want the interveners to re-work the deal they offer. In countering the efforts of the intervener, opponents can use specific emotions as resources. In order to make this argument, I first define emotions in general terms and then define and discuss two emotions especially useful in thwarting the intervener's strategy.

Defining Emotions: General Features

There is no clear consensus about how exactly to define emotion. Depending on the focus of the particular study, the social scientist will concentrate on specific features of emotion which include cognitive antecedent, physiological arousal, expression, valence, object, action tendency, among others. The present study concentrates on how political entrepreneurs try to use emotions in order to shape the actions of others. Cognitive antecedent, action tendency, and the relationship

[5] *Michael W. Doyle/Nicholas Sambanis*, Making War and Building Peace. United Nations Peace Organizations, Princeton 2006, 45.

between emotions and psychological mechanisms are the most relevant features of emotion for political conflict.

Consider two action cycles. Figure 1 represents a simple rational choice action cycle. Starting on the right side of Figure 1, individuals are seen as holding a short list of stable and ordered preferences or desires. For example, when buying an automobile, an individual may have the following preference order: price > safety > style. Given these desires, individuals then collect information about how best to attain their goals. The potential car buyer reads car magazines and visits websites to find the vehicle that best meets his or her preferences. The individual then forms a belief about the most effective means and strategies to obtain what they want. The potential car buyer forms beliefs about the best models and methods of financing. An action then results as a combination of desires and beliefs. A specific vehicle is purchased.

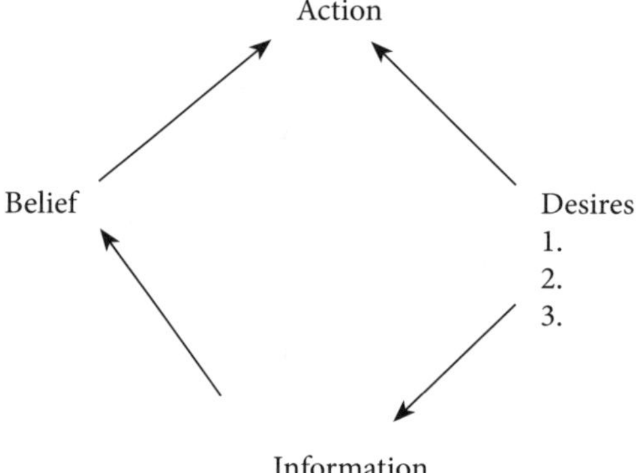

Figure 1: Action Cycle with No Reference to Emotion

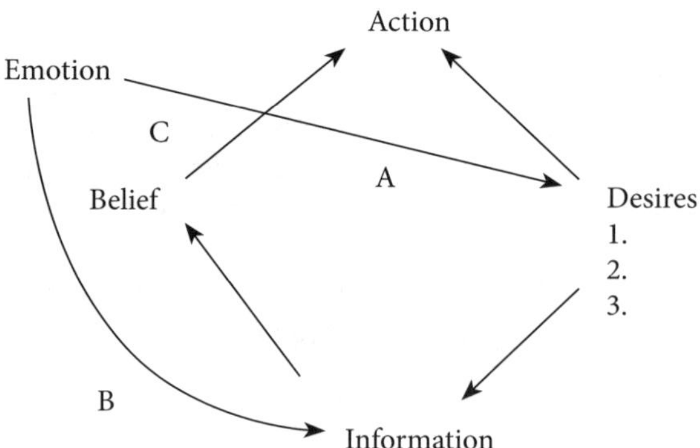

Figure 2: Action Cycle Illustrating Three Possible Effects of Emotion

Figure 2 factors in emotion. In Figure 2, emotion proceeds from cognition.[6] Following many socially oriented theorists, emotion can be conceptualized as "thought that becomes embodied because of the intensity with which it is laced with personal self-relevancy."[7] As Ortony et al write: "Our claims about the structure of individual emotions are always along the lines that *if* an individual conceptualizes a situation in a certain kind of way, *then* the potential for a particular type of emotion exists."[8]

In Figure 1, desires lead to information collection which, in turn, leads to beliefs. In Figure 2, belief also leads to emotion. Three general effects of emotion may follow, marked as A, B, and C effects in Figure 2. Concerning B effects, emotions clearly affect information collection. Once in place emotions can produce a feedback effects. Emotions lead to emotion-congruent information seeking. Emotions themselves become powerful experiential information in the appraisal of situations and objects.[9] As Gerald Clore and Karen Gasper stress, "Because emotions are directly experienced, and arise from within, the personal validity of the information they appear to convey seems self-evident to the person experiencing them. One can argue with logic, but not with feeling."[10] Similar to the well documented confirmation bias, evidence confirming the emotion generally receives more attention and value than disconfirming evidence. For example, individuals under the influence of fear may come to obsess about the chances of catastrophe. They may concentrate only on information stressing danger and ignore information about the lack of threat.

With C effects, emotions can directly impact belief formation. The same individual with the same information may develop one belief under the sway of

---

[6] The relationship between cognition and emotion is one of the central definitional and theoretical issues in emotion theory. I discuss emotions in which emotion precedes and shapes cognition in *Roger D. Petersen*, Understanding Ethnic Violence. Fear, Hatred, and Resentment in Twentieth Century Eastern Europe, Cambridge 2002.

[7] This quote is from the discussion of emotion and cognition found in *David D. Franks/Viktor Gecas*, Current Issues in Emotion Studies, in: David D. Franks/Viktor Gecas (eds.), Social Perspectives on Emotion. A Research Annual, Greenwich 1992, 8. Claire Armon-Jones points out that while emotion is dependent upon cognition, cognitions do not constitute emotion because the same belief could produce two different emotions. See *Claire Armon-Jones*, The Thesis of Constructionism, in: Rom Harre (ed.), The Social Construction of Emotions, New York 1986, 41–42.

[8] *Andrew Ortony/Gerald L. Clore/Allan Collins* (eds.), The Cognitive Structure of Emotions, Cambridge 1988, 2.

[9] See the affect as information model in *Norbert Schwarz/Gerald L. Clore*, Mood, Misattribution, and Judgments of Well-being. Informative and Directive Functions of Affective States, in: Journal of Personality and Social Psychology 45, 1983, 513–523.

[10] *Gerald L. Clore/Karen Gasper*, Feeling is Believing. Some Affective Influences on Belief, in: Nico H. Frijda/Antony S. R. Manstead/Sacha Bem (eds.), Emotions and Beliefs. How Feelings Influence Thoughts, Cambridge 2000, 39.

one emotion and a different belief under the influence of a different emotion.[11] As William Riker has pointed out, rational individuals may operate according to several different sorts of strategies ("sincere," "avoid the worst," "average value," "sophisticated").[12] Emotions can affect which strategy becomes operative. For example, it is likely that emotions such as fear can influence a switch in method of belief formation, perhaps to an "avoid the worst" strategy. Other effects clearly involve irrationality or bias in belief formation. Several emotions have been found to increase stereotyping of opposing groups.[13] Under negative emotions, groups are more likely to be perceived as homogeneous.[14] Emotions can reinforce the fundamental attribution error, which is the tendency to attribute others' actions to their inherent character while attributing one's own actions to one's situation and circumstances.[15] Emotions clearly affect the formation of beliefs about risk and probabilities. As Frijda notes, "Estimates of probability, credibility and plausibility are intuitive, based on information, thought, and preference, and therefore sensitive to a variety of influences, among which are emotional ones."[16] Fear tends to heighten perception of risk while anger tends to decrease the sense of risk and the calculation of negative probabilities. Emotions can lead to the creation of new beliefs even in the face of disconfirming evidence. This effect relates to the mechanism of cognitive dissonance. The theory of cognitive dissonance, first formulated by Festinger in the 1950's, holds that having inconsistent beliefs creates a negative emotional state that drives the individual to change beliefs to relieve this discomfort. The resolution of the problem involves both the nature of cognition and the intensity of the negative emotional state. The emotion can drive individuals, in certain highly charged situations, toward adoption of new beliefs which might seem strange to outsiders but manage to solve inconsistencies for participants.[17] The very essence of political propaganda is the shaping of beliefs through the creation of emotion. Scapegoating is one well-known example.

---

[11] Also, the complete lack of emotion certainly affects information and belief formation. See the work of Damasio and others with brain-damaged patients who have lost their capacity for emotion.

[12] *William H. Riker*, The Art of Political Manipulation, New Haven 1986, 26.

[13] See several chapters in *Diane M. Mackie/David L. Hamilton* (eds.), Affect, Cognition, and Stereotyping. Interactive Processes in Group Perception, San Diego 1993.

[14] *Steven J. Stroessner/Diane M. Mackie*, Affect and Perceived Group Variability. Implications for Stereotyping and Prejudice, in: Mackie/Hamilton (eds.), Affect, Cognition, and Stereotyping (see Note 13), 63–86.

[15] *Nico H. Frijda/Batja Mesquita*, Belief through Emotions, in: Frijda/Manstead/Bem (eds.), Emotions and Beliefs (see Note 10), 45–77.

[16] Ibid., 68.

[17] *Eddie Harmon-Jones*, A Cognitive Dissonance Theory and Perspective on the Role of Emotion in the Maintenance and Change of Beliefs and Attitudes, in: Frijda/Manstead/Bem (eds.), Emotions and Beliefs (see Note 10), 185–211.

While the B and C effects of emotion are clearly relevant to conflict and intervention politics, the A effects are most essential to the purposes of the present chapter. In the intervention game, the whole idea of "structuring pay-offs" is built on the idea that the intervener knows what the actors want and that the intervener can provide or withhold those things in a way to transform the "game." However, emotions also shape what the actors want. This affect is represented by the A effects in Figure 2. Emotions are mechanisms that can heighten the saliency of a particular concern. They act as a "switch" among a set of basic desires. An individual may value safety, money, vengeance and other goals, but emotion compels the individual to act on one of these desires above others. Emotion creates an urgency to act on a particular desire; the value of future pay-offs on other preferences is discounted; particular issues can become obsessions. In short, emotions can act as mechanisms of preference formation and preference change.

Specific Emotions

Specific emotions can be defined and differentiated by their cognitive antecedents and respective A, B, C effects. In this chapter, we will consider the emotions of anger and contempt. Anger can be defined as:

Anger: cognition that an individual or group has committed a bad action against one's self or group; action tendency toward punishing that group.

On A effects, anger heightens desire for punishment against a specific actor. Under the influence of anger, individuals become "intuitive prosecutors."[18] That is, individuals tend to specify a perpetrator and then seek retribution.

Anger's B effects distort information in predictable ways, producing attention funneling. As with other emotions, once under the influence of anger, individuals "perceive new events and objects in ways that are consistent with the original cognitive-appraisal dimensions of the emotion."[19] That is, the emotion of anger justifies the desire for punishment and pushes the individual to seek information that will further justify vengeance. Anger can create an obsession for retaliation.

Concerning C effects, the angry person lowers the threshold for attributing harmful intent. Anger enhances the fundamental attribution error – angry people blame humans, not the situation.[20] Anger also tends to produce more stereo-

[18] *Julie H. Goldberg/Jennifer S. Lerner/Philip E. Tetlock*, Rage and Reason. The Psychology of the Intuitive Prosecutor, in: European Journal of Social Psychology 29, 1999, 781–795.

[19] *Jennifer S. Lerner/Dacher Keltner*, Beyond Valence. Toward a Model of Emotion-Specific Influences on Judgment and Choice, in: Cognition and Emotion 14 (4), 2000, 473–493.

[20] *Dacher Keltner/Phoebe Ellsworth/Kari Edwards*, Beyond Simple Pessimism. Effects of Sadness and Anger on Social Perception, in: Journal of Personality and Social Psychology 64 (5), 1993, 740–752. Keltner, Ellsworth, and Edwards studied angry subjects compared to sad subjects asking both groups to interpret agency in an ambiguous event. Sad subjects assigned blame to the situation, angry ones to the actors.

typing.[21] Under the influence of anger, individuals lower their risk estimates and are more willing to engage in risky behavior.[22]

As defined here, anger is an event-based emotion. As an event-based emotion, it is likely to have a half-life. That is, it is likely to fade over time. In sum, anger heightens desire for punishment against a specific actor, creates a downgrading of risk, increases prejudice and blame, as well as selective memory.[23] Anger will, however, decrease over time.

Contempt can be addressed in the same manner as anger:

Contempt: cognition that a group or object is inherently inferior or defective; action tendency toward avoidance.

Contempt is closely related to stigma, a negative emotional reaction to some attribute of an individual, group, or object. At least some forms of racism would fit here. Racists would not wish their offspring to intermarry with the racially stigmatized group or live in their neighborhood. Again, contempt would push for avoidance of the stigmatized group in these key social interactions. The sources of ethnic stigma and contempt are not always understood. Clearly, institutions such as slavery and apartheid help to create and sustain racial stigmas. In some instances, a history of conflict and cultural separation can convert ethnic difference into ethnic contempt

The A effect of contempt is avoidance. The B and C effects are the well-documented phenomena connected to prejudice. Attention funneling prevents the consideration of any positive actions of the stigmatized group. The fundamental attribution error is prominent. Stigmatized groups become a vehicle for scapegoating. Although the stigmatized group may live quietly among other groups, the existence of the stigma is always present, even if in latent form. Contempt does not systematically decay.

With contempt as an available resource, political entrepreneurs can expect support for policies involving ethnic separation. These policies include partition

[21] *Galen V. Bodenhausen/Lori A, Sheperd/Geoffrey P. Kramer*, Negative Affect and Social Judgment. The Differential Impact of Anger and Sadness, in: European Journal of Social Psychology 24 (1), 1994, 45–62.

[22] *Jennifer S. Lerner/Dacher Keltner*, Fear, Anger, and Risk, in: Journal of Personality and Social Psychology 81 (1), 2001, 146–159; *Dennis Gallagher/Gerald Clore*, Effects of Fear and Anger on Judgments of Risk and Evaluations of Blame, Paper presented at the Midwestern Psychological Association, Chicago 1985; *Haim Mano*, Risk-taking, Framing Effects, and Affect, in: Organizational Behavior and Human Decision Processes 57, 1994, 38–58; *Jennifer S. Lerner/Roxanna M. Gonzalez/Deborah A. Small*, Effects of Fear and Anger on Perceived Risks of Terrorism. A National Field Experiment, in: Psychological Science 14 (2), 2003, 144–150. Lerner et al. also found significant gender differences with men more prone to anger and women more likely to experience fear.

[23] *John Newhagen*, "Anger, Fear and Disgust. Effects on Approach-avoidance and Memory", in: Journal of Broadcasting and Electronic Media 42 (2), 1998, 265–276. Newhagen found that images producing anger were remembered better than those inducing fear, which in turn were remembered better than those creating disgust.

and secession as well as the building of parallel societies. Contempt can also be employed in motivating support for federal systems that institute high levels of ethnic autonomy.

Changing Preferences: Wrecking the Basic Intervention Game

The issue now becomes how these emotions can be used to threaten the intervener's attempt at order. To review, the intervener's goal is to transform the PD into an assurance game by raising the value of mutual reward (R) over temptation (T). This can be accomplished either through changing the pay-off structure of economic and political rewards for cooperation, and/or lowering the value of the temptation pay-off (T). On the other side, opponents of intervention may counter by using emotions able to shape preference orderings in ways that block the intervener's goals.

Consider the role of the emotion of contempt. Contempt raises the value of mutual defection (P). Contempt creates a desire for avoidance of a stigmatized opponent. Under the sway of contempt, the player simply does not wish to engage the opponent at all. Mutual defection is an acceptable outcome. If the situation involves a stigmatized opponent, political entrepreneurs will be able to pursue policies of separation and defection.

In the most general terms, the emotion of anger can be injected into the game to create a strong desire for retaliation. To heighten this emotion, political actors can maintain anger by constantly reminding their political group of the crimes committed against them by opposing groups. They can frame any new violent act as another in a long series of unjustifiable acts with the linkage serving to heighten passion. Anger is also an ideal resource for initiating a spiral of violence. A political entrepreneur of group A can hit the opposing group B with a discriminate attack. In response, anger in group B drives demand for a counterattack. With a spiral of violence in place, both sides will devalue cooperation. Under the influence of anger, players will accept the cost of mutual defection (the P value); they may also relish any opportunity to gain advantage over the opponent, driving up the value of temptation (T).

We can see how contempt and anger entered into the Western attempt to impose order through the "Standards before Status" policy in Kosovo.

Part 3: An Example from the Intervention in Kosovo

In 1999, in its first military action, NATO bombed Serbia for seventy-eight days and then occupied Kosovo under UN Resolution 1244. Despite the UN involvement, the operations were overwhelmingly "Western" in implementation. Along the lines discussed above, after NATO established basic security in Kosovo, the

Western powers soon initiated an intervention "game." Opponents effectively threatened this game. Let us first look at the emotion resources available to opponents. Then after reviewing the implementation of the intervener's game, we can see how opponents used these emotion resources to threaten the intervener's new order.

Emotion Resources and Threats

As mentioned earlier, opponents can confront the intervener's game by either choosing not to play, or actively wrecking the game. Contempt is an emotion resource geared for the first project, anger for the second. Both emotions were abundant and available in Kosovo.

Consider the experiences and cognitions that underlie contempt. On all indicators of group stigma, Kosovo qualifies as a case pervaded by ethnic contempt and the desire for separation. Intermarriage between Serbs and Albanians in Kosovo has been virtually nonexistent. Yugoslav statistics listed a 5 % intermarriage rate for Kosovo in 1982, but that was among all nationalities.[24] The rate between Serbs and Albanians was close to zero. Albanians in Kosovo have their own pejorative term for Serbs, "shkija." Residential segregation and flight can be considered together. By 1981, eighty per cent of Kosovo's 1,445 communities were dominated by one ethnic group, many having become 100 % Albanian. There had been a long process of separation and flight. Seventy-Eight of these communities had moved from the mixed to dominated categories in the 1960's and 1970's.[25] From 1961 to 1981, 42.2 % of Kosovo's Serbs and 63.3 % of Kosovo's Montenegrins had exited the province.[26] Volumes have been written analyzing the exodus of Serbs from Kosovo. Even during the Communist years, the Serbian Orthodox Church was gathering figures, fearing the loss of a highly symbolic territory through Serbian flight. Some studies find that Serbs left for better economic opportunities; this interpretation is favored by many Western academics. Serbian studies, unsurprisingly, argue that Serbs were intimidated and violently pushed out.[27] By the mid-1980's, some Serbs were using the word genocide to describe the process.[28] In either case, the numbers suggest either that Serbs and Albanians did not care to live together, or that something more ominous was going on.

---

[24] Savezni Zavod Statistiki, 1961–1988, Demografska, Belgrade. Cited in *Nikolai Botev*, Where East Meets West. Ethnic Intermarriage in the Former Yugoslavia. 1962 to 1989, in: American Sociological Review 59 (3), 1994, 461–480.

[25] Transitions Vol. 5 (May 1998), 20–21.

[26] *Zivko M. Andrijasevic/Serbo Rastoder*, The History of Montenegro, Podgorica 2006, 254.

[27] For example, see *Marina Blagojevic*, The Migration of Serbs from Kosovo during the 1970's and 1980's, in: Nebojsa Popov (ed.), The Road to War in Serbia. Trauma and Catharsis, Budapest 2000, 212–243.

[28] See the discussion of the "Memorandum" later in this chapter.

By all main indicators, Kosovo clearly is a case of significant ethnic stigma. An examination of an extended set of indicators (existence of myths, evidence of a negative cultural schema, absence of political cooperation in terms of multiethnic parties and multiethnic alliances, the shunning of the group's language, and evidence of stereotyping) just as clearly signifies Kosovo as a case of high ethnic stigma. Clearly, an examination of myths and cultural schemas indicates a malignant relationship between Serbs and Albanians.[29] As relations deteriorated in the 1980's, several incidents became cultural metaphors. The Martinovic case became a crusade for Serbs. In that 1985 incident, a Serbian farmer claimed that Albanians had sodomized him with a beer bottle. Serbs saw the incident as another example of Albanians violently pushing Serbs out of Kosovo, and using age-old Ottoman impalement techniques to do so. Pernicious stories arose on the Albanian side as well. In 1990, many Albanians claimed that Serbs had poisoned their children in a particular school (and devised a way to do so that would not affect Serbian children in the same schools). The fact that such stories gained so much credence indicates that something was seriously wrong with Serb-Albanian relations. Julie Mertus, who analyzed these two incidents among others, came to the following conclusion regarding Serbian prejudice against Albanians:

"Kosovo was an abstraction, a set of myths in the popular imagination. Over time, the nationalism became racialized, that is, difference was framed in terms of perceived physical differences in skin, nose, ears, IQ, sexuality. In this sense, nationalism became "written on the body." Slurs against Kosovo Albanians shifted. No longer referred to as "white hats" (alluding to the hats worn by men in traditional dress), a sexualized imagery of Albanian men and women was adopted. In the mainstream Serbian and Yugoslav presses, Albanian men were declared to be rapists, although Kosovo had the lowest reported incidents of sexual violence in Yugoslavia. Albanian women were portrayed as mere baby factories, despite statistics indicating that the childbirth rates of urban Albanian women and those of other urban women in Yugoslavia were nearly identical. Accused in the past of being culturally inferior, Albanians increasingly were depicted as genetically inferior as well. This is racism of the purest sort."[30]

Less explanation is needed to establish the presence of anger in post-1999 Kosovo. The analysis below centers on the Standards Before Status policies that formed the basis of intervention policy in the early years of occupation. These policies were the foundation of the political order in those years. I will argue that Albanian anger served as a force and resource to wreck the international attempt to establish an order through those policies. Thus, the issue here is whether that anger was pervasive. Consider the set of following events. In the years immediately prior to the imposition Standards Before Status, Serbs had engaged in the

[29] I analyzed these rumors in a presentation entitled "Balkan Rumors," given at College de France, June 18–19, 2009.

[30] *Julie Mertus*, Kosovo. How Myths and Truths Started a War, Berkeley 1999, 8.

expulsion of 863,000 Kosovar Albanians from March to June 1999.[31] Serb actions led to the internal displacement of a further 590,000 Kosovar Albanians up to mid-May 1999 leading to a total of 90 % of the Kosovar Albanian population expelled or displaced during 1998–1999.[32] Moreover, Serbs committed well-known specific attacks that resulted in large numbers of deaths. The March 1998 siege and deaths at the Adem Jashari family compound in Prekaz is of particular importance. That event resulted in the deaths of Jashari and twenty members of his extended family, including women and children. As Tim Judah has summarized, "Jashari's image, replete with bushy beard and white, domed *plis* felt hat, would become ubiquitous and the man elevated to the status of virtual saint."[33] There were also killings and disappearances numbering in the low thousands (the actual number is still disputed). Recall the definition of anger above – the cognitive antecedent is that an individual or group has committed a bad action against one's self or group; the action tendency is toward punishment. I argue that these events led to Albanian cognition of Serbian "bad actions" that in turn created the emotion of anger and the desire for punishment.

This section has established the emotions of contempt and anger as resources. Later sections illustrate how these resources worked to threaten a political order. A prior task is to understand the nature of the political order.

The Intervener Game 1999–2002: The Imposition of Order

The first steps of the intervener's game involved setting up the fundamental aspects of any game. The actors would need to be defined and spoilers excluded. The strategy set would need to be defined and limited. As the subject of interest here, the pay-off structure would need to be arranged so that the value of mutual reward (the R value) would outweigh the value of playing the opponent for a "sucker" (the T value). The hope was that this strategy would help solve Kosovo's two major problems: 1) the development of a parallel society and a Serbian mini-state in the north; and 2) the lack of Serbian and other minority returns to Kosovo. The Western project in Kosovo could never be considered a complete success if the new state did not rule over all of its territories. Western leaders stated that they would not tolerate a new Cyprus or Moldova under their watch. Also, the West would not tolerate a monoethnic state. To recall the words of the SRSG Michael Steiner, former Special Representative of the UN Secretary-General (SRSG): "We came to Kosovo to protect human rights and

[31] *OSCE*, Kosovo/Kosova. As Seen, As Told. An Analysis of the Human Rights Findings of the Kosovo OSCE Verification Mission October 1998 to June 1999, Warsaw 1999, Part III, Chapter 14. <http://www.osce.org/odihr/17772>.

[32] HCR rough estimate as of May 13 1999, quoted in *OSCE*, Kosovo/Kosova (see Note 31), Part III, Chapter 14.

[33] *Tim Judah*, Kosovo. What Everyone Needs to Know, Oxford 2008, 81.

we cannot allow this country to become monoethnic."[34] The intervener would provide rewards to Serbs to wean them away from their parallel society. It would also provide rewards to Albanians to encourage them to welcome Serbs back to Kosovo. On the whole, the strategy would work primarily by increasing the value of cooperation (the use of a carrot) rather than threatening to punish defection (the use of the stick).

The outlines of this game are illustrated in microcosm in a report of the International Crisis Group regarding the problem in Mitrovica, the dividing line and epicenter of the conflict. On June 2, 2002, The ICG published a report entitled "UNMIK's Kosovo Albatross: Tackling Division in Mitrovica."

Along the lines of setting up a game, the report first urged the recognition of acceptable players and acceptable goals. The report urged the arrest of the Serbian parallel security force known as the Bridgewatchers and their elimination from any political role and also recommended the isolation of Belgrade. Second, the report laid out what the game could be about and what it could not be about. In Kosovo, Serb talk of partition was off the table from the start. In Mitrovica, the ICG report urges that Serb pursuit of a separate north Mitrovica municipality be excluded from discussion. Similarly, Kosovo Albanians could not talk of merger with Albania or include any talk of consolidation with the Albanian dominated regions in South Serbia or Macedonia.

The report then discussed pay-off structures. The centerpiece of the ICG report was the call for a "service agreement between north and south." Both parties, in this case Serbs from the Povratak Assembly and Albanian officials of the municipality, should give up some control to the state and in return receive rights and benefits. The key aspect and first point is that Serbs must recognize UNMIK's administrative and policing authority and cut support for parallel structures. Correspondingly, donors would provide financial incentives for special projects to local Serbs and Belgrade if, and only if, there was evidence that Serbs were dissolving the parallel structures. Albanians would be given one year to prove that they were living up to a commitment to provide equal and integrated services to the Serbs in the north and helping to facilitate returns. If they did not, the ICG report recommended sanctions, including dissolving the Municipal Assembly.

The ICG's report on Mitrovica as well as its overall approach mirrored UNMIK's program for Kosovo as a whole. In effect, UNMIK and its SRSG, Michael Steiner, were trying to transform a prisoners' dilemma into an assurance game. That is, they were trying to raise the value of rewards to cooperation above those for "suckering" the opponent. For Albanians, the carrots involved financial support for roads, schools, and hospitals. For Serbs, the carrots involved representa-

[34] UNMIK press release 12 July 2002, originally accessed at <http://www.unmikonline.org/press/2002/mon/july/lmm120702.htm#1>.

tion in the government (and in the electoral realm, a system providing for over-representation[35]) and help on returns for those who fled in 1999.

Refusal to Play the Game and the Role of Contempt

To Steiner's astonishment, the rewards given to Kosovo leaders could not budge them on other issues. Neither player wanted to play the game as it was laid out. The only piece of legislation debated in the first six months of Kosovo's Assembly concerned Kosovo's territorial integrity, a status issue that was not on the table.[36] Early in 2003, Steiner went on television to give what was often called his "sick and tired" speech.[37] Listing problems with crime, the economy, and the almost complete lack of multiethnicity, Steiner addressed the Kosovar public:

> "The reality is that your leaders are not in the opposition anymore. They are in power and they have real power. Your government controls 350 million euros. That's 700 million DM in the old money! It has ten ministries. It is responsible for essentials like schools, hospitals, and transport. That means your children's education. It means your health. It means your roads. These are vital responsibilities in any government. These are the issues on which elections in Europe are won and lost. Are they not worth your leaders' attention?"[38]

Steiner's frustration was palpable. How was it possible that the large rewards doled out by the intervention were not having the anticipated effect on cooperation? Why were people in Kosovo not acting like Western Europeans?

In an effort to bring Mitrovica's Serbs into the political process and break the hold of parallel structures, Steiner developed a plan that promised a donors conference, regular policing by Serb members of the KPS, relocation of UN bodies to the north side of the river, and decentralization of some municipal authority so that Serbs could more directly control their own affairs, among other inducements. All the Serbs had to do was to participate in the municipal elections of October 2002. In north Mitrovica, fewer than 100 voters cast a ballot. With no Serbian representation in the Mitrovica Assembly, Steiner's plans had to be scrapped. An even more discouraging result involved an UNMIK questionnaire regarding how services should be delivered. In an attempt to engage Serbs and

---

[35] Twenty seats out of 120 were automatically reserved for minorities, ten for Serbs. If Serbs voted in full force, they could have gained enough seats to become a viable coalition partner, in theory. In practice, after Serbs did participate in one early election and gained eighteen seats. The Serbian coalition was named Povratak, meaning "return" and they pushed the return issue over all others. Albanian parties ignored Povratak and Serbs lost faith in the process entirely. In this instance, Serbs did play a limited "cooperation" strategy, which went nowhere due to Albanian intransigence.

[36] *Iain King/Whit Mason*, Peace at Any Price. How the World Failed Kosovo, London 2006, 161.

[37] Ibid., 177–178.

[38] Ibid., 177–178.

make them feel that they were part of the larger government, UNMIK handed out 10,000 consultation sheets. Only 36 were returned.

In terms of the game discussed above, these results clearly illustrate an outcome of mutual defection. The question is why the game approach did not work. The problem is not so much that the West overestimates the value of its rewards. Rather, the West does not understand the value of defection in the wake of violent conflict, especially this particular conflict. The key to understanding the outcome lies in understanding the existing emotion resources.

Consider the Serbian response first. The intervener had instituted the game, offering political rewards to induce cooperation from the Serbian side. The Serbian opponents of the game had few material resources. Given the precarious position of their communities, there was no option for violent escalation. At least three strategies were available: 1) acquiescence – acceptance of pay-offs in return for cooperation 2) boycott – no cooperation, but no active building of separate political structures 3) institution of parallel structures. The intervener hoped that incentives would achieve acquiescence to its game; at the very least, the intervener hoped the incentives would prevent the strategy of parallel society which would "freeze" the conflict.

Serbian opponents did, as indicated above, choose to maintain parallel structures, albeit ones that might engage UNMIK on some issue areas. This choice was not a difficult one if the available emotion resources are taken into account. Here, the political entrepreneur can employ anger and/or contempt. While the use of anger to create spiraling violence could not be considered, contempt, served as a powerful resource.

Most importantly, Serbian contempt for Albanians meant that the preference ordering of the Serbs in Kosovo was not that of the prisoners' dilemma. Game theory does not usually make an effort to incorporate the role of emotion into its games, but the Kosovo case brings the importance of the emotion of contempt to the fore. How should we reassess the preference orderings? The intervener starts with the assumption of a prisoners' dilemma (T > R > P > S) and works to transpose the T and R values to create an assurance game. With a high level of contempt, though the low value of P must be reconsidered. Under the influence of contempt, players will not conform to Western assumptions in at least two ways. First, they will positively value avoidance of the other group. Second, they will absolutely loathe being played for a "sucker" by the contemptible other group. That is, S will have an extremely low value. The first effect will raise the value of defection; the second will lower the value of cooperation.

In sum, contempt raises the value of defection (P and T in game terms). Under the influence of contempt, a players' preference ordering can be presented as T > P > R > S. This preference function could be labeled a "contempt" preference ordering. With this ordering, the dominant strategy is defection. Knowing that their population holds these preferences, the Serbian leadership across most of

Kosovo and in Belgrade could be confident that their population would support the development of a parallel society. Moreover, the population could be counted on to sanction local Kosovo Serb political leaders who might choose cooperation rather than defection within UNMIK's game.[39]

The majority of Albanians held the "contempt" preference ordering, as did Serbs. They likewise did little to engage their Serbian counterparts. If both players hold these preferences, the fact that the other side is not trying to cooperate is not important; mutual defection, and thus mutual avoidance, is a perfectly acceptable outcome. Unlike either the prisoners' dilemma or the assurance game, populations under the sway of contempt will prefer either of the defection outcomes over mutual cooperation (T > R, P > R). As discussed in the section above, Steiner's appeals went unheeded. The value of avoiding Serbs outweighed the carrots offered to induce cooperation and tolerance.

The game analysis provides another important insight. The mutual defection (P, P) outcome would be predicted even if only one player held the "contempt" preference ordering (T > P > R > S). Whichever player holds those preferences will have a dominant strategy to defect. The other player, realizing that the opponent has a dominant strategy to defect, can then only choose between the sucker pay-off (S) or the mutual defection penalty pay-off (P). In either the prisoners' dilemma pay-off <u>or</u> the assurance game payoff, mutual defection will be the optimal choice. For the Kosovo case, this suggests that if the Serbian side was driven by contempt, the Albanian side would still defect.

Actively Wrecking the Game and the Emotion of Anger

While the Serbs continued to play boycott and build a parallel society, the Albanians grew tired of the Standards before Status policy. It was hypocritical. Many European countries would not meet the eight standards specified by Steiner. Moreover, with no mention of independence at all, the incentive to rigorously pursue those standards was lacking. More than anything, why should Albanians put up with condescending "sticks" from UNMIK?

On top of that, UNMIK's threats were not credible. Albanian actors had their own "stick" to use against the interveners. Because of UNMIK's failure to solve the security situation completely in the first stages of the intervention, Albanians, unlike the Serbs, had retained a capacity to mobilize for violence. Given their recent experience as victims of violence and the reserve of anger it had produced, Albanian political actors could unleash retaliatory violence against a specified target, including internationals. In fact, they had learned this lesson early on.

---

[39] There are several examples of such incidents, the most prominent involving Oliver Ivanovic in Gracanica.

The cognitive antecedent of anger is that a specific actor has committed a blameworthy action. The individual imbued with anger then becomes an "intuitive prosecutor" and zealously tries to punish that actor. In February 2001, an Albanian youth was killed in north Mitrovica. As in the past, Serbs had committed a crime against an innocent Albanian. Someone had to be punished. Violence began. As King and Mason summarize, "As before, a minor provocation from one side was more than reciprocated by the other, and the spiral escalated dangerously."[40] The perpetrator Serbs, ensconced in the north, could not easily be attacked. However, the international forces, seen as covering for the Serbs, soon became the target. Angry mobs set KFOR vehicles aflame, threatened UN headquarters, and torched the French military headquarters. Rioting went on for two days, resulting in dozens of military and, perhaps, one hundred civilian casualties.

The key point about this 2001 case is the reaction of the SRSG (Special Representative of the Secretary General) at the time. In response to the riot, Hans Haekkerup promised the Albanians that he would disband the Bridgewatchers, rotate French forces (who were considered sympathetic to the Serbs) out of Mitrovica, and extend the zone of confidence farther into the Serbian part of town. Basically, he promised everything he could to end the riot, even though he did not have the authority to fulfill some of these pledges. The lesson was clear to the opponents of intervention: the international community cannot prevent mob violence and will probably appease it.

By late 2003, however, Albanians were growing weary of the stagnant Standards Before Status policy. They began to threaten to use their stick. All around Kosovo, Albanian leaders were implying that if the independence issue remained unaddressed, they may not have been able to control their frustrated populations. Who knew what might have happened? Kosovo could "explode." In order to make this ambiguous threat more plausible, Albanian leaders organized increasingly provocative demonstrations. In terms of Figure 1.1, the change in strategy involved non-violent engagement, but with a twist. Albanian leaders wished to show that Kosovo was on a slippery slope. If a policy change did not occur, low level violence, most likely in the form of riots, was right around the corner. In the terms of the Collaborative Research Center's summary of the project on "Threatened Orders," they were establishing a discourse of threat.

Enhancing Abilities to Make Threats to Order: The Incident at Hotel #1 as an Illustrative Example

By late 2003, Albanian leaders were willing to push things farther down the slippery slope. As an International Crisis Group report wrote:

[40] *King/Mason*, Peace at Any Price (see Note 36), 95–96.

"The last quarter of 2003 saw Kosovo Albanian politicians increasingly deploying the extremist bogeyman as leverage in their negotiation with the international community. Prime Minister Rexhepi noted of the 14 October 2003 Pristina demonstration: 'We don't like to see those protests on those placards, but if UNMIK continues to ignore our needs, if it refuses to transfer more power to us, then the internationals here will face big demonstrations and everyone will be crying 'UNMIK go home.' In late September, President Rugova warned that if the independence of Kosovo was not recognized, sooner rather than later extremists could be expected to form a unified Albanian state."[41]

Prime Minister Rexhepi would not just wait for demonstrations to happen. On December 6, 2003 he provoked an incident designed to bring the status issue to a head in the presence of a key international body.[42] A World Bank delegation came to Mitrovica to meet with Kosovo representatives and Rexhepi, who essentially served as host. Rexhepi had been a resident of north Mitrovica before the separation of populations.[43] He still visited his property there occasionally using a small temporary bridge in order to avoid provoking a reaction from the Bridgewatchers. But the time for avoiding provocations was now over. With the World Bank delegation in tow, Rexhepi would cross the main bridge. After all, he was the Prime Minister of Kosovo and should be able to go anywhere in the country.

When it was time for lunch, Rexhepi led the delegation to the bridge in order to cross over and have lunch at Hotel #1, a hotel with a restaurant that served as an informal meeting place for Serbian leaders on the north side. The party consisted of Rexhepi, the World Bank delegation, armed Albanian bodyguards, and television and newspaper reporters.[44] Television would capture Rexhepi with a coterie of armed Albanians crossing the bridge into Serb territory. Albanian television would do an interview with Rexhepi from the north side of the Ibar.

Before crossing the bridge, Serbian members of the Kosovo representatives (Oliver Ivanovic and Bogdanovic) left. They most certainly knew that violence was likely to soon occur. Even if violence did not occur, by staying with the delegation party they would be seen as legitimizing Albanians crossing the river. Rexhepi did not inform the owner of Hotel #1 that the delegation was coming. The owner would have immediately closed the restaurant if Rexhepi had provided notice.

As the delegation crossed over, Rexhepi made a point of showing himself publicly, stopping at a local shop to buy some bananas. Word about what was taking place at Hotel #1 soon spread over north Mitrovica. As the World Bank delegation sat down in the restaurant, a mob gathered outside, pelting the build-

[41] *International Crisis Group*, Collapse in Kosovo, ICG Europe Report no. 155 (Pristina/Belgrade/Brussels), 10.

[42] This section is based on conversations of the author with a number of Mitrovica Serbs and Albanians and UNMIK officials. Several were eyewitnesses or participants in the event. Also, see the ICG report, Collapse in Kosovo, 12–13 for a description of the incident.

[43] Rexhepi would become mayor of south Mitrovica after serving as Prime Minister.

[44] Rexhepi claims that the media just happened to run into the party.

ing with stones. While Rexhepi went out the back door, the shocked World Bank delegation fled onto their bus. The driver, undoubtedly shaken by the situation, made a wrong turn and ended up at the hospital. In a panic, he crashed through a gate. Delegation members escaped through the hospital. Meanwhile, the Serbian mob, estimated at 50 at Hotel #1 but perhaps 1,000 at the hospital trashed the World Bank's bus and KPS police cars.

Rexhepi used the cover of the World Bank visit to north Mitrovica. One of two things could have happened. The meetings could have occurred without violence. In that case, Rexhepi, as Prime Minister, could claim a small re-establishment of sovereignty over the north; he could claim to have laid down the principle that the north was not a separate political entity and diminish the aura of Serb leaders there. This outcome was not likely. As it happened, the excursion set off a wave of violence in full view of an important international delegation. They could see how volatile Kosovo's present system, under Standards Before Status, actually was. They could see that Serbs were unreasonable and violent – they would not let the Prime Minister cross the river and have lunch.

Most Serbs see the incident at Hotel #1 as linked to the riots that occurred a few months later in March 2004. Albanian political actors were choosing to create provocations and demonstrations that illustrated the precarious nature of Kosovo under present policies. Kosovo was ready to explode. In March 2004, it actually did.

March 2004

By early 2004, anti-UNMIK demonstrations had become commonplace. Every year in March, Kosovo organizations commemorated the beginning of the NATO bombing campaign that led to Kosovo's break from the Serbs. On March 16, an estimated 18,000 Albanians took to the streets in cities across Kosovo to protest the arrest of KLA members for war crimes.[45] Reporting on these demonstrations, the newspaper *Epoka e Re* reproduced the slogan, "UNMIK watch your step, the KLA has gunpowder for you too!"[46] At the same time, hundreds of Serbs from Caglavica and Gracanica were blocking the main highway to Pristina and pulling motorists from their vehicles. Albanians wondered why they were allowed to get away with such things. With a well of anger aimed at both Serbs and UNMIK, an event occurred in the late afternoon of the 16th that would set off massive riots.

In the evening, Kosovo television reported that Serbs had chased Albanian children into the Ibar River, with three drowning. Similar to the February 2001 incident described earlier, Serbs were again killing Albanian children. Media

---

[45] *Miklos Haraszti*, The Role of the Media in the March 2004 Events in Kosovo (Organization for Security and Co-operation in Europe [OSCE]), Vienna 2004.

[46] ICG report, Collapse in Kosovo, 14.

outlets, especially television, began what an OSCE report termed "a clear case of incitement."[47] The OSCE report further summarized:

> "What the organizers of extremist anti-UNMIK demonstrations had failed to achieve in the past, the news concerning the drowning of the three children succeeded in doing. It offered a perfect emotional motive for popular outrage and a good tool for sentimental manipulation by extremist individuals and groups longing for escalation."[48]

With the Albanian population already primed for action, another round of demonstrations on the 17th would take a dramatic turn.[49] Two different groups of Albanian protestors met outside UNMIK headquarters in South Mitrovica – schoolchildren organized by their teachers and healthcare workers who had planned to demonstrate against UNMIK's privatization plan. Security forces turned back a march toward the Main Bridge. After a pause, a second wave of protestors, now much larger, brushed by the KFOR troops, onto the bridge, and over to the Serbian side. In a matter of minutes, hundreds of Serbs gathered in defense. No international forces arrived for twenty minutes. Small battles then took place at several locations across North Mitrovica with four Albanians shot dead and many more wounded. At UNMIK headquarters, defenders used water cannons and gas canisters against would-be assailants.

While international security forces took control in North Mitrovica, news of the fighting soon reached Pristina. Within a short time, thousands of Albanians, including many students from the University, were marching toward Caglavica. They were met by security forces. As an ICG report states, "KFOR sources described the first day at Caglavica as a "medieval battle" – hand-to-hand fighting from early afternoon to the late evening. Caglavica became a battle of wills between mob and security forces."[50]

By the afternoon of the 17th, riots spread across Kosovo. In some areas, a level of organization was more apparent than in others. In all, UNMIK estimated that riots had broken out in 33 different locations involving 51,000 participants.[51] No less than 700 Serbian homes had been destroyed; rioters had damaged 36 Serbian Orthodox Churches, some severely; the pogrom had generated 4,000 new refugees and left 19 dead and 1,000 injured.[52]

When the riots began, several Albanian political leaders added fuel to the fire. UN spokesperson Dave Chappell believed that local leaders were directing the

---

[47] *Haraszti*, The Role of the Media (see Note. 45), 12.

[48] Ibid., 4.

[49] The following paragraphs are from eyewitness accounts (BY/6/30/08, YJ/7/1/08, ZT/7/4/08, KC/7/5/08, TT/8/8/06, EM/7/1/08, RO/8/11/06) supported by ICG, Collapse in Kosovo, especially the appendix which provides a detailed account of the order of events.

[50] ICG, Collapse in Kosovo, 46.

[51] ICG, Collapse in Kosovo, 15.

[52] *King/Mason*, Peace at Any Price (see Note 36), 5.

attacks citing clear targets in each locality.[53] One Member of Parliament from the PDK stated on the first day of the riots, "The barbaric act of the killing of the children [...] has provoked a legitimate revolt by the Albanian population. This should be a lesson for the international community."

In the aftermath, no major party leader condemned the riots. Rugova stated that they were the result of understandable frustrations. Haradinaj's party, the AAK, claimed that Serbian parallel structures were responsible for the riots.[54] The PDK issued a statement that "Serbs are misusing the good will of Albanians to create an equal society for all. They don't want to integrate into Kosova society. Even five years after the war, their will remains the same – the will for violence against Albanians. This can no longer be tolerated."[55] Even the moderate Veton Surroi wrote an editorial in *Koha Ditore* that excused Albanian behavior.[56]

For most Albanians, the riots had been a legitimate political tool, one necessary to show that the threat to withhold status indefinitely was not going to be tolerated. As summed up in the International Crisis Group's report on the March events:

> "Until 17–18 March, the contest for dominance appeared to be an unresolved three-way affair, with Albanian anxiety growing that they were being compelled to submit to what they considered the arrogance and assertiveness of both UNMIK/KFOR and the Serbs. KFOR was being seen less a partner, more a quasi-occupier. UNMIK's condescending tutelage was not leading anywhere. By mounting roadblocks and beating Albanian motorists, Kosovo Serbs were still behaving like they owned the place. Kosovo Albanians perceive they have now reversed these relationships. UNMIK's confidence is punctured, its staff concerned for their security."[57]

Two former UNMIK employees, Iain King and Whit Mason, provide a similar summary through the words of Western officials in Kosovo:

> "More than a year after the riots, the security situation remained uncertain. One Western diplomat, speaking in August 2004, said, 'They could very easily do it again – they're just biding their time. But if independence is delayed, or if it's denied them, expect something much worse. And again, we probably wouldn't be able to stop it." Another international official described the tacit threat of another outburst of violence, worse than that of March 2004, as 'the big Albanian veto' – to be used against any status options they don't like. In reality, this 'veto' had hung in the air from the beginning and continually deterred UNMIK and KFOR from imposing the international community's will."[58]

UNMIK believed that they could control a "game" and create order partly because they could wield a "stick" against the Albanians. It turned out that the Al-

[53] *Jeta Xharra/Alex Anderson*, Kosovo. Ferocity of Clashes Stuns All. Institute for War and Peace Reporting, 3/18/04.

[54] *Tanja Matic*, Institute for War and Peace Reporting, 3/18/04.

[55] *Tanja Matic*, Institute for War and Peace Reporting, 3/18/04.

[56] A reprint of *Surroi*'s article was posted on Transitions Online (TOL) on March 24, 2004.

[57] ICG, Collapse in Kosovo, 22.

[58] *King/Mason*, Peace at Any Price (see Note 36), 196–197.

banians wielded a bigger stick against the interveners. It is important to consider the nature of this "stick." Albanian political entrepreneurs did not control any type of "riot system" in which to churn out a riot.[59] Western political scientists look for manipulative evil leaders and extremists behind violent events as they did with the March 2004 riots. These riots, as even the ICG report argues, were more spontaneous than organized.[60] In many of the 33 riot locations, local leaders may have promoted and directed the violence, but the fact is that over 50,000 Albanians, out of a population of less than two million were involved in a major violent escalation within a day.[61]

The key explanatory factor in both the low level violence and in the February 2001 and March 2004 riots were the emotions inherent in the situation. If the Serbs committed violence against Albanians, as in the cases of the dead children in Mitrovica or the incidents in which Albanians were being pulled out of cars in Caglavica, Albanian political actors knew that their population would burn with anger and that tens of thousands would be ready to participate in punishment immediately. All that was necessary was a "green light."

In the case of the March riots, anger and contempt for Serbs mixed with resentment against UNMIK and the international intervention. Political leaders had been organizing demonstrations and provocations, such as the one at Hotel #1, against the intervener for months. As in the quoted passages above, they wanted to exercise the "big Albanian veto" over the policy of Status Before Standards. The drowning of the children in the Ibar focused all the anger and resentment of the Albanian population. All that was needed was another "green light." It was provided through statements by political leadership legitimizing the riots and a media willing to provide incitement. Igniting anger was not at all difficult. It was actually harder to stop it. Without the action of Rexhepi in Caglavica and Haradinaj at Pec, the riots would have escalated further. While the international intervention could prevent sustained high level violence, emotion resources provided a way to escalate to high violence for two days. It was a stick large enough to change the intervention game yet again.

The New Order: Standards with Status

After the March 2004 riots, Western leaders reassessed their strategy in Kosovo. The analysts and diplomats in the United States saw the riots as a wake-up call to push for final status. Europeans were more inclined to claim that violence

---

[59] For a discussion of riot systems, see various works of Paul Brass.

[60] See the section in the ICG report, Collapse in Kosovo, entitled "Spontaneous or Organized Violence", 15–18.

[61] In proportional terms, the equivalent number in the United States would be eight million people.

should not be rewarded.[62] Most importantly, Westerners knew that they could not credibly threaten to put off the status question indefinitely. To do so, might bring on "another March 2004."

The interveners had come to accept that they needed to take Albanian threats into account and had resigned themselves to the fact that Serbs were likely to defect for the foreseeable future. In terms of the 2 × 2 game, the broad contours of intervention strategy remained the same as with Standards Before Status. The task was to first move the Albanian side to unilateral cooperation (T, S) and then eventually get the Serbs on board to move the equilibrium to mutual reward (R, R). While the broad strategy was similar, the tactics had changed. With the new policy, Standards With Status, the West did not threaten to withhold status, but rather promised it. Instead of being sequenced, the issues would be dealt with simultaneously.

The new policy was entirely a Western one. The idea was to weave the "carrot" of European integration into the standards setting process. Kai Eide, a NATO ambassador wrote two reports outlining the new policy. The first addressed the March 2004 riots and concluded that Standards Before Status was unworkable. The second enunciated the new Status With Standards policy and recommended the start of future status negotiations. The taboo on discussing independence was not only lifted, but independence became the basis of policy. The latter report did not develop any comprehensive plan; it was assumed that the details would work themselves out. The Contact Group pushed UNMIK, now led by Soeren Jessen-Petersen, to drop two-thirds of the standards. Only the standards most relevant to solving the status issue were to be pursued.

The logic of the new version of the game was to offer Albanians the ultimate "carrot" –independence and guaranteed freedom from Serbs forever. In terms of the 2 × 2 game matrix, the West was raising the value of cooperation for the Albanian player to the highest level that it could. In effect, the West, by offering independence and integration into Europe, was again trying to change the preference ordering for Albanians to R > S > T > P. Albanians would accept being "suckered" in return for their ultimate prize. They would agree to make concessions to the Serbian side.

This outcome was a new "game," a new "order." Both Serbs and Albanians, through contempt, had blocked the previous Standards Before Status attempt at order. Albanians, through the use of anger, had wrecked that attempt at order.

[62] For an example of the US position, see the Radio Free Europe/Radio Liberty reports written by Patrick Moore in the wake of the riots (RFE/RL reports Volume 8, issue 13 and 15). Moore's reports refuse to lay any specific blame on Albanians. Many Europeans did not hesitate to do so. For example, a former United Nations special envoy to the Balkans, *Carl Bildt*, Why Kosovo Must Not Submit to Violence, in: Financial Times, March 22, 2004, wrote that "There can be no question that this was a deliberate attempt to drive away as many Serbs as possible, to inflict maximum damage on the UN and to test how far Nato could be driven into accepting the new realities."

Summary Observations on the Future of Western Intervention

This chapter has provided a theoretical framework that explains how a certain "order" – the Standards Before Status policy in Kosovo – came to be threatened and forced to change. The analysis has produced a narrative in which the initial Standards Before Status policy was first resisted through non-cooperation, then challenged by threats of violence, and finally assailed by a massive riot. I have argued that emotions were critical at each step. The emotion of contempt was the foundation and resource for widespread non-cooperation; the emotion of anger provided the motivation for threat and violence.

I began the chapter with the definitional paragraph from the Collaborative Research Center's summary of the project on "Threatened Orders." I come back to it here to emphasize how emotions connect to the key elements of that definition as applied to the Kosovo Standards Before Status case. First, consider the idea of an "arrangement of elements" that forms the "structure of social groups or whole societies." As I have shown in the Kosovo example, draining a case of its emotional content obscures and often sanitizes a realistic appraisal of "an arrangement of social elements." In the Kosovo case, the key elements – Serbs and Albanians – arranged themselves in segregated patterns. Members of these groups did not intermarry and increasingly lived in different neighborhoods (or, in the Serbian case left Kosovo altogether). As in the paragraph above, these elements "related to each other in a certain way" which often involved name-calling, myth-making, and violence. Why not accept that this "arrangement" involved emotions, often negative emotions such as contempt? As shown above, the refusal to incorporate these emotions into policy formation led to UNMIK failures in the early years of occupation.

Second, a threatened order comes about "when agents feel they cannot rely on each other." In the Kosovo case above, interveners worked hard to build trust in the post-1999 occupation. In the post-1999 occupation, the West poured money and resources into Kosovo at unprecedented levels. The OSCE and a multitude of organizations were on hand to help create Western-style institutions. One might argue that the UNMIK Standards Before Status plan was poorly designed. However, the pages above show that the plan itself was perfectly sensible. It fit a relatively simple and straightforward game model. However, the plan was based on an emotion-bleached conception of narrow and material "sticks and carrots" that did not match the contempt and anger filled reality of post-1999 Kosovo. The interveners' attempts to build trust were based on an assumption of a prisoners' dilemma preference function that did not fit Kosovo. Western interveners were baffled when their offered financial and political rewards could not move the actors from a position of mutual defection.

Third, the opening paragraph includes "establishing a discourse of threat." As the Kosovo case above shows, one of the most effective ways to establish threat is to be able to rapidly mobilize for violence. In turn, individuals are poised for violence when under the influence of anger. As outlined above, anger heightens desire for punishment against a specific actor; anger justifies the desire for punishment and drives the individual to seek information that will further justify vengeance; anger can create an obsession for retaliation; under the influence of anger, individuals lower their risk estimates and are more willing to engage in risky behavior. In Kosovo, Western interveners were completely unprepared to respond to the 2004 order-destroying riots. Without an appreciation of the role of anger, they could not comprehend how tens of thousands of individuals across dozens of cities could become mobilized for violence so quickly.

I have argued that Western policy in Kosovo suffered from a lack of serious attention to emotion. The obvious follow-up question concerns the source of this inattention. I believe this problem was not one of oversight or lack of knowledge of the region. Rather, the lack of attention to emotion is typical of Western interventions. Despite oft-heard phrases about "ancient hatreds," Western actors have generally set-up intervention practices and policies that do not address or prepare for the role of emotions. When the coalition forces invaded and occupied Iraq in 2003, they were similarly unprepared for Sunni resentment over their change in group status, the intensity of the Shiite drive for majority power, or the ability of actors to use selective targeting of violence (as in the case of the Samarra Mosque bombing) to ignite spiraling waves of attacks and counterattacks.

The source of this inattention, at least in part, may stem from the dominance and ubiquity of certain Western liberal concepts, especially the concept of "social contract." For the question of intervention in failed or warring states, Western political scientists often reference the works of Hobbes and Locke. Hobbes called for individuals to surrender power to a protective sovereign, a Leviathan, with nearly unlimited powers and unbound by constitutional or other constraints. On the other hand, Locke argued that a durable and just order would only firmly take hold when the ruled and rulers entered into a "social contract." Citizens would agree to concede complete freedom of action and, in return, the ruler would also agree to limitations. When accepted by both the governed and the government, the social contract would establish "rules of the game" making for a just and efficient society.

If we look at the conventional wisdom on rebuilding states, perhaps best captured in Sambanis and Doyle's recent work *Making War and Building Peace*, a Leviathan is needed to produce short term security, but on the whole, the intervener's world is that of Locke.[63] Sambanis and Doyle recommend a multistep program for fixing failed states. The first step is to provide security. As they explicitly state: "There must be a new sovereign Leviathan," and in some situations, a very large Leviathan. The latter steps, however, should resemble

[63] *Doyle/Sambanis*, Making War and Building Peace (see Note 5).

the prescriptions of Locke: the rule of law and constitutional consent; right of property; democracy and wider participation; and "genuine moral and psychological reconciliation." In effect, a short term Leviathan should provide the time and space necessary for an international protectorate to create a Lockean social contract among factions.

There is perhaps no more influential and consistent proponent of Western intervention than the International Crisis Group (ICG). The introductory sections of ICG reports often read as if they had been lifted out of Locke's Treatise. The opening lines of a 2003 report suggesting action in Kosovo state: "A simple but effective formula exists for peace in diverse societies. It consists of a civic contract: the government recognizes and supports special rights for minorities, and minorities acknowledge the authority of the government."[64] The ICG calls for a strong authority to implement this social contract in broken societies. In fact, for the ICG, it is often the duty of the international community, and sometimes Western interveners, to help structure this contract.

Roland Paris's well-known argument, labeled as institutionalization before liberalization, follows the same general contours.[65] He suggests a sequenced path in which interveners first establish security and then build institutions. Only after these steps have been accomplished can the intervener fully implement a liberal economic and social order. Paris believes that Hobbes and Locke have more in common than is generally recognized. As Paris argues, "Both men believed that domestic peace presupposed the existence of governmental institutions capable of defending society against internal and external threats."[66] For Paris, Locke allowed for a strong executive hand in creating institutions which would develop, defend, and sustain the social contract.[67]

Following Paris's view of Locke, many theorists and practitioners appear to hold that the intervener must take strong command in the creation of the institutions underlying the social contract. Also following the foundations of liberalism, the intervener should assume that the population will rationally respond to incentives. Despite a nod to normative mechanisms, Western theorists and practitioners alike primarily approach interventions as a matter of arranging games and manipulating sticks and carrots. Engineering reason-based social contracts is a Western tradition. Centuries ago, Locke believed that "Reason discovers God's will" and that by using reason human society could develop social contracts among factions that would preserve the lives, freedom, and property of

[64] International Crisis Group Balkans Report No. 143. Kosovo's Ethnic Dilemma: The Need for a Civic Contract, May 28, 2003.

[65] *Roland Paris*, At War's End. Building Peace After Civil Conflict, Cambridge 2004.

[66] Ibid., 47.

[67] Many primers on intervention also employ Locke's notion of a social contract as the basis of an analytical framework. For example, see *Tony Addison/S. Mansoob Murshed*, The Social Contract and Violent Conflict, in: Helen Yanacopulos/Joseph Hanlon (eds.), Civil War. Civil Peace, Athens/Ohio 2006, 137–163.

all, as they belong to each under natural law. In turn, the creation and implementation of these social contracts often resembles the structure of certain rational choice "games." As I have argued in the pages above, the Western approach to intervention is to construct the "game" and its component parts along a narrow view of rationality.

In short, Western philosophy on intervention has led to a prescription that a powerful sovereign should engineer a social contract through the calibration of sticks and carrots. As evidenced in the influential works just mentioned, there is scant room in that formulation for emotions.

At the time of this writing, many believe the era of Western intervention has come to an end. Unquestionably, the United States, and Western powers in general, have grown weary of direct intervention. The occupation of Iraq has left a bitter residue; the conflict in Afghanistan has grown to become America's longest war. Yet, Western powers will almost certainly continue to intervene in the future. The drive to intervention retains its power in some part due to liberal philosophy. Underlying this philosophy is a notion of universal progress. Humanity is making its way toward an ever better end state; in the words of President George W. Bush, "freedom is on the march." It is unlikely that Western powers will abandon that march anytime soon. In addition to the rhetoric of a just world order, the combination of the erosion of sovereignty norms, the continual expansion of the understanding of "threat," and the plethora of new NGO capabilities and organizational inertia will likely drive the West to intercede in failed states, civil wars, and potential genocides.

If I am right about the powerful philosophical inertia behind Western intervention policy, we should continue to see policies emphasizing the engineering of social contracts by way of a narrow set of sticks and carrots. If my analysis above is correct, we should expect "frozen conflicts" and spirals of violence as these policies fail to fit the reality of many conflicts. These are hypotheses. I hope Western intervention theory and practice can evolve to incorporate a broader view of human nature, one that addresses the role of emotion, so that I am proven wrong.

Revolution

Mike Rapport

> In even the most peaceful states, there is something mining its way beneath the surface, and those with attentive ears can hear the dull sound made by revolutions, still buried deep beneath the earth, pushing their galleries under all the kingdoms of Europe, spreading out from the great central revolution, the crater of which is Paris.[1]
>
> *Victor Hugo*, Les Feuilles d'Automne (1831).

The great French writer captures the sense of brooding threat that haunted Europeans in the early 1830s. The metaphor of revolutions as a subterranean endeavour by unseen people working inexorably to destroy the very foundations of the European order conveys a sense of powerlessness amongst the people on the surface above: we know that the mining is taking place deliberately, determinedly; we can even hear it, but we do not know how to stop it. If we can push Hugo's darkly poetic imagery a little further, it goes to the very nub of the concept of "threatened orders", for here we have revolution as "threat", burrowing its way through the geological structure – the "order" of nineteenth-century Europe. The concept of "threatened orders" may add some texture to recent approaches to the study of revolution. Historians, political scientists and sociologists have of course produced general theories of revolution for close to a century. Jack Goldstone has usefully categorised the different approaches into "generations",[2] each of which, ever since the Russian Revolution of 1917 stirred early efforts at comparative analysis, was broadly associated with one approach or another. In the past decade, a fourth generation has taken shape after Goldstone suggested that previous theories neglected the role of "conscious agency" in revolution and the experience of revolution as "process".[3]

"Conscious agency" relates to the leadership, ideology and organisation of revolutionary movements, which in the study of the origins of revolution, ought to be *combined with* an assessment of the factors that provoked instability in

---

[1] *Victor Hugo*, Les Feuilles d'Automne, Paris 1832, iv.

[2] *Jack A. Goldstone*, Theories of Revolution. The Third Generation, in: World Politics 22, 1980, 425–453.

[3] *Jack A. Goldstone*, Toward a Fourth Generation of Revolution Theory, in: Annual Review of Political Science 4, 2001, 139–187.

the existing order, such as international crisis, the alienation of the elites and social conflict. Yet, while all revolutions in the past have arisen from various combinations of structural problems such as these, the actual revolutionary situations which arise from them are not always created by the conscious agency of revolutionaries, but have occurred accidentally. The experiences of 1789 and (in many parts of Europe) 1848 and 1989 show that, even as the crisis took shape, the forces of opposition either did not anticipate the regime's collapse (as in 1789 and 1989), or were at pains to avoid a collision with it (as in many parts of Europe in 1848). Even where an active, explicitly revolutionary opposition did exist, it might not have been in any position to take an active part in the initial overthrow of the existing order, since it might be atomised by exile or imprisonment (the experience of the Bolshevik leadership when the Tsarist regime collapsed in Russia in February 1917) or caught off guard when the revolutionary crisis suddenly materialised. So the conscious agency of revolutionary movements may become more important once revolutions are under way, but that it is not always the prime mover in the *causation*.

Where revolutions did not arise from the conscious agency of a revolutionary opposition, then the origins of the crisis must be found in the structural weaknesses of the existing order. Yet this is not to say that we need to return entirely to structuralist explanations of the "third generation", skilfully exemplified by the work of Theda Skocpol.[4] For even where there was no deliberate attempt to bring about revolution, or where those trying to do so were too weak to bring about a revolutionary situation, a broader opposition to the regime, or to some of its policies, will still exist, even if it is repressed. Whether it is discrete or organised, such opposition will interact with the structural problems of the regime, exerting pressure on it even when it is not hell-bent on destroying it altogether. Yet the "fourth generation" approach does not explain how and why some of these relationships between structural problems and opposition develop into revolutionary situations. It is here that the notion of "threatened orders" can help, because the term itself implies a dynamic relationship between "threat" and "order".

All political regimes face threats, but some threats are more distant than others and some regimes are more vulnerable to threat than others. "Threat" in this sense is like "risk" in human activities: some risks are remote and merely "possible", others are "high", that is, closer and more certain. Yet the term "threat" almost always implies more certain danger than "risk": a "threat", no matter how distant, is certain, at least to those who perceive it, while "risk" is probable, no matter how high. These distinctions suggest a way of conceptualising the process by which the challenges faced by a regime converge to produce a revolutionary situation. The elements of this process are "risk", "threat" and "crisis".

---

[4] *Theda Skocpol*, States and Social Revolutions. A Comparative Analysis of France, Russia, and China, Cambridge 1979.

"Risk" is here defined as the possibility of harm or damage in any area of human activity. For a social order, it can be internal or external. In the former case, it relates to the potential weaknesses within the system's structures and organisation, while in the latter case, risk, whether domestic or external, is defined in relationship to the activities, behaviour and aspirations of the regime. Either way, "risk" is a probability inherent in the nature or actions of an order. A regime might also take action to minimise the "risk" inherent in some of its activities and structures. These initiatives, which are taken not under the duress of a "threat", but rather are voluntarily undertaken in order to prevent the "risk" from materialising as a "threat", might include the restructuring of authority, or the enhancement of forms of social control, such as censorship and policing, or it might involve economic initiatives to offset social distress and enhance state revenue. The reform programmes of the eighteenth-century "enlightened absolutists", which were in no small part a series of responses to the high risks (and often active threats) of the brutally competitive international order, might fall into this category, as might the programme of economic restructuring and political reform undertaken in the Russian Empire by Tsar Alexander II (1855–1881) and in the Soviet Union by Mikhail Gorbachev (1985–1991).[5] As the examples of "enlightened absolutism" and Russia's "great reforms" in the nineteenth-century show, such efforts to minimise risk or to prevent them from evolving into threats can offset the dangers of internal social and political upheaval – at least in the short to medium term – but they can also raise hopes for more far-reaching change within progressive sections of civil society. When these expectations are not met, then some disillusioned groups might resort to more radical methods of securing social and political change: the Italian *Giacobinismo* of the 1790s drew some of its recruits from officials and intellectuals who were bitterly disappointed when the tide of enlightened reform in the Italian states was blunted or reversed, particularly in the face of both popular and elite resistance and in reaction to the French Revolution.[6] Alexander II's "great reforms" did not prevent the emergence of revolutionary movements which wanted more far-reaching change and one of which was ultimately responsible for the Tsar's assassination in 1881. And the experience of Perestroika and Glasnost show that addressing inherent risks through reform might actually transform them into "threats", or help foster new "threats", that destabilize and even topple the existing order.

Such "threats" can be internal, structural, external, or contingent and include both the activities of the political opposition and the responses of the regime to them. "Threat" can be defined "passively", as an "anticipation of impending danger", but of course it can also be "active", whereby actors deliberately undertake

---

[5] *Ben Eklof/John Bushnel/Larissa Zakharova* (eds.), Russia's Great Reforms. 1855–1881, Bloomington 1994; *Martin McCauley*, Gorbachev, London 1998.

[6] *Stuart J. Woolf*, A History of Italy 1700–1860. The Social Contraints of Political Change, London 1979, 147–151.

to "impose a sanction on another".[7] In the context of political violence, such as riot, rebellion, coup d'état and revolution, the "anticipation" of threat depends upon the perceptions of those who feel challenged by it, even if those behind it mean to pose no actual danger. "Anticipation" of threat, whether real or imagined, encourages preparatory measures on the part of the order being challenged and such responses can have a variety of effects, ranging from the suppression or resolution of the threat to the precise opposite, namely to ratchet up the "threat" itself. "Active" threats, in the context of social or political upheaval, might be undertaken by actors who seek to challenge an existing order, but they can also be environmental, arising from circumstances such as natural disasters, crop failures, disease and famine, or contingent, by which is here meant a sudden change in external circumstances – such as a realignment in international relations – which is not intended to challenge a particular social or political order, but which effectively intensifies the risks that they already face. Both environmental and contingent forms of threat are external to an order, are beyond its direct control, but exert new pressure upon it, intensifying the risks that it faces. A revolutionary situation arises when both "risks" and "threats" coalesce with such force that both the order and its opponents perceive that their options for legal or non-coercive action have been severely reduced. In these circumstances, the "risks" themselves can be intensified into "active threats" – in other words, cease to be a probability and become an imminent, internal danger to the order. The "anticipatory" definition of "threat" has considerable explanatory power in cases of revolution where the opposition has no desire or intention to collide violently with the authorities, still less to destroy the existing order. In 1789 and in many places in 1848 and 1989, the reaction of the authorities was shaped by their own anxieties that a more serious danger lurked within the demands for reform, or that concessions would so alter the structures of authority that the regime itself would be irreparably compromised. Regimes may inadvertently precipitate a revolutionary situation, so creating the very threat that they had feared all along.

Thus the utility of the notion of "risk" and "threat" in analysing the development of revolutionary situations is that they set the opposition, whether revolutionary or otherwise, into a wider matrix of causation. All regimes face an interlocking variety of "risk" at all times, but it is the emergence of "active" and/or "anticipatory" threats that can transform that "risk" into a revolutionary situation: in other words, the "crisis". "Crisis" is here applied as it was generally understood since 1780 to mean "a new sense of time that both indicated and intensified the end of an epoch".[8] In a revolutionary context, the word "intensified" is the critical one: for the "crisis" in the development of a revolutionary situation

[7] *Raymond Cohen*, Threat Perception in International Crisis, in: Political Science Quarterly 93, 1978, 93–107, here 93.

[8] *Reinhart Koselleck*, Crisis, in: Journal of the History of Ideas 67, 2006, 357–400, here 358.

is the confluence of the various strands of "threat" and "risk" facing an order at one point in time, provoking a hiatus in political and legal authority, out of which the long-term pressures and challenges are resolved, although not without major structural changes and sometimes terrible human costs.

The concepts of "risk", "threat" and "crisis" raise the question as to *what* is being threatened. In identifying the groups or structures under attack in revolutionary situations, both contemporaries and later analysts have used such terms as "order" (as in "established order", "old order", "conservative order"), "regime" (the Ancien Régime, the "Tsarist Regime"), and "system". Indeed, in the cut-and-thrust of revolutionary politics (as in the passions of later academic debate), the terms are often used inter-changeably. Yet the interest of the term "order" lies in the range of its possible applications. "Order" can mean the personal and collective security of citizens and the state, ("law and order"); it can apply to a particular social group ("estate") differentiated from other "orders" through its corporate identity, status and privileges ("a society of orders"). Yet it can also apply to the entire political organisation of a state, or to the whole structure of a society. The nature and scope of "order" are important in revolutionary contexts, since they are defined in a close, if hostile, relationship with the effects of the revolutionary transformation. The revolutionaries themselves usually define which aspects of the "old order" they want to reform or change, but – it cannot be emphasised enough – those who take power after the initial revolutionary crisis may lose control of the pace, scale or target of the change. In other words, the nature and scope *both* of the threat and of the order being attacked is frequently fluid in the circumstances of revolution. This adversarial relationship not only defines the scale and type of "order" under assault, but it also defines the scope and nature of the revolution itself, namely, its transformative intentions and effects. This lends support to Goldstone's argument that combining structural origins, revolutionary agency and the results of revolution means analysing revolution as a *process*.[9] So when the concept of "threatened orders" is applied to "revolution", it defines "revolution" as a process in which "risk" and "threat" combine to produce a crisis, out of which the existing "order" is transformed.

Such a definition of "revolution" contradicts the idea that revolution is "simply a form of governmental change through violence", or "simply the change by physical force by citizens of those in power over them".[10] These conceptualisations of revolution cover any violent political upheaval that results in a change in the political leadership of a state, such as the assassination of an individual leader and military coups d'état. In this view, the defining feature of revolution is the *violence* in the actual *transfer* of power. Yet the definition proposed in this

[9] *Goldstone*, Toward a Fourth Generation (see Note 3), 173–174.

[10] *Peter A. R. Calvert*, Revolution. The Politics of Violence, in: Political Studies 15, 1967, 1–11, here 2–3.

present chapter sees a broader structural change in the political or social system as an essential component. Revolutions are crises in which risk and threat coalesce and find their resolution in the transformation of the existing order itself. Violence is not the central or indeed necessary part of this definition. Instead, the moment of transfer of power is merely the pivotal point – which usually becomes the symbolic one – in the longer revolutionary process.

All definitions of "revolution" will ultimately be subjective. Most people think they know a revolution when they see one – whether experiencing it directly on the streets of (say) Cairo in 2011 or Bucharest in 1989, or studying instances of upheaval in the more distant past – but the definition outlined above draws its evidence primarily from the experiences of the French Revolution of 1789 and the European Revolutions of 1848 and 1989. The rest of this chapter will therefore outline how this model of revolution applies in each case, looking in turn at "risk" and how "threat" coalesces with it to produce a revolutionary "crisis" followed by "transformation". The most detailed analysis will focus on 1789 (the author's main area of expertise) and progressively lighten as the comparison moves forward in time through 1848 and 1989: it is hoped that the pattern of the argument should be clear enough by the time the last example is considered.

The Ancien Régime in eighteenth century France faced several structural risks. Firstly, there was population growth (from 21.6 million to 28.6 million between 1715 and 1789), which put intensifying pressure on an economy that had oases of dynamism within the broader expanse of a sluggish agrarian economy. Although French agriculture did grow to feed the burgeoning population, pressure on the land, combined with taxation and seigneurial rights and dues ensured that, at best, improvements to standards of living were regionally patchy and remained static for the majority of the French population.[11] Secondly, as Theda Skocpol and Bailey Stone have argued,[12] the Bourbon monarchy aspired to be both an imperial as well as a continental power: the risk inherent in this ambition was that it far outstripped the means of achieving them. The limitations lay less in the uneven structures of the economy and more in the inability of the government to tap French sources of wealth fully. This was because of the third risk inherent in the structures of the old order: the entrenched limitations of the administrative system and the innate resistance of privileged groups to reform, a resistance that took institutional shape within the church, the provinces, guilds and corporations, estates and the thirteen sovereign courts – the *parlements*. There were also grave structural problems in the ways in which the monarchy collected its revenue, in a system that was effectively run for private profit and in

[11] *Colin Jones,* The Great Nation. France from Louis XV to Napoleon, London 2002, 351.

[12] *Skocpol,* States and Social Revolutions (see Note 4), 60–64; *Bailey Stone,* The Genesis of the French Revolution. A Global-Historical Perspective, Cambridge 1994.

which offices were bought and sold.[13] There was also a fourth risk, which lay in the dangers of alienating the wider "public", the very concept of which had, by the mid-eighteenth century, taken on political meaning. "Public opinion" had come to be regarded as the ultimate source of comment, direction and legitimacy in politics, passing judgement over kings and ministers. When the opposition to the crown arose, it had done so originally in defence of privilege, but by the second half of the eighteenth century it was also deploying a rhetoric and ideology that came to rest on notions such as "reason", "justice", "will", "patriotism", "nation", "liberty", "citizen", "public opinion", "virtue" and their nemeses, "despotism" and "privilege".[14] Yet, serious though these four "risks" were, it was not until the 1780s that exogenous developments converted them into more direct "threats" to the old order. Remedial action by the absolute monarchy, ranging from an all-out assault on the *parlements* in 1771–74, which was intended to be a prelude to a wider assault on the Gordian Knot of administrative and fiscal "risk",[15] to a system of censorship that was applied erratically,[16] certainly provoked a public response that was almost always hostile, sometimes furious, but which appears to have given the monarchy itself the benefit of the doubt, even as it criticised the specific abuses of "despotism" which were aimed less at the King himself than at his ministers. Only with the blithe historians' benefit – or perhaps hindrance – of hindsight is it possible to see in the oppositional rhetoric emanating from France's critical public the early manifestations of the transformative ideology of the Revolution itself. The question to be answered then is how the "risk" inherent in public opinion was transformed into a "threat" by 1789.

In Europe prior to 1848, the essential components of risk included, firstly, the demographic pressure of a growing population (at least in western and much of central Europe), without the commensurate economic development to feed and employ it, for while there were certainly economically-dynamic regions, growth was fitful at best.[17] Secondly, this was overlaid by a conservative political order which proved to be too rigid to accommodate the pressures of social change and the continuing development of civil society.[18] A prime example is provided by the Habsburg Empire under Metternich's whip hand, which did not have anything like the global aspirations of Ancien Régime France. Yet its aims were none the less expansive enough to put strain on the administrative and social structures

---

[13] *William Doyle*, Origins of the French Revolution, Oxford 1988, 64–65; *John F. Bosher*, French Finances 1770–1795. From business to bureaucracy, Cambridge 1970; *William Doyle*, Venality. The Sale of Offices in Eighteenth-Century France, Oxford 1996.

[14] *Marisa Linton*, The Intellectual Origins of the French Revolution, in: Peter R. Campbell (eds.), The Origins of the French Revolution, Basingstoke 2006, 139–159, here 153.

[15] *Jones*, Great Nation (see Note 11), 278–288.

[16] *Roger Chartier*, Les Origines culturelles de la Révolution française, Paris 1990, 75–78.

[17] *Martyn Lyons*, Post-Revolutionary Europe. 1815–1856, Basingstoke 2006, 180–184, 190–192.

[18] *Paul W. Schroeder*, The Transformation of European Politics 1763–1848, Oxford 1994, 803.

of the monarchy. Metternich sought to preserve the international order forged at the Congress of Vienna in 1815, serving the dual purpose of protecting the multinational empire from the potentially centrifugal forces of a major European conflict, while also empowering Austria in the suppression of revolutionary movements within its Central European sphere of influence. Yet the costs of supporting both aims – which demanded a strong military – was intense: military expenditure amounted to 40 per cent of the state budget between 1815 and 1848, which when combined with the cost of the imperial debt – paying the interest alone cost the government 30 per cent of its revenue annually – left the regime with little room for financial manoeuvre when a crisis arose. This problem did not arise, moreover, merely from government expenditure, but also, as in France prior to 1789, from the shortcomings of the administrative order. Metternich certainly aspired to greater efficiency in administration and revenue-raising, while there was some reordering at the centre, the overhaul did not reach much further. Where the imperial government exerted itself in seeking more taxation, it ran headlong into elite resistance, as in France.[19] Most important here was the Magyar nobility, without whose co-operation the regime could do little in the vast, eastern portion of its empire.[20]

Yet across Europe in 1848, as in France in 1789, it was not just the elites who were engaged critically with the conservative order, but also an ever-expanding public. The very existence of a literate, cultured, sociable public, which was especially broad in northern Europe, France and Germany, ensured what was a disjuncture between on the one hand, the educated and critical population and on the other hand, regimes that were either based on a narrow social basis, like the constitutional monarchy in France, or claimed to rule with absolute power, as in Austria and Prussia.[21] A similar dysfunction arose in the Arab states prior to 2011: a well-educated demographic "bulge" of young, urban people faced shocking rates of unemployment, had ready access to news, discussion and debate across the world, but all while bearing the stifling weight of authoritarian regimes.[22] In both Europe before 1848 and the Middle East on the eve of 2011, censorship was imposed almost everywhere (albeit to varying degrees), which made the regimes appear to be both oppressive and unresponsive to the aspirations of the educated, politically-engaged public.

The very nature of the old order in Europe after 1815 – its claims to absolute monarchy or to a narrow basis of parliamentary rule, its hostility to all but

[19] *Alan Sked*, The Decline and Fall of the Habsburg Empire. 1815–1918, London 2001, 8–37.

[20] *Istvan Deak*, The Lawful Revolution. Louis Kossuth and the Hungarians 1848–1849, New York 1979, 15–16.

[21] *Lyons*, Post-Revolutionary Europe (see Note 17), 126–127.

[22] *Jeremy Bowen*, The Arab Uprisings. The People Want the Fall of the Regime, London 2012, 5–6; *Paul Mason*, Why It's Kicking Off Everywhere. The New Global Revolutions, London 2012, 66.

the most anodyne of political reforms, its denial of national aspirations and its stringent responses to the "social question" of poverty were logical and necessary responses from a conservative perspective, whose outlook was coloured by the experience of decades of war and revolutionary change between 1789 and 1815. The limitations of the old order were ways of managing the risks inherent in an international order that had known a generation of conflict and radical institutional change, and of containing the revolutionary risks embedded in the growth of civil society and the fitful, painful structural changes within European society. Yet the very existence of an explicitly revolutionary opposition in many of the European countries – from the *Carbonari* and *Charbonnerie* of the immediate post-1815 generation, to subsequently, elements of the republican, socialist *Réforme* tendency and the proto-communist cells of Auguste Blanqui in France and Giuseppe Mazzini's Young Italy – shows that these attempts to minimize the "risks" could also create an active "threat" to the conservative order, one which could and did directly assail it through the conspiracies and insurrections that punctuated the period between 1815 and 1848. Yet the significance of the revolutionary opposition lay less in the threat that it posed on its own – since that proved to be containable if not eradicable for most of this period – but rather that it articulated, albeit in the most radical way, a wider malaise within a civil society that bristled against the restrictions of the old order but none the less mostly preferred to see change enacted through reform and transition rather than a violent collision with the regime. Such changes, most opponents hoped, would arise through the pressure of public opinion, a process that the Piedmontese liberal Massimo d'Azeglio, rejecting the conspiratorial tactics of Young Italy, called "a conspiracy in broad daylight".[23] The question again arises, therefore, as to how the "risk" inherent in public opinion at large could coalesce with the small but active revolutionary "threat" to produce a much greater "threat" in the revolutionary crisis of 1848.

In Eastern Europe prior to 1989, the two most important risks were political and economic. The political risk was the divergence between the purported aims of the Communist regimes – social justice, equality of opportunity and individual freedom – and the harsh realities of totalitarian rule. This, of course, was most obvious in the treatment of open opposition, ranging from the crushing of the East German insurrection in 1953, the Hungarian revolution of 1956, the Prague Spring of 1968 and the reaction to Solidarity in 1980–81, but also in the arrests and harassment of dissidents: Václav Havel and the Charter 77 movement in Czechoslovakia, the Solidarity trade union in Poland, peace and church groups in East Germany and the Ecoglasnost environmental movement in Bulgaria. On top of this, there was the pressure to conform, sometimes low-key and implicit, but sometimes punitive and overt, and enforced by an apparatus of secret polic-

[23] *Lyons*, Post-Revolutionary Europe (see Note 17), 114.

ing and informants: as the British historian and journalist, Timothy Garton Ash, discovered for himself when, after 1989, he got sight of his own personal file held by the Stasi.[24] The economic risks were structural. The industrialised and technologically-advanced Eastern European economies prior to 1989 were not impoverished by global standards. The socialist regimes may even have been sincere in their desire to ensure full employment and low prices for their citizens. Yet attempts to tame market forces, or to exclude them altogether meant that the supply and prices of goods and services were determined not by consumer demand, but by administrative fiat. This system did produce muscular industrial economies producing heavy, capital goods and military hardware, but more widely the economies responded to the political concerns of the governments rather than the desires or needs of consumers. Moreover, since the economies were resistant to international market pressures, they also began to lag behind the more developed capitalist economies in technological terms.[25]

These risks inherent within the system seem obvious with hindsight, but it was certainly not clear to contemporaries that they might transform into an active series of threats to the Communist order. The rapid economic growth that was experienced across Europe between the 1950s until the early 1970s ran at a faster pace (at an impressive average of 4.9 per cent a year between 1970 and 1975) in the East than it did in the West. Meanwhile, the fate of the popular mobilizations in 1953, 1956, 1968 and 1981 seemed to have shown that "people power" could not mount an effective threat to the Communist order, or even to challenge it to reform itself into a "socialism with a human face".[26] This led dissidents to seek other ways of living under the regimes without actually engaging with them, including what the Hungarian academic, intellectual and *samizdat* writer Konrád György called "Antipolitics", the act of expelling the state from one's sense of morality and conduct.[27]

In all these cases – 1789, 1848 and 1989 – the revolutionary crisis was produced by a change either in the risks themselves or in external circumstances, which converted the combinations of risk into a "threat" to the existing order. In the case of France in 1789, this move to "threat" arose when a political decision intensified two of the risks: the danger of overreach in foreign policy and the limits of the monarchy's fiscal and administrative structures. The decision was that of intervening in the American War of Independence in 1778. The mounting of the risks was not immediately obvious, since militarily, the war was a triumph

[24] See, for example, the revealing, personal case study of *Timothy Garton Ash*, The File. A Personal History, London 1997.

[25] *Daniel Chirot*, What happened in Eastern Europe in 1989?, in: Vladimir Tismăneanu (ed.), The Revolutions of 1989, London / New York 1999, 19–50, here 20–24; *János Kornai*, The Socialist System. The Political Economy of Communism, Princeton 1992.

[26] *Mark Mazower*, Dark Continent. Europe's twentieth century, Vintage 2000, 367–369.

[27] *Konrád György*, Antipolitics. Pushing the State out of our Nightmares. An Essay, San Diego 1987.

and, by 1783, the monarchy appeared to be basking in the glow of public acclaim after it had – at last – defeated the old British enemy. During a post-war visit to Cherbourg in 1786, Louis XVI was hailed by the crowds who flocked to see him: he was, it was said, so very different from the "despots" who "hide in the depths of their palaces".[28] So the victorious French state seemed to have overridden the risk of both foreign policy over-stretch, while securing the support of French public opinion. Yet it had, in fact, exacerbated the risk inherent in the creaking fiscal and administrative system into a "threat". Although it was not immediately obvious to royal officials, the financial costs of the American War had brought the monarchy close to bankruptcy by 1786: it had torn catastrophically wider the chasm between the state's imperial aspirations and the resources at its disposal. The ship of state, in effect, was sailing perilously close to the threat of bankruptcy.[29] When Louis XVI and his ministers at last were confronted by the stark financial realities in 1786, they were determined to embark on a programme of reforms to reverse what was now a danger so urgent that it was no longer a risk, but a threat to the capacity of the monarchy to pursue its goals, perhaps even to survive unaltered. Yet the question was what sort of reforms there should be and how far they should go. It was this issue, debated furiously over the next three years, that so aroused French public opinion that it too morphed from a grumbling risk into a direct threat to the old order.

The French involvement in the American War of Independence certainly strengthened the monarchy's patriotic credentials with public opinion, but the American Revolution's emancipating rhetoric and its constitutional experiments had also intensified public interest in the possibilities of enlightened reform. Yet from 1786, the urgent efforts by the crown to reform fell far short of the kinds of political changes aspired to by French progressive opinion, fascinated as it was by the parliamentary systems in Britain and America and envious of the liberties that they offered. Instead, the raft of fiscal and administrative reforms proposed by the government rebounded on the regime because they seemed merely to bolster royal "despotism".[30] It was the combination of the "risk" from the union of public opinion behind the opposition of the elites to the monarchy's policies and the looming "threat" of bankruptcy up to September 1788, that combined to build towards the revolutionary "crisis".

After an acrimonious and sometimes violent struggle between the King and the elites, represented by the *parlements* and two successive Assemblies of Notables, the friction between the monarchy and public opinion certainly became more heated, even combustible, but the monarchy still might have prevented the

---

[28] *Jeffrey Merrick*, The Body Politics of French Absolutism, in: Sara E. Melzer / Kathryn Norberg (eds.), From the Royal to the Republican Body. Incorporating the Political in Seventeenth- and Eighteenth-Century France, Berkeley / Los Angeles / London 1998, 11–31, here 18.

[29] *Doyle*, Origins (see Note 13), 44.

[30] *William Doyle*, The Oxford History of the French Revolution, Oxford 1989, 80–82.

financial and political threats from developing into a full-blown revolutionary crisis. In August 1788, it yielded to public demands by summoning the Estates-General. At the same time, the royal treasury was forced to suspend payments. The absolute monarchy appeared to be well and truly on the brink of collapse, both politically and financially, but even now the concession of the Estates might have retrieved the situation, not least because it was an opportunity to harness public opinion to the King and to his policies for fiscal and administrative reform. The chance passed, however, when another fateful decision was made, taken on 25 September not by the King, but the *parlement* of Paris.

It was now that the risk from public opinion and the threat inherent in the state's structures began to coalesce into a revolutionary crisis. When the *parlement* declared that the Estates should meet in such a way as to ensure that the voice of the privileged orders (the clergy and nobility) would prevail over that of the Third Estate, the opposition split between those who supported the former and those, the "patriots", who backed the rights of the latter. It was at this point that the deepening risks within what was already a strident public opinion became an "active threat" to the Ancien Régime itself, because the struggle suddenly became one not just of opposition to the "despotism" of ministerial power, but also to the wider framework of privilege – a point given further weight by the content of the lists of grievances, the *cahiers de doléances* – that were drawn up during the elections to the Estates-General and which complained about various forms of privilege down to the most localised level.[31]

This attack on privilege posed an "active threat" to the entire legal order of the Ancien Régime, since the whole social hierarchy was based on it. The threat was all the more severe because, when the Estates-General gathered in May 1789, the King threw his support behind the claims of the privileged orders, which was not only a dramatic political realignment, but also raised the stakes in the struggle. For with the opposition to privilege given a strong legal, institutional presence in the shape of the Third Estate delegates (who called themselves the "National Assembly" from 17 June), political gridlock was virtually guaranteed. This made the government's chances of pushing its own reform programme through close to zero without some kind of confrontation, even a coup. The "royal session" of 23 June 1789, where Louis announced his political programme and issued a veiled threat that he would press on by himself if the Estates did not yield, was intended to grasp this thistle – in union with the privileged orders *against* the pressure from the Third Estate, or National Assembly.[32] Meanwhile, the structural risk inherent in the economy was intensifying: the disastrous harvest of 1788 and shocking levels of unemployment were causing social distress and anger amongst

---

[31] *John Markoff/Gilbert Shapiro*, Revolutionary Demands. A Content Analysis of the Cahiers de Doléance of 1789, Stanford 1998, 258–260.

[32] *Munro Price*, The Fall of the French Monarchy. Louis XVI, Marie Antoinette and the baron de Breteuil, London 2001, 66.

people being pressed into indigence and facing the real possibility of famine. There were food riots in the towns and the countryside through the winter of 1788–89 and into the spring. At first, such outbursts of economically-motivated violence did not in themselves threaten the established order, since they aimed at securing a decent supply of food, but their nature was gradually transforming into an assault on the Ancien Régime in the countryside, with refusals to pay tithes, seigneurial dues and to recognise manorial rights. This grumbling opposition – a developing, "active" threat arising from the economic crisis – would leap a full-blown revolutionary assault on the rural old regime with the electrifying news of the uprising in Paris on 12–14 July.

Thus by the summer of 1789 the elements of risk had been or were being transformed into threats, which coalesced to produce the revolutionary crisis. Yet how this arose came from the ways in which all sides perceived the nature of the "threats" levelled against them – and they were almost entirely "passive" or "anticipatory" rather than "active". In fact, the demarcation between the two kinds of threat was all-too-often hazy, which was precisely why the level of threat felt so compelling to all involved. The monarchy moved troops into Paris and Versailles. This was, for one, in response to the threat of a public that seemed increasingly restive – and indeed on 23 June the Palace at Versailles had almost been invaded by a crowd inflamed by the political passions of the moment. Yet the soldiers could clearly also be used against the Estates to break the political deadlock and restore royal authority. Thus the government certainly responded to the anticipatory threat of an insurrection, but may well have been posing an active threat to the "patriotic" movement as a whole. This was certainly how the public, in both Paris and Versailles saw it, not least because half of the 30,000-strong force that had converged on Paris by 4 July, were foreign mercenaries believed to more likely to follow orders … and to fire on the people.[33]

At the same time, the bread price was approaching its peak, intensifying what was a severe economic "risk" of famine into a perceived political "threat", since Parisians resorted to the customary eighteenth-century fear that the scarcity of food was the product of an "aristocratic" conspiracy to starve the "patriots" into submission.[34] Thus a combination of threats – active and anticipatory – produced a highly combustible crisis. The tipping point into revolutionary violence came when the popular finance minister, Jacques Necker, was dismissed on 11 July: although the King's precise motives are open to debate,[35] the appointment in his place of the martinet, the Baron de Breteuil, seemed to herald a turn towards strong, determined government aimed in some way at re-imposing royal authority at the expense of the Estates-General. When news of Necker's departure

---

[33] *Jacques Godechot*, The Taking of the Bastille. July 14th 1789, New York 1970, 160.

[34] *Godechot*, Bastille (see Note 33), 170–171.

[35] *David Andress,* 1789. The Threshold of the Modern Age, London 2008, 284; *Price*, French Monarchy (see Note 32), 71–75.

reached Paris on 12 July, it was certainly received as a prelude to a coup against the Estates, while the capital would be subjected to a deliberate policy of starvation – since Necker had been credited with trying to keep the city supplied with bread – while also reduced by a military assault.[36] When a protest march violently collided with royal cavalry on the Place Louis XV and in the adjacent Tuileries gardens that evening, the insurrection was triggered. It culminated in the storming of the Bastille on 14 July and Louis XVI's recognition that initiative had fallen to the National Assembly on 16–17 July. The great irony appears to be that the initial orders given to the commander of the royal troops in Paris were purely defensive: there appears to have been nothing in them preparing them for a repressive assault on Paris or on the Estates-General.[37]

Thus, if one gives the monarchy the benefit of the doubt on this point, then one interpretation of the revolutionary crisis in 12–14 July 1789 might be that the royal ministry's response to an "anticipatory" or "passive" threat of insurrection created a sense "anticipatory" threat amongst the Parisians, whose countervailing reaction was the insurrection that finally pushed over the teetering edifice of the absolute monarchy. If this was indeed the scenario, then the "passive threat" perceived by the ministry ultimately produced the very real insurrection that it had feared all along. If, on the other hand, the monarchy's intention *was* to unleash a coup against its rebellious subjects, then its response to an "anticipatory" threat was to "actively" threaten Paris, a reaction that equally produced the insurrection that it had dreaded. Finally, the reaction of the peasantry to the news of the revolution in Paris also illustrates the role of "threat" in provoking revolutionary violence. The countryside was already facing the real, "active" threat of economic distress, the "risk" of famine and the "anticipatory" threat of the "aristocratic plot" – expressed in the rural panic remembered as the "Great Fear".[38] Now the news came after 14 July that the old order was collapsing at the centre and this converted the fundamentally economic protests into something more decisive – an "active threat" against the very fabric of the old order in the countryside, in the shape of the peasant insurrection against seigneurialism. It was this uprising that pushed the National Assembly into abolishing "feudalism" and privilege in the tumultuous night of 4 August 1789, virtually eradicating, in a legal sense at least, the Ancien Régime.[39]

In the case of Europe in 1848, the "risk" carried by the demographic pressure intensified into a "threat" during Europe's worst economic downturn of the nineteenth century, which exposed the limitations of the conservative order.

---

[36] *Andress*, 1789 (see Note 35), 286.

[37] *Price*, French Monarchy (see Note 32), 76–77.

[38] *Georges Lefebvre*, The Great Fear 1789. Rural Panic in Revolutionary France, New York 1973.

[39] *Michael P. Fitzsimmons*, The Night the Old Regime Ended. August 4, 1789, and the French Revolution, University Park 2003.

Tax revenues dried up, borrowing became costlier and the value of government bonds tumbled at the very moment that the regimes needed money to intervene in the economic crisis and to confront the political opposition that was energised by it. On a landscape traversed by hunger marches, punctuated by food riots and huddled with the unemployed, the liberal opposition to the old order saw their chance to press for political change. So the "risks" inherent in the expansion of civil society and in the state's policing of public opinion deepened. Yet the opposition that arose from this did not initially pose an "active threat" to the conservative order until 1848 itself. While there were, of course, revolutionaries at work, they did not provoke the revolutionary crisis or tip the crisis into violence, but rather seized the opportunities as they arose. In only one place – Galicia in 1846 – was there an attempt at revolution, but the Polish nobles who led this uprising against Habsburg rule were butchered by the Ukrainian peasantry, who remained loyal to the Emperor.[40] Elsewhere, the opposition movements and protests that gathered pace during these desperate years hoped to secure a measure of reform, rather than to force a change of regime altogether. In other words, they posed "risks", not "active threats" to the conservative order.

France saw a wave of reform banquets, where the republicans pressed for an extension of the suffrage – not an overthrow of the July monarchy altogether. In Austrian-ruled northern Italy (Lombardy and Venetia), the opposition initially engaged in what it explicitly called the *lotta legale* – a legal struggle – for constitutional reforms and for the employment of more Italians in the upper reaches of administration: it was a call for *trasformiso* rather than a radical change of regime. In Germany, liberals pressed for reforms in the constitutional states of the south, while in Prussia King Frederick William IV gave liberal demands for constitutional government a legal, nationwide platform in the United Diet that met in 1847. In Austria, liberals gathered in the reading and cultural societies to discuss what news they could and discuss the possibilities of a constitutional order, while in Hungary the Magyar opposition flex its parliamentary muscles in the Diet at Bratislava. The imperial court, now starved of revenues in the economic crisis, was compelled to summon the Estates of Lower Austria in Vienna. So as 1848 opened in a flat, brooding dawn, the risks inherent in the population pressure and fitful economic growth and the limits to the regimes' revenue-raising capacity had certainly intensified into an "active threat" to the existing order, provoking restiveness and social protest everywhere – including the hunger marches in Germany. The other great risk, namely the disjuncture between Europe's critical publics and the ruling regimes, was certainly and suddenly intensifying, but it had not yet been transformed – quite – into an "active threat" to the very survival of the conservative order, because while many of its participants may have *hoped* for the overthrow of the order and even anticipated – with some

---

[40] *Stefan Kieniewicz*, The Emancipation of the Polish Peasantry, Chicago 1969, 113–126.

dread – a social upheaval, fewer actually *wanted* to see a revolution unleashed in all its violent, unpredictable force.

Yet the situation was certainly on a knife-edge: the economic threat and the political risks were coalescing, but what turned this into a revolutionary crisis was the response of governments to the challenge, which in most places read the situation, not unreasonably, as a direct threat. Thus, most regimes reacted to an "anticipatory" or "passive" threat. In fairness, it should be said that the governments were not just being paranoid: they were conditioned by the historical memory of revolutions in 1789, 1820 and 1830, and there were indeed revolutionary movements at work, even if most officials exaggerated their size and effectiveness. Yet it was their anticipatory responses to the perceived threat that actually produced the revolutionary situations and, ultimately triggered the revolutions almost everywhere. First of all, these responses involved trying to close down public discussion, or at least to limit the legal scope for opposition and protest: in Paris, for example, the monarchy tried to ban the reform banquet planned to be held at the Panthéon on 22 February. In Berlin, the permanent committee of the United Landtag, the focal point for public expectations of change, was dismissed by the King on 6 March. Secondly, many regimes prepared for the anticipated threat by bringing troops onto the streets to confront the possibility of insurrection (as in Paris, Vienna, Prague, Berlin and Venice) or to suppress riots (as in Milan). Yet they usually provided the accidental circumstances which tipped the revolutionary situation into violence in late February and March.

Yet responses to an "antipatory threat" created the circumstances in which the revolutionary crisis brewed. The organisers of the protests and petitions demanding political change certainly wanted to secure it through peaceful reform, with agreement and concessions from "above" not a revolution from below. Only in some rare instances – as in Palermo on 13 January – was an insurrection deliberately unleashed.[41] In Paris, right up to the very eve of the demonstrations in Paris that would be tipped into the revolutionary crisis on 22 February 1848, even the republican radicals of *La Réforme* agreed that there would be no collision with the authorities and that, at the first show of force by the government, the crowd would peacefully disperse.[42] In Bratislava, even the firebrand Lajos Kossuth's thunderous speech to the Hungarian Diet on 3 March, which C. A. Macartney calls "the inaugural address of the revolution" certainly demanded Hungarian autonomy, but within the Habsburg empire, and for far-reaching reforms. While Kossuth certainly warned that the monarchy "must choose between its own welfare and the preservation of a rotten system", neither he, nor his rapt audience, envisaged the wildfire of revolutions that would engulf the empire within days.[43]

---

[41] *Denis Mack Smith*, A History of Sicily. Modern Sicily after 1713, London 1968, 415–418.
[42] *Mike Rapport*, 1848. Year of Revolution, London 2008.
[43] *Carlile A. Macartney*, The Habsburg Empire. 1790–1918, London 1968, 323.

In Vienna on 13 March, the crowds who assembled outside the Estates of Lower Austria to await the response to their petition for parliamentary government, civil liberties and for Austrian support for reform of the German Bund.[44] In Berlin, the crowds who gathered outside the royal palace on 18 March massed to hear a proclamation announcing King Frederick William IV's concessions to his subjects. In Milan, the opposition chose the Austrians' own appointee, Gabriel Casati, the *podestà,* or mayor, to lead the march on 18 March to the governor's palace to demand the creation of a civic guard and civil liberties. In a meeting of opposition leaders prior to the demonstration, both the monarchists and the republicans alike agreed that the protest would be peaceful.

Yet, no matter how moderate the demands of the opposition, no matter how peaceful the intentions of its leadership, the regime's responses to the "anticipatory threats" had already created a situation that was highly combustible, as soldiers and civilians jostled and jibed with each other. In these circumstances, the peaceful protests and petitions could not but present an "active threat" to the regime. This is because the friction between the order and the opposition was already such that, regardless of the intentions to avoid a collision, the slightest accident could tip the crisis into revolutionary violence. In Paris, it was the fusillade on the Rue des Capucines on 23 February; in Vienna, the violence erupted when marchers jostled with troops blocking the way to the Hofburg, the imperial palace, on 13 March; in Berlin on 18 March, the bloodshed began when cavalry tried to clear the square in front of the royal palace; in Milan, the pitched battles of the "Five Days" also exploded on 18 March, when Marshal Joseph Radetzky's forces moved in to retrieve the governor, Heinrich O'Donnell, who had been taken hostage as "surety" for the reforms that he had promised. Yet in all these cases, it was only when the violence had been unleashed and the barricades were thrown up that, where they existed, the genuinely revolutionary organisations seized the opportunity to fight for more far-reaching change. In Paris, it was overnight on 23 February that the radical leaders of the *Réforme* tendency began to garner the support of the insurgents for a republic. In Milan, Mazzini was only able to join the revolution after it had begun, when he scurried to the city from his Swiss exile. Thus in most cases in 1848, the reaction of regimes to a "passive threat" inherent in the political opposition helped to create the combustible, revolutionary situation in which even the peaceful demands of the opposition were transformed into an "active threat". This response may have been understandable, since governments were also confronting an active economic "threat" which was already putting severe strain on the means at their disposal to deal with the social crisis. Yet the friction was such that the regimes had put themselves into a situation where they were faced with the unenviable dilemma of either making concessions to the opposition or resisting them with a show of

[44] *Reuben J. Rath*, The Viennese Revolution of 1848, New York 1957, 43–44.

force. Either way, the coalescence of social and political threats, active and anticipatory, had created a crisis from which the conservative order could not emerge unaltered unless it triumphed militarily in the street-fighting – and nowhere did this happen in these early months of 1848. The result was that, for a few months, the conservative order was overthrown, or at least altered enough, to give liberals the unprecedented opportunity to reshape European politics, if not society.

In Europe in 1989, the risks faced by the totalitarian regimes of Eastern Europe coalesced into threats for three reasons. Firstly, the global economic crisis of the mid-1970s slowed down growth dramatically, which intensified the risks inherent in the systems of Communist Europe. While capitalist economies responded with a restructuring that was traumatic, but which eventually promoted prosperity (for a couple of decades at least), the Communist economies began to stagnate.[45] One impetus for *détente* with the West in the 1970s was an attempt by the Communist world to respond to the economic downturn by engaging with capitalist, market-orientated economies. This included raising loans in the West in order to purchase new technology, while using exports to repay the debt, but the borrowing and the exports did not balance.[46] In some countries, such as Poland and Hungary, such loans were used to purchase consumer goods, but as the debts mounted, so it became increasingly harder for governments to subsidise food prices. The grafting, queuing masses of the population were now given daily reminders of the divergence between the rhetoric and the realities of the totalitarian systems.[47] The legitimacy of the Communist regimes rapidly corroded, since they were unable to deliver the social well-being that was their very *raison d'être*. Although no one was faced with starvation – a prospect that was very real in 1789 and 1848 for many people – the economic woes first became a "threat" to the order in precisely one of those countries where the international debts were almost crushing: Poland. Solidarity had been founded in 1978, but it was in 1980 that its "occupation strike" of the Lenin Shipyard in Gdańsk propelled it and Lech Wałęsa to global attention.

"Solidarity" was an "active threat" to the Communist regime, even if its initial intentions were not to overthrow the regime. In offering (like the Catholic Church in Poland) an alternative to the state as a source of action, in developing a programme that, thanks to the regime's crackdown on its activities in 1980–81, could not help but be "against" the regime, Solidarity sapped the legitimacy of the Communist order in Poland even as the economic threat did the same. Yet the gradual breakdown of Communist authority that ensued in the nine-year

---

[45] *Victor Sebastyen*, Revolution 1989. The Fall of the Soviet Empire, London 2009, 16–17.

[46] *Laura Tyson*, The Debt Crisis and Adjustment Responses in Eastern Europe, in: Ellen Comisso / Laura Tyson (eds.), Power, Purpose, and Collective Choice. Economic Strategy in the Socialist States, Ithaca / New York 1986, 63–110.

[47] *Mazower*, Dark Continent (see Note 26), 373; *Chiriot*, What happened? (see Note 25), 25–26.

battle between Solidarity and the regime (General Wojciech Jaruzelski called it a "state of war") almost sent the country into a spiral of economic and political collapse. Significantly, by the later 1980s, the situation had encouraged a wave of strikes that not even Solidarity could control, which appeared to threaten the country with civil war – a threat that, on both sides, may have been "anticipatory" but which was certainly a grave and very real "risk".[48] This was the second major development that intensified the risks elsewhere in Eastern Europe. For the other governments, the danger was that countries with serious economic problems – especially Hungary – might follow in Poland's wake. For most of the 1980s, this was a "risk", albeit a serious one. What transformed it into a "threat" was the third change, which was external: the withdrawal of the Soviet Union. This arose for a convergence of reasons, including the fierce competition with the United States and NATO in the arms race (and the "Star Wars" programme); the bleeding ulcer of the war in Afghanistan; the political shockwaves from the environmental catastrophe of the Chernobyl meltdown; and a desire amongst the leadership to see Perestroika, the market-orientated reforms in the Soviet Union, work. In these circumstances the protracted political conflict in Poland threatened to jeopardize Gorbachev's reforms, which would almost certainly have been derailed by the economic and political consequences of the Red Army invading to restore "order" in Poland. This is one reason for the Soviet decision not to intervene there or anywhere else in Eastern Europe.[49] This proved to be an active "threat" to the Communist regimes outside the Soviet Union in 1989 because they could no longer rely on Soviet military assistance – as they could in 1953, 1956 and 1968 – when they were confronting opposition from their own people. Moreover, the examples of Perestroika and Glasnost in the Soviet Union could not help but raise the question and indeed expectation of reform in other Communist countries.

Thus, by 1989 threats and risks were coalescing to produce the revolutionary situations in Eastern Europe: by now the cocktail included the "anticipatory" threat of a total breakdown of order in Poland, the continuing, deepening "risks" from the economic travails of the Communist order elsewhere, the "threat" stemming from Soviet withdrawal and the "risks" associated with the example of Gorbachev's own reforms. 1989's equivalent of the convoking of the Estates-General were the "round table" talks in February 1989 in Warsaw, when the Jaruzelski regime, severely bruised from confrontations with both Solidarity and hard line Communists, entered into formal negotiations with the trade union movement. The upshot was that there was an election on 4 June which was scarcely free, but which represented a triumph for Solidarity. Although this was achieved without violence, it was the moment that revolutionary situations began to develop else-

[48] *Mazower*, Dark Continent (see Note 26).

[49] *Chiriot*, What happened? (see Note 25), 31.

where. Ultimately, the individual revolutionary situations that developed in the last months of 1989 came from a combination of "active" and "passive" threats. Without Soviet military support, most of the Communist leadership in other European countries were uncertain of their ability to control the situation in their own countries, so the responses to the "anticipatory threats" took an unusual diversity of forms, including an internal government coup against the leadership (against Erich Honecker in East Germany, for example, in October and Todor Zhivkov in Bulgaria in November); a desperate scramble to make concessions and share power (as had happened in Poland and which were attempted belatedly and in vain in Czechoslovakia); or the use of force, from the brutality of the police in Prague to the murderous violence of the Romanian Securitate in Timişoara and Bucharest. The "active" threat to the Communist order took the shape of the waves of "people power". These, in turn, had gathered strength from the risks that had long simmered in the failure of Communist economic policies and in the alienation of dissidents and publics. These risks now coalesced into the "active threats" of the wave of protests that swept the Communist states. These included, firstly, the thousands of East Germans who had been "holidaying" in Hungary, who refused to return home and so compelled the opening of the Hungarian frontier on 10–11 September; secondly, the popular protests in East Germany that culminated in the fall of the Berlin Wall in the night of 9–10 November; thirdly, the mass demonstrations in Prague during the "Velvet Revolution" in Czechoslovakia on 20–24 November; and, fourthly, insurrection in Romania against Nicolae Ceauşescu on 21–25 December. The social and political risks within the totalitarian regimes of Eastern Europe had thus been intensified by economic stagnation, the strategic withdrawal of the Soviet Union and the long-running struggle by Solidarity to coalesce with the threats of political opposition and an internal loss of confidence to produce the revolutionary crises in the autumn of 1989.

After each of these revolutions – 1789, 1848 and 1989 – there followed social, political and cultural transformations, but their nature and extent are invariably sources of debate and controversy: as Richard Cobb once remarked (with characteristic iconoclasm): "the French Revolution should never have happened, possibly never did happen, and in any case had no effect one way or the other on most people's lives".[50] Scepticism about the lasting effects of revolution arises partly because their impact is often only felt in the long run. As I write this, for example, the political effects of the Arab Awakening have yet to run their course and indeed in the central cases of Syria and Egypt, the revolutionary upheavals have yet to come to an end. Moreover, Western and Middle Eastern observers

---

[50] *Krishan Kumar*, The Revolutionary Idea in the Twentieth-Century World, in: Moira Donald/Tim Rees (eds.), Reinterpreting Revolution in Twentieth-Century Europe, Basingstoke 2001, 177–197, here 177.

alike are concerned that the Arab Revolutions will ultimately produce hotbeds of religious radicalism and, as such, be centres of conflict rather than stable democracies, which also show that the transformative effects of revolution are open to debate. We see similar, longer-term controversies in the revolutions considered here: did 1789 signify democracy and the "Rights of Man" or the proto-totalitarian regime of the Terror and the guillotine? Was 1848 the "Springtime of Peoples" or a step on the road to the murderous nationalism of the twentieth century? Should 1989 be celebrated as a transformation from totalitarianism to democracy, or be more cautiously regarded as the opening of a Pandora's box out of which slithered atavistic, barbarous forms of ethnic nationalism?

It is also easier to perceive and analyse some of the legal transformations that took place – the introduction of constitutions, new systems of law, welfare reforms, overhauls of the armed forces, but much harder to measure changes in social structure and the cultural impact. In the French case, there can be little doubt that the revolution enacted a profound structural transformation in the French state, social institutions and the values that underpinned both. Even if, as Alexis de Tocqueville famously argued, the centralisation and uniformity of the state was an achievement that the Ancien Régime itself had long pursued, it is hard to see how the destruction of privilege, the creation of the departments and the forging of a political order based on civil and legal (though not political or social) equality could have been achieved in the way it was without the crisis of 1789. Moreover, the radicalism of the changes affected social and cultural institutions such as the Church, the law, the welfare system and education – and these changes were underpinned by an ideology and rhetoric that placed the nation and equality of rights at the centre of the new civic order. The transformative impact of the 1848 Revolutions is more controversial still, not least because they are usually held to have "failed", yet the abolition of serfdom in Central Europe, the introduction of constitutions in some key European states (namely Prussia and Piedmont), the entry of new social layers into politics and the awakening of national and social movements had lasting effects on the continent. The Revolutions of 1989 created liberal democracies in Eastern Europe, turned the countries over to the tender mercies of the market economy, enabled the expansion of the European Union and NATO and hastened the collapse of the Soviet Union.

If transformation is an essential, defining characteristic of revolution, then this raises the fundamental question of its role in "modernity". Events of the last decade suggest that revolution is far from moribund as a political phenomenon. The early 2000s saw the "Colour Revolutions" in the former Soviet republics of Georgia (2003), the Ukraine (2004) and Kyrgyzstan (2005), to which might be added the Serbian revolution of 2000. Revolutionary – or potentially revolutionary – outbreaks have continued to appear across the world, with the anti-government protests in Myanmar in 2007, the "Twitter" revolution in Moldova and protests in Iran in 2009. Most dramatically of all, of course, there has been the "Arab

Awakening" in 2011. Revolution as a symptom of modernity partly arises from the technologies involved. In 2011, mobile phones and laptops plugging into social media (Facebook, Twitter, YouTube, Flickr) were used not only to mobilize protests, but also to outflank the forces of order and to broadcast the events to a global audience. As Paul Mason has argued, such technology gave the protesters both practical and a psychological advantage: "a cool cutting-edge identity in the face of what Auden once called 'the elderly rubbish dictators talk'. It makes the protests "seem entirely congruent with the way people live their lives. It is modern; it is immune to charges of 'resisting progress'."[51] Yet this could equally apply to each of the older revolutionary cases, in which political ideas and messages were debated, honed and disseminated using the most recent forms of communication and media. In France around 1789, the printed word and image, painting, music, theatre, opera, processions and festivals were all enlisted. By 1848, printing became cheaper and faster with the invention of the steam press and people and ideas were propelled across the continent by steam-power in the shape of the locomotive and steamship. In 1989, radio and television made it impossible for Communist regimes to police public opinion and it certainly hastened the formation of protests in East Germany and Romania at crucial moments.[52]

Yet communications count for little if they do not intersect with the structures of civil society – in other words, with the forms of sociability in which ideas are discussed and opinions formed. This was a long-term development that ran through all the revolutions cited here, from 1789 to 2011. Civil society arose from the interplay of the "consumer revolution" of the seventeenth and eighteenth centuries, an expansion of literacy, of educational opportunities, wider access to the printed word and a mushrooming of forms of cultural life independent of both church and state. While the organs of civil society can be used for both progressive and conservative purposes, it none the less remains a social and cultural space in which individuals and groups can access new ideas, think about and discuss them and, sometimes, use them to challenge established values and assumptions. It was the role of civil society – or, if one prefers, "people power" in its organised or networked forms – that places revolutions within the process of "modernity". It is perhaps no accident that the earliest political upheavals that took the recognisably revolutionary course of risk-threat-crisis-transformation arose where civil society also first took an early, recognisable shape – in the Netherlands and Britain in the seventeenth century. Max Weber defined the rather elastic concept of "modernization" as a process whereby "rationality" supplants traditional values, ways of life and belief in a range of ways, including the rise of capitalism and new forms of social discipline, the growth of the bureaucratic state, the emergence of systems of law and the application of scientific knowl-

[51] *Mason*, Why It's Kicking Off (see Note 22), 76.
[52] *Sebastyen*, Revolution (see Note 45), 277–278.

edge.[53] He was concerned that such a process would create a stifling uniformity and an overbearing state. Yet modern revolutions are the opposite of this process. They are moments in which, even if for a fleeting period of time, the state loses its legitimacy, leaving the initiative to the structures of civil society. The process need not be violent to be revolutionary, but it is this mobilization of the public, and the sudden opening of new opportunities for civil society to act, that connects revolutions to modernity.

[53] *Stephen Kalberg*, Max Weber. Readings and Commentary on Modernity, Oxford 2005, xiii.

Autorenverzeichnis

Borsch, Jonas, M. A.
Wissenschaftlicher Mitarbeiter im Teilprojekt B01 „Erdbeben als Bedrohung sozialer Ordnungen. Bedrohungskommunikation in Literatur – Bedrohungskommunikation als Literatur (5. Jh. v. Chr. – 6. Jh. Chr.)" des SFB 923, Universität Tübingen.

Fechner, Fabian, M. A., Dr. des.
Wissenschaftlicher Mitarbeiter im Teilprojekt C07 „Apokalyptik als Bedrohungskommunikation: Prophetische Bewegungen im kolonialen Peru (16. Jh.)" des SFB 923, Universität Tübingen.

Franke, Astrid, Prof. Dr.
Professorin für Amerikanistik und Leiterin des Teilprojekts C03 „Multiple Bedrohungen in amerikanischen Rassebeziehungen nach 1945" des SFB 923, Universität Tübingen.

Frie, Ewald, Prof. Dr.
Professor für Neuere Geschichte und Leiter der Teilprojekte B04 „Sand- und Staubstürme als Bedrohung industriegesellschaftlicher Ordnungen. Sowjetunion / Russland, China und Australien seit den 1940er Jahren" und D03 „Adel und Bürgertum. Arme Adlige zwischen konkurrierenden Gesellschaftsordnungen 1700–1900" und Sprecher des SFB 923, Universität Tübingen.

Granzow, Tanja, M. A.
Assoziiertes Mitglied am Teilprojekt C05 „Die Bedrohung politischer Ordnungen in afrikanischen Entwicklungsländern" des SFB 923, Universität Tübingen.

Hinrichsen, Jan, M. A.
Wissenschaftlicher Mitarbeiter im Teilprojekt B03 „Lawinen als Bedrohung sozialer Ordnungen. Katastrophentraditionen im zentralen Alpenraum (19. und 20. Jh.)" des SFB 923, Universität Tübingen.

Hirschfelder, Nicole, Dr. des.
Wissenschaftliche Mitarbeiterin am Englischen Seminar, Abteilung Amerikanistik, und Assoziiertes Mitglied am Teilprojekt C03 „Multiple Bedrohungen in amerikanischen Rassebeziehungen nach 1945" des SFB 923, Universität Tübingen.

Johler, Reinhard, Prof. Dr.
Professor für Empirische Kulturwissenschaft und Leiter des Teilprojekts B03 „Lawinen als Bedrohung sozialer Ordnungen. Katastrophentraditionen im zentralen Alpenraum (19. und 20. Jh.)" des SFB 923, Universität Tübingen.

Klimek, Jacek, M. A.
Wissenschaftlicher Mitarbeiter im Teilprojekt D03 „Adel und Bürgertum. Arme Adlige zwischen konkurrierenden Gesellschaftsordnungen 1700–1900" des SFB 923, Universität Tübingen.

Krawielicki, Roman, M. A.
Wissenschaftlicher Mitarbeiter im Teilprojekt D04 „USA und Sowjetunion. Transformationen einer weltpolitischen Ordnungskonkurrenz 1975–1989" des SFB 923, Universität Tübingen.

Lüpke, Beatrice von, M. A.
Wissenschaftliche Mitarbeiterin im Teilprojekt A02 „Vom Fest zum Aufruhr. Fastnachtstheater als Bedrohung städtischer Ordnung in Spätmittelalter und Reformation" des SFB 923, Universität Tübingen.

Männlein-Robert, Irmgard, Prof. Dr.
Professorin für Griechische Philologie und Leiterin der Teilprojekte B01 „Erdbeben als Bedrohung sozialer Ordnungen. Bedrohungskommunikation in Literatur – Bedrohungskommunikation als Literatur (5. Jh. v. Chr. – 6. Jh. Chr.)" und D01 „Platonismus und Christentum. Philosophische und literarische Bedrohungskonstellationen in der Spätantike" des SFB 923, Universität Tübingen.

Meier, Mischa, Prof. Dr.
Professor für Alte Geschichte und Leiter der Teilprojekte B01 „Erdbeben als Bedrohung sozialer Ordnungen. Bedrohungskommunikation in Literatur – Bedrohungskommunikation als Literatur (5. Jh. v. Chr. – 6. Jh. Chr.)" und C01 „Die Bedrohung des Oströmischen Reiches um 500 n. Chr." und stellvertretender Sprecher des SFB 923, Universität Tübingen.

Nöcker, Rebekka, Dr. des.
Wissenschaftliche Mitarbeiterin im Teilprojekt A02 „Vom Fest zum Aufruhr. Fastnachtstheater als Bedrohung städtischer Ordnung in Spätmittelalter und Reformation" des SFB 923, Universität Tübingen.

Patzold, Steffen, Prof. Dr.
Professor für mittelalterliche Geschichte und Leiter des Teilprojekts A01 „Aufruhr in Städten und geistlichen Institutionen: Das „Zeitalter des Investiturstreits“ in europäischer Perspektive“ des SFB 923, Universität Tübingen.

Petersen, Roger, Prof. Dr.
Professor of Political Science, Massachusetts Institute of Technology, Cambridge, Mass.

Rapport, Mike, Dr.
Reader in Modern European History, University of Glasgow.

Ratt, Sandro, M. A.
Wissenschaftlicher Mitarbeiter im Teilprojekt B03 „Lawinen als Bedrohung sozialer Ordnungen. Katastrophentraditionen im zentralen Alpenraum (19. und 20. Jh.)“ des SFB 923, Universität Tübingen.

Ridder, Klaus, Prof. Dr.
Professor für Mediävistik und Leiter des Teilprojekts A02 „Vom Fest zum Aufruhr. Fastnachtstheater als Bedrohung städtischer Ordnung in Spätmittelalter und Reformation“ des SFB 923, Universität Tübingen.

Stern, Sara Sophie, M. A.
Wissenschaftliche Mitarbeiterin im Teilprojekt A03 „Aufruhr in Montanregionen: Deutschland und Großbritannien im 20. Jahrhundert“ des SFB 923, Universität Tübingen.

Walter, Uwe, Prof. Dr.
Professor für Alte Geschichte, Universität Bielefeld.

Personenregister

Ortsregister

Sachregister

Bedrohte Ordnungen

Herausgegeben von
Ewald Frie, Mischa Meier und Rebekka Nöcker

Historische und gegenwärtige Gesellschaften unter Stress sind Gegenstand der Reihe „Bedrohte Ordnungen", die dem gleichnamigen Sonderforschungsbereich 923 an der Universität Tübingen verbunden ist. Gefragt wird nach dem „Ob" und dem „Wie" sozialen Wandels sowie nach regionalen und epochalen Unterschieden von Ordnungen und Bedrohungen.

Extremereignisse wie Aufruhr und Katastrophen, darüber hinaus Phänomene wie Ordnungszersetzung und Ordnungskonkurrenz stehen im Zentrum der Studien. Gesellschaften von der griechischen Antike bis zur Gegenwart werden zum Thema. Der Zusammenhang der Bedrohungskommunikation mit der Materialität, der Emotionalität sowie dem Verdichtungsmoment bedrohter Ordnungen ist von besonderem Interesse.

Angesichts allgegenwärtiger Krisendiagnosen verbindet die Untersuchung „Bedrohter Ordnungen" Gegenwartsinteresse und historische kulturwissenschaftliche Forschung. Durch die Zusammenführung bislang disziplinär getrennter Themen und Zugangsweisen kann der Beitrag der Kulturwissenschaften zum Verständnis von Gegenwart und Zukunft neu bestimmt werden.

Alle Bände dieser Reihe werden durch ein internationales Editorial Board begutachtet. Die Reihe steht auch Autoren außerhalb des SFB offen.

Lieferbare Bände:

1 *Aufruhr – Katastrophe – Konkurrenz – Zerfall.* Bedrohte Ordnungen als Thema der Kulturwissenschaften. Herausgegeben von *Ewald Frie* und *Mischa Meier.* 2014.

2 *Goldenes Zeitalter der Stagnation?* Perspektiven auf die sowjetische Ordnung der Breznev-Ära. Herausgegeben von *Boris Belge* und *Martin Deuerlein.* 2014.

Mohr Siebeck, Postfach 2040, D–72010 Tübingen.
Aktuelle Informationen im Internet unter www.mohr.de